Le sillage des Favre en mer

Muriel Andrey Favre

Le sillage des Favre en mer – *Kangaroo*
Muriel Andrey Favre

Tous droits de traduction, de reproduction et d'adaptation réservés pour tous pays © Muriel Andrey Favre

Version noir-blanc ISBN: 978-2-8399-1441-3

Egalement disponible en version Kindle et en version couleur ISBN 978-2-8399-1440-6

Cahiers photo © Muriel Andrey Favre
Mise en page par Lighthouse24

Photos couleurs visibles sur
www.favrenmer.ch

Le sillage des Favre en mer Kangaroo

À Julie, Robin et Hervé, mes rayons de soleil

L'aéroport est bientôt vide et nous dévalons en riant ce couloir mal éclairé. Dehors, c'est la nuit noire. Mon cœur bat la chamade. Je transpire. Nos sacs pèsent des tonnes, remplis de bouquins. Ding dang dong : dernier appel pour la famille Favre à destination de Marrakech... Oui, oui... on arrive ! Attendez-nous !

Ce n'est pas une première.
À nouveau, nous quittons tout.
Sans regrets.
Avec Hervé et les enfants, je me sens forte et vivante. Heureuse comme jamais.
Libres comme le vent.

Et *Kangaroo*, où nous mènera-t-il cette fois ?

* * * * *

Les semaines défilent, les mois s'égrènent puis arrivera l'époque des cartes de vœux.

Ouvrir la boîte aux lettres et voir son nom écrit à la main, sur une enveloppe qui ose même la couleur.

Réaliser que l'expéditeur a pris le temps d'écrire un mot vraiment personnel, en pensant à vous. Ne pas être qu'un simple pion, nom griffonné rapidement sur l'enveloppe, tiré de la liste des envois qu'il faut faire chaque année.

Douze mois se sont écoulés. Avec des chassés-croisés dans les boîtes mails, sur les pas-de-porte, quelques soirées communes avec des rendez-vous planifiés par Doodle où on vous ressert pour la 3e fois les mêmes blagues, des messages sur le répondeur et voilà que la planète a de nouveau fait son petit tour autour de notre soleil, que nos amis divorcent sans crier gare, que des enfants arrivent au monde ou quittent la maison, sans compter ceux qui sont rattrapés par des maladies ou qui partent pour leur dernier voyage, sans retour.

Rencontres de rue… Ah ! Vous êtes revenus ? Mais combien de temps êtes-vous partis finalement ? Avez-vous vu des dauphins ? Et des pirates ? Après trois questions – toujours les mêmes – la conversation repart sur un sujet plus terre-à-terre, plus maîtrisable, plus conformiste.

C'est frustrant de ne pas pouvoir raconter ce que l'on a vécu.

Et une lettre agrémentée de quelques photos, c'est vraiment trop court. Surtout dans notre cas.

Il y a également l'idée du partage qui me trottine dans la tête et pour lequel nous sommes sollicités sous forme de conseils ou d'articles ; cela pourrait s'appeler le « retour d'expériences ».

Et démontrer qu'il suffit de peu pour être heureux… le bateau, laboratoire de la décroissance ?

À chacun ses bonnes résolutions. La mienne sera donc de vous raconter notre aventure. Mais par où commencer ?

Première partie
Une année "sabbatique"

La préparation

Rêve de toujours

Depuis l'adolescence, je rêvais de traverser l'Atlantique.

Larguer les amarres de ce quai à La Rochelle, à la quarantaine, avec deux jeunes équipiers âgés de 8 et 10 ans, un bateau conçu selon nos souhaits et une année entière qui s'offrait à nous sur un tapis de mer bleue : que demander de plus ? C'était comme passer dans une autre dimension. Tout prenait un sens. Qu'importe la suite, j'allais franchir la ligne de départ.

Cela ne s'est pas fait sans difficultés : mais pourquoi choisir la voie la plus facile si elle ne convient pas ? La construction de notre *Kangaroo* aura été une fabuleuse aventure en elle-même.

Le choix d'un bateau reste une longue quête. Un casse-tête. À moins d'avoir un porte-monnaie bien rempli et le coup de foudre. D'où le nom de code que nous avions donné à notre nouveau projet « Le mouton à 5 pattes ». Tout était à décider : une ou deux coques, neuf ou d'occasion. Au fur et à mesure de nos essais, avec notre expérience et au gré des locations de bateaux, nos choix s'affinaient.

Notre projet avait vraiment démarré lors d'une semaine passée sur un Outremer 45, ces catamarans bien inspirés construits à la Grande-Motte. C'était le mois d'octobre, hors saison, le meilleur moment pour tester un bateau sans trop vider la tirelire. Nous étions partis avec les enfants en direction de Porquerolles. Au retour, une petite escale en plein cœur de Marseille, devant la Canebière. Cette impression fantastique d'arriver dans une ville par la mer. Les enfants étaient drôles, curieux, nous étions heureux. Comme ils avaient aimé jouer à l'avant, à sauter sur le trampoline au gré des vagues, bien attachés à la ligne de survie et emmitouflés dans leurs cirés ! Cependant, l'heure était à l'analyse et chaque point soulevé avait été inscrit sur notre feuille A4, de façon à ne jamais perdre de vue nos objectifs et préférences. Cette semaine-là, nous avions définitivement opté pour le catamaran.

Nous n'en étions pourtant pas à notre coup d'essai, plusieurs bateaux ayant déjà tracé quelques sillages dans notre vie. Alors comme prologue à notre aventure sur *Kangaroo*, ainsi que pour bien planter le décor et mieux connaître les acteurs, je vous propose une brève présentation des bateaux qui ont défilé entre nos mains, dans l'ordre d'apparition et au gré de nos expatriations, induites par la carrière professionnelle qu'Hervé menait en parallèle.

Herbert IV

Herbert IV a été mon premier « vrai » bateau. C'était un petit Alcyon 23 de 7 mètres de long (comportant 4 couchettes et 2 plaques pour cuisiner) que ma maman, Sonja, avait acheté sur le lac Léman. Il portait ce nom en mémoire de mon père. Il était amarré à quelques minutes de notre appartement, dans le quartier populaire des Pâquis à Genève. J'aimais tellement nos virées du week-end où l'on se retrouvait elle et moi, sur notre lac. Les petits déjeuners à Thonon après une nuit sous les étoiles et les retours sous spi des dimanches après-midi. Puis la fameuse croisière Eynard du mois d'août, organisée par la Société Nautique de Genève, avec une trentaine d'autres équipages. On n'allait pas vite du tout mais on faisait un beau duo. Les régates à ne pas manquer comme le célèbre Bol d'Or, je les faisais sur les bateaux des copains, afin d'arriver plus vite !

C'est d'ailleurs sur *Herbert IV* qu'Hervé a tiré ses premiers bords durant l'été 95 ; nous nous étions rencontrés quelques mois auparavant, lors de la préparation de notre brevet d'avocat. J'étais fière d'apprendre à mon élu de fraîche date un peu de ma passion. Lui, le sportif d'élite, skieur de fond, marathonien, triathlète, qui n'a jamais peur du ridicule même lorsqu'il se promène dans les rues avec des combinaisons fluos et moulantes ! Je ne suis pas compétitive dans l'âme. J'ai la hantise des lignes de départ et du chronomètre. Cependant, j'étais déjà qualifiée pour lui donner ses premiers cours de voile, ayant dans ma poche outre le permis lac, un brevet de moniteur fédéral acquis à l'école de voile des Glénan.

Alors quand Hervé m'a lancé « c'est bien sympa le bateau, mais ça ne peut pas aller plus vite ? », je n'ai été qu'à moitié étonnée. Je ne pensais cependant pas que cette phrase allait prendre une si grande importance dans notre vie !

Hobby-Cat 16

Premières expériences en catamaran sur « **La Chèvre** ». Avec ses voiles arc-en-ciel typiques, ce bateau a offert à Hervé quelques sensations de plus que mon cher Herbert IV. Bénéficiant d'un excellent emplacement, dans la baie un peu plus ventée de Corsier, il fut remplacé la saison suivante par un autre cata un peu plus performant.

Rapanui

Ce **Ventilo 20** était un très joli engin profilé construit tout exprès pour les navigations lémaniques. Hervé lui avait donné le nom de *Rapanui*, suite au film de Kevin Reynolds réalisé en 1994. Cette fable écologique et sportive l'avait tant impressionné ! De mon côté, ce qui me touche, c'est de voir comme la vie peut-être fantastique pour nous... vous comprendrez plus loin pourquoi !

Je n'ai jamais autant hurlé que sur ce bateau ! Etait-ce parce que je venais d'être maman d'un petit Robin, né en janvier 1998, d'où l'envie inconsciente de revenir entière à la maison ? Je me rappelle en particulier de cette régate plutôt ventée où l'on avait chaviré à plusieurs reprises. Mes seins, comprimés dans la combinaison néoprène avec en dessus le gilet de sauvetage et son harnais bien ajusté, allaient éclater sous la pression tellement ils avaient besoin d'être pris en charge par notre fils que j'allaitais encore. L'arrivée fut un réel soulagement, dans tous les sens du terme !

X-Cape

Un **X-99**, monocoque de 10 mètres, que nous avions basé à Portsmouth afin de naviguer dans le Solent. Dès 1999, notre vie avait pris forme à Londres, lorsqu'Hervé avait accepté un poste de responsable juridique d'une grande banque privée genevoise, alors nommée Lombard Odier. Petite vie de famille plutôt rangée. La jolie maison toute semblable à celle de nos voisins dans le quartier de Fulham. Métro-boulot-dodo avec un arrêt crèche à l'aller et au retour. Cependant, chaque vendredi soir, nous étions prêts pour le départ. Avec notre check-list, on embarquait tout le nécessaire dans notre voiture, sans oublier bien sûr Robin et aussi notre petite Julie, née en mars 2000. C'était également l'époque de nos premières régates en mer. Nos copains racontent encore avec orgueil qu'ils ont ainsi pu participer aux grands rassemblements nautiques mythiques telles que le tour de l'Ile de Wight ou la semaine de Cowes.

Children Action

Le **Pogo 6.50** n°175. C'est là que les affaires se corsent et prennent un tour plutôt inattendu, de mon point de vue. Un jour de printemps de l'an 2000, Hervé se présente devant moi en posant sur la table de la cuisine un dossier bien ficelé. Nous vivons toujours dans notre petite maison de ce joli quartier londonien. Entre-temps, j'ai démissionné de mon poste d'avocate et mes journées se passent au parc et dans mon jardin potager. Est-ce bien cela une vie de rêve ? Les enfants, la maison, le jardin potager, les goûters entre copines, en attente du week-end ? C'est certain, l'esprit d'indépendance de mon mari a d'ores et déjà refait surface. Il a besoin d'un nouveau challenge, de se mesurer à lui-même comme il le faisait à ski de fond. Cette fois, c'est à la Mini-Transat qu'il entend s'attaquer. La traversée de l'Océan Atlantique, de La Rochelle au Brésil, sur un bateau de la taille… d'une coque de noix, puisqu'il ne mesure que 6m50 !

Ai-je vraiment le droit de lui dire non ? L'envie? C'est son choix, sa vie, et nous aimons tous deux les défis et l'aventure. Presque tous les meilleurs marins actuels sont passés par cette filière : que nous réserve l'avenir ?

Tout naturellement, je me sens compétente pour l'épauler. Nous appellerons le bateau *Minimum's*, un petit jeu de mot avec mon surnom

Mum's, acquis à l'adolescence. Et qui a dit que lorsqu'on achète un nouveau bateau, on prend toujours plus gros ? Là, on a réduit la taille d'un coup et presque par deux.

Son sponsor n'est autre que son employeur, qui souhaite ne pas apparaître directement mais propose de lever des fonds en faveur de « **Children Action** », une fondation suisse créée en 1994 et qui soutient des enfants et des adolescents dans le monde. J'aurai la charge du site internet et de l'intendance.

Une aventure formidable, qui nous a tous fait frémir : famille, collègues, connaissances et autres. Un vrai challenge organisationnel qui consistait à mener de front une vie professionnelle exigeante tout en devant se qualifier pour être au départ de La Rochelle. À caser dans l'agenda, 1000 milles en course (1 mille nautique = 1,8 km) et 1000 milles en solitaire sur un parcours sélectif : naviguer de Bretagne jusqu'en mer d'Irlande pour y contourner Conningbeg, un bateau-phare.

Hervé prend donc en main son nouveau bateau, déniché à Sainte-Marine, en Bretagne. Après une petite mise en jambe de deux jours et le tour de l'île de Groix en régate, il attaque directement son parcours de qualification. Au retour de cette épreuve d'une durée de 10 jours, il aura perdu 7 kilos et sera en proie à quelques attaques hallucinatoires. En faisant la sieste sur le canapé du salon à son retour, il a par exemple arraché les rideaux en pensant que les lumières des voisins étaient celles d'un cargo qui fonçait droit sur lui ! Et que dire des affalages de spi de nuit qu'il effectuait en réalité avec la couette de notre lit douillet !

C'est là que j'ai appris que le premier succès des skippers, c'est d'être présent sur une ligne de départ. 60 bateaux engagés, 60 parcours de folie. Et pour notre plus grand bonheur, les résultats sont au rendez-vous à l'arrivée. En cette année 2001, *Children Action* finit 5e de la première étape à Madère et 6e de sa série à Salvador de Bahia. Comme il le dit souvent, « la mer n'est que de la neige fondue, je suis donc toujours dans mon élément ! »

Mon cher mari venait ainsi de traverser l'Atlantique une première fois, et tout seul. L'élève avait surpassé le maître. J'étais heureuse pour lui, et très fière de lui. Un peu jalouse tout de même. Mais j'aime bien l'ambiance des ports et des pontons, alors pour le moment, c'est sans rancune.

J'étais également bien assez occupée pour ne pas avoir trop le temps de tergiverser. Alors qu'il dévorait ses milles – et dans ce genre d'exploit, un marin ne dort que 4 à 5 heures par jour par période de 20 minutes – je visitais des maisons aux Bermudes, notre futur lieu de vie, expatriation suivante oblige !

Ace Girl

Nous avons tout de suite remplacé le Pogo 6.50, vendu trois jours après l'arrivée à Bahia au Brésil, par son grand frère, le 8.50, que nous avons appelé *Ace Girl*, un terme très populaire aux Bermudes, qui signifie « As et fille », une super fille ! Pour la petite histoire, la navigation est tellement primordiale pour les anglais que les bateaux sont les seuls objets inanimés du vocabulaire qui ont l'honneur de ne pas être traité comme une chose (avec l'usage du pronom neutre « it »). Le genre féminin leur est donc attribué, car généralement les marins donnaient à leurs bateaux le prénom d'une femme importante à leurs yeux, telle que leur mère.

Beaucoup de plaisir avec « elle » même si au final, ce n'était sûrement pas le bateau qu'il fallait pour gagner les régates du mercredi soir. Par deux fois, « elle » nous a emmené pour le tour du monde ! C'est ainsi que Robin appelait notre groupe d'îlots qui sont comme perdus au milieu de l'Atlantique. L'excursion se planifiait sur un week-end entier. Prendre le temps d'aller jusqu'à l'unique passe et bien faire le tour de tous les coraux qui s'étendent très loin dans la mer, d'où les nombreux et fameux naufrages dans la zone ! C'était étrange de faire ainsi le tour de l'archipel, dans le célèbre triangle des Bermudes, avec une mer qui virait du bleu profond au vert corail en quelques encablures.

Ace Girl était bien plus adaptée aux régates océaniques telles que la Bermuda One-Two, que nous avons eu le plaisir de courir en couple. Tous les deux ans, une trentaine de navigateurs partent en solitaire de Newport, située sur la côte est des U.S.A, pour rejoindre les Bermudes. Le retour très corsé se fait en double, d'où l'appellation One-Two. Une traversée de 635 milles vraiment technique vu qu'il fallait bien déterminer les points de passages dans le courant du Gulf Stream. La différence de température entre l'océan et le courant est si forte que cela crée par endroit des courants marins importants et des orages féroces. Un des bateaux de la course s'appelait d'ailleurs *Wild Eyes*, des yeux fous. À un moment, je suis sûre que si l'on m'avait photographiée, j'aurais arboré cette même mimique. Des éclairs de toutes parts, une mer déchaînée, le bateau sous spi avec des gerbes d'eau sur les côtés. N'y a-t-il pas un frein à main ? Une télécommande pour arrêter le film ? Dans l'action, je n'ai même pas eu le temps de me poser des questions. C'est après la tempête que j'ai réalisé par où l'on était passé !

Toute cette indépendance avait changé mon homme. Son travail ne lui apportait plus la même satisfaction et pour se consoler, il mangeait plein de sucreries. J'ai réalisé ce fait lorsque je l'ai rencontré par hasard dans le magasin de bonbons, un vendredi après l'école. Nous venions fêter le début du week-end avec les enfants et la jolie vendeuse avait l'air de très bien le connaître ! « C'est normal, nous avait dit alors Hervé, je viens ici tous les jours !»

Il fallait donc prendre une décision. Et avoir le courage de démissionner. C'est donc à regret que j'ai quitté mon île, mes copines, ma maison au bord de la mer, cet endroit un peu hors de la réalité qui me convenait parfaitement pour élever des enfants en bas âge. Sur notre autorisation de séjour, il était même marqué que j'avais l'interdiction formelle de travailler: au moins la question était réglée sur le papier. Je n'avais pas à me poser de questions existentielles sur ma carrière d'avocate qui battait déjà de l'aile. Un monde hors du monde, où la mer est toujours bleue, mais dans lequel certains chopent le blues et se goinfrent de bonbons pour oublier.

Figaro

De retour à Genève, mon homme se lance alors dans une campagne Figaro. Nous sommes en 2004 et au bateau n° 7. Une saison de folie. Il part tout le temps s'entraîner. L'Atlantique est à 1000 km de Genève environ. La Méditerranée est un peu plus proche et il navigue souvent depuis Port Camargue, avec le Centre d'Entraînement Méditerranée. Il cumule les milles en mer et les kilomètres sur route, en tirant son bateau. Certains soirs, nous cousons des dossiers avec de la voile de vieux spi afin d'attirer l'attention des sponsors. L'imprimante surchauffe ; c'est dur de trouver des financements.

Deuxième traversée de l'Atlantique lors de la transat AG2R reliant Lorient à Saint-Barthélémy aux Antilles. Au large du Portugal, le bout du tangon se brise, Hervé ne peut plus utiliser de spi… il dégringole au classement. À terre, entre le site internet et les enfants, j'organise la recherche et l'envoi de la pièce de rechange à Madère. Un vrai service de logistique. À Funchal, Hervé arrive au port, s'amarre, mange un steak avec l'un des organisateurs de la course, répare grâce à la pièce envoyée et repart. Difficile cependant de remonter au classement.

C'est beaucoup plus concluant pour le grand final : **la Solitaire du Figaro**. Cette épreuve annuelle estivale est le summum de la navigation en solitaire. Des marins courent sur le circuit année après année dans l'espoir de voir leur nom s'afficher en haut du classement. Tous les meilleurs marins français passent par la filière avant de s'attaquer pour certains au Vendée Globe. Après quatre étapes d'anthologie, Hervé est accueilli sur la grande scène pour le premier prix du bizuth international. 27e au classement sur 52 skippers. Pour une première, ce n'est pas trop mal. Mais il y a un monde entre la Mini et la Figaro, tellement de différence entre les coureurs et leur budget ! Certaines équipes fonctionnent avec 10 personnes à terre alors que nous ramons à deux derrière ! Impossible de se reposer à l'escale, il faut tout réparer, vérifier. Hervé sort heureux mais fatigué de cette expérience. À moins de déménager en Bretagne, il ne recommencera pas de sitôt.

Wahoo

Heureusement que sur le lac, il y a le **Grand Surprise**, *Wahoo*, acheté depuis notre retour en Suisse avec des amis. Il me permet de tirer quelques bords, d'aller me baigner. Mais je n'arrive pas à être bercée par ces illusions puisque la réalité est la suivante : je me retrouve trop souvent seule à terre et lui toujours en mer. Est-ce à cela que je rêvais ? Ne serait-ce pas le moment de penser à notre projet commun ? Chaque année en novembre, je chope le blues, j'ai besoin de lumière, je soupire en pensant à ces centaines de bateaux qui prennent la route du soleil et des Antilles poussés par les alizés. À quand, enfin, mon tour ?

Le sujet est remis sur le haut de la pile. Les enfants ont poussé, ils pourront bientôt vraiment profiter du voyage. Selon nous, il aurait été dommage de partir trop tôt. Ce sera un projet familial, nous voulons qu'ils en sortent grandis et qu'ils en gardent une marque à vie.

Hervé travaille alors dans une Startup basée à Lausanne qui a lancé le Wavefinder. Daniel Bomottet et Patrick Favre ont inventé un système révolutionnaire servant à la localisation des hommes à la mer. C'est une petite balise que nous aurons bien sûr à bord, mais pour le moment, il s'agit de promouvoir l'entreprise et de trouver un bateau.

Ultime rebondissement lorsqu'un beau jour de printemps 2006, Hervé découvre par hasard qu'un prototype mini-transat, donc bien plus extrême à manier que son ancien mini, se trouve à moins de deux kilomètres de notre maison de Genève ! Ça doit être un signe ! Il s'agit de *Diabolo*, un plan Magnen-Nivelt qui porte le numéro 303. Il avait fini la course à Bahia en 3e position avec Yannick Bestaven à bord. Alors vous devinez la suite ? Hervé se met en quête du propriétaire.

Diabolo

Sur la coque de ce mini était inscrit en énorme le nom d'une société : **TeamWork**. Le courant avec Philippe Rey-Gorez passe si bien que quelques jours plus tard, ce dernier le rappelle. Non seulement d'accord de lui vendre le bateau au prix que nous avions proposé (acheté pour un de ses employés qui n'avait pas réussi à se qualifier), il lui accorde sa confiance en le sponsorisant.

Cette deuxième saison en mini est plus dure que prévue malgré toute l'expérience déjà accumulée. De nombreux problèmes techniques empêchent Hervé d'atteindre son objectif qui était de finir dans les 5 premiers. Il rentre assez déçu de sa 20e place.

La collaboration avec TeamWork continue par la suite, puisqu'Hervé devient leur juriste tout en lançant un nouveau projet voile sur le lac avec les multicoques M2. Vous savez ? Ce sont les premiers catamarans volants ! Pour les déplacer d'un lac à l'autre, on les accroche à des hélicoptères ! Maman les p'tits bateaux qui vont sur l'eau ont-ils des ailes ?

En Fusion

Eté 2006. Je suis retournée aux Bermudes en vacances avec les enfants. Ma copine Yola m'a prêté sa maison, ça s'appelle du *house sitting*. Sur ces îles, avec l'humidité ambiante, il n'y a que deux solutions lorsque l'on part pour quelques jours : soit on dépense une somme considérable en faisant tourner l'air conditionné à fond, soit on met quelqu'un dedans pour aérer tous les coins et éviter les moisissures qui sévissent de partout, sur les meubles, les portes, les habits et chaque endroit où vos petits auront posé leurs doigts. Ne pensez pas que c'est toujours simple d'habiter près de la mer ! En plus, aux Bermudes, toute l'électricité est issue d'une usine qui marche au fuel, ce qui rend cette énergie extrêmement coûteuse. Les éoliennes et panneaux solaires ne sont pas encore au goût du jour, malgré une situation géographique privilégiée pour ce genre d'énergie renouvelable.

C'est la nuit, les enfants sont couchés, tout est enfin calme, mis à part le coassement des grenouilles. J'ouvre mon ordinateur et découvre un message d'Hervé qui me donne les frissons : « Je crois que j'ai trouvé la perle rare » écrit-il.

Je passe alors toute la nuit à rechercher des photos et commentaires à propos de ce Fusion 40, un catamaran australien dont on n'avait jamais entendu parler, mais qui pourrait bien nous convenir.

Quelques mois plus tard, entre les entraînements sur *TeamWork*, le boulot et les enfants, nous planifions un déplacement jusqu'en Australie. Nous sommes en mars 2007. Julie vient donc d'avoir 7 ans – c'est si pratique d'avoir un bébé né en l'an 2000 – et Robin deux de plus. Il est vraiment temps pour nous de se lancer.

Jean-Michel Linck, qui nous a déjà souvent prêté main forte pour réparer ou convoyer nos bateaux précédents et qui a pas mal d'expérience dans la construction navale, fait partie de ce voyage-éclair de 5 jours. Nous sommes si tendus, dans la voiture de location qui nous emmène à Wollongong, au Sud de Sydney, que nous ne parlons guère tous les trois. « Et si nous avions fait tout ce trajet pour rien, jusqu'au bout du monde ? Les photos peuvent être tellement trompeuses. Un bateau en kit, qui arrive en container et qu'il faut assembler. Peut-être que nous exagérons un peu. Pourtant, c'est ce qui fait son intérêt, car ainsi, nous pourrions avoir un bateau de série avec l'aménagement et l'accastillage que nous voulons ! Du sur mesure à prix abordable, adaptable en fonction des propriétaires et des habitudes régionales.

Soulagement immédiat dès que nous apercevons *Shellac*, le numéro 1 de la série. Il a l'air très léger sur l'eau et son cockpit est si spacieux ! Nous sortons du port, il y a très peu de vent et un fort clapot. Pourtant, lorsque Bruce donne l'ordre, nous hissons les voiles et *Shellac* démarre. Nous sommes sous le charme.

La cerise sur le gâteau viendra le soir, lorsque Bruce nous quitte en nous laissant la clef du bateau. « Puisque vous n'avez pas réservé d'hôtel, pourquoi ne pas dormir à bord ? ». Ce ne sont pas des petites souris qui trottaient en fond de cale cette nuit là, mais des Favre et un Jean-Michel tout excités, qui n'arrêtaient pas de tout tester, toucher, mesurer, photographier, imaginer. Les jours suivants furent semblables, mais sur des Fusion situés au port d'Airlie Beach, dans le nord de l'Australie, près de la grande barrière de corail.

Une semaine plus tard, de retour en Suisse, nous signons le contrat pour le kit numéro 38 du Fusion 40. Ça tombe bien ! Hervé va avoir 38 ans cette année et moi 40 ! Ça doit être un signe. C'est notre 10e bateau !

Le soir même, autour du plat de pâtes avec les enfants, c'est brainstorming général. Quel nom donnerons-nous à notre porteur de rêves ?

La conversation que nous avions eue en Corse l'été précédent nous avait beaucoup marqués. Au mouillage, il y avait un cata très coloré. Tous les enfants rêvaient d'aller le visiter. C'est ce que nous avions donc fait… mais sans les enfants. À bord de *Mowgli*, Philippe, Virginie et Emma, en train de mettre au point leur nouveau bateau… Ils en étaient à leurs tous premiers bords et allaient partir loin, très loin… et très longtemps. Sans date limite. Le rêve ultime. On a réalisé très vite que l'on se connaissait déjà… du salon nautique de Paris. Naturellement, nous avons parlé décoration et nom de bateau : leur idée avait été de trouver un nom facile à retenir et des couleurs voyantes, qui incitent à la rencontre.

Alors ce soir-là, avec Robin et Julie, on a voulu faire pareil. Et ça a été très vite. Le bateau était Australien, on venait d'y aller… À pieds joints, on a tous fait un bond en avant : un kangourou qui saute sur les vagues, svelte et léger. Mais à l'anglaise. Pour rester international. Le nom était tout trouvé : **Kangaroo** était né.

Kangaroo se jette à l'eau

Mise à l'eau

(Note : les passages en retrait ont été tirés de notre blog ou d'emails et peuvent avoir subi quelques modifications pour s'inscrire dans le récit. Ils sont toujours écrits par Muriel à moins que cela ne soit dûment précisé)

S'adapter. Dès le départ. Composer avec la réalité. Le 18 juillet 2008, après avoir fermé définitivement la porte de notre maison, nous nous sommes retrouvés à 1000 km de là, sous l'un des arbres du camping du Soleil de La Rochelle. Au moins, notre nouveau lieu de vie portait un joli nom et se trouvait fort bien placé, à deux pas du port des Minimes. Pas comme notre beau catamaran, toujours coincé en rase campagne, au stade des boulons – accastillage – finitions - certifications, bref, pas terminé du tout.

Situation un peu stressante sachant que nous n'avons prévu qu'un an de voyage. La date définitive de départ a été fixée autour du 26 septembre, un clin d'œil vu que ce sera nos 10 ans de mariage et juste après le Grand Pavois, le salon nautique de La Rochelle où notre bateau va être présenté. Annulées par ailleurs, les croisières d'été prévues avec les copains pour tester et optimiser « la bête ». Nous sommes désolés pour eux, tristes pour nous, car il faudrait en principe valider le bateau dans de vraies conditions avant de s'échapper pour un an sur les océans !

23 juillet : par Hervé

Plus d'une semaine que nous sommes arrivés à la Rochelle et on bosse à fond pour avancer. Jean-Michel nous a confié la lourde tâche d'accastiller le bateau ! Alors on s'est mis au Sikaflex (colle super collante pour assurer l'étanchéité au niveau du pont, mais qui ne part pas non plus des doigts !), on a positionné à blanc nos poulies de renvoi, on a mis des vieux bouts pour simuler le passage des écoutes, tout ça c'est facile. Le plus difficile dans la pose de l'accastillage, c'est d'avoir la visserie adaptée !!! Et là c'est la galère !

25 juillet

Déjà vendredi. La semaine a filé. Tic-Tac, Tic-Tac. Et dans une semaine heure pour heure, nous serons sous la grue. Pour l'instant, tout le monde travaille d'arrache pied. Les menuisiers, les peintres, les petites mains comme nous. Hier, on a finalement posé tous les pièces qui tiendront le trampoline à l'avant. J'adore cette ambiance de chantier. Et j'ai une chance extraordinaire : pouvoir passer du travail intellectuel au manuel dans la même journée. Je réalise que je me sens de mieux en mieux. Je m'épanouis.

La nuit, dans la tente, si on n'est pas trop crevés, on partage tout avec Hervé ! Je veux dire, le livre et la lampe de poche. C'est chacun son tour de le tenir, et l'autre fait la fée clochette pour tourner les pages. On nous a prêté celui d'une famille partie en 2001 et on étudie leur parcours. C'est cool, même si nous ne partirons pas comme eux. L'ambiance d'un rallye est certes sécurisante pour certains, mais vu notre niveau de navigation, ce serait vraiment une entrave. Vive la liberté, du début à la fin ! On rencontrera assez de monde en route !

La sortie de *Kangaroo* du chantier est agendée au 31 juillet. Sûrement trop tôt question timing vu qu'à l'intérieur, *Kangaroo* est loin d'être terminé et que les trajets entre le chantier et le port ne vont pas faciliter la tâche des ouvriers. Mais il nous faut avancer également sur la suite des étapes qui ne peuvent se faire qu'au port, à savoir la pose du mât, qui engendre la découpe des voiles, etc. Tout est malheureusement lié.

Voici le moment très fort en émotion, un peu comme un accouchement. Le camion enfile ses forceps à l'intérieur du hangar et petit à petit, en sort notre bébé. Tout était calculé pour que ça passe, sur les côtés et en hauteur. Un événement fabuleux.

31 juillet

J'ai pu assister de très près au convoi exceptionnel, assise dans la voiture du chauffeur de derrière. Il devait être le roi de l'auto-tamponneuse. Il avait une main sur le micro et zigzaguait de droite à gauche de la route, de toute la route, pour annoncer au camionneur de devant tous les dangers. Et notre bateau qui sautait, sur les poteaux, autour des ronds-points, frôlant les arbres, se braquant sur les trottoirs ! À mourir de rire ! Quelle maîtrise de la part de cette équipe !!! Le lendemain, jour de notre fête nationale, *Kangaroo* a pu enfin toucher l'eau.

Des mois que l'on attendait cet instant ! Et nous n'avons pas été déçus, cette journée restera à jamais gravée dans nos mémoires. Parce que ça ne s'est pas du tout terminé comme prévu.

1er août : par Hervé

Tout avait très bien commencé, la grue est venue soulever *Kangaroo* et le verdict est tombé : 4,5 tonnes ! Génial. Puisque notre choix de bateau s'était focalisé en très grande partie sur la question cruciale du poids. Coup de chapeau !

Mise à l'eau parfaite, aucune voie d'eau à bord, le motoriste est là pour la mise en service des moteurs qui démarrent au quart de tour. Jean-Michel manœuvre son bébé avec les commandes moteur, il maîtrise comme un chef. Le bateau flotte bien au dessus de sa ligne.

Au moment du mâtage, tout se corse. Les gars de chez Selden, le fabricant, sont là pour monter le gréement. Le premier souci survient lorsque nous essayons de monter l'enrouleur de voile commandé chez un autre fournisseur. Les pièces s'avèrent non compatibles. Toutes les complications s'enchaînent, avec comme épée de Damoclès la France qui ferme pour 2 semaines jusqu'au 15 août ! Après réflexion, nous optons pour un autre système que Muriel part chercher à deux heures de là. Entre temps, je suis livré au bon vouloir du grutier qui revient à 14 heures en disant qu'il peut procéder à l'opération de mâtage sur le champ.

Branle-bas de combat. Et dans ce stress ambiant, alors que notre superbe mât profilé est déjà à plus de trois mètres du sol, le bout utilisé par le grutier casse et tout s'arrête. Le mât gît par terre, il est fendu. Il faut le changer.

Hervé est dévasté. Mais s'obstine. Il faut réagir sur le champ. Il trouve alors un camion qui vient récupérer le mât – qui mesure tout de même 18 mètres 60 – pour le ramener près de Nantes. Les gars de Selden sont supers, ils vont exceptionnellement nous en préparer un très rapidement.

Beaucoup d'émotions en une seule journée, notre planning ayant encore pris une semaine de retard. Sur le moment, c'est comme si le temps s'arrêtait.

21 août

J'ai répondu ce soir à un email qui me demandait de mes nouvelles… Ca va, mais ce n'est pas tous les jours facile, nous n'avions pas prévu de devoir passer autant de temps à finir ce bateau. Et puis à côté, il y a les enfants et notre aventure ! Car oui, ça fait 25 ans que j'y pense et c'est génial de savoir que je vais enfin, à 40 ans, faire ma transat !!! Et en plus, super bien accompagnée et sur un super bateau ! Car il est génial. Petit à petit, je peux tout tester, les couchettes, la salle-de-bain, la cuisine. Et tout ce qu'on a commandé se met à sa place. On a vraiment une sacrée chance.

Peut-être que l'on vit tout ceci un peu différemment des autres familles qui partent. Ce sera la quatrième traversée de « la gouille » pour Hervé donc pas du tout une inconnue. Et tout le monde aime naviguer à bord, même si Julie est un peu moins « accro » que nous - quoi que sur la photo, elle est accrochée, puisqu'elle est montée presque tout en haut du mât !

Et que fait-on de nos journées ? Ce matin par exemple, on a mis en place les sous-barbes du bout dehors (oh là là, que c'est technique pour certains, ça). Ça devait être rigolo de nous voir. Hervé dirigeait les opérations et réglait les hauteurs, je m'occupais du matelotage (j'adore jouer avec les bouts en dyneema), Robin hissait le gennaker et Julie… euh… elle lisait Harry Potter dans le trampoline !!! Que du bonheur !

Cependant, je m'inquiète aussi car j'ai peur que les enfants trouvent le temps trop long… le départ n'est prévu que pour fin septembre. On veut rester encore après le Grand Pavois pour les essais, finaliser notre départ et commencer vraiment nos préparatifs ! Car au niveau du programme, ce n'est pas clair du tout. Oui, le début c'est Madère, Canaries, Cap-Vert… mais ensuite… euh… faut encore qu'on regarde la carte.

L'école commence officiellement lundi en Suisse ce qui me laisse 4 jours. D'ailleurs, je ne sais même pas où j'ai mis les bouquins ! Ils sont enfouis sous des sacs au chantier ! Cette question précise va se résoudre rapidement. Nous verrons bien comment les enfants vont s'acclimater et ça les occupera deux heures de leur journée… c'est toujours ça ! Après, ils feront un peu comme d'habitude… beaucoup de lecture (facile, on est amarrés juste à côté de la bibliothèque, c'est génial), des jeux sous les jets, des balades pour aller acheter le pain, parfois accompagner les parents même s'ils préfèrent nettement le trampoline ou l'annexe !

Note : le bateau

Cata ou monocoque… tout dépend du programme et du budget.

Nous nous sommes lancés dans le multicoque en raison de notre programme qui devait comporter beaucoup de vent portant, soit du vent qui vient de l'arrière et qui vous pousse, qui vous porte ; le bateau ne cogne donc pas dans la vague. On dit également que l'on ne fait jamais de près aux Antilles. Ceci n'est absolument pas vrai. Les conditions de vent dans la région sont souvent exigeantes.

Nos options non-négociables : un bateau léger pour avancer dans le petit temps, un grand mât pour porter beaucoup de voile, des dérives pour mieux remonter au vent, 2 barres pour une bonne visibilité lors du réglage des voiles, des manœuvres de port et le plaisir d'être à la barre. Ainsi que le prix.

Le concept du Fusion 40 nous a donc convenu parfaitement, car nous avions la possibilité d'aménager le bateau à notre guise, à savoir le plus simplement et légèrement possible. Le jour de sa mise à l'eau, *Kangaroo* a été pesé à 4,5 tonnes, sans le mât. La qualité des finitions n'était pas primordiale pour nous, habitués au côté rustique des bateaux de course. Mais c'est un point que je ne négligerai plus à l'avenir, car il est indispensable pour la revente. À Saint-Martin, nous avons rajouté une éolienne, venue appuyer notre installation solaire de 320 watts. Avec cela, jamais de bruit de moteur au mouillage pour recharger les batteries. Le bateau était entièrement équipée d'ampoules LED de couleur chaude, nous offrant ainsi un cadre agréable de nuit, à l'intérieur comme à l'extérieur, sans avoir à se soucier de la consommation.

La coque tribord était le règne des enfants. Une cabine double pour chacun d'eux, la plus petite à l'arrière étant par ailleurs la plus prisée, puisqu'elle offrait un sentiment de sécurité, de cocooning. À bâbord, la cabine arrière des invités était aussi celle que l'on utilisait le plus pour dormir en navigation. Deux salles de bains seulement, soit une dans chaque coque, et bien heureusement! Il y a déjà assez à nettoyer et à réparer comme cela. D'ailleurs, la salle d'eau la plus utilisée fut la douche de l'extérieur, et pour les toilettes… pareil !

Le carré de plain-pied se composait d'une cuisine avec deux feux, car il est rare en bateau et même à la maison de cuire trois choses en même temps, un four, un vrai frigo avec une porte inox, un grand évier rond qui comportait deux robinets : un pour l'eau douce (froide et chaude) et une prise directe pour l'eau de mer. Il nous est d'ailleurs arrivé de confondre les deux: le café préparé à l'eau de mer a été instantanément recraché, c'est juste imbuvable !

LE SILLAGE DES FAVRE EN MER – *KANGAROO*

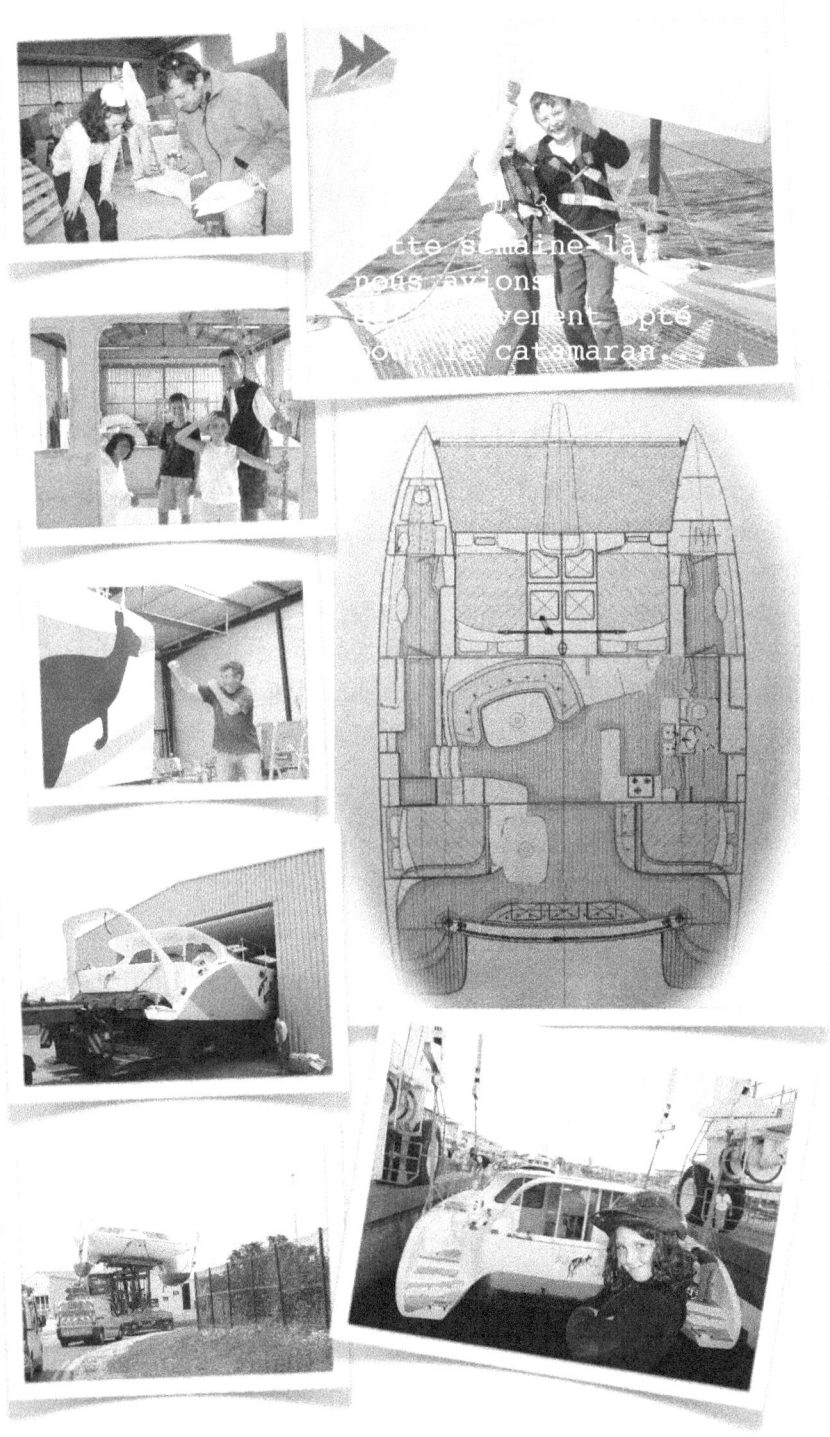

Une année "sabbatique"

Une belle table à cartes disposée dans le sens de la marche, qui sert donc de bureau, puisque l'on navigue de moins en moins avec des cartes en papier ! C'est le règne des instruments de navigation : GPS, radar, baromètre, carte électronique, niveaux d'eau douce et de fuel, etc.

Une grande table ovale avec un canapé en faux alcantara lavable jaune miel, qui a quand même trouvé le bon goût de se parer de taches de moisissures dès notre arrivée dans des pays à taux d'humidité important. Il a fallu passer des heures à frotter ces dernières, et toutes n'ont pas disparu ! Ce canapé pouvait se convertir en un grand lit double supplémentaire, amenant le total des couchages à 10, grâce à trois poufs dans lesquels on pouvait stocker une grande quantité de nourriture.

Notre voile fétiche aura été sans aucun doute le gennaker. Facile à gérer. Polyvalente. Indispensable selon nous. Le spi aura moins servi que prévu, la chaussette également, que l'on a remisée dès les premières navigations. Fabuleux également le lazy-jack, afin que la grand-voile se plie plus ou moins d'elle-même. Les prises de ris et les drisses se trouvaient en pied de mât, vu la facilité d'accessibilité et la stabilité du bateau.

Mettre les voiles

Mettre les voiles. S'en aller.
Mettre les voiles. Sommes-nous tous parés ?

Je veux rassurer celles et ceux qui sont en train de s'embarquer avec nous et qui se disent déjà : je ne vais rien comprendre du tout, les chapitres précédents étaient du chinois pour moi.

Pas de panique. Nous sommes tous passés par là. Au lieu du lexique en fin de livre que vous ne feuilletterez sans doute pas, je propose quelques petites notions de base. Un mini cours de voile. J'ai l'habitude. Vous pourrez-vous y référer de temps à autre et d'autres notions viendront au fil de la lecture. A la fin, il n'y aura pas d'interrogation.

Et puis, il en faut pour tous les goûts. Vous aurez donc le droit de sauter les passages techniques. Et ceux qui veulent déjà aller préparer le bateau, qui ne tiennent plus en place, eh bien, qu'ils passent simplement au chapitre suivant. Commençons :

Un monocoque est un bateau à une coque. Un bateau à plusieurs coques est un multicoque. *Kangaroo* est un multicoque à deux coques, c'est ainsi un catamaran (cata-marrant ? en abrégé « cata »). Un bateau à trois coques est un trimaran.

Le **carré** est l'endroit « commun » qui se trouve à l'intérieur du bateau et qui comprend le salon, la cuisine. On y est à l'abri. Ensuite, il y a les chambres à coucher, nos cabines.

Le **cockpit** est l'endroit commun qui se trouve à l'extérieur du bateau, où se trouvent les bancs pour se poser, la table s'il y en a une, et bien entendu, la **barre** (le volant) et toutes les manœuvres.

On ne dit jamais corde sur un bateau. C'est totalement prohibé. La seule corde qu'il peut y avoir est celle de la clochette de quart ; nous n'en avions pas. Un **bout** (avec le « t » de la fin prononcé) est un cordage en général.

Le lexique marin est très précis et chaque cordage/bout est adapté à une tâche. Pour lever les voiles en hauteur, les **hisser**, nous utilisons une **drisse**. En général nous hissons la grand voile (la voile principale qui est enfilée dans le mât et sur une **bôme** -ce long poteau horizontal) et une voile d'avant, qui varie selon les conditions et qui change de nom à chaque fois.

C'est parfois très dur de tirer sur ces drisses et ces bouts, alors nous utilisons un **winch**, un espèce de treuil, que l'on manie à l'aide d'une **manivelle** de winch.

Lorsque la voile est bien haute, bien établie, accrochée en haut du mât, il faut encore pouvoir la régler en largeur. Pour cela, il vous faut un cordage qui s'accroche à la pointe libre de la voile et qui se nomme **écoute** (à nouveau, vous pouvez la régler avec un winch et une manivelle).

Lorsque les voiles seront hissées, vous chercherez le vent pour voir d'où il vient. Si vous l'entendez siffler dans vos deux oreilles en même temps, vous serez **face au vent**. Là, le bateau ne peut pas avancer. C'est bien simple. Vous aurez beau tirer ou lâcher vos écoutes (tirer = **border** et lâcher=**choquer**), vous reculerez… !

Avec le vent dans le dos, plus de problèmes. Le bateau avancera. C'est l'**allure** la plus agréable et une des plus rapides. Ah… mais que veut dire allure en terme de marine ? L'allure est l'orientation du bateau par rapport au vent. Si le vent vient par l'arrière du bateau, je suis à l'allure **vent arrière**, s'il vient par le côté, je suis à l'allure **vent de travers** et s'il vient par devant, je suis **bout au vent**.

L'allure la moins commode est **le près**. Je vous en parlerai souvent. C'est l'allure qui vous permet d'aller le plus près de la direction de là d'où vient le vent. Quand vous voulez vous rapprocher de l'axe du vent vous **lofez**, et lorsque vous voulez vous en éloigner vous **abattez**. Sur un monocoque, le près est l'allure où le bateau gîte le plus, où vous avez lofé au maximum. Imaginez-vous entrain de coudre à la machine. Un point de zigzag. Vous voulez coudre tout droit et la machine fait de beaux zigzags bien solides et bien triangulaires. C'est ça le près. Faire des zigzags en direction du but, nous appelons cela **tirer des bords** (de près) ou louvoyer ; pour passer du zig au zag, nous devons **virer de bord**. Le vent qui gonflait les voiles d'un côté, les gonflera alors de l'autre. Il faut alors bien border (tirer) les voiles pour qu'elles soient bien tendues et qu'elles puissent bien s'appuyer contre le vent.

En vent arrière, c'est le contraire. C'est comme si vous preniez un drap et que vous le faisiez gonfler. Il faut bien ouvrir les bras. Les voiles sont réglées très ouvertes, très choquées. Votre drap est tout gonflé. Et pour passer d'un bord à l'autre, vous devez alors **empanner.** La grand-voile et la bôme vont passer d'un côté à l'autre du bateau, des fois très rapidement. Cela peut-être assez dangereux et il faut bien faire attention à ce que rien ne soit dans le passage, bien baisser la tête…

La grand-voile ou GV est généralement toujours à poste, et nous la réduisons lorsqu'il y a trop de vent. Cela s'appelle **prendre des ris.** On peut en prendre plusieurs. D'abord on prend le 1er, puis par dessus le 2eme etc. On les prend puis on les relâche lorsque le vent se calme.

Les **voiles d'avant** varient selon notre allure et la force du vent. Elles ont toutes un petit nom: lorsque le vent vient plutôt de l'arrière, nous utilisons le **spi** (cette grande bulle souvent colorée) ou le **gennaker.** Il y a aussi le **génois,** le **solent** ou le **foc,** des voiles d'avant plus ou moins triangulaires et grandes que l'on échange selon les allures et la force du vent.

En traversée, nous ne nous arrêtons pas la nuit. C'est impossible. Nous ne pouvons pas jeter l'ancre, la chaîne ne toucherait pas le fond. Près des côtes, lorsque l'on jette l'ancre à l'eau, on dit que l'on mouille, le bateau est alors au

mouillage. On peut également prendre une bouée s'il s'en trouve des disponibles à l'attention des visiteurs. Et si on est obligés de naviguer, alors on se relaye pour pouvoir dormir. On fait donc des **quarts**. Un quart dure le temps que l'on décide.

Nous y sommes presque. Encore un petit effort pour la vitesse du vent et du bateau. L'unité marine est le **mille**, et non le kilomètre. 1 mille = 1852 mètres. Donc 10 milles = 18 kilomètres.

Le bateau avance en **nœuds**. S'il fait 1 nœud à l'heure, nous aurons parcouru 1 mille en une heure soit 1852 mètres. Si *Kangaroo* fait 7 nœuds de moyenne, il aura parcouru 7 milles ou 13 kilomètres (7 x 1,852) en une heure.

La **vitesse** du vent se mesure en nœuds (l'anémomètre peut le calculer précisément) ou également en **force**. C'est un amiral anglais du nom de Beaufort qui a inventé ce concept. C'est un système ingénieux car il permet de mesurer le vent par rapport à l'état et la surface de la mer.

L'échelle Beaufort comporte 13 degrés (de 0 à 12). Par exemple, à Force 1 (soit de 1 à 3 nœuds), c'est une très légère brise et il y a des rides sur la mer qui ressemblent à des écailles de poisson.

Par jolie brise, à Force 4 (soit de 11 à 16 nœuds), il y a des vagues et de nombreux moutons blancs sur leurs crêtes.

Par vent frais, à Force 6 (soit 22 à 27 nœuds … ça on connaît bien!), il y a des crêtes d'écume blanches, des lames, des embruns. A terre, les parapluies sont susceptibles de se retourner…

Lorsqu'il y a 0, il n'y a pas de vent.
Force 12 c'est l'ouragan.
Allez, c'est tout pour le moment…

C'est parti !

Vous trouverez les cartes du parcours en p. 486

Première traversée

24 octobre : La Rochelle-Madère, 7 jours

Alors ça c'est chouette ! Mon Mac, même en pleine mer, suit le rythme et me donne la date. Ouf ! Avec ces interminables finitions et notre immense envie de larguer les amarres, on est un peu partis dans la précipitation.

Aucune larme. Juste la certitude que nous allons dans le bon sens, impression d'accomplissement. Nous sommes dans notre élément.

Pourtant, c'est le fameux golfe de Gascogne qu'il va nous falloir traverser ! Pour le moment, on agite tous les bras, on crie. Eric de l'Edel a pris congé pour que Jean-Michel et Chloé nous accompagnent sur l'eau. Les deux catas naviguent côte à côte pendant une demi-heure. Ensuite, l'Edel fait demi-tour. Les bateaux se retrouvent dos à dos et la distance entre-eux s'allonge inexorablement. Jean-Michel voit son travail titanesque partir au loin avec nous, heureux.

Les conditions sont parfaites mais un peu musclées. Il faut apprendre à connaître le bateau, et de nuit, ce n'est pas une mince affaire. D'autant plus qu'il nous faut trouver le minimum, genre une lampe de poche, un Wavefinder à glisser dans la poche. On va au plus simple pour le repas du soir, une soupe de poisson qui réchauffe. Mais on la mange dehors… pour cause de mal de mer !!!

Nuit noire. Pas de lune, pas d'étoiles. Tout est caché par les nuages. Difficile de barrer en ne voyant pas les vagues. Mais *Kangaroo* avance, et vite. 8-9 nœuds de moyenne. Les enfants dormiront toute la nuit tandis qu'Hervé et moi nous nous relayons à la barre toutes les deux heures.

Quel plaisir de se réveiller le mercredi matin. Un rayon de soleil et… des rayons de soleil. Robin, Julie et Hervé sont les trois assis dans le cockpit. Avec des visages si pleins de bonheur. Autour de nous, que du bleu. Un désert d'eau selon Julie qui se mue en poétesse !

Mercredi : encore une journée « repos ». On a besoin de décompresser. La météo est avec nous, même si les vagues ne sont pas très gentilles mais le bateau tape très peu. Pas d'école, pas d'organisation. On se relaye, on dort, on mange, on vomit : on s'acclimate quoi ! La nuit est bien plus sympathique. Julie fait son quart avec moi, tandis que Robin en fera un avec son papa… C'est quand même cool d'avoir un papa qui a l'habitude de naviguer et qui connaît la route. On a dénombré en tout trois étoiles filantes.

Jeudi : terre… nous voilà au large du Cap Finistère. J'attends impatiemment de voir les dauphins mais vu les conditions, ils préfèrent peut-être rester sous l'eau ? J'ai raté la baleine. Pas grave. On en verra d'autres. Ce matin, on a fait un peu d'école et on a réussi à passer l'après-midi dans le carré à l'intérieur. La mer se calme un peu, le vent aussi. J'envoie des sms pour rassurer nos proches car il y a du réseau ! Hervé s'attaque petit à petit à l'électronique du bord. Il a de quoi s'occuper…

Note : sécurité, banane et mal de mer

Nos enfants détestant les bananes (oui, c'est possible !) ce n'est pas du fruit que je veux vous parler, même si c'est un aliment qui est bien agréable en cas de mal de mer, puisque c'est le seul qui garde son goût et sa texture… lorsque l'on vomit ! Il permet ainsi d'apporter quelques calories lors des allers-retours.

À bord de *Kangaroo*, chaque équipier avait sa propre banane, un petit-sac que l'on accrochait autour de la taille et dont nous avions rendu le port obligatoire lors des quarts en solitaire et de nuit, ou par très mauvais temps, avec bien sûr un gilet auto-gonflant coupé en V de chez Certec, le plus agréable à porter du marché. Son contenu : une fusée, un sachet fluorine, un liquide vert fluo à déverser autour de soi afin de permettre une meilleure visualisation dans l'océan, un couteau ainsi que la balise Wavefinder. En cas de déclenchement de la balise, une sirène stridente se serait mise en route et un écran nous aurait indiqué la direction dans laquelle aller pour retrouver l'homme à la mer. Une sécurité nécessaire, d'autant plus que nos enfants ont commencé à prendre leurs quarts seuls pendant la première traversée de l'Atlantique.

Quant au mal de mer, il vaut mieux essayer de le stopper dès les premiers relents. Pour ma part, je prenais de l'homéopathie en prévention (Cocculine) puis passais aux choses plus sérieuses avec le fameux Stugeron (que l'on trouve en Suisse), le seul médicament qui ne me fait pas dormir. Un bon Coca-Cola par dessus et le tour pouvait presque être joué. Quant à Julie, elle a toujours refusé de tricher. C'est donc la championne du bord. Elle a totalisé pour la première traversée 27 vomis, et son score a baissé avec le temps. Son truc : en sortant du carré, suivre des yeux l'écoute de grand-voile qui t'indique la direction où vomir… c'est toujours mieux de le faire « sous le vent », ça tache moins le bateau et tu en reçois moins dans la figure.

Madère

28 octobre : Terre, voilà Madère !

Mouillage chaotique dans la baie de Funchal, qui normalement est d'un calme plat. Mais pas ce soir. Zut ! Moi qui rêvais de terre ferme, j'ai largué l'amarre du Zodiac avec Hervé et les enfants à bord. Vu que c'est notre premier mouillage, on avait peur de laisser *Kangaroo* tout seul, surtout dans ces conditions. Ils sont donc partis chercher Nicolas, Effi et Emilie, qui ont choisi la voie facile pour venir à Madère... l'avion.

Notre première traversée a pourtant été super rapide. Robin a fait les calculs comme exercice de maths tout à l'heure. Vitesse moyenne sur 7 jours : 8,7 nœuds pour les initiés. Pas mal. Tout a été super cool jusqu'à hier, pendant la nuit, où Hervé me propose de prendre un ris (réduire la surface de voile) au changement de quart (on reste éveillé chacun 2 heures). Il commence à pleuvoir et le grain a l'air méchant. Sauf que ce n'était pas un grain. Invisible sur les fichiers météo, ce coup de vent nous est tombé dessus. Pratique car ainsi, on peut vous dire que nous avons testé le Fusion dans toutes les conditions. Mamma mia ! Avec une grand-voile à 3 ris, rien devant, on a dévalé des vagues de 5 mètres en atteignant une fois la vitesse de 18,9 nœuds !!!!! Epuisant. On a pas dormi. On a essayé mais... c'est super stressant. Maintenant que je suis « tranquille » face au port, je peux vous le dire, Hervé a choisi un bateau qui se comporte super bien. Bon, y'a eu un peu de casse... due à notre manque d'expérience sur le support et au manque de chance. Car c'est pas facile de tout gérer dans la nuit noire.

Un gros bravo à Robin et Julie, qui se sont comportés en grands marins. Julie n'a d'ailleurs pas vomi aujourd'hui, à croire qu'elle préfère la tempête ! Ça m'étonne d'ailleurs qu'ils n'aient pas été si impressionnés que ça. L'innocence. La confiance.

Les lumières viennent de s'allumer dans la ville de Funchal. Inscrit en énormes lettres dorées, « FUNCHAL 500 AÑOS ». C'est fou ce que l'homme peut faire en 500 ans. Il y a des maisons partout. Ces immenses collines sont remplies d'habitations où presque chacune a vue sur la mer. Du port, on ne voit plus les forêts qui ont pourtant donné le nom à l'île, puisque *madera* veut dire « bois ».

Bon, je vous laisse, car je reçois ce soir ! Faut que j'aille préparer à manger ! Mon premier plat de pâtes à la sauce tomate avec des copains à bord, dans notre premier mouillage ! N'est-ce pas magique ?

Par Hervé :

Madère, ce sont des souvenirs de régate : en 2004 lors de la Transat AG2R en Figaro, je m'y étais arrêté pour réparer mon tangon. Une escale express où les organisateurs avaient tout prévu : quelqu'un pour nous réparer la pièce, une bonne douche et surtout un steak dans l'un des bistrot du port : Ducouver. À l'époque je ne savais pas si j'avais tant apprécié ce cube de bœuf à cuire soi-même sur l'ardoise brûlante en raison de l'escale à terre ou si c'est la viande qui était tellement bonne. Donc, en 2007, de retour à Madère pour l'escale de la transat 6.50, j'y suis retourné. Et bien, c'était vraiment la viande qui est extraordinaire ! Et maintenant, c'est avec les copains que nous y sommes allés, et là encore on a pas été déçus. Le truc est qu'ils tapent la viande pendant des heures afin de l'attendrir. Comme faisaient nos grands-mères à l'époque. Et le résultat est délicieux : même Julie a mangé seule son gros morceau avec délice.

Un vrai plaisir que de pouvoir profiter sans avoir le stress de la régate en arrière-plan. Madère, c'est déjà l'ambiance des îles. Les gens ne sont pas pressés, le café est délicieux, il y a des terrasses sympas, la température est douce sans être trop chaude. Bref, c'est l'escale idéale pour commencer à déguster un long voyage.

Après la visite des Bolli qui fût très mouvementée, surtout au début en raison d'un mal de mer immédiat et violent pour Effi, nous avons bricolé un peu sur le bateau.

Nous avons cassé le bout-dehors pendant la traversée car j'ai trop tardé à le rentrer le dernier jour quand le vent s'est levé fort. Il s'est plié contre l'ancre et (heureusement d'ailleurs) l'ancre est plus solide que le bout-dehors. J'ai donc scié le tube, récupéré l'embout, puis suis descendu à terre pour trouver quelqu'un pour me remettre des rivets pop. Là aussi, je savais où aller : 20 Euros et 15 minutes plus tard, hop j'avais un bout-dehors comme neuf.

Nous avons aussi un petit souci sur le moteur tribord, il y a un faux-contact sur l'un des voyants d'alarme. Michel, le spécialiste local de Yanmar, est venu voir, il n'a rien trouvé. Il est revenu le lendemain après avoir parlé à l'importateur espagnol et portugais, toujours rien. Finalement, il a proposé de changer une pièce, qui devrait arriver « demain ». Demain, puis le surlendemain, puis un autre jour, toujours pas de pièce. Tant pis, on ne voulait pas attendre plus longtemps, on est parti avant que la pièce n'arrive. Ce n'est pas très grave, on peut quand même utiliser le moteur, c'est l'essentiel.

J'ai également testé l'administration madéroise : afin d'aller visiter les îles désertes et les îles sauvages (deux groupes de petites îles qui sont des réserves naturelles), il est nécessaire d'aller demander un permis. 45 minutes de bus pour monter au jardin botanique et là 30 minutes pour démontrer que l'ordinateur n'est pas toujours un progrès. Alors qu'avant, ces autorisations devaient être remplies en 5 minutes à la main (nom et pavillon du bateau, nombre de passagers, nom du skipper et date de la visite), là ça a pris un temps délirant pour modifier des documents Word. Le pire c'est qu'après avoir imprimé 5 fois les documents, il y avait toujours des fautes qu'elles ont tipexées. Et le plus ironique dans tout ça, c'est que la première phrase du document officiel commence ainsi :

« Ajude-nos a salvar o planeta ! Se receber esta credential por correio electronico, NAO A IMPRIMA ! »

Que l'on a traduit de la sorte : Aidez-nous à sauver la planète ! Si vous recevez cette autorisation par courrier électronique, NE L'IMPRIMEZ PAS !

Bref, faites ce que je dis, pas ce que je fais…

Madère, notre première escale. Avec une grosse déception, tout au début, lorsque nous avons réalisé, dès leurs premiers pas à bord de *Kangaroo*, malgré beaucoup de bonne volonté, que nos visiteurs ne supportaient pas vraiment le bateau. Oui, à ce point là ! Mon repas tant rêvé entre amis s'est révélé être un cauchemar. Ils étaient devenus si verts au contact de *Kangaroo* qu'ils n'ont pu que s'affaler dans leur cabine avec un seau à côté pour vomir. Non, nous n'allions pas les débarquer, vu qu'il était déjà minuit. La nuit peut être réparatrice et porter conseil. Sauf que le lendemain, ils se sont échappés avant le petit déjeuner. Effi avait même imaginé dans ses rêves-délires d'appeler un hélicoptère pour venir la sauver !

N'oubliez donc jamais de « tester » vos amis avant qu'ils n'arrivent à bord car leur comportement peut avoir une grande influence sur le programme et votre porte-monnaie ! S'ils vous disent qu'ils ont le mal de mer, rien ne vous oblige à leur forcer la main…

Le lendemain, en tant qu'experts de Funchal, nous les avons guidés vers la petite pension que nous aimions bien. En un rien de temps, ravis et revigorés par la tournure des événements, ils se sont installés dans la chambre que nous avions eue à l'époque de la première Mini. C'était très étrange de se retrouver dans cette situation. Ensuite, nous avons réadapté le programme de ces quatre jours en commun en allant louer une voiture pour effectuer le tour habituel de l'île avec de bons restos et de belles promenades le long des *llevadas* en prime.

À la fin de la semaine, ils sont rentrés chez eux et nous nous sommes sentis très seuls, avec en point de mire les premières réparations ! Le début du parcours habituel du navigateur : sauf que là, nous connaissions déjà une bonne partie des adresses.

Funchal, c'est le paradis des arcs-en-ciel. On peut en voir ainsi plusieurs par jour. C'est à cause de la topographie du lieu.

J'aime ce mouillage si près de la ville. Un petit tour d'annexe et nous voilà dans la foule. Le café si serré et pas cher du tout. Le marché tout coloré. Je ne comprends pas l'intérêt de la nouvelle marina qui se trouve à l'est de l'île. Pourquoi aller se réfugier dans un coin où il n'y a pas de vie ?

Nous avons également fait une apparition dans la presse locale. Je me rappellerai toujours de la photo. Un minuscule *Kangaroo*, réduit à la taille de quelques pixels, une petite tache de couleur vive devant la coque d'un énorme paquebot. L'Independence of the Sea. Enorme mastodonte, 15 étages, 4370 passagers pour 1360 membres d'équipage. Le plus gros paquebot au monde du moment qui arrive à Funchal pour la première fois. Et c'est l'effervescence en ville. Ils refont les vitrines, nettoient les tables, accrochent des posters. Sauf que le soir, c'est la désillusion. La manne est repartie et rien n'a été vendu à part quelques cartes postales et des bouteilles de madère. C'est le flop. Le paquebot tout illuminé scintille dans la nuit et devient de plus en plus petit sur l'horizon. Les restaurateurs font triste mine. Ils s'attendaient au graal et ils sont très déçus. C'est tout le problème de ces croisières « luxueuses », ces usines à touristes flottantes, ce royaume du « tout-inclus ». Ça réduit les escales à une sorte de récréation sur terre, le temps de changer de paysage et de se dégourdir les jambes afin d'être prêt pour attaquer le buffet suivant. Il n'y a que les conducteurs de taxi et autres tour-opérateurs qui sont un peu plus contents de l'affaire.

Tout un monde de différence entre les navigateurs que nous sommes et qui consommons local, le temps de l'escale, tout en donnant du travail aux artisans, et ces grosses multinationales qui construisent des immeubles flottants et polluants dans le but de promener un maximum de touristes… à quand le prochain naufrage avec en prime une dévastation supplémentaire de nos mers ?

Autorisation en poche, nous sommes ensuite partis en direction des « îles désertes ». Sans manquer de tournoyer dans la baie pour voir des dauphins. Enormes. On aurait dit qu'ils étaient nourris par l'office du tourisme du coin.

7 novembre : Les îles désertes

Nous nous sentons libres. Plus de contrainte de temps, nos amis étant repartis. La prochaine visite est prévue vers janvier. Ça nous laisse le temps de flâner. Madère n'étant pour nous pas une découverte, nous décidons de nous rendre dans ces fameuses îles désertes. Jolie navigation au près dans 10 à 15 nœuds de vent, où l'on s'est fait très doucement doubler par un monocoque.

Notre première arrivée de nuit. Très stressante. L'abri semblait minuscule et on ne trouvait pas la bouée.

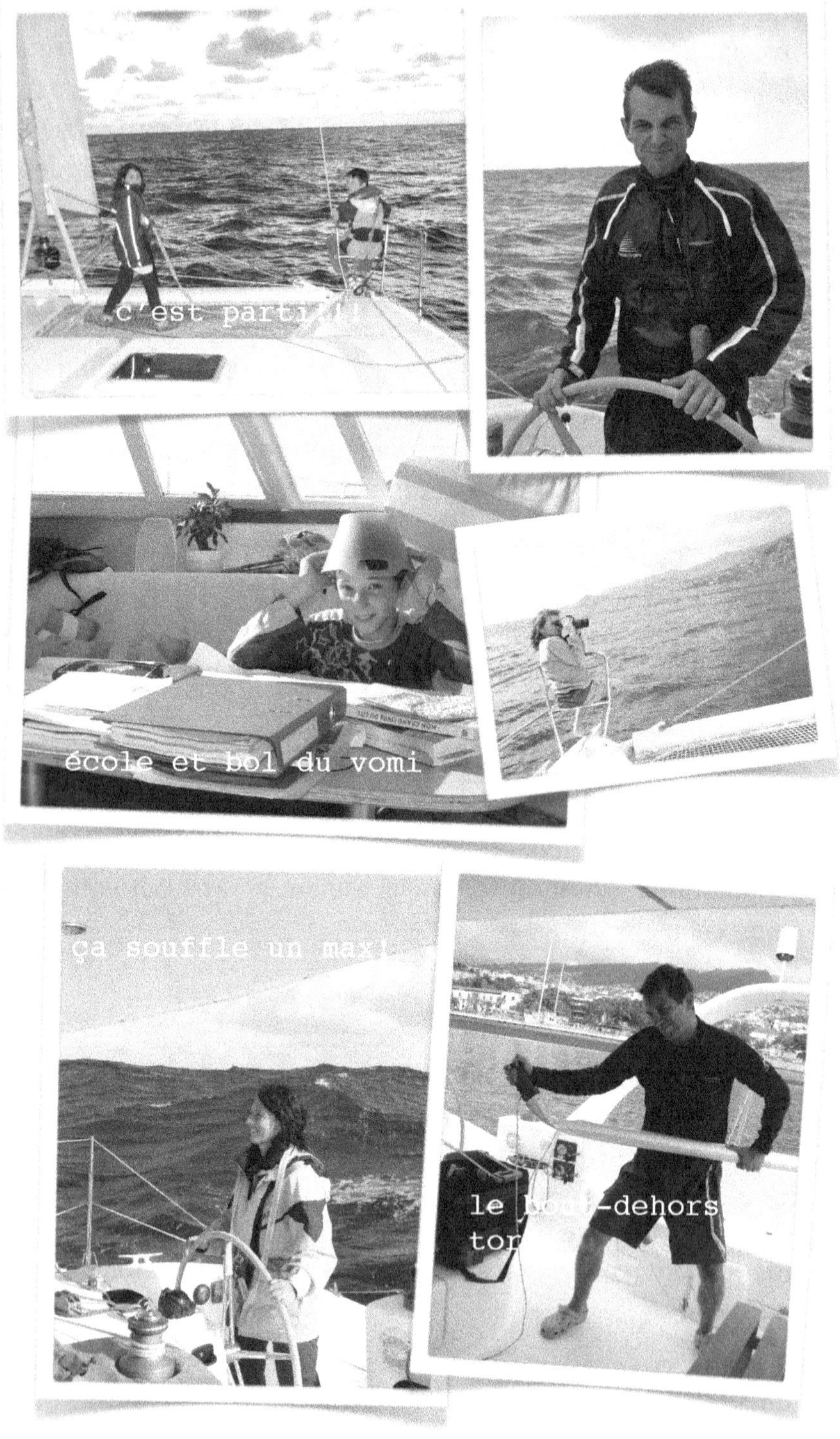
c'est parti
école et bol du vomi
ça souffle un max!
le
-dehors
tor

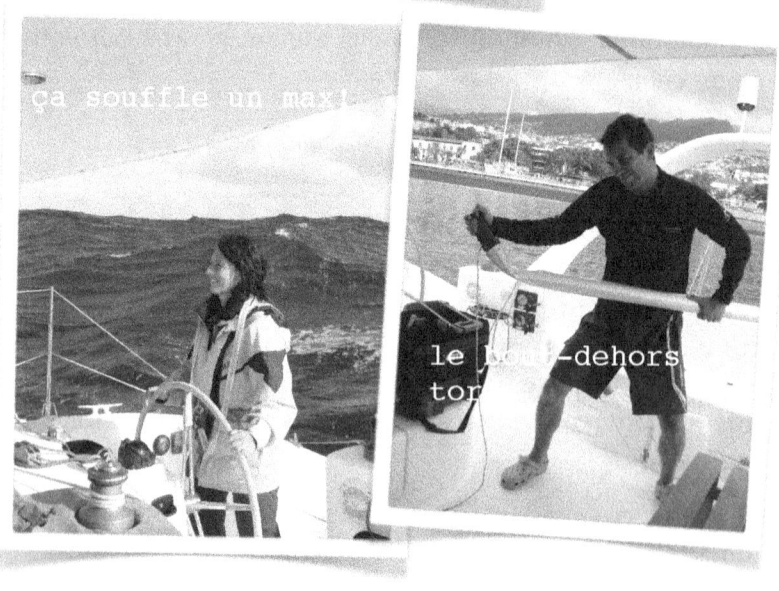

Au matin, nous avons débarqué sur l'île à la rencontre du Ranger qui habite ici par période de deux semaines. Ça lui fait du bien d'être loin de sa femme, qu'il peut imaginer sur l'île de Madère que l'on distingue au loin. Il nous annonce alors que l'on n'a plus besoin des papiers qu'Hervé avait pris tant de temps à obtenir. En effet, plus question de se promener dans la nature. Il y en a qui y sont allés en cachette et se sont cassés la jambe. Alors maintenant, c'est interdiction pour tous. Nous sommes un peu déçus de la situation même si nous comprenons bien qu'il faut prendre des mesures adéquates pour protéger la biodiversité. Et en plus, cela fonctionne ! Le Ranger nous a expliqué que cet endroit est la seule île au monde où la population de phoques augmente chaque année. Il y en a maintenant 35, le petit dernier étant né le jour d'avant.

Nous retournons au bateau pour la première baignade dans de l'eau très frisquette. C'est un bonheur de se retrouver seuls dans un mouillage. Le bruit de l'eau qui tape contre les parois, les oiseaux qui nous survolent, l'idée que des phoques nous entourent. Le paysage est vraiment très aride, escarpé. Ces îles portent bien leur nom.

Pas refroidis du tout par notre journée de près, nous décidons de pousser la découverte un peu plus loin en rebroussant chemin pour aller découvrir Porto Santo. Le vent est très perturbé le long des îles, les enfants font l'école. Puis il s'établit à 15 nœuds au nord-ouest, ce qui fait que nous remontons au près tribord amure. Nous n'avons toujours rien pêché, mais un petrel a fait faire le baptême de l'air à notre Rapala (leurre). La pêche n'est pas un exercice facile. Un oiseau comme première prise… qui l'eut crû ! Nous avons heureusement réussi à le relâcher…

9 novembre : Porto Santo

Petit village très bien entretenu : on est impressionné par leurs travaux de modernisation qui s'intègrent parfaitement à l'ambiance. *Kangaroo* est mouillé entre les jetées du port, à 2 km du centre. Visite de la maison de Colomb. Belle marche de trois heures autour des deux sommets de l'île, avec une descente hors piste dans les cactus. J'ai pas trop aimé cet épisode piquant. Comment se fait-il qu'Hervé n'aime jamais suivre les chemins balisés ???

Ce sont également nos débuts de rencontres entre navigateurs. Le premier plat partagé au mouillage, entre gens du voyage. Avec deux jeunes enfants, nos voisins préfèrent passer des moments à la plage qui est à deux pas des bateaux, alors que nous planifions comme souvent de grimper. Cette île est totalement différente de Madère, avec cette grande baie. Savoir que Christophe Colomb habitait ici avec sa femme Filipa apporte encore plus de magie au lieu. Il semblerait que c'est avec les cartes marines qui appartenaient à son beau-père, le capitaine-gouverneur de l'île, Bartolomeu Perestrelo, que Colomb s'est perfectionné dans l'art de la navigation. L'île est restée très pauvre et ne commence à s'ouvrir que doucement au tourisme. Cela leur permettra d'éviter de grossières erreurs, tant mieux pour eux.

Enchantés par nos belles découvertes, pourtant si proches de l'Europe, nous décidons de quitter les lieux pour les îles sauvages, ça sonne bien après les îles désertes. Un archipel appartenant encore à Madère mais qui géographiquement se trouve plus proche des Canaries. Ce sera un petit arrêt sur la route. Notre autorisation durement obtenue nous donne le droit de nous y arrêter. Le droit, c'est une chose. Encore faut-il pouvoir. Car à l'approche de l'île, au bout de 24 heures de navigation avec un vent qui forcit à 15-17 nœuds, nous comprenons le problème. L'environnement est très sauvage et escarpé et la seule possibilité pour un arrêt est de prendre une énorme bouée, en métal. Nous ne voulons pas prendre le risque d'abîmer le bateau et de toute façon, ce serait un enfer au mouillage, la houle étant très forte, mal de mer assuré.

Nous décidons donc de continuer. Mais vers où ? L'île de Graciosa semble intéressante mais on devrait tirer des bords pour l'atteindre. Finalement, nous décidons d'aller directement sur Tenerife. On ne déroule même pas le solent à l'avant. Sous grand-voile seule, nous avançons entre 6,5 et 7,5 nœuds. L'idée est de ne pas arriver de nuit. Sauf que c'est irréalisable. Il faut trouver un équilibre : sans voiles, on se fait ballotter. Il faut donc en mettre un minimum. Mais même ainsi, nous arriverions de nuit ! Ça doit être le destin. Nous réglons donc le bateau correctement pour arriver au plus vite. Avant la catastrophe.

Note : Les repas

Très rapidement, j'ai eu un gros ras-le-bol. « C'est normal » allez-vous penser. « Quelle idée d'aller se coincer sur un bateau de seulement 12 mètres avec des enfants ». Et ça me fait penser à ma belle-sœur Gabrielle qui, lorsque je lui avais fait part de notre projet de voyage en bateau, s'était spontanément écriée : « Mais c'est horrible, comment vous pouvez leur faire ça (aux enfants) ? ». On est nomade dans l'âme ou on ne l'est pas. Et pour les enfants, c'est l'éducation qu'on a choisi de leur offrir, hors des sentiers bien ordonnés de notre société. Un peu d'air de liberté ne pourra que les rendre plus attentifs, ils auront bien assez d'opportunités pour revenir dans la standardisation.

J'ai commencé à saturer non pas à cause du bateau, mais des repas. Le constat était donc le suivant : petit-déjeuner, repas de midi, collation, apéro, repas du soir. Ça va être tout le temps comme ça ? Nous n'avions pas parlé d'année sabbatique ou d'un terme un peu similaire ? Jamais je n'avais dû tenir un tel rythme culinaire dans ma vie d'avant. Il y avait toujours eu la cantine pour les enfants, les repas pris à l'extérieur, la grève du week-end où j'avais érigé au nom de principe le fait de ne pas manger chaud à midi car un brunch ça suffit amplement et le « jeudi des enfants ». Cette spécialité était apparue à la maison un an environ avant notre départ, un soir où les enfants se battaient pour ne pas mettre la table. J'avais perdu patience et décidé de ne pas cuisiner ; je mettrais la table sans broncher, moi, et ils n'avaient qu'à se débrouiller seuls pour faire la cuisine. Point barre.

- Mais on peut faire ce qu'on veut ? avait dit Robin tout inquiété pour son repas, mais avec une petite idée derrière la tête.
- Oui, avais-je répondu.

Et ils avaient préparé des crêpes ! De la farine s'était envolée en nuage de la cuisine, ils étaient debout sur les tabourets pour trouver les ingrédients, l'évier débordait d'ustensiles. Heureusement que le lendemain était un vendredi et que notre femme de ménage, notre bien-aimée Ginette, remédierait de son coup de baguette magique à la situation ! Pas de quoi en faire un drame ! Plutôt une belle leçon de vie qui s'est vue répétée très régulièrement.

Depuis le début du voyage, j'avais donc pris pour je ne sais pas quelle raison le commandement de la cuisine. Spontanément. Sans rien déléguer. La faute aux gènes féminins ? J'avais pris très à cœur la fonction de « mamma » de bord alors qu'en réalité, la fée du logis, ce n'est pas moi ! Et après deux semaines à ce rythme, je sentais déjà pointer l'ennui de la routine.

Au secours tout l'équipage ! À vous la cuillère en bois ! Pour que ce nouveau mode de vie fonctionne, tout le monde doit y mettre du sien, que ce soit sur le pont ou dans le carré ! La seule différence entre nous tous est que le maître final à bord est le skipper, à savoir Hervé. Car il n'en faut qu'un seul pour ne pas tergiverser au moment de prendre une décision cruciale. Pour le reste, que chacun s'amuse. On ne vit qu'une fois.

Tenerife

13 novembre

Superstition. Je suis de souche italienne. Par ma mère et ma grand-mère. J'ai fait pourtant pleins de progrès. Je passe maintenant sous les échelles et je n'ai « presque » plus peur des chats noirs. Quand j'étais petite, on m'a fait passer des nuits à attendre sur le bas côté de la route que trois voitures pointent leur nez avant de pouvoir continuer parce que non seulement un chat noir avait traversé devant nous, mais en plus, il avait passé de notre gauche à notre droite…

Hervé et les enfants rigolent souvent de cette situation. Pourtant, les croyances ont encore de beaux jours devant elles. Il y a peu, lors d'un petit voyage en Italie, nous arrivons au 2e étage d'un hôtel. Nous avons la chambre 215. C'était censé être une petite escapade romantique, mais notre fille a eu la bonne idée de se casser le bras et n'a pas pu partir en camp de ski avec son frère. Elle tient donc la chandelle et s'amuse à compter les portes du couloir de l'hôtel lorsqu'elle nous demande, étonnée :

- Mais où est la 213 ?

Je lui rappelle alors qu'en Italie, les gens sont toujours superstitieux et que de fait, on ne met pas ce chiffre. Ils rigolent bien tous les deux en écoutant ma réponse et haussent les épaules en levant les yeux au ciel.

Le lendemain, un autre problème se pose. Nous avons alors la chambre 18 et Julie ne trouve pas la 17. Elle m'interpelle avec ses grands yeux ouverts. Et sous le regard incrédule d'Hervé, je leur dis :

- Le 17 ? Ce n'est pas un bon chiffre non plus !

Et là, ils ne veulent pas me croire, jusqu'à ce qu'ils obtiennent confirmation de la maîtresse de maison qui avec ses mains qui s'agitent dans tous les sens leur explique effectivement que le 17, ça ne le fait pas, on risquerait de l'avoir toujours vide, les gens préférant en choisir une autre.

En bateau, c'est pareil. Il y a l'histoire de… la petite bête aux longues oreilles qui aime les carottes. Même à terre, encore maintenant, je sursaute quand j'entends son nom !

Et c'est donc le 13 novembre à 5 heures du matin que nous franchissons l'entrée du port de Tenerife. Nous avons appelé la capitainerie à la VHF et un gars gesticule sur le quai pour nous indiquer la place dans laquelle je vais devoir nous faufiler. Comme toujours dans notre couple, je suis à la barre pour les manœuvres de port. Je trouve bien plus facile d'être à la commande moteur que de devoir sauter à terre avec les bouts d'amarrage dans le but de stabiliser le bateau. Il faut de la force pour cela, et en général, l'homme qui est aux commandes n'est jamais vraiment content, d'où les cris, les incompréhensions, la montée d'adrénaline. Je vous dis, il vaut mieux échanger les rôles, la barre est bien plus facile, question d'habitude. Confiante, je manœuvre donc. Cependant, il y a comme un gros problème et je prends quelques secondes avant de comprendre ce qui se passe. Au moment où j'enclenche les deux moteurs en marche arrière, le bateau ne perd pas en vitesse mais continue à avancer en se braquant sur bâbord. Et boum. C'est le choc. Nos futurs voisins sont réveillés comme dans un cauchemar et sortent nus sur le pont. Nous avons heurté en plein leur ancre postée à l'avant de leur bateau (au port ils n'en ont pas l'usage). Ils n'ont aucun dégât. Tandis que chez nous, ça n'a pas l'air génial.

> Au réveil, les dégâts ont l'air plus importants que prévu. Toute la machine se met donc en route. Faut trouver les spécialistes. Hervé à l'air content d'avoir une femme polyglotte ! Et puis l'attente... viendront-ils ? 19 heures, voilà enfin Raoul. On commence à démonter le moteur à la lueur de la lampe frontale. Surprise. Le câble du levier de vitesse (qui n'a même pas encore 20 heures d'utilisation) est sectionné. Coupé en deux. Normal que ça ne répondait plus ! Bon, on va réparer ça. Décidément, on est très fâchés contre l'entreprise spécialisée qui nous a monté les moteurs. Ils vont entendre parler de nous.
>
> Pour la poutre (la partie en alu qui tient les deux coques ensemble à l'avant), le bilan arrivera deux jours plus tard. On est obligés de l'enlever pour la réparer en atelier. Ça veut dire... tout démonter l'avant, trampoline, ancre, passerelle. On est donc en pleine organisation et la solidarité est de mise. Tout le monde est en train de nous proposer son aide. Il va y avoir de l'ambiance sur le ponton en face de *Kangaroo* demain. Faudra que je prévoie des bières au frigo !
>
> Durée prévue de notre escale technique : 1 semaine. C'est moins rapide que pour les coureurs du Vendée, mais tout s'organise bien et dans la bonne humeur. Et comme chacun a ses petits soucis techniques, je vous dis... ça papote...ça papote...

Tenerife, c'est la première escale où nous commençons à ressembler à des navigateurs au long cours. Les jours passent et se ressemblent un peu. Ecole, réparations, lessives, courses. Alors qu'en France, on pense garantie, réparation etc., on se rend vite compte que depuis l'étranger, c'est tout une autre histoire. Allez donc vous plaindre contre une entreprise… c'est pas elle qui va venir constater et faire les réparations. Loin des yeux, loin du cœur ; l'adage s'applique également ici ! Scénario presque identique lorsque vous avez un bateau qui sort d'un grand chantier. C'est à chacun de se débrouiller, avec les moyens du bord et du port, et heureusement qu'aux pontons, il y a une belle solidarité.

Les garçons s'échangent des adresses, partent ensemble faire la razzia dans les magasins d'accastillage. On s'invite parmi pour faire connaissance et s'encourager, chacun ayant déjà de belles histoires à raconter. Il y a ceux qui potassent leur météo, sachant que bientôt ils partiront enfin pour leur traversée de l'Atlantique, tant rêvée, imaginée, idéalisée.

De nombreuses amitiés créées sur le Ponton 5 nous ont suivies jusqu'à ce jour. Comme ces deux couples de jeunes retraités vigousses, amis de longue date, qui ont acheté ensemble *Kito*, un ancien plan Lerouge. Julie n'en croit même pas ses yeux lorsqu'elle entre dans leur carré. Du haut de ses 8 ans, c'est la seule qui peut tenir debout ! Pour nous, c'est une autre histoire, il faut se recroqueviller pour atteindre le banc du carré. En descendant les marches qui mènent dans les coques, on peut rejoindre les cabines et la cuisine où il y a là, heureusement, la hauteur sous barrot, ce qui veut dire que l'on peut se tenir droit tout en cuisinant. Catherine et Thérèse, je vous admire. Partir à votre âge dans de pareilles conditions, vous êtes des championnes et c'est à méditer. Car vous êtes si sympathiques et pleines d'entrain ! Je comprends votre découragement mais continuez ainsi. En poussant vos limites et en vous extirpant du quotidien, vous vous créez une vie proportionnellement inversée à celle du retraité solitaire grognon. J'en tirerai des leçons.

15 novembre

Cela fait maintenant deux jours que nous sommes à Tenerife. Au loin, des pics rocheux secs, et même la plus haute montagne d'Espagne sur laquelle il a neigé la semaine passée.

Plus proche de nous, la ville, avec ses buildings, ses places, plein de monde… autant qu'à Genève… la vie quoi.

Et le Ponton 5.

Que des bateaux de voyages, dont 3 catas. Des Français, des Suisses, des Hollandais, des Allemands, des Tchèques, des Australiens, des Néo-Zélandais. Chacun avec son histoire, une route qui leur fera traverser l'Atlantique.

Couples, copains, familles avec enfants. Y'en a même un qui arbore le pavillon : *kids on board* !

Autant dire que Robin et Julie se sont fait rapidement des copains. Tous les après-midi, après l'école, c'est « pêche ». Hier ils sont revenus avec un crabe, des crevettes, un petit poisson et une tête d'un plus gros (je ne sais pas si le partage a été équitable).

22 novembre : par Hervé

J'ai soufflé 39 bougies. Et nous avons passé une super journée : d'abord, pas d'école pour les enfants, donc je suis devenu très populaire très rapidement. Ouverture des cadeaux. Ensuite, on a essayé d'aller toucher la neige sur le plus haut sommet d'Espagne. Bon, ben on a raté, il n'y avait pas de neige fraîche à 3700 mètres d'altitude mais l'excursion était superbe. On a marché 3-4 heures, pique-niqué avec des canapés et des mille-feuilles délicieux d'El Corte Ingles, au milieu des cailloux. Le retour a été un peu plus sportif car nous sommes légèrement sortis du sentier pour couper au plus droit, on s'est retrouvé au milieu d'un champ de lave et il a fallu escalader quelques gros cailloux. Rien de bien méchant. Robin s'amusait d'ailleurs comme en fou en jouant à Obélix. Il arrivait à soulever des cailloux énormes qui en réalité ne pesaient presque rien.

Pour finir la soirée, on a été dans un *bodegon* à Cristobal de la Laguna. Ambiance géniale, on mange sur des tonneaux, la carte ne mentionne aucun prix. « C'est mon anni, prenez ce que vous voulez ». On a pris des patates douces, des champignons à l'ail, des calamars, une salade, bref, c'était super bon, plus des desserts, du vin pour les parents, on n'en pouvait plus. Quand arrive l'addition, je n'arrive pas à y croire : 24 Euros. Et pas par personne, non pour les 4. Incroyable !

27 novembre

Mercredi soir, 23h, les gars qui nous ont réparé la poutre viennent de partir. On va pouvoir décoller jeudi après deux semaines d'escale plus ou moins forcées. Eh oui, ici les gens bossent comme on a rarement vu dans le monde du nautisme. Professionnels, compétents, à l'heure, respectant les délais, c'est pour nous du jamais vu. Et le tout à un prix raisonnable, pas bon marché mais raisonnable. On vous fera une photo de la poutre, vous ne verrez même pas où a eu lieu l'impact.

Il ne nous reste plus qu'à refixer les feux de navigation, remettre et surtout retendre les deux trampolines, repasser le bout de l'enrouleur, la chaîne et l'ancre, regréer le solent. Des bagatelles mais qui prennent leur temps. Et il nous faudra aussi ranger les provisions car au Cap Vert, on nous a prévenus qu'il ne serait sûrement pas possible d'avitailler - faire les courses- avant la traversée.

On a donc été chez... Carrefour. Eh oui, la mondialisation a atteint les Canaries. Mais il y a heureusement beaucoup de produits espagnols, comme les jambons. On a craqué et on s'est acheté un gros jambon de 6 kilos (avec sa planche pour le maintenir svp). Comme on ne savait pas trop lequel acheter au milieu de centaines d'autres, on a demandé, non pas à un vendeur, mais à un acheteur qui passait par là. Et il nous a ainsi appris que lorsque vous achetez un *jamón iberico*, il faut toujours acheter la jambe gauche car elle est plus musclée et meilleure que la droite ! On vous dira si c'est vrai car on n'a pas encore goûté.

Sinon, les pontons se vident tranquillement. Il ne fait pas très beau ces jours et presque frisquet. Il est temps de descendre plus au sud pour trouver un temps plus chaud et retrouver les bateaux qui ont pris de l'avance. Notre prochaine escale est La Gomera, une petite île de l'archipel des Canaries, à environ 70 milles de Santa Cruz.

Note : La cambuse

Naturellement, nous avions fait de grosses courses au départ pour remplir la cambuse. Bilan au passage à la caisse : un ticket long de 2 mètres et un total de 713 euros. Prévoir 4 heures, un chariot par personne et acheter tous les produits de base selon une liste Excel préparée patiemment auparavant. Rien ne sert d'exagérer. Plus tard sur le chemin, un kilo de farine restera un kilo de farine même si le *packaging* est différent. C'est tout l'intérêt du voyage.

Il y a bien sûr certains produits qui nous tenaient à cœur. Sur *Kangaroo*, il s'agit principalement du parmesan, en morceau pour qu'il se conserve bien, et du chocolat naturellement, vu notre nationalité. D'autres produits étaient fort appréciés tels que les röstis en sachet, vite préparés en mer. Le sirop et le thé froid en poudre pour varier le goût de l'eau. Le mélange pour pain.

À Tenerife, nous avons fait un second plein, et on a même poussé le luxe en se faisant tout livrer au ponton. Que c'est pratique ! Quand les caisses sont arrivées, on a bien sûr un peu vérifié les contenus mais l'objet qui nous intéressait le plus était le *jamón*. La meilleure manière de le déguster c'est sur du pain grillé, frotté à l'ail, avec une goutte d'huile d'olive et de la tomate fraîche écrasée. Miam… un délice.

La Gomera

2 décembre

À La Gomera, on voulait absolument retrouver Jean-Claude, cet enseignant qui, avec son association « Mille Sabords », a emmené 11 années de suite 8 jeunes romands âgés de 13 à 15 ans faire le tour de l'Atlantique. Prêt pour de nouvelles aventures avec un nouveau bateau, il est en train de s'organiser un tout autre voyage, qui va l'emmener dans des contrées de préférence très sauvages.

Analyse commune des cartes du Cap-Vert, de la Guyane et des Antilles. Il nous explique les coins à explorer pour sortir des sentiers battus. Il était temps, c'est vrai, que l'on s'intéresse au parcours ! Mais en attendant, il faut s'attaquer aux montagnes environnantes. Et deux jours de suite, on a fait de superbes balades, la seconde ayant duré plus de 6 heures, avec une petite halte pour le pique-nique et une autre pour la baignade. Julie a marché comme une « chef » et moi… comme je pouvais ! Armée de mes nouveaux bâtons, je suivais la troupe, toute heureuse dans ces paysages magnifiques. Un peu alarmant tout de même de voir que presque toutes les cultures ont été abandonnées.

Aujourd'hui, c'était à nouveau la journée bricolage. Et la liste avance ! Les réparations de la poutre à Tenerife ont tenu nickel, mais il fallait qu'Hervé monte au mât pour y effectuer une liste de choses… il a passé plus d'une heure en haut ! Moi, pendant ce temps, j'essayais de déboucher les toilettes ! Fascinant. Hum ! Et j'ai confectionné des manilles textiles pour un couple de français dont on a fait la connaissance… c'est sympa de pouvoir donner des coups de mains et des conseils. Avec ça, on a fait un super apéro dans leur RM, avec en plus des Genevois que l'on a aussi croisés sur les pontons. Les quatre enfants ont passé la soirée à jouer alors que l'on s'échangeait nos impressions.

Hasta pronto ! oh là là…. à Madère c'était le portugais, maintenant l'espagnol et la prochaine escale… encore du portugais… faut rester concentrés !

Le Cap-Vert

9 décembre

La traversée Canaries-Cap-Vert aura été très rapide. Trois jours et 22 heures. Les trois premiers jours, ça a secoué pas mal. Il y avait tout le temps de la mer. Que c'est crevant ! On n'est jamais stable, ça sautille, il y a le bruit incessant de l'eau qui défile sous la coque, du vent dans les voiles, de tout ce qui est secoué à bord. À des moments, je me demandais même si j'aimais vraiment toujours ça. Si ce n'était pas finalement qu'un rêve de jeunesse que de partir en bateau… et que vu mon grand âge, je n'étais plus faite pour ça !

Deux heures plus tard, avec quelques vagues en moins, de la chaleur en plus et des chouettes moments partagés avec mes enfants et Hervé, la question ne se posait déjà plus. C'est comme ça en mer. On passe très vite de l'exaspération au bonheur ! Et on y revient toujours, va savoir pourquoi.

Faits marquants de cette traversée :

1) Ça a été mon anniversaire. Et là, c'était très chouette. Déjà, ils m'ont laissée dormir plus longtemps le matin. Je crois même que l'on peut appeler ça faire la grasse matinée. Alors que mes nuits sont interrompues chaque deux heures pour deux heures de quart, c'est un super cadeau, je ne vous dis pas. Robin avait cuisiné des crêpes, et j'ai reçu une superbe boîte de crayons de couleurs, un porte-clefs avec un bateau et une mini-râpe à fromage. On n'a finalement pas fait de gâteau super sophistiqué vu les conditions, mais j'ai quand même eu droit à une invention du bord qui était un gâteau de pain perdu aux prunes ! Et puis j'ai eu droit à des sms par satellite qui m'ont fait hyper plaisir.

2) On va décidément trop vite pour la pêche. On n'arrête pas de se faire bouffer nos hameçons par des gros poissons qui arrachent toutes nos lignes. Ras-le bol. Le seul truc que l'on attrape à la pelle, ce sont les poissons volants, qui atterrissent sur notre trampoline ou dans le cockpit en plein milieu de la nuit ! Aujourd'hui, on a donc craqué et on a acheté du poisson à la criée du coin : la vendeuse Eugenia était superbe. J'étais super contente car elle fumait la pipe, c'est une coutume dans le coin. Je l'avais lu dans le guide. Des femmes à pipe, c'est pas courant. Et ça sent bon. Ça cache même un peu l'odeur du poisson étalé sur le quai.

3) L'harmattan. Un vent venant du Sahara qui, malgré la distance, a réussi à nous saupoudrer le bateau d'une fine couche ocre. Il y en a absolument partout. Mélangé au sel, ça devient très collant. On en a pour quelques heures de nettoyage pour retrouver l'impression d'un bateau « neuf ». De plus, il empêche toute visibilité et on a eu l'impression de naviguer pendant deux jours dans un petit brouillard, sauf

que le ciel au-dessus de nos têtes était bleu ou étoilé, selon l'heure.

4) Ne pas se fier au GPS. Car si on ne naviguait qu'en regardant les écrans, on serait en ce moment même sur la place du village alors que nous sommes tranquillement au mouillage ! Notre position GPS est bien sûr exacte, mais pas la cartographie transposée dessus. C'est drôle de voir ainsi *Kangaroo* au milieu d'un rond point. Il faut bien se rendre compte qu'il n'y a que certains pays qui ont les moyens de revoir précisément les cartes de leurs côtes. Heureusement, nous avons à bord une carte marine qui date de 1934, nous revoilà partis un peu dans le passé pour naviguer.

Notre première halte à Sal, au nord-est de l'archipel, était purement administrative. Il nous fallait avoir les tampons d'entrée sur les passeports. Un petit village tout sec, au milieu d'une île toute plate, sauf quelques cônes de sable qui sont les cheminées des volcans. Nous avons juste passé une journée entre le mouillage et le village et sommes repartis directement pour Sao Nicolao.

Journée parfaite. Ciel bleu, mer plate, enfin du chaud. J'ai sorti mon maillot de bain pour la toute première fois. Durant l'après-midi, on a passé plus d'une heure à démêler le spi et sa chaussette et j'en passe, à cause d'une petite erreur lors de l'empannage. Petite erreur, longues conséquences. C'est rageant de perdre du temps à rétablir la situation, mais c'est aussi des bons moments passés avec Robin et Hervé à l'avant du bateau sur le trampoline, en discutant des possibilités pour rétablir la situation. Très instructif pour notre petit mousse. Et puis de toute façon, on a tout le temps devant nous. D'ailleurs, on est arrivés au mouillage de Tarrafal à une heure du matin ! Et après les manœuvres, avant d'aller au lit, on a finalement profité de la bouteille de champagne qu'on avait achetée pour mon anniversaire. On a pensé à vous en sirotant notre verre, avec une demi-lune qui éclairait la mer et les bateaux d'à côté. Au moment de se coucher, je n'ai cependant pas compris pourquoi le coq chantait déjà…

Sao Nicolao

13 décembre

À Sao Nicolao, nous avons ressorti nos baskets. En route pour l'aventure ! Nous sautons dans un *aluguer*, sorte de taxi collectif qui part lorsqu'il est plein, pour rejoindre le point de départ de nos excursions.

Alors que le côté sud de l'île est sec, l'autre face se présente d'une façon toute différente ; on grimpe pendant plus d'une heure et à peine passé le col, nous découvrons un autre monde. Tout est vert. On trouve des tomates sauvages, des goyaves à croquer. Plus bas, on entend le rire des enfants provenant de la cour de récréation. Au village, accessible uniquement après une heure trente de marche, tout le monde nous salue, nous regarde avec curiosité, et nous souhaite « *bon viagem* ».

La descente dans la vallée jusqu'à la mer est parsemée d'embûches, car le chemin n'est presque plus utilisé. Les gens délaissent les cultures, abandonnent les villages, préférant aller à la ville.

Heureusement que nous avons été mis sur la bonne route grâce à un ancien et que l'on a rencontré un autre groupe de marcheurs avec un habitant du village qui connaissait encore « le chemin ». Penser que tout peut s'effondrer, s'oublier, en l'espace de seulement deux générations ? Tous attirés par la ville, le téléphone portable, le mode de vie occidental, l'argent qui devrait couler à flot dans le porte-monnaie. Un vrai miroir aux alouettes.

On est revenus avec les jambes griffées, pleins d'herbes accrochées à nos t-shirts, nos baskets, nos chaussettes, des espèces de boules piquantes qui s'arrachaient si difficilement que cela à offert en prime à Hervé une épilation des mollets !

Le lendemain, c'est un peu pareil sur un autre versant de l'île, que nous rejoignons en *aluguer*. On est serrés comme des sardines et c'est pas peu dire puisqu'entre les jambes d'Hervé, il y a le seau de sa voisine, une charmante mémé exubérante qui transporte des dizaines de poissons tout frais pêchés pour les vendre un peu plus loin. Grande montée au sommet de la vallée.

À nouveau, nous utilisons des chemins pédestres qui datent de centaines d'années, superbement construits avec des pavés, créant des zig-zag incroyables sur les terres. On croise des filles avec un mulet, un couple avec des provisions sur la tête. Ils marchent soit à pieds nus, soit en schlaps (pour nous les Suisses, les schlaps sont des tongs). À Fregata, des enfants se baignent dans la réserve d'eau du village provenant de la source. Ils nous permettent de nous y rafraîchir puis nous accompagnent un bout et nous font visiter leur école. On comprend alors le sens du mot paisible.

Magnifiques souvenirs.

Mindelo

Ces quelques jours à Sao Nicola ont été magiques, du fait également que peu de navigateurs s'y arrêtent. Nous avons ensuite rejoint en une journée de navigation le port de Mindelo, sur l'île de Sao Vincente. Le bateau qui glisse, sous gennaker, sur une mer plate ; le drapeau du Cap-Vert tout bleu aux étoiles jaunes qui flotte sur le hauban tribord. Le CD qui déverse dans le cockpit des sons langoureux, nouveaux, locaux. Il nous a été offert au mouillage le soir précédant par un couple de Suisses fort sympathiques et très aventureux : avant d'acheter leur bateau pour partir en vadrouille, Klaus et Eldegard avaient déjà traversé l'Afrique à vélo du nord au sud !

Nous découvrons donc les pontons de la nouvelle marina. Peu de services, mais *Kangaroo* semble en sécurité, étant donné les fortes rafales de vent. Ils ont cependant mal pensé le concept du port. Au bout de quelques heures tempétueuses, un des bras du ponton principal sur lequel nous sommes menace de se décrocher vu sa longueur : ils n'ont pas pensé à les bloquer à l'aide de piliers sous-marins. Nous aidons au déplacement d'une partie des bateaux afin de délester la charge et cela permet de créer des liens.

Les enfants ont découvert la bibliothèque de l'Alliance française et passent des heures à lire. Cela me permet d'aller faire les courses tranquillement et de flâner dans les rues. À Mindelo, il y a du choix dans les légumes. J'en achète une partie au marché municipal et aussi dans la rue. Les femmes sont assises à l'ombre des ruelles et vendent leur récolte, disposée dans des paniers. Tiens, si je rachetais un peu de thon, c'est si bon...

Santo Antao

Santo Antao est un vrai bijou. Toutefois, il est fortement déconseillé de s'y rendre avec son propre bateau. Nous ne prendrons donc pas ce risque. Pour la première fois, nous redevenons de vrais touristes. Un t-shirt de rechange dans le sac à dos, nous embarquons de bon matin sur le ferry qui traverse le chenal. Le guide nous avait averti et cela s'est confirmé, les Capverdiens supportent très mal la traversée. Une bonne partie d'entre eux gisaient sur le sol et des préposés fourmillaient aux quatre coins du ferry pour distribuer et récolter les sacs en papier à vomi !

Nous retrouvons notre couple de Suisses aventureux et randonnons ensemble durant deux jours dans de splendides paysages très montagneux aux vallées profondes, sur des chemins à pic creusés à la main qui surplombent l'océan, des routes vertigineuses taillées dans la roche. En un rien de temps, on passe d'un côté aride à une végétation dense, du brouillard le plus épais pour finir sous un ciel bleu. On pourrait y rester une semaine mais n'y passons qu'une nuit, peu habitués que nous sommes à abandonner notre bateau.

Les îles du sud

Beaucoup de navigateurs se confinent à Mindelo, qui est selon nous la moins intéressante de toutes, à part le fait qu'elle dispose d'une marina. Ils ont déjà le nez pointé vers l'un des défis du voyage : la traversée de l'Atlantique. Moi aussi j'y pense beaucoup car ce sera ma première transat, tant rêvée, espérée. Mais j'apprends à vivre au présent.

Le voyage est déjà de ce côté de l'océan. Pourquoi toujours courir loin devant ? Il faut profiter de l'instant présent. Bien sûr que ces îles sont facilement atteignables depuis l'Europe en quelques heures d'avion. Mais pourquoi laisser passer l'occasion ? Et nous avons un énorme avantage sur beaucoup d'équipages : personne ne nous attend de l'autre côté pour Noël. La tentation est grande effectivement d'inviter la famille, les amis à passer un moment sur le bateau. Et tous vous proposeront comme la meilleure période celle des vacances de Noël ! C'est cependant une contrainte énorme pour les navigateurs. Ils sont ainsi poussés à partir en transat non pas en fonction des conditions météo favorables du moment, de l'état de préparation du bateau, mais de la date probable à laquelle ils devraient arriver. C'est pour cela que très peu de bateaux descendent sur le Cap-Vert ou le Sénégal, préférant prendre le courant des alizés déjà à partir des Canaries pour arriver à temps. À chacun ses choix. Pour ma part, j'avais déjà eu la chance de passer des vacances au Sénégal à deux reprises et d'y avoir même navigué. C'est pour cela que nous avons choisi le Cap-Vert avec *Kangaroo*. Et tous ceux qui ont passé du temps de ce côté de l'Atlantique vous le diront : cela a été un moment fort de leur voyage.

Un autre problème auquel nous sommes confrontés lors de l'exploration de ces îles magnifiques est la législation capverdienne. En effet, il nous faut effectuer sur chaque île les *clearance*, à savoir les papiers d'entrée et de sortie, en indiquant à chaque fois notre prochaine île de destination. Et pour compliquer encore les tâches administratives, il n'y a qu'à Mindelo ou Santiago que nous pouvons faire les formalités de départ du pays. Ce qui signifie devoir rebrousser chemin et remonter au près après avoir visité les îles du sud. Nous décidons cependant de contourner le problème d'une façon pas très orthodoxe.

Peu après notre départ de Mindelo, nous voilà déjà confronté à cette question. En effet, ayant mis le cap sur Fogo et disposant des papiers pour y arriver, nous réalisons qu'il se passe quelque chose de très étrange sous notre coque tribord, au niveau de la dérive. Le vent est fort, à plus de 30 nœuds et la visibilité mauvaise, à cause de l'harmattan. Pour parer au problème, nous nous réfugions au sud de l'île de Santo Antao, à Bahia de Tarrafal, où nous trouvons un abri dans une crique.

Et c'est la consternation. Encore un truc non prévu qui nous tombe sur la tête. La dérive, fabriquée par un chantier américain qui avait les moules, s'est séparée en deux sur la partie immergée et ressemble à une semelle qui se détache d'une vieille godasse. Les dérives sont une option que nous voulions absolument, puisqu'elles permettent d'avoir un meilleur angle pour remonter au vent. Heureusement que le problème est apparu uniquement sur une partie de la longueur. Nous sortons donc la scie et commençons à amputer notre appendice qui sera du coup bien moins performant. Atelier bricolage sur le trampoline avant, avec mention carnage.

On ne le répétera jamais assez : naviguer, c'est effectuer des réparations dans les plus beaux endroits du monde.

Sur ce, une barque toute colorée arrive, avec à son bord toute une délégation. Avez-vous l'autorisation d'aborder cette île ? Nous leur racontons notre problème et ils montent à bord pour constater… ou nourrir leur curiosité. Petite boisson fraîche. L'officier du village travaille à temps partiel et l'autre moitié du temps, il fait le maître d'école. Ses amis accompagnateurs se trouvent bien dans notre cockpit. Mais après quelques palabres, nous leur expliquons que nous avons quelques soucis à régler… pour pouvoir quitter leur île justement ! Hervé mué en "colmateur", doit maintenant remplir de mousse la dérive amputée et lui fabriquer un couvercle étanche.

Et puis, il y a aussi la photo que l'on a promis d'envoyer à Multicoques Mag pour leur page de couverture ! Quel honneur ! Mais comment s'y prendre ? Ici, le paysage à l'air pas trop mal. Juste avant le coucher du soleil, nous enfilons donc tous les maillots de bains et les enfants sautent à l'eau pendant qu'Hervé nous prend en photo depuis l'annexe.

Le lendemain, nous sommes prêts à repartir. Nous avons inversé les dérives de côté et donc de sens. Le couvercle de la réparation se trouve ainsi en dessus de la ligne de flottaison. C'est pas joli, bien plus court (environ 70 cm) mais c'est réparé.

Nous partons vers 10 heures au moteur pour passer la pointe puis c'est direct 2 ris dans la grand-voile et 25 nœuds de vent de travers. À 16h, on enlève les ris. À 20h, on passe sous gennaker. Puis à 21h on l'enlève car on réalise que l'on va arriver avant le lever du soleil. À 3h du matin, pour freiner encore, on enroule le génois et prenons 2 ris dans la grand-voile. À 7h, nous voilà amarrés comme sur la photo du guide nautique, dans un port minuscule. Nous tenons sur notre ancre avant et l'arrière du bateau est stabilisé sur le ponton, grâce à Robin et Hervé qui ont dû plonger pour amener et accrocher les amarres à terre.

Fogo

Fogo porte bien son nom, puisqu'elle est toute ronde et qu'en son centre trône un volcan actif que nous souhaitons escalader. Nous sommes partis en stop à la ville pour organiser l'excursion avec des locaux.

Le lendemain, à 6 heures du mat', notre guide se pointe enfin avec près d'une heure de retard et la mauvaise voiture. Non, nous ne voulons pas monter dans une Mercedes toute fermée climatisée. Nous, on a demandé spécialement la voiture locale, l'aluguer du coin qui nous fait tellement marrer. Il ne comprennent pas que l'on adore autant leurs pick-up tout décrépis, pas confortables du tout et pleins de courants d'air. Mais c'est tellement drôle de se trouver à l'arrière, face au vent, accrochés aux barrières, digne de la plus belle fête foraine et interdit chez nous !

On repasse ainsi en ville changer de véhicule. Notre chauffeur de taxi un peu rondelet se prend au jeu vu notre enthousiasme. Etant donné que ces deux gamins tout blancs de 8 et 10 ans vont escalader son volcan, pourquoi ne pas tenter le coup, lui qui ne l'a jamais fait. On l'admire à le voir s'époumoner, s'arrêter, reprendre son souffle. Sa fierté en prendrait un sacré coup s'il abandonnait en route. Nous l'attendons donc patiemment au sommet et sommes contents pour lui de son exploit ! La vue d'en haut et superbe. Et la descente mémorable. On se croirait sur une piste de ski toute noire. Se lancer en roue libre, se prendre pour un oiseau. Fous rires en cascades et cendres qui se faufilent partout dans notre intimité. Il faudra aller se baigner ensuite. Mais avant de retourner au bateau, nous allons goûter le vin qui pousse sur les flancs du Pico de Fogo. Assez rude. On achète quand même une bouteille pour faire marcher le commerce local. Elle nous servira sûrement un jour, comme cadeau dans un coin du monde !

Noël à Brava

Nous rejoignons Brava en seulement 1 heure 30 de navigation. Que de vent entre ces îles, ça a accéléré jusqu'à 30 nœuds en y venant.

Ici, le touriste est rare, vu que c'est la plus petite des îles habitées du Cap-Vert et qu'elle n'est desservie que par un ferry tout décrépi qui passe par beau temps, une fois par semaine. Nous amortissons le choc de la nouvelle en allant prendre une bière avec des locaux : durant la nuit, un équipage de pêcheurs à disparu. La vie est bien fragile.

En se promenant sur le monticule qui surplombe la baie du village, nous admirons notre *Kangaroo*, tout seul là en bas au milieu du cercle de terre. À nos côtés, une grande éolienne posée il y a quelques années et déjà désaffectée. Elle faisait partie d'un programme d'encouragement aux énergies renouvelables et à la première panne, il n'y avait déjà plus personne ni le financement pour la réparer. Alors durant la journée, on continue d'entendre selon l'endroit où l'on se trouve le bruit de la centrale thermique qui produit toute l'électricité de l'île, avec du gazole transporté par voie maritime. Pourtant, il y aurait de quoi faire avec tout ce vent. Mais la question pourrait nous être retournée. Pourquoi financer des éoliennes et ne pas fournir avec un suivi, un service après-vente ? Fait-on cela uniquement pour se donner bonne conscience et augmenter nos ventes, croissance oblige ?

Nous découvrons également un métier inconnu : nettoyeur de pavés. Une équipe d'une dizaine de personnes munies de tabourets et d'un piolet spécial passent des heures à nettoyer les brins d'herbes qui poussent entre les carrés. Je n'aurais jamais la patience. Pourtant, ils ont l'air de bien rigoler. On entend chanter, parler, tout ceci entrecoupé du bruit du piolet et du raclement du tabouret que l'on change de place.

Autre bière fraîche sur le quai où les préparatifs vont de bon train. Une femme a sorti pour l'occasion une machine incroyable qui fabrique des barbe-à-papa. Les enfants sont tout ripolinés, de la tête aux pieds. Nouvelles coiffures pour les filles, gel dans les cheveux pour les garçons, robes à paillettes, habits de fête. Ici, c'est distribution de glace à la vanille pour tout le monde dans des petits cônes.

Nous revenons à bord pour fêter notre premier Noël. Tout est prévu, même un sachet spécial qui fabrique de la neige artificielle. Après le repas, nous mettons nos musiques préférées du moment et dansons sous les étoiles. C'est pratique d'avoir un grand cockpit.

Au réveil, les enfants cherchent désespérément leur cadeau. Le père Noël les aurait oubliés ? Pourtant, nous sommes restés près d'un village exprès afin qu'il nous trouve plus facilement, car au milieu de l'océan il aurait pu ne pas nous voir ! Soulagement général lorsque Robin et Julie découvrent enfin, dans l'annexe pendue à son arceau, deux grands paquets contenant chacun un *bodyboard*, planche en polystyrène qui permet de jouer dans les vagues. Ils sont aux anges. Nous les avions achetés à Tenerife lors d'une virée chez Décathlon et cachés sous les couchettes pendant tout ce temps.

L'ambiance est magique à terre. Chaque enfant exhibe fièrement le jouet qu'il a reçu. On ne voit que des sourires. Un avion en plastique, une petite voiture, une nouvelle poupée. Un jouet. C'est tout. Comme sur *Kangaroo*. Les enfants sont contents et les parents également. Est-ce en déversant une quantité astronomique de paquets bien emballés que l'on démontre son amour ? Avec Hervé, nous avons la chance de leur offrir notre temps, notre présence et de créer jour après jour une complicité, une relation hors norme. Ce voyage est le plus beau des cadeaux.

Le 27 décembre, c'est le grand jour, le jour du départ ! Non sans mal, notre moteur nous jouant des tours. Il refuse de démarrer. Un autre bateau est arrivé hier dans la baie, avec à son bord Bruno qui à déjà quelques années d'expérience dans les cales. Il passe un moment sur *Kangaroo* et nous explique le principe.

- Il suffit de taper ici et là en même temps.

Pas très rassurant mais ça marche. Il est à noter que depuis Madère, nous avons des soucis au démarrage. En effet, nous avons réalisé que les trappes moteur n'étaient pas tout à fait étanches et avons d'ores et déjà commencé à trouver un système pour remédier au problème. Cependant, l'eau de mer à déjà amorcé son œuvre maligne...

C'est parti pour l'Atlantique !

Première transatlantique

3ᵉ jour de mer

Salut à tous.

Nous sommes à 13°24'N et 28°52'W. 3ᵉ jour de mer. On va super bien. Le départ a été différé car le moteur tribord ne démarrait plus.

Mais le gars qui était à côté de nous au mouillage s'y connaissait. On est donc partis dans l'après-midi.

Cette nav' est comme prévu beaucoup plus tranquille que les autres... Et comme c'est agréable ! Plus besoin de pulls, Julie se trimballe juste en culottes - celles offertes par sa marraine. Les enfants bossent bien, Robin a dû calculer le bilan énergétique du bateau comme exercice de math. Du concret...

Il y a eu très peu de vent cette nuit, dans les 5-6 nœuds, et ça nous a fait vraiment plaisir d'être sur notre *Kangaroo* et pas un autre cata bien lourd, car on a continué à naviguer à la voile. Certes, pas très vite, 3-4 nœuds, pas bien pour la moyenne, mais tellement plus agréable que d'être au moteur !

La nuit a été très longue car j'ai pu beaucoup dormir ! Julie a en effet effectué son premier quart (de 21 heures à 23 heures) et Robin a fait celui du matin (de 5 à 7 heures) et moi, je n'avais que celui de 1 à 3 heures ! Trop cool. J'en ai profité pour leur cuisiner des bons muffins à la banane (mais ne le dites pas à Julie, sinon elle ne les mange pas !).

Si vous voulez nous envoyer quelques gouttes de pluie, ça ne serait pas de refus non plus. Le bateau est ensablé depuis plus d'un mois, et on ne reçoit jamais de cadeau du ciel pour faire les grands nettoyages. Pourtant, il y a des nuages un peu partout autour de nous, il ne fait pas vraiment beau, mais très doux.

On attend avec impatience le coucher du soleil pour recommencer l'exploit de ce matin : un poisson magnifique, tout en or, avait enfin mordu notre ligne. On avait tout fait dans les règles de l'art, affallage du spi pour ralentir et tutti quanti, mais à la dernière minute, hop, il s'est détaché. Grosse déception à bord, mais le moral est de nouveau là... et on attend que ça morde, avec nos deux lignes.

Préparez-bien votre nouvel-an, on le fêtera en pensée avec vous

Gros bisous... Muriel et toute l'équipe

Le quart de Julie

La petite liste des choses que Julie doit surveiller pendant ses quarts (à lire avec la voix d'une petite fille de 8 ans au regard espiègle) :

1. Regarder s'il y a des bateaux, toutes les 15 minutes.
2. Vérifier la force du vent et la vitesse du bateau, deux trucs très importants, réveiller les parents si nécessaire.
3. Vérifier le pilote quand il sonne.
4. Regarder les volts et s'ils sont en dessous de 12, il faut aussi réveiller les parents.
5. S'occuper pendant la veille, avec accès autorisé à la boîte à bonbons !

Info supplémentaire des parents : pour le premier quart, elle a trouvé ça bien, même si elle s'est endormie !!!

Sachez également qu'ils ne possèdent toujours pas de *Game Boy* ou autre jeu électronique et que l'accès à l'ordinateur est strictement contrôlé ! Si vous saviez combien cela consomme, c'est vraiment indécent. Il faut garder de l'énergie pour des bonnes occasions.

Pendant cette traversée, nous avons visionné 4 films, dont Le Grand Bleu version longue ! Eh oui ! La vie avec moins d'écran, c'est possible, pour les petits et les grands !

Le pilote automatique

Comme c'est pratique, le pilote automatique. Si j'avais effectué ma traversée à 20 ans, j'aurai dû passer mes nuits à tenir de mes mains la barre. Tandis qu'au 21e siècle, ce n'est vraiment plus le cas.

Le pilote fait tout. On le règle et il exécute. C'est donc en toute confiance que nous avons permis à nos enfants de prendre leurs premiers quarts de nuit. En bateau, on devient vite grand.

Le pilote, soit on lui donne un cap à suivre, soit on le règle par rapport au vent (*windpilote*). Et c'est là que les choses se corsent. Car avec Raymarine, dès qu'il y a un écart de 15 % en mode vent, il choisit de nous l'annoncer, et ça bipe. Et c'est le côté extrêmement ennuyeux. En traversée, les écarts de 15 %, et bien, c'est très fréquent. Nous ne comprenons pas pourquoi ce réglage n'est pas modifiable au gré du client. Et bip par ici, et bip par là. Nous en avons beaucoup souffert durant notre voyage. La prochaine fois, nous choisirons un autre système rien qu'à cause de ce réglage. Il y a encore pire : lorsque la télécommande du pilote n'est plus en charge, le pilote se met en *standby* tout seul. Là, c'est carrément dangereux ! Le pilote se débranche sans crier gare et… le bateau est instantanément hors contrôle ! Heureusement que la première fois que ça nous est arrivé, nous étions tous parfaitement réveillés et avons sauté sur la barre… car nous étions sous spi. Hop, après tous nos déboires, un petit démâtage en prime à cause de la télécommande ?

Décidément, les ingénieurs qui ont conçu ce système n'ont pas dû beaucoup naviguer !

Jour férié

2 janvier

Aujourd'hui, c'est jour férié, même à bord. On a décrété qu'il n'y avait pas d'école. On mangera les restes d'hier, car on a fait la fête. D'ailleurs, il y a eu défection totale de l'équipage mineur (peut-être qu'on les fait trop bosser de nuit) et ils se sont affaissés à 21.30 ! Bon, moi je peux pas trop me vanter, je suis allée me coucher à 22.30 et me suis réveillée à minuit pour prendre mon quart et souhaiter la bonne année à Hervé. Ce qui est rigolo, c'est que l'heure à bord de *Kangaroo* est tout à fait faussée. En effet, nous avons décidé dès le départ du Cap-Vert de vivre à l'heure de la Guyane. En conséquence, nous vivons selon l'heure solaire, ce qui devrait réjouir mon beau-père ! Peu à peu, tout va donc s'ajuster. Il fait déjà nuit à 5 heures et clair à 5 heures du matin. Ça prouve que nous sommes proches de l'équateur. D'ailleurs, depuis hier, il y a de nouveau la lune, et elle est très mignonne la tête en bas. C'est comme un sourire dans la nuit. Il ne manque plus que deux étoiles pour voir un *smiley* !

Qui n'aime pas lire, dormir, manger et cuisiner doit peut-être un peu s'embêter à bord. Mais nous, on va super bien. D'ailleurs, depuis notre dernier *post*, sachez que nous avons pêché notre premier poisson ! Un magnifique thon blanc qui mesurait 80 cm et pesait... lourd. On en mange depuis à tous les repas.

Et autre bonne nouvelle, cette année, pas de régime. Cela fait quelques années qu'Hervé et moi faisions un effort spécial les 3 premiers mois de l'année, en ne prenant plus d'alcool ni de dessert, sauf occasion très spéciale. Alors, comme la vie en mer convient parfaitement à nos organismes, on change les habitudes !

Kangaroo va bien, mais question trajectoire ce n'est pas top puisqu'on est toujours plein vent arrière, avec des vagues de côté. On ziguezague, on a rangé le gennaker et naviguons avec un ris.

Courage dans le froid, on pense bien à vous tous.

Mise à jour spéciale : l'exploit de ce jour !

L'année a mieux commencé pour les Favrenmer qu'elle ne s'est terminée. J'espère que c'est un bon présage.

Bref, après notre flop de poisson, on a bien sûr remis la ligne à l'eau. Et hop, ça a mordu. Hélas, notre joie fut d'abord de courte durée. Car le magnifique poisson à la robe d'or rattrapa le bateau, et s'en alla par dessous, cassant ainsi la ligne. Hervé était furieux, pas tant d'avoir perdu le poisson (normal qu'il y ait un combat et qu'il ait une chance de vivre) mais d'avoir à nouveau perdu tout le matériel ! Toutefois, en reprenant de la vitesse pour repartir, on a noté que l'on traînait toujours quelque chose derrière nous ! Remise à la cape (on arrête tout et on se met face au vent et aux vagues), et voilà qu'Hervé prend un bain de 5000m de profondeur ! Je rassure encore ma belle-mère, on l'avait bien attaché (Hervé, pas le poisson) pour ne pas le perdre. Il a donc plongé sous le bateau, défait la ligne qui s'était prise dans l'hélice bâbord, ramené la ligne à bord. Je n'ai eu qu'à enrouler le tout et notre coryphène royale était à bord. 1m de long. Et super bon ! Elle a fini en partie panée dans nos assiettes de midi. Et ce soir, on essaye la brandade. Le livre des recettes d'Igor est utilisé matin et soir à bord ! Et qui avait peur que l'on s'ennuie à bord ???

Je vous embrasse tous fort

Bilan des jeunes après 2 mois de mer :

Quel a été ton endroit préféré jusqu'à maintenant, Julie ?
C'est Fogo, parce qu'on est monté sur un volcan. J'ai adoré la descente où on a couru dans les cendres.

Que préfères-tu pendant la navigation, Robin ?
Ce que je préfère pendant la navigation, ce sont les quarts, parce qu'on est tout seul et on fait ce qu'on veut. Moi, j'aime

bien lire et écouter de la musique. Je vais faire mon premier quart tout seul pendant la Transat.

Qu'est qui pourrait s'améliorer pendant ton voyage, Julie ?
J'aimerais bien participer un peu plus à la nav', pour le moment je reste dans mes Harry Potter ou dans mon Narnia...

Robin, raconte-nous comment sont les Capverdiens ?
Les capverdiens sont très sympathiques. Quand on vient à terre pour aller se promener, ils se précipitent pour garder l'annexe et ils gagnent ainsi de l'argent. Ils passent leur temps à regarder comment on vit dans les bateaux.

Quelle est ton activité préférée, Julie ?
C'est la baignade parce que c'est drôle. On s'éclabousse, on saute à l'eau depuis le bateau. À Fogo, on touchait le fond et on a trouvé 2 coquillages, on s'amusait à les jeter et les récupérer.

Ta plus grosse bêtise, Robin ?
À Madère. Il y avait une dispute entre Julie et moi parce qu'elle ne voulait pas sécher la vaisselle. Pendant ce temps, un bateau est passé et il a fait des vagues. La vaisselle est tombée et elle s'est cassée ! On a dû racheter les bols avec notre argent de poche.

Alors Julie, as-tu déjà un mauvais souvenir ?
Oui. Ce sont mes 23 ou 24 vomis.

Et Robin, comment trouves-tu finalement ta nouvelle vie ?
Moi je trouve que c'est super. On rencontre de nouveaux amis, on voit de nouveaux paysages. Je trouve cette nouvelle vie magique !

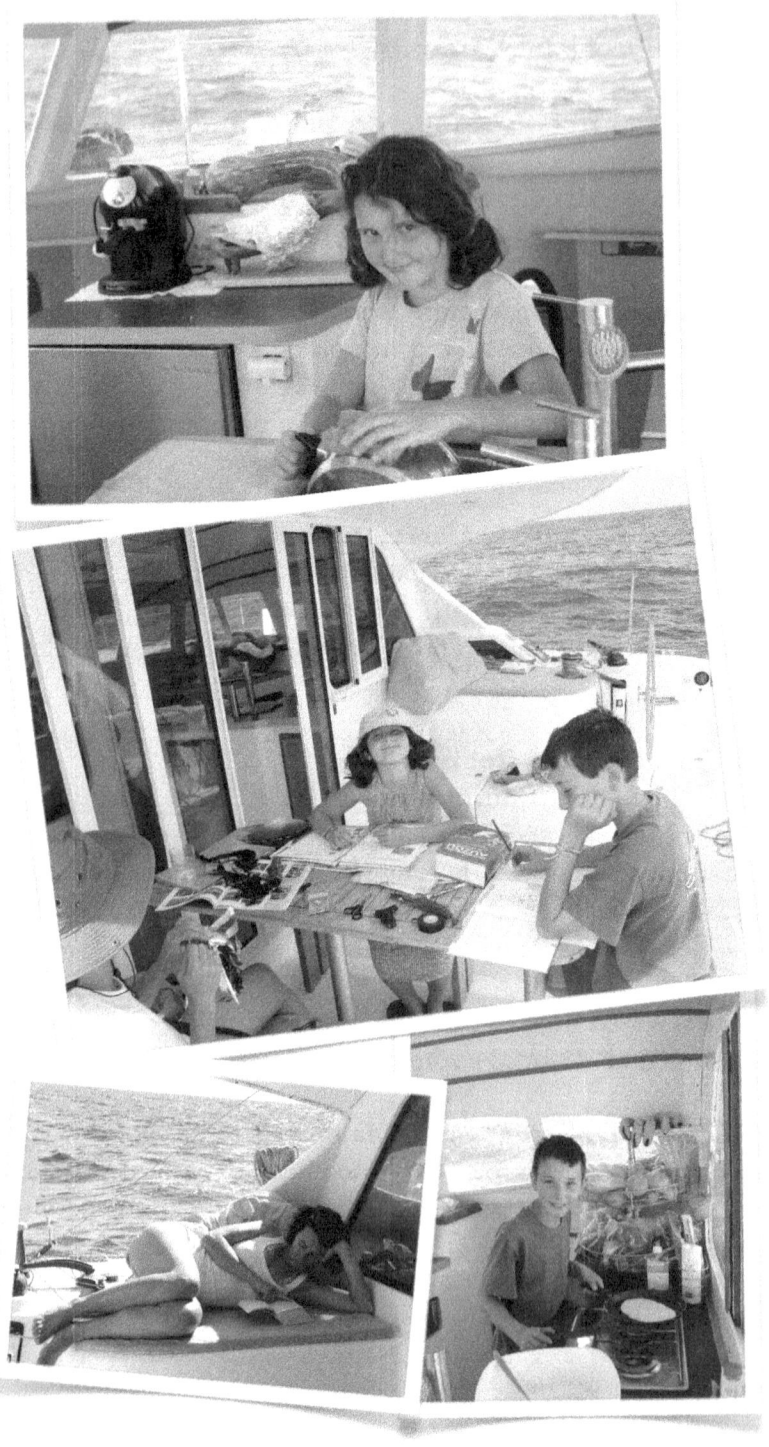

Nos résolutions pour l'année

6 janvier

J'espère que vous avez tous bien fêté et que vous avez pris de bonnes résolutions. Sur *Kangaroo*, nous en avons pris de nouvelles ! En effet, le moteur tribord a refait des siennes (on ne les compte plus depuis le départ) et refuse tout bonnement de démarrer. On avait déjà eu ce problème le jour du départ du Cap-Vert. On a un peu tout essayé, même les précieux trucs de Stéphane envoyés par satellite, mais le diagnostic est un problème d'humidité dans le démarreur.

Maintenant, plus moyen de le faire redémarrer. Et à force de lui taper dessus, on a tenu un conseil de famille. Moi, j'étais inquiète à l'idée d'arriver dans ce fleuve en Guyane avec 4 nœuds de courant et un bateau peu manœuvrant (il nous reste un moteur, certes, mais qui va bien pour avancer, et non pour tourner). Et pour atterrir en Guyane, nous n'avions qu'un point GPS et une photocopie de carte marine datant de 1937. D'autant plus que nous allions arriver la veille du week-end. On aurait finalement passé notre séjour à chercher un mécanicien, à l'attendre, etc. De surcroît, ils ne sont pas très « nautisme » en Guyane. Figurez-vous que dans notre petit guide, c'est écrit qu'en cas de problème, on peut toujours essayer de voir avec les techniciens de la base aérospatiale. Vous voyez le topo. Quand vous aurez fini de vous occuper de la fusée, vous pouvez venir regarder notre moteur ? À Madère, ils nous avaient déjà fait perdre plus de 4 jours pour ne rien résoudre du tout, donc on a déjà de l'expérience en la matière.

C'est donc à regret que l'on a décidé de changer de cap, et de mettre les voiles en direction de la Martinique. Là-bas, on trouvera et la main-d'œuvre et le matériel pour réparer. En plus, l'arrivée semble facile, on mouillera l'ancre et hop, on aura le temps ensuite de réparer et préparer le bateau pour nos visiteurs.

La décision nous a un peu plombé le moral, car c'est désagréable de ne pas pouvoir aller où l'on a envie. On avait vu des vidéos de la Guyane et tout le monde se réjouissait.

Surtout, on se différenciait des francophones rencontrés qui allaient tous « au Marin en Martinique » ! Pour les anglophones et les germanophones, c'était version « Barbados » ! Nous avions choisi l'option aventure... ce sera pour une autre fois !

Ça ne chôme pas à bord, tout le monde a de quoi faire. La mer est assez mouvementée, on est sous deux ris solent depuis deux jours, mais on avance assez bien. Position 11°39'N et 45°17'W. 204 milles parcourus les dernières 24 heures. C'est comme si on avait traversé la Suisse d'Est en Ouest pendant ce temps. Pas mal, non ? Notre nouveau programme nous rallonge donc la traversée, et cela devrait nous prendre deux jours de plus. Par contre, il n'y a presque plus rien à faire vu que l'on a plus besoin d'empanner tout le temps.

Ah ! Et on a assez à manger, ne vous en faites pas ! Même pas encore remis la ligne à l'eau, on va trop vite. Il fait très beau et très très chaud.

Ma transat

6 janvier

Alors qu'il ne reste plus qu'une grosse journée de mer, je me dois de coucher par écrit quelques sensations de « ma transat » ! Car à terre ensuite, tout s'étiole, tout s'estompe.

Assise en tailleur à la table du carré, il est passé deux heures du matin. Je viens de prendre mon quart, le premier et unique de la nuit. Deux ou trois heures de suite, selon mon état de fatigue. À bientôt 11 ans, Robin aura été un équipier parfait, prenant souvent le premier quart de la nuit, tandis que Julie est réveillée vers 6 heures par Hervé, sans broncher.

C'est assez bruyant, il y a 20 nœuds de vent, nous glissons sur la mer à presque 9 nœuds de moyenne. Un air tiède m'entoure et j'ai la très agréable sensation d'être bien. Ni chaud, ni froid. C'est si rare. La nuit est claire, une bonne demi-lune m'éclaire la route à faire, son reflet miroite dans les vagues. Plein d'étoiles et quelques beaux nuages.

Là, j'ai la pêche. Peut-être à cause du poisson que j'ai dégusté ce soir ? Alors parlons déjà pêche. Et nourriture. Alors que sur le lac, ce n'est nullement un sujet de conversation, il en est tout autrement en mer, chez les navigateurs au long cours. Déjà, il faut avoir de la chance. Je ne crois plus tellement que c'est une question de matériel. Notre meilleure ligne est pour le moment celle que nous a fabriquée un pêcheur du Cap-Vert, avec le dernier leurre qui nous restait, trouvé pour 1 euro à Mindelo. Il a dû faire des nœuds spéciaux qui attirent les poissons. En tout cas, grâce à ce simple hameçon et cette horrible fausse pieuvre jaune et rose, digne d'un joujou sorti d'un paquet de céréales, on a eu de belles prises. Un thazard et deux coryphènes, la dernière mesurait 98 cm.

Pour goûter à ce plaisir, il suffit simplement de sortir la ligne au petit matin (Julie s'en charge avec Hervé, puis il va se coucher) et la rentrer le soir, sachant que les prises devraient se faire au lever et coucher du jour. Quoiqu'il en soit, ce qui est génial, c'est l'excitation au moment où ça mord. C'est un vrai branle-bas de combat. Et au final, ça vous aura peut-être rempli une à deux heures de la journée. Même les enfants sont très organisés, c'est une folle histoire. Très rapidement, on trouve sur la table le harpon, la bouteille de rhum (pour le tuer en le lui versant dans les branchies), l'appareil photo, la caméra, le centimètre, le seau, les gants, le couteau, la manivelle de *winch* (pour lui taper sur la tête au cas où) alors que les voiles d'avant sont amenées et la vitesse du bateau réduite.

Des mains (normalement celles d'Hervé, élu le plus fort) enroulent le fil autour de notre bout de planche et... patience. On sourit, on est stressés de perdre la prise. On attend. C'est le combat. Le poisson fait mine d'être mort mais il ne faut pas le croire. Je laisse à Hervé le soin de détailler plus ses aventures. Car je m'emporte… une fille qui parle de pêche. Voyons, voyons. Bon, c'est quand même moi la courageuse qui doit à chaque fois me gratter le crâne pour savoir comment dépecer la bête ensuite. Les entrailles, le sang qui gicle. C'est très agréable de le faire en sachant qu'ensuite, il y aura le bonus douche, que personne ne va vous refuser sous prétexte qu'il faut économiser l'eau. Là, assise sur les marches de la jupe, je joue avec mon couteau, n'ayant pas peur de me tromper vu qu'il y a de toute façon tellement à manger. Depuis les Canaries, je scrutais déjà le savoir-faire des pêcheurs qui nettoyaient leur prise sur le quai, la meilleure façon d'apprendre n'est-elle pas de regarder ?

- Oh là, m'avait dit un papa rencontré à ce moment-là. Sur notre bateau, on n'essaye même pas de pêcher. On aurait tous trop peur de toucher le poisson, de le couper, etc.

Quel dommage ! C'est si bon si frais. Et j'ai même suivi le conseil donné dans mon fameux livre de recettes « Vogue la cambuse » de Michèle Meffre. Pour ne pas lasser l'équipage, varier les recettes, au risque de vous entendre dire… encore du poisson, oh non !!!

Nous avons merveilleusement bien mangé ! Il nous reste encore des courgettes, deux courges et deux tomates. Même pas vraiment attaqué les conserves de légumes. Il faut dire que depuis Madère, on se retrouve au marché face à de vrais légumes ayant des formes hallucinantes, énormes, minuscules, biscornues, et d'un goût intense. Des légumes mûris sur place et pas passés par l'étape du frigo. C'est un des constats les plus frappants depuis mon départ, et un réel plaisir.

La déception a été celle de la destination. Ce changement de cap nous a également rallongé la route. Au final, je pense que nous aurons pris 2 jours de plus, 13 jours en tout. Pas très long, dans le fond. Même Julie ce matin avait l'air étonnée quant on lui a rappelé qu'on arrivait après-demain… « Quoi, déjà ? ».

Mais que faites-vous donc pendant tout ce temps pensent certains ?

Beaucoup de lectures. Nous, on a lu ce qu'on avait à bord et c'est bien dommage. Ne faites pas pareil. Partez un peu plus organisés à ce niveau-là. On s'est donc attaqué aux livres des enfants, ça nous fait des sujets communs de conversation supplémentaires... tu sais, dans Narnia, à la 4e histoire.

En fin de journée, on a également instauré un petit rituel de jeux. Nous avons d'ailleurs de magnifiques cartes, achetées au Cap-Vert. Ce sont des cartes *second-hand* qui ont été utilisées dans les casinos de Las Vegas. Trop classe, non ? J'adore tous ces moments où nous nous retrouvons les quatre, j'ai l'impression que ce sont des moments volés, vu qu'à terre, on ne passerait pas autant de temps avec nos enfants. Les jeux se sont mêmes mués en tournoi de Backgamon et de Master Mind (merci Nicolas). Vous vous rappelez le Master Mind,(élu jeu de l'année en 1972 !), ça chauffe le crâne ce truc... c'est pas le soleil, non, non.

C'est cela, en fait, la transat. Au bout de quelques jours, un rythme s'installe. Petit-déj', école, point sur la carte, repas, lecture, sieste, jeux, repas du soir et début des quarts.

Une vie simple. Au milieu de rien. Tout devient un plaisir (ou presque, car il y a toujours des récalcitrants pour mettre la table ou sécher la vaisselle...). Et on profite à fond de toute interruption, comme la pêche, l'oiseau qui passe, le bal des poissons-volants ou les quelques messages échangés avec nos proches pour les tenir au courant de notre avancée.

25 ans que je rêvais de passer d'un côté à l'autre de cette mer. Suis pas déçue. Jusqu'à la moitié, pourtant, au niveau météo, ça ne ressemblait pas du tout à ce que je m'étais imaginée. Depuis 3 jours cependant, c'est TOP. La preuve, je vis en maillot de bain !

En définitive, ça valait vraiment le coup d'attendre ! Equipage fantastique, bateau idéal. Et ce n'est pas qu'une transat, mais un voyage qui se poursuit... Où ?

Petites Antilles

La Marin de la Martinique

Mardi 6 janvier

Eh oui ! C'est moi qui l'ai vue en premier ! La Martinique au bout de mon étrave. J'étais de quart à cette heure-là. Au début, j'ai vu un halo et quelques lumières, vu que c'était encore la nuit, puis les contours de l'île se sont dessinés petit à petit.

C'était donc une journée très très spéciale. L'excitation de toucher terre après 13 jours de mer et 2384 milles, soit 183 milles par jour en moyenne à 7.64 nœuds. On n'a jamais mis le moteur pour avancer, sauf bien sûr 1 à 2 heures par jour au point mort pour recharger les batteries servitudes (ce sont les batteries qui stockent l'énergie que l'on utilise ensuite pour notre consommation du bord ; pour le démarrage des moteurs, il y a des batteries moteur).

Magnifiques surfs sous gennaker en contournant le sud de l'île. Ensuite, on a mouillé au loin de Saint-Anne, au milieu de rien mais par 10 m de fond. Dernier essai du moteur récalcitrant : non, il ne veut toujours pas. On a donc préparé l'annexe, afin d'avoir au besoin un outil de secours pour pousser le bateau dans la bonne direction au cas ou… Car autant un cata manœuvre incroyablement bien grâce à ses deux moteurs, capable de vous faire un tour sur place dans un mouchoir de poche, autant la manœuvre devient difficile quand on est amputé d'une jambe.

J'avais même relu pendant la nuit le livre de Gilles Ruffet qui disait bien de ne jamais tenter une arrivée au ponton dans ces conditions.

Nouveau départ pour s'approcher de la baie et là, double surprise. Déjà, un jet d'eau digne de la rade de Genève nous accueille. Mais que cela peut-il bien être ? On a compris plus tard que c'est la manière dont les heures sont annoncées sur la plage du Club Med, un gigantesque jet d'eau surplombant la plage de sable blanc et cocotiers.

Deuxième surprise : un bateau m'arrive droit dessus. Oh la la ! Ne peut-il donc pas s'écarter ? Je ne suis pas super manœuvrante ! Et là, je vois des mains qui s'agitent ! Oh mais c'est *Kito*, le cata rencontré à Madère et Tenerife, avec à bord nos amis retraités super sympas ! Quel accueil !

Mais restons concentrés. Je ne veux pas terminer comme certains bateaux que je vois échoués à ma droite et à ma gauche, sur des bancs de corail.

La baie du Marin s'ouvre devant nous. Hallucinant. Nous n'avons jamais vu autant de bateaux au mouillage ni autant de catamarans (dire confirmé d'ailleurs par les gens du port). Un vrai délire. Nous ne faisons pas la fine bouche question place. On va pouvoir s'engouffrer là devant. La manœuvre se passe sans problème, l'ancre prend, *Kangaroo* est sain et sauf. Ouf !

Au village, nous dégustons une granita très froide en lisant tous nos emails. Et là, je suis vraiment touchée par tous vos messages. Ça nous fait super plaisir de savoir que nous sommes suivis de si près et c'est très motivant.

Sur ce, je vais étendre la lessive sur le toit !

Mise au point

Nous avons passé deux semaines autour du Marin pour remettre en état ce qui devait l'être et préparer le bateau pour nos visiteurs.

Il faut mettre en balance le nombre d'heures de navigation et l'usure du matériel. Rien à voir avec un bateau qui passe sa vie à sa place de port et qui ne sort, disons, qu'une dizaine de fois par année pour une sortie de quelques heures. Vous voyez la différence ? Rien que pour la transat, le bateau aura navigué plus de 300 heures dans des conditions contraignantes.

Au début, j'ai eu un peu le blues. Ma transat était déjà derrière, je laissais quelque chose de très spécial et je me retrouvais dans la plus grande marina des Caraïbes, 750 bateaux aux pontons et combien au mouillage ? Un lieu certes ensoleillé, mais qui ressemblait étrangement à la France. Même langue, mêmes publicités, mêmes embouteillages. Il n'y a que l'accent créole, la couleur de peau, les épices et les palmiers qui nous rappellent où nous sommes. Pas très engageant.

Heureusement que nous avions eu la bonne idée de traîner en route, aux Canaries et surtout au Cap-Vert, rendant le début du voyage vraiment spécial. Sentiment que j'ai retrouvé chez d'autres navigateurs.

Nous passons ainsi nos journées à mettre au point *Kangaroo*. Tout ce que l'on aurait dû faire l'été dernier avant de partir. Et cela nous coûte assez cher du fait que nous sommes otages du lieu et du système…

Nous avons par exemple remarqué que notre grand-voile allait rapidement s'abîmer si nous ne faisions pas quelque chose maintenant, étant donné qu'au portant, elle s'appuie sur les haubans (câbles qui tiennent le mât par les côtés). Hervé est donc monté sur le mât afin de fixer des protections anti-ragage, 16 petits tuyaux en plastique creux de 1,80 m de hauteur achetés pour la modique somme de 80 euros.

Quant à la grand-voile, nous l'avons amenée chez le voilier afin qu'il y appose des couches de protection. Une semaine d'attente et quelques heures d'organisation étant donné qu'il faut enlever la voile, somme toute assez grande, la rouler, trouver une longue annexe pour effectuer le transport, etc. Sans oublier qu'il faut ensuite tout refaire à l'envers.

Petit train train donc, avec les achats de matériels, les réparations, l'école du matin. À plusieurs reprises, nous avons changé de mouillage pour profiter de la plage de Saint-Anne, qui se trouve juste un peu plus loin. Là-bas, on a pu retrouver des bateaux rencontrés avant la transat… jolies soirées entre amis. Les enfants deviennent des pros de la natation, arrivant déjà à descendre à près de 7 m de profondeur en apnée.

Notre plus belle découverte a été celle du salon-lavoir-échange de livres. On amène la lessive et en même temps, on peut fouiner dans les étagères qui se trouvent tout autour de la pièce, avec un système de classement langue par langue, digne d'une vraie bibliothèque. Et ce n'est pas un échange à la pièce qui s'effectue mais à la hauteur ! Un jour, j'ai d'ailleurs vu Hervé rentrer au bateau avec un sourire jusqu'aux oreilles. Il avait trouvé sur la route une bonne demi-douzaine de bouquins énormes, que nous nous sommes empressés d'aller échanger contre des livres que nous avions repérés !

20 janvier

Hier, on a finalement remis les voiles. Oh, que c'était bon de naviguer ! La mer était plate, il y avait un bon 18 nœuds, c'était superbe. On est passé à côté du célèbre rocher du diamant. Penser que les anglais avaient hissé en haut du rocher des canons pour combattre les Français ! On était aussi choqué de voir le nombre de bateaux à voile qui naviguaient au moteur. Sont pas écolos les gars… surtout avec le beau vent qu'il y avait…

On est arrivés ensuite à la Grande Anse d'Arlet, pour ceux qui connaissent. Magnifique coucher du soleil et petite balade sur la plage avec un planteur en prime (du rhum avec du jus de fruits), une bière très fraîche pour Hervé et une glace à la goyave et à la mangue pour les enfants. Ouf… que c'est bon ces moments de détente.

Le bateau est presque prêt pour accueillir nos futurs vacanciers. On a fait le plein chez Leader Price du Marin. C'était super pratique. J'explique : la mer en face fait partie du « parking ». Après avoir fait les courses, vous arrivez donc avec votre caddie rempli sur le ponton et hop, on déverse le tout dans l'annexe ! Je n'ai encore jamais vu mieux !

Bon, c'est l'heure de manger, je vais donc vous laisser. Les enfants font toujours trempette et sont en train de laver l'annexe. Avant, je les ai rejoint dans l'eau car Hervé avait, du haut de son mât, vu une tortue et on a tous sauté à l'eau pour aller la voir… (sauf Hervé bien sûr !). C'était génial. Dessous, il y a aussi des étoiles de mer géantes, comme on n'en a jamais vues…

Note : premier bilan technique par Hervé

Petit post pour ceux qui sont friands de technique à bord, et pour ceux qui envisagent de partir un jour : voilà nos impressions après 5000 milles de navigation.

En écrivant ces lignes, je repense à un monsieur que l'on avait croisé la veille de la mise à l'eau à la Rochelle. Il allait partir sur son cata de croisière (un modèle avec des vitres droites qu'on ne trouve pas très beau, mais bon…) et on discutait technique justement, en particulier énergie : il était ébahi que l'on puisse partir sans congélateur, micro-onde, machine à laver et bien sûr le générateur qu'il faut pour faire fonctionner tout ça. Pourtant, plus on a d'équipement, plus on a de chance qu'il tombe en panne !

Ce qui est tombé en panne :

- l'onduleur 12/220V Mastervolt – appareil qui transforme la tension du courant de 12 V en 220 V. Il nous a lâché aux Canaries. Il a été échangé sous garantie.

- le barographe électronique de marque Bohlken Westerland. Son écran digital délire totalement.

- la VHF fixe Cobra.

- un des 3 régulateurs de panneaux solaires Sunsaver. Il a été échangé sous garantie.

- les toilettes Vetus : des toilettes « spéciales » marines mais dont les vis pour tenir les lunettes sont rouillées, nases et cassées après 4 mois, vous trouvez ça normal, vous ? De plus, le système d'évacuation d'eau n'est pas top, ça refoule toujours un peu, donc on doit tirer l'eau plusieurs fois à la suite, donc on consomme plus (nos toilettes sont électriques car il y a un broyeur intégré, c'est mieux pour le bac à eau noire quand on est au mouillage).

Ce qui fonctionne moyen :

- le guindeau Lewmar : il se coince super facilement, bref, impossible de lever l'ancre sans être assis dans le coffre à mouillage et tirer sur la chaîne pour l'aider à monter.

- la qualité des pièces en inox est inacceptable. Nos nables (bouchons des réservoirs d'eau et de gasoil) sont complètement piqués de taches de rouille. On les nettoie et deux jours après, rebelote ! Les vis spéciales inox A4 achetées au prix de l'or chez Cégéfix à la Rochelle rouillent du tonnerre et cela fait des taches vraiment pas belles. Les pieds de table, idem. Les échelles de bain (pourtant voilà un truc où l'on sait qu'elles vont tremper dans l'eau salée…) rouillent aussi, bref après 4 mois, on a l'impression que certaines pièces ont 10 ans.

- les chariots de guindant de GV Selden : on en a cassé 3 avant de comprendre que le boulon est vissé dans du plastique et qu'il sort donc de son logement puis casse le chariot. Je les ai collés à la colle à vis et depuis, il n'y a plus de soucis, mais il faut continuer à bien les surveiller.

- les déclencheurs automatiques de pompe de cale : ils n'arrêtent pas de se déclencher quand on a la houle de travers. On a essayé deux marques et deux systèmes (avec bille ou sans bille) et ce n'est toujours pas concluant.

- la télécommande de pilote Raymarine : elle perd souvent le signal et bipe donc beaucoup. Le pire, c'est lorsqu'elle n'a plus de batterie, elle déconnecte le pilote ! Ça, il faut être vraiment fort pour avoir osé faire un truc pareil !

Ce qui fonctionne nickel :

- en tout premier, le système de distribution électrique Navylec et les interrupteurs radios pour les lumières. Très peu de soucis pour un proto, c'est vraiment génial, merci Stéphane et toute l'équipe de Navylec.

- les leds Mantagua : leur lumière est chaude, la consommation est super faible, c'est un vrai plaisir. Même si c'est un investissement important, il vaut vraiment la peine d'être réalisé.

- au niveau électronique, tous les instruments Raymarine et le GPS Furuno fonctionnent bien (sauf la télécommande, voir ci-dessus). D'avoir un lecteur de carte à l'extérieur, c'est vraiment génial ici aux Antilles. Le seul bémol que j'ai, c'est le mode vent du pilote qui bipe dès qu'il y a une bascule de vent de 15°. Et je peux vous dire que 15°, c'est rien du tout, surtout quand le vent est oscillant. Donc dommage que ce paramètre ne soit pas réglable.

- le frigo (Frigoboat) fonctionne très bien (Muriel trouve qu'il goutte un peu trop en navigation) en tout cas d'un point de vue énergie. La plaque de refroidissement sous-marine reste étonnamment propre. La consommation est de 3 ampères pendant environ 2 minutes toutes les 10 minutes.

- l'annexe Caribe et son moteur Honda 15CV (canot pneumatique indispensable, moyen de transport utilisé pour se déplacer sur l'eau en toutes circonstances- mouillage, courses, visites à d'autres bateaux, exploration etc.) : l'annexe, rien à dire, stable, plane rapidement, avec son coffre pour l'ancre, parfaite (sauf qu'elle nous à déçu plus tard... vous verrez pourquoi). Le moteur 4 temps a parfois un peu de mal à démarrer quand il est froid mais après la transat, il a démarré du 1er coup ! Il consomme peu, il est silencieux, juste dommage qu'il soit aussi lourd.

- les bouts Lancelin : c'est sûr, on n'avait pas lésiné sur la qualité, mais rien à redire, on n'a pas abîmé une drisse ni une écoute et en plus en chiné, ça fait vraiment *racing*. Il faut dire que l'on navigue tout le temps avec les drisses sur les winches et les bloqueurs ouverts, c'est essentiel si on souhaite préserver les gaines.

- les voiles X-Voiles : on n'avait pas eu le temps d'acheter les protège-haubans avant de partir (d'ailleurs je ne savais même pas que ça existait ces trucs en plastique, moi, j'avais jamais vu ça sur un bateau de régate...) et grâce aux bonnes protections de lattes, on a limité les dégâts. En arrivant en Martinique, on a fait changer la sangle qui, elle, était bien bouffée, et voilà c'est tout bon.

- le gréement Selden : il ne bouge pas, il inspire confiance, l'enrouleur Furlex fonctionne très bien. On avait choisi la simplicité pour les ris avec des prises de ris classiques (non automatiques) au pied de mât. Sur un cata, cela ne pose vraiment aucun problème car on ne gîte pas.

- les coussins de chez Bleu Marine : ils sont faciles à laver et à entretenir, c'est parfait car ils ne sont pas vraiment épargnés...

- le dessalinisateur Schenker 30 litres/heures : au niveau consommation, c'est le top. Il ne consomme réellement que 5 à 6 ampères. Par contre, il n'apprécie pas trop la chaleur et il se coupe lorsqu'il fait trop chaud. Dommage car c'est à ce moment là que les panneaux solaires fonctionnent bien !

- les panneaux solaires (500W) : j'ai hésité à les mettre dans ce qui fonctionne moyen mais depuis que l'on est en Martinique, ils chargent vraiment bien. Maximum mesuré : 18 ampères, et en moyenne plutôt 8-10 ampères. Cela nous donne une réelle autonomie au mouillage, on n'a jamais besoin d'allumer le moteur pour charger. Par contre en navigation, ils sont trop cachés par les voiles (surtout lorsque l'on navigue vers le sud) et leur charge est largement insuffisante pour compenser la consommation du pilote, du frigo et autres consommateurs. J'avais toujours pensé qu'une éolienne n'était pas une bonne idée (surtout à cause du bruit) et là je pense que d'en avoir une quand on navigue, ce serait quand même pas mal. En effet, sur un cata, il y a toujours du vent apparent, même au portant, contrairement à un monocoque. Une éolienne permettrait de s'affranchir complètement des moteurs pendant une traversée. Le rêve, surtout pour nous qui sommes un peu fâchés avec eux…

- les pare-battages gonflables Certec : on le savait qu'ils étaient tops, mais là on en a la preuve. Ils sont gonflés (3 pare-battages) en moins de 5 minutes, ils sont super résistants et en plus ils sont beaux !

- l'ancre Delta 20 kg : pour l'instant, elle croche bien, rien à dire.

- l'accastillage Lewmar : on n'est pas surpris, c'est de la bonne qualité, tout fonctionne bien et les conseils donnés pour les dimensionnements ont l'air corrects car rien n'a lâché pour l'instant.

- Le four et les plaques deux feux ENO : zéros soucis, juste que l'on avait oublié les pinces pour tenir les casseroles et pendant la traversée Canaries - Cap Vert, on aurait bien aimé les avoir car avec la houle de travers, les casseroles, elles avancent… À aucun moment on aurait souhaité cuire 3 choses en même temps. 2 feux c'est bien suffisant, donc inutile de vouloir épater la galerie avec une cuisinière 3 feux…

Voilà, le petit tour des questions techniques du bord est terminé. Vous aurez sans doute remarqué que je n'ai pas parlé des moteurs, et pourtant c'est ce qui nous a causé le plus de soucis et de frais pour l'instant. Ce ne sont pas les moteurs qu'il faut incriminer mais c'est un problème d'étanchéité des cales qui laissait à désirer. On a fait des changements, je me suis coincé dans la cale et Muriel a jeté des seaux d'eau dessus, cette fois ça l'air d'être pas mal étanche. Donc, le verdict des moteurs sera pour la prochaine fois !

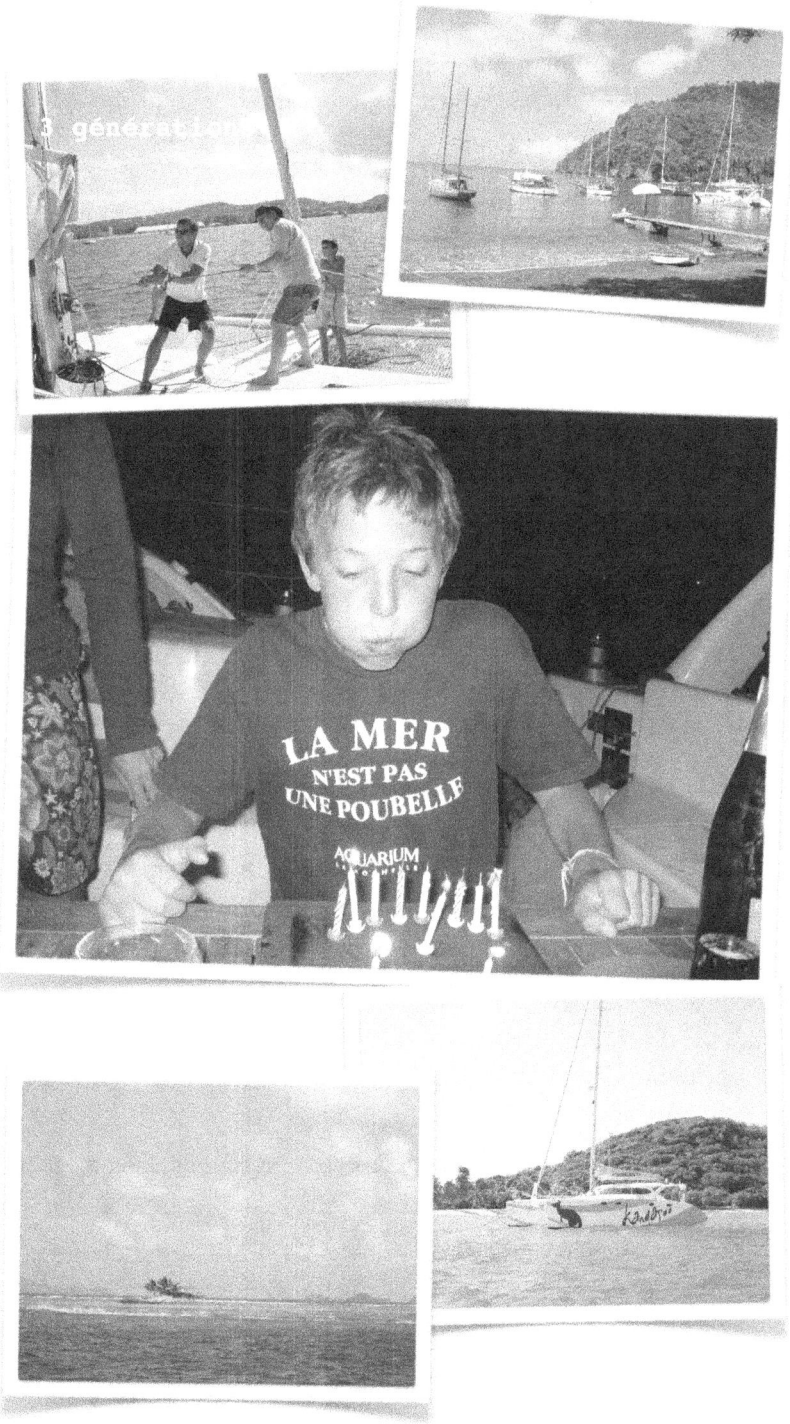

Mélange de générations

Deux semaines de maintenance et nous étions prêts pour une étape importante : la visite de Dany et Freddy, les parents d'Hervé, accompagnés de Myriam, la sœur de Dany.

Depuis le temps que leur fiston avait succombé aux sirènes de la mer, il était temps qu'ils en apprennent un peu plus sur cet univers. Belle aventure pour des purs terriens qui découvraient tout. Notre mode de vie, le nomadisme nautique, les mouillages.

Nous avons sûrement un peu trop forcé sur le programme. Mais nous voulions tout leur montrer, sachant bien qu'ils n'auraient plus l'occasion de vivre une telle aventure. Aperçu du programme « 2 semaines aux Antilles » :

Jour 1 : prise en charge dès l'aéroport et mouillage à Trois-Îlets, Martinique.

Jour 2 : navigation jusqu'à Fort-de-France et visite du marché et de la ville puis navigation jusqu'à l'Anse d'Arlet pour le cocktail du soir, avec en prime un maquereau sur la ligne !

Jour 3 : navigation jusqu'à Rodney Bay à Sainte Lucie, avec comme surprise du jour deux grains dans le canal, le tout au près, car il n'y a pas que du portant aux Antilles !

Jour 4 : navigation jusqu'à Cumberland Bay à Saint Vincent avec de très beaux arcs-en-ciel (et donc de la pluie et des grains !). Soirée au fameux Black Baron, déguisés avec les habits de la production du film Pirates des Caraïbes… On s'y croyait !

Jour 5 : visite d'une superbe cascade à l'intérieur des terres et navigation jusqu'à Béquia. Ambiance typique rasta et maisons aux couleurs vives.

Jour 6 : navigation jusqu'à Mayrau par 25 nœuds de vent. C'est pratique d'aller si vite, car ensuite nous avons le temps de visiter les îles !

Jour 7 : navigation jusqu'à Tobago Cays, où le mouillage est superbe malgré le nombre de bateaux aux bouées !

Jour 8 : on vogue sur les eaux turquoises digne des photographies d'agences de voyage et arrivons à Union.

Jour 9 : puis il faut remonter et ça se passe plutôt bien même si c'est assez long. Le vent est trop orienté nord-est et nous n'arrivons pas à faire de la route directe. C'est donc encore du près. Il y a en moyenne 25 nœuds qui tombent d'un coup lorsque l'on arrive sous le vent des îles.

C'est le problème des Antilles à la voile : toujours beaucoup plus de vent que ce que l'on imagine. Le ventilateur de la marque « Alizé » qui ne s'arrête jamais, avec des grains de 35 nœuds en prime. Alors on prend le ris, on lâche le ris, on prend le ris… puis un autre…

Au grand soulagement de nos visiteurs retraités, nous posons enfin l'ancre dans la baie de Saint-Anne, retour à la case départ, en Martinique. Le rythme se fait plus calme, nous avons loué un minibus vu les prix exorbitants des taxis pour l'aéroport, et nous en profitons pour faire tous ensemble le tour de l'île et des rhumeries.

J'ai été très fière d'eux car ils ont bien tenu le coup. Pas si facile de vivre dans une maison qui saute sur les vagues à leur âge. Vous avez déjà été aux toilettes dans ces conditions ? Et la voiture, gonflable et flottante…

À Tobago Cays, l'eau est toujours aussi belle. J'y étais il y a plus de 25 ans et ça n'a pas trop changé ! On a fait du *snorkeling* avec les enfants et on a pu toucher des tortues, se trouver face à face avec une raie, zigzaguer comme des poissons au ras du corail. Fabuleux. En plus, Robin fêtait son 11e anniversaire.

Lors de nos escapades à terre, on a plutôt l'impression d'être des pigeons. Des prix extravagants, chaque magasin ouvrant ses portes au seul touriste au porte-monnaie gonflé. J'ai par exemple vu mes pâtes préférées à 10 euros le paquet, alors que chez nous elles coûtent 6 fois moins. À se demander s'il n'y a pas une économie parallèle pour les locaux, à moins qu'ils aient de l'argent provenant de certains trafics…

Pour conclure, je me dois de vous raconter une rencontre marquante. C'est le jour avant que les parents partent, au mouillage de Saint-Anne. Je vois un homme qui nage vers nous. Il a l'air crevé, la plage est assez loin, en plus il y a pas mal de vent. Je ne comprends pas ce qu'il fait là. Oh, et il demande à monter sur la jupe. Il doit absolument me parler.

- Attendez, me dit-il, il y a encore ma femme qui arrive.

Nous les accueillons donc tous les deux à bord. S'ils étaient marins, ils seraient venus en annexe. Ces deux-là viennent donc de la plage. L'homme, un peu moins essoufflé, prend alors la parole.

- Il fallait que je vous raconte cet épisode incroyable. Mes beaux-parents ont loué la villa sur la plage, juste là-haut, et nous sommes venus les voir pendant les vacances. Arrivés hier soir, premier planteur à l'heure du coucher du soleil. On se sent bien. Et en regardant la baie et les bateaux, je leur raconte, devinez-quoi ? Votre aventure.
- Comment ça, notre aventure ?
- Oui, je vous ai vu dans Multicoques Mag, que j'avais acheté par le plus grand des hasards dans une gare, alors que j'allais vers Paris. Je ne fais pas de voile mais j'avais envie de rêver. Et ils parlaient de vous. Alors depuis, je vais régulièrement sur votre blog. J'ai tout suivi. Les Canaries, le Cap-Vert, le volcan. Et ce qui est incroyable, c'est que hier, quand j'expliquais cela à mes beaux-parents, vous avez fait votre apparition dans la baie. Je parlais de votre vie, et vous êtes apparus. Il fallait que je vous le dise. C'était absolument incroyable.
- Et je suis là pour le confirmer, nous dit alors son épouse.

Nous étions tous ébahis. Nous avons bu quelque chose ensemble, et c'est en annexe qu'ils sont retournés sur la plage. Nous n'allions pas leur imposer le voyage retour contre le vent ! La vie est une suite de rencontres et de surprises.

1er février : Dany

En fin de journée, à l'aéroport de Fort-de-France, les mots sont rares et les yeux embués en disent long sur l'émotion de chacun de nous au moment du départ, après 12 jours d'une vie quotidienne intense, harmonieuse, extraordinaires instants de partage, de découvertes (que cela soit en comportements ou en paysages, bien sûr !)

Ces 4 Favre nous ont émerveillés et leur bonheur rayonnant à bord du *Kangaroo* (grand élément de réussite et de confort également) nous permettent aussi de mieux comprendre une passion, une griserie pour nous, terriens, tellement inconnues...

Nous avons adoré les Caraïbes ; maintenant, les Grenadines, Tobago, Union ne sont plus de lointains horizons d'agences de voyages, la mer turquoise et le sable blanc ne sont plus des clichés, les barrières de corail bien réelles, demandant une grande vigilance au barreur tranquille, serein, bien à son affaire, secondé par Muriel dont les manœuvres nous impressionnent ; quant aux deux moussaillons, pas de doute, un sang de marin coule déjà dans leurs veines !

De retour chez nous, le contraste d'Orly sous la neige est violent, les 28 degrés se sont envolés avec les maillots de bain et les paréos, presque unique tenue nécessaire (ah ! ils avaient bien raison !!!)

Ce matin, dans notre Ardèche froide et pluvieuse, il nous reste au cœur les teintes vives multicolores des marchés. Les madras lumineux, la gentillesse et la beauté des Martiniquaises devant leurs étals de fruits exotiques savoureux, les odeurs d'épices, d'acras et de poulet boucané. Un ciel tout bleu... merci chers enfants pour ces images qui nous donnent envie, à Myriam et moi, de repartir, car Freddy, lui, est toujours en pleine mer, il tangue encore nuit et jour !

Les grèves

Le cliché des îles paradisiaques prend un coup supplémentaire sur la tête. En effet, la grève générale a été déclarée en Guadeloupe le 20 janvier 2009. Au menu, 240 revendications dont les principales étaient une baisse des prix jugés abusifs de certains produits de base tels que le carburant et l'alimentation ainsi que la revalorisation des bas salaires. Puis, elle s'est étendue à la Martinique le 5 février, paralysant ainsi pendant plus d'un mois et demi toute la vie des Antilles françaises.

Nous avons juste à temps pu faire un dernier plein en Martinique, sur des étals de supermarchés qui frisaient déjà la désolation. Puis, avons mis le cap sur la Guadeloupe, espérant pouvoir récupérer le prochain lot de visiteurs.

Couvre-feu, fusillades, violences, morts, surfaces commerciales saccagées. Rationnements, plus d'essence, plus de gaz.

Notre question qui restera toujours sans réponse est la suivante : pourquoi autant de voiliers sont restés sur place à subir les conséquences de la grève alors qu'il y a dans la région de nombreuses autres îles certes non francophones mais qui disposaient à l'époque de tout le nécessaire pour se nourrir ?

Version Charter

Ils n'ont pas tellement aimé l'appellation « Charter » mais c'était vraiment ça : *Kangaroo* rempli à fond de bons copains ! On a donc fait le test grandeur nature… et ce fut un succès.

Nous étions 5 adultes et 4 enfants à bord. Tribord, c'était la coque enfants (2 par cabines) et bâbord celle des invités avec Igor et Sophie à l'arrière et Natacha, la marraine de Robin, à l'avant. Hervé et moi, on a testé le canapé du salon… Magnifique vue sur les étoiles pendant nos nuits.

Ce n'était pas la première fois que l'on naviguait les 9 ensemble, le rythme a donc été repris très rapidement, seules quelques nouvelles petites habitudes ayant été rajoutées au programme. Je cite par exemple le ti-punch du soir (et pas avant le coucher du soleil !) et les parties de « Tête de bœuf », de Rami ou de Crapette.

Le périple a commencé en Guadeloupe. En raison de la grève générale, on avait donc fait le plein de nourriture en prévision à la Martinique (qui elle est tombée le jour d'après en grève générale également, ouf !) Les copains embarqués, on s'est vite tirés de là, car c'était triste et sinistre. Tout fermé, tout barricadé. Et on a mis le cap sur Marie-Galante.

C'est là-bas qu'Igor a passé le cap de ses 40 ans et les enfants se rappelleront certainement de cette journée où on a commencé le rhum a 11 heure du mat', car… on visitait les distilleries ! Nous avons fait tout le tour de l'île avec un chauffeur super sympathique, qui a même réussi à nous trouver un coin sur la plage qui servait du poulet boucané (car figurez-vous qu'entre temps, cette île était aussi tombée en grève…)

Ensuite, les estomacs ont été mis à l'épreuve car on s'est fait une journée de navigation au près, cap au nord, en contournant la Guadeloupe par l'est, pour arriver de nuit à Antigua, dans le repaire de l'Amiral Nelson. Le côté *british* de l'île nous a bien entendu fait penser aux Bermudes. On s'est fait quelques mouillages, dont un où on était tout tout seuls. *Fabulous*. Et une jolie marche pour admirer la vue depuis le sommet de l'île. Le samedi, c'était jour de marché et on a été en bus à la ville pour remplir le frigo de produits locaux. Enorme contraste entre les boutiques pour touristes descendant des paquebots - regorgeant de montres et d'objets de marque - et les artisans et producteurs régionaux.

Deux nuits au mouillage sur la côte ouest de la Guadeloupe afin de rejoindre l'archipel des Saintes. Mais entre temps, Nicolas fêtait ses 9 ans à bord également ! Que de gâteaux au chocolat on avala ! Aux Saintes, île également française, l'ambiance était plus décontractée même si tout le monde surveillait de près sa monnaie, les distributeurs restant désespérément vides… Causette avec les restaurateurs, les commerçants, tous un peu stressés par la situation. Et petites marches pour visiter les plages. Comme d'habitude, j'adore cette ambiance insulaire.

Ces 12 jours ont passé si rapidement. Nous revoilà les 4, un peu déboussolés, mais avec plein de bons souvenirs dans la tête. Pour la troisième fois nous avons des visites : on se réjouit, nous vivons des moments extraordinaires ensemble, et ils repartent… On pourrait commencer à faire comme ce couple de Canadiens que l'on a rencontré. Ils étaient partis depuis 7 ans et avaient totalisé un peu plus de 100 visiteurs à bord. Finalement, on fait tout aussi fort ! On en est déjà à 11 en 5 mois.

La Guadeloupe est de plus en plus sinistre. Le supermarché Casino a ouvert hier ses portes pour quelques heures. C'était la ruée dans le magasin, les gardes ne laissaient passer que 10 personnes à la fois. Hervé est rentré victorieux avec des yogourts et du pain ! Je n'ai toujours pas de beurre, mais on ne va pas mourir de faim. On va éviter la France pendant quelque temps… en espérant que ça s'arrangera pour eux tout de même. Que c'est triste de voir les beaux palmiers coupés à la hache pour en faire des barricades !

On vous donnera donc des nouvelles depuis la Dominique, vers laquelle nous partons demain, ce n'est qu'à quelques heures de navigation d'ici.

La Dominique

J'aime ces brèves rencontres : ce vieux qui, à la hache, transforme un magnifique tronc qui deviendra, en six mois, un canoë. Six mois de dur labeur, du choix de l'arbre à la mise à l'eau, qui sera vendu pour 800 euros. Pas un jeune ne veut apprendre ce métier que seul lui et un autre sur l'île connaissent encore.

Et cette vieille femme, qui au fil de la discussion, alors que je lui achetais un régime de bananes et des pamplemousses (le tout pour 5 euros) m'avoua 11 enfants et une poignée d'employés ! En fait, elle dirigeait une jolie petite entreprise avec l'aide de l'un de ses fils revenu exprès des USA (les dix autres sont restés là-bas !).

Incroyable pays où tout semble pousser grâce à cette terre volcanique et ses montagnes « attrape-pluie ».

Dans les terres, les maisons ressemblent à cela : 10 m^2 entourés de tôle ou de planches en bois sur quelques pilotis. Heureusement qu'il ne fait jamais très froid, mais en cas d'ouragan, tout s'envole.

Portsmouth, ville située au nord dans cette grande baie, nous à accueillis avec son carnaval et sa fameuse rivière indienne. Mais je l'ai moins aimée, sans doute à cause de leur « Guides » ou

« Boat Boys ». Ils sont toujours aussi insistants qu'il y a quelques années et demandent des prix exorbitants pour nous servir de guide. Cela nous a tant découragés (notre budget ne peut pas se permettre de payer 250 euros par jour pour un guide) que nous avons décidé de partir tout seuls dans la jungle, en louant une voiture.

Riche idée, car cela nous a permis de passer une journée inoubliable. À bord de notre 4x4, qui a toute son utilité vu les routes d'ici, nous avons rejoint une zone où après un petit treck, nous nous sommes baignés dans le « chaudron », espèce de baignoire jacuzzi naturelle. Ensuite, nous avons visité la côte ouest avec sa réserve indienne et des jolis villages tels que Calibishie.

Retour au bateau et cap vers le sud, pour atteindre Roseau, la capitale. Une odeur de souffre a assailli nos narines. C'est l'expiration des montagnes volcaniques, dont le fameux « Boiling lake » le deuxième plus grand lac bouillant (92°C) du monde, l'autre se trouvant en Nouvelle-Zélande.

La mer était plate, et pourtant nous n'avons pas réussi à voir de baleines. Hervé a passé son temps à régler *Kangaroo*, le vent étant si fluctuant avec ces reliefs montagneux ! Il était couché à l'avant avec la télécommande du pilote à portée de main ! Qui a dit que la côte de la Dominique se faisait généralement au moteur ?

Hervé :

On avait prévu 4-5 jours d'exploration et cela fait maintenant plus de 10 que nous sommes en Dominique. C'est une île fantastique, ma préférée à ce jour aux Caraïbes. Pourquoi ? D'abord, il y a des montagnes, hautes comme mon Jura natal. Bon, pas de neige mais ce n'est pas grave. Ensuite, la végétation est incroyable, super luxuriante, débordante d'énergie et de vitalité. Il y a des rivières partout. Une est chaude, celle d'à côté est froide, c'est tout bonnement incroyable. Surtout, c'est encore sauvage.

Une année "sabbatique"

La Dominique est épargnée par les hordes de touristes car il n'y a pas d'aéroport international. Pas de grande plage de sable non plus. Les Dominicains se sont donc tournés vers l'éco-tourisme et cela marche plutôt bien. La seule ombre à ce tableau sont les paquebots de croisière qui s'arrêtent à Roseau juste pour la journée. Mais bon, cela doit faire vivre pas mal de monde, on peut les comprendre.

Lors de notre marche vers le « Boiling Lake », on a vu et fait des trucs incroyables : on a marché à côté de petits geysers, on s'est baigné dans des piscines naturelles d'eau à 35°C, on a mangé des œufs cuits durs (si, si, même moi !) dans la vapeur qui sortait à même le sol, on s'est baignés dans une rivière qui entrait dans une gorge avec une chute d'eau au fond, bref ce sont des endroits magiques et on se rend compte que l'on est vraiment privilégié de pouvoir voir tout ça. Voilà pourquoi nous sommes encore ici. Et c'est aussi la première fois que l'on « traîne » un peu et cela fait du bien de ne pas avoir de programme bien arrêté.

Le conseil de famille

Comme l'expliquait Hervé, ces jours en Dominique nous ont ressourcés. Pour la première fois depuis notre départ de La Rochelle, nous avions le sentiment de ne plus avoir de contraintes de temps, de programme à tenir, les prochaines visites n'étant prévues que pour Pâques, au départ de la Guadeloupe. Un mois de liberté s'offrait ainsi à nous. C'est quand même le comble de penser ainsi, mais c'était notre réalité.

Bien que l'accueil à bord d'amis ou de membres de la famille soit un moment phare du voyage, permettant de passer ensemble des moments privilégiés dans des endroits splendides, cela vous contraint à avoir un bateau fonctionnel, propre, et prêt à partir le jour J depuis une île X, ce qui n'est pas toujours simple vu la météo et les ports visités, vous obligeant alors à anticiper ou faire en fonction : de quoi stresser des équipages entiers !

Combien d'aventures sur place, d'envies, de rencontres ont ainsi été avortées ?

Tergiversations. Que faire maintenant que nous avions le temps ? Allions-nous partir vers le sud, et descendre au Venezuela pour terminer ainsi notre visite des petites Antilles ou bien partir plus au nord, avec les BVI (*British Virgin Islands*) en prime ?

Tout était possible, le nord, le sud, le sur-place…

En voyant Julie devant son gâteau, se préparant à faire un vœu en fermant ses jolis yeux juste avant de souffler ses 8 bougies, nous avions envie de lui en proposer un particulièrement spécial…

De jour en jour, une idée qui avait germé dans nos têtes d'adultes grandissait à tel point que nous devions en parler sérieusement à l'équipage, mettre les cartes sur tables, prendre une décision.

Un conseil de famille fut donc tenu dans le plus grand secret sur cette mer des Caraïbes.

Le thème :

Qui serait d'accord de ne pas rentrer tout de suite ?

Robin, comprenant très rapidement que cela impliquerait de ne pas retourner de sitôt à l'école, signa sur le champ. Quant à Julie, il fut un peu plus difficile de la décider, mais nous trouvâmes un accord sur une durée supplémentaire maximum de 2 ans. Quant à moi, je souhaitais quand même pouvoir retourner aux Bermudes par la mer et visiter les Açores. Et puis, il y avait ce mariage coutumier au Maroc au mois d'août auquel j'avais très envie d'assister. D'où l'idée de refaire la boucle.

Cette décision n'aurait sans doute pas pu être prise si nous avions profité d'un pur congé sabbatique ou crédit-temps, institution qui n'existe pas en Suisse et qui ne manque pas de nous étonner. Une année de congé avec l'obligation pour l'employeur de vous reprendre. Tandis que là, affranchis de tout contrat, nous n'en faisions qu'à notre tête ! Il suffirait de rentrer en Suisse pour un peu de paperasse, renouveler les déviations de courriers, s'occuper de la maison, embrasser la famille, saluer quelques copains puis repartir. Que de frissons !

Du coup, avec l'argent reçu de ses parents pour son anniversaire et son Noël, Hervé pourrait s'offrir sa belle éolienne.

Le pacte fut ainsi scellé !

Eau et gaz

Vendredi 13 mars

Eau et gaz à tous les étages : facile à dire...

Sur un bateau, les nécessités ne tombent pas du ciel.

Bon, pour l'eau, ça va encore et toujours bien. Déjà, à 4, on n'en consomme pas beaucoup car on n'aime pas se laver ! Et la vaisselle se fait à l'eau de mer. Sur le plan de cuisine, nous avons ainsi deux robinets. Pour l'eau douce et l'eau salée. En plus, on a un dessalinisateur. L'eau de mer passe dans des membranes spéciales et devient plate. Douce. Sans aucun goût.

Par contre pour le gaz, c'est une autre affaire. Et si j'en parle aujourd'hui, c'est qu'il faut être magicien pour s'en procurer !

En moyenne, nous consommons une bouteille de campingaz de 4,5 litres chaque 3 semaines, et nous en possédons trois. Autonomie de près de 2 mois donc. Le prix du remplissage varie d'ailleurs extrêmement selon les pays, passant de 25 euros à La Rochelle à 4 euros au Cap-Vert !

La dernière fois que nous avons fait le plein, c'était en Martinique, avant la visite des copains. Ensuite, plus moyen de rencontrer une de ces petites bouteilles bleues.

La Guadeloupe était en grève, la Dominique utilise un autre système (et on passe à notre dernière bouteille). Pas de quoi stresser vu que nous nous sommes dirigés vers le nord, à Saint-Martin (île partagée par les Français et les Hollandais) pour être précis. Hervé était d'ailleurs très triste de quitter la Dominique, il serait bien resté une semaine de plus... au final, on aurait peut-être dû le faire vu nos péripéties...

Saint-Martin. Les plus grands *shipchandlers* des Antilles. Fabuleux. Hervé arpentait heureux les allées de ces supermarchés exclusivement dédiés à tout ce que l'on a besoin pour le bateau. Sauf que pour le gaz, eh bien… il n'y avait pas notre modèle ! Les seules bouteilles restantes ayant été dévalisées par les Guadeloupéens ! Vive les grèves !

Entre-temps, j'ai pris des mesures drastiques. Utilisation du gaz permise qu'une fois par jour, le soir. Plus de thé ni de pain grillé le matin, que du froid à midi et on minute l'utilisation de notre précieux réchaud. Vous auriez dû nous voir faire les courses… Plus de tartes ou de gâteaux au menu, pas de farine. On consomme un minimum !

On a hésité à modifier notre système pour accueillir des bouteilles américaines. Mais est-ce que ça vaut vraiment la peine ? Recherches sur internet et tutti quanti. Retour au magasin pour voir si l'on trouve les pièces qu'il faut pour le changement. Que d'heures perdues… et voilà que nous butons sur un autre problème, la taille des nouvelles bouteilles qui, naturellement, ne rentreraient pas dans le coffre prévu.

Changement de tactique lorsqu'on nous apprend que sur la fameuse île de Saint-Barthélémy, située juste à côté, il existerait un magasin disposant d'un système de remplissage.

On a donc remis le cap au sud, petite navigation super chouette de 2 heures. C'était mercredi matin. le vent était stable, c'était très joli. On est arrivé pile à 14 heures, l'idée étant de faire le plein de gaz et d'eau (tant qu'on y est) et de repartir en catimini pour les îles Vierges à la tombée de la nuit, histoire d'éviter la paperasse d'immigration et ses frais !

Vous auriez dû voir notre tête en arrivant dans le port chic de Gustavia, lorsque le plongeur du coin nous répond du haut de son bateau : « MAIS C'EST MERCREDI APRES-MIDI VOYONS, TOUT EST FERME ICI LE MERCREDI APRES-MIDI, VOUS NE LE SAVIEZ PAS ? »

Oh… douce vie des îles de millionnaires. Le mercredi après-midi, c'est le jour des enfants, et tout le monde en profite. En tout cas, chapeau pour l'initiative - ça vous dirait aussi un travail à 100% par ici ?

Bon, tout ceci fait rêver mais ne nous a bien sûr pas arrangés… et nous avons été faire la paperasse puis déboursé les euros pour rester officiellement sur cette île jusqu'au lendemain. Grosse consolation, on a passé une superbe soirée au très chic bar le Sélect, seul resto de l'île vraiment décontracté. Un des repères préféré d'Hervé lors de son arrivée en Figaro lors de l'AG2R de 2004. Indigestion de cheeseburger et de frites. Miam.

Et aujourd'hui jeudi, devinez quoi ? Hervé vient de rentrer au bateau.

- Range les bouteilles vides, me dit-il. Il n'y a plus d'espoir. Ils n'ont bien sûr plus de gaz depuis des semaines, il fallait s'y attendre. La grève générale a tout bouleversé.

- Bon, alors on va bientôt manger cru… voilà tout !

Ras le bol de perdre nos journées pour ces futilités ! On espère seulement qu'à notre retour en Guadeloupe, début avril, on en trouvera ! Et si on pêche, ce sera sushis… j'ai encore plein de wasabi !

En tout cas, St-Barth', c'est bien plus joli que l'île précédente de Saint-Martin qui n'a rien d'extraordinaire. Un très pauvre réseau routier qui crée des km de bouchons tous les jours et engendre un air irrespirable, des constructions partout, des magasins *free shop*, casino sur le côté hollandais et restos sur le côté français. On n'a pas été séduits. Mais notre séjour forcé a été agrémenté par deux surprises :

- Le Parsifal 3, bateau de 54 mètres, qu'on a eu l'honneur de visiter, j'en ai encore rêvé des nuits plus tard tellement j'ai été impressionnée. D'ailleurs, Robin et Julie nous ont annoncé que lorsqu'ils seront grands, ils deviendront skipper et cheffe hôtesse sur un bateau du genre.

- Les retrouvailles avec *Zenyal*, sur lequel il y avait Antoine, un copain de Robin depuis Tenerife. Les enfants l'ont invité à bord pendant 24 heures et on a bien rigolé.

Nous partons donc ce soir pour un des paradis de la voile… les îles Vierges ou BVI pour *British Virgin Islands*. Départ à 20 heures pour arriver au petit matin. Je vous fais une description ? Il y aura pleine lune, un peu de houle du nord, et *Kangaroo* va filer en laissant derrière lui des traînées lumineuses de plancton. Je me réjouis déjà.

Promis, en regardant le ciel étoilé, je penserai à vous tous…

Les étoiles et la pollution lumineuse

Oui, je pense à vous en regardant les étoiles. Car c'est fantastique. Sans pollution atmosphérique et lumineuse, le ciel est… grandiose. C'est un peu comme le ciel de montagne, mais en plus chaud et en plus vaste encore.

Et tout ceci m'interpelle… penser qu'à Paris, par une belle nuit, on ne voit tout au plus que 50 étoiles ! Quelle pauvreté ! C'est consternant. Il faudrait faire quelque chose pour que les enfants, les amoureux et ceux qui ont la tête en l'air puissent profiter de ce spectacle. Et ce ne sont ni les astronomes, ni les biologistes ou les médecins qui peuvent me contredire.

L'éclairage nocturne de nos villes, des lampadaires aux vitrines des magasins, est un fléau. Les insectes en sont les premiers touchés. Au lieu de chercher leur nourriture, de s'accoupler ou de pondre, ils dépensent leur énergie à tourner autour des sources lumineuses toute la nuit. En été, dans nos contrées, les biologistes estiment qu'un lampadaire tue en moyenne 150 mouches et moustiques. Avec 5000 lampadaires, ça fait 750'000 morts par nuit ! Bon, j'avoue, mon argument peut faire rire ceux dont la peau attire les moustiques… Tant mieux diront-ils. Mais il y a aussi les oiseaux migrateurs qui se trouvent désorientés et prolongent inutilement leur voyage, les batraciens qui deviennent plus visibles pour leur prédateurs, les hérissons qui attendent plus longtemps pour sortir de leur cachette afin de trouver de la nourriture, et les chauves-souris qui, en une nuit, peuvent consommer près de la moitié de leurs poids en insectes variés… un excellent insecticide naturel pourtant victime comme tant d'autres animaux de nos illuminations…

Et que dire des économies d'énergie et de maintenance que l'extinction lumineuse partielle ou totale produirait ? Il y a tellement de solutions possibles pour que chacun de nous cohabite plus harmonieusement sur la terre… la modération de l'éclairage public de minuit à 6 heures du matin en est une, et cette pratique semble faire des émules, sans qu'aucune augmentation de la criminalité n'aie été observée pour autant… À bon entendeur…

BVI (à prononcer bivi-aille)

Mouillages surpeuplés mais pourtant bien agréables.

Un jour, deux jours, on bouge aujourd'hui ?

Les distances sont si courtes entre ces îles que l'on hésite même à hisser la grand-voile. Au portant, sous solent déroulé, *Kangaroo* file déjà à fière allure… et on a tout notre temps. Quel luxe !

Ici, on a droit au bal des pélicans pêcheurs. Et PAF ! Ils foncent tête en bas dans l'eau. Et les voilà qui ressurgissent, la gamelle bien remplie.

Là-bas, on a profité des fonds marins. Parois multicolores, grottes multiples, drôles de sensations : se retrouver projetés ainsi dans un aquarium géant. C'est d'ailleurs LA grotte qui a inspiré Stevenson pour l'écriture de « L'île au trésor ».

Puis cette plage, avec en prime une connexion internet. Quel bonheur d'avoir notre bureau les pieds dans le sable ! Par contre, ça va bien un jour ou deux, car les bateaux de location ont la fâcheuse tendance à se retrouver tous aux mêmes endroits et c'est presque surpeuplé. Pourtant, il y a de belles criques désertes, un peu plus loin et pas mal du tout !

Notre quête du gaz a également pris fin… pour le moment. Un skipper d'un bateau charter battant pavillon français trouvait ses invités tellement antipathiques qu'il a préféré nous filer sa bouteille que de leur faire un barbecue. Merci beaucoup pour le dépannage !

Ah ! C'était vraiment fantastique de naviguer aux BVI. Venteux et plat ! Plate aussi l'île d'Anegada où nous avons passé nos trois derniers jours, complètement illégalement d'ailleurs. Nous avions 12 heures pour quitter le territoire de Sa Majesté… et on n'a pas suivi les ordres. Au lieu de cela, nous avons mis le cap sur cette dernière île qui se situe plus au nord de l'archipel.

Le premier jour, il a fait tellement moche qu'on en a profité pour frotter à fond le pont avec toute la pluie qui tombait. Et le lendemain, on a fait le tour de l'île à vélo !!! C'était des vélos pour ados, donc bien trop petits pour Hervé et moi, mais ça a été quand même ! L'île doit mesurer dans les 15 km de long et seule la route sud était goudronnée ! On s'en rappellera des ensablements à répétition sous un soleil de plomb. À la fin de la journée, on était comme les américains… rouges comme des homards ! D'ailleurs, c'était la spécialité de l'île, mais 55 USD le homard, c'est un peu trop pour notre budget… on a donc préféré se déguiser !!!

Nous voici de retour aux Saintes après avoir chevauché les vagues pendant 250 milles. Car à bord de *Kangaroo*, on n'a pas peur de « bouffer des milles ». Par contre, nous ne croirons jamais plus ceux qui vantent les conditions météo fabuleuses des Antilles. Pour ce retour, nous avons encore passé 36 heures à 60 degrés du vent, au près donc… alors qu'ils nous annonçaient un bon petit nord-est. Et les vagues ? Il y en a bien quelques-unes qui frisaient les 5 m !

J'adore cette petite communauté des Saintes. Je vais aller pouvoir faire mon marché, et cette fois il y aura du choix (pas comme pendant les grèves). Un petit café, une grande glace bien méritée. Il y a un semblant de vie dans cette île, une belle énergie. Touristique mais sympathique. Pas comme là-haut aux BVI. Trop de bateaux aux mouillages, peu d'habitants, pas d'âme, même si très joli.

Demain, on recommencera les éternelles tâches, bricolage par-ci, nettoyage par-là, réglage ici, modification là. Que l'on soit au point pour accueillir le prochain arrivage ! Les cinq De Lastelle débarquent jeudi ! Et les adultes seront minoritaires à bord… on va bien rigoler !

Les îles Sous-le-Vent

Fin avril, nous sommes à nouveau à Saint-Martin. Pour les amateurs d'aviation, c'est le top. Le mouillage est juste à côté de la piste et le bal est incessant. Nos amis viennent de partir. À la place de pleurer, on a fait des signes de bras à n'en plus finir jusqu'à ce que l'avion disparaisse dans le nuage.

Après, naturellement, il a plu, car il fallait étendre la lessive.

Trois semaines et un programme qui est totalement sorti des sentiers battus. En effet, nous voulions découvrir d'autres îles que les classiques et avions convenu d'un ONE WAY vers le nord pour enchaîner ensuite avec notre programme. Ce fut donc une prise en charge à Pointe-à-Pitre et un déchargement à Saint-Martin.

Au menu, encore quelques indétrônables avec un peu de Saintes, l'îlet Pigeon pour le *snorkeling* le long de la Guadeloupe, puis Antigua pour commencer à parler l'anglais.

Ensuite, nous avons mis le cap pour les îles Sous-le-Vent, beaucoup moins fréquentées par les voiliers : Montserrat et son volcan – avec des zones de navigations interdites – Nevis, Saint-Kitts et Saba pour finir avec St-Barth' et Tintamarre.

Prendre le temps de vivre, de visiter, d'être ensemble. Voir nos enfants grandir ensemble, jouer et s'apprécier. Quel cadeau ce *Kangaroo* !

Montserrat

Montserrat. C'est sûr, je reviendrai… car c'est absolument fascinant de voir un pays se reconstruire de la sorte.

On est monté les 9 à bord du taxi de Joe Philips qui nous a fait visiter la partie de son île encore existante. Car l'autre partie… pfff… ensevelie sous les cendres du volcan.

Mais d'abord, qui sont ces 9 ?

Il y a d'abord Odile, ma copine et son mari Laurent, avec qui j'ai même travaillé sur plusieurs projets. Autant dire que l'on est comme en famille vu qu'Eléonore, leur grande fille, est ma filleule et qu'Odile est la marraine de Julie. Pour en finir avec les présentations, il y a ensuite les deux adorables terreurs, Marguerite, 6 ans, une coquine de première et Félix, 5 ans, le roi du Uno Junior (surtout vers 6 heures du matin !).

Cela fait donc deux mois que l'on passait au large de cette île sans jamais s'y arrêter. Et le grand jour est venu. L'accueil a été plutôt froid, étant donné que des fonctionnaires nous ont fait attendre pendant plus d'une heure dans des espèces de containers reconditionnés en salle d'attente pour passer la *clearance*. Faut dire que tout le monde se préparait à passer Pâques… alors, la paperasse…

Puis avec Joe le taxi, nous avons passé un moment intense, car découvrir une île coupée en deux de la sorte, c'est triste et fascinant. Leur capitale a été ensevelie sous la boue et la cendre, et depuis 10 ans ils essayent de s'en sortir. Question géographie, c'était ultra intéressant pour les enfants également, car on a pu voir les plans de leur nouvelle capitale, comprendre pourquoi ils choisissaient tel nouvel emplacement pour la construire, etc.

Bon, je ne fais pas trop long. Avec la synergie du groupe, ce n'est jamais facile de s'organiser. Je viens de trouver ce café internet pour prendre les emails, et j'en profite pour vous faire un coucou. Tout se passe super bien, on a la super ambiance à bord, comme vous pouvez l'imaginer ! On a même caché les œufs de kangourous (pour éviter de parler de l'animal à longues oreilles) partout sur le bateau l'autre jour, c'était vraiment cata-marrant!

On est actuellement à Saint-Kitts et on part voir la reine de Saba (car la prochaine île s'appelle ainsi!). On a également passé un bon moment à Nevis (qui veut dire la neige car les nuages s'accrochent juste au dessus de la montagne) et fait une magnifique balade de deux heures autour des flancs du volcan.

Le soir, Odile se mue en infirmière. Hervé et Laurent ont droit au bandage du pied et moi au massage car je me suis bloquée le dos … 5 enfants à bord et un seul adulte de valide… quelles vacances ! Mais non, elle va très bien aussi et on ne la surcharge pas de boulot… vous le jugerez à leur bronzage au retour !

Saba

Saba reste un souvenir marquant de ces jours passés ensemble. L'arrêt sur l'île n'est pas évident. Il faut d'abord faire la *clearance* en face de The Ladder, puis partir de l'autre côté de l'île où l'unique mouillage possible se fait sur bouées en raison de la profondeur, en espérant qu'il y en ait une de libre. On accède au village par un très vieil escalier taillé à même la roche. 800 marches vertigineuses et épuisantes sous un soleil de plomb. C'était à l'époque la seule entrée sur l'île ! L'histoire raconte que même un piano est passé par là ! Jolies rencontres et de belles balades, dans une ambiance toute insulaire et moins touristique que les précédentes.

La vie reprend son cours

Maintenant que les premières heures de blues sont passées suite à leur départ, nous devons nous réorganiser.

Premièrement, entreprendre les bricolages et installer l'éolienne.

Et puis, Robin peut attaquer les cours du CNED (Centre National d'Enseignement à Distance) amenés dans les bagages. En effet, le système scolaire suisse ne s'occupe pas des cas comme nous. Il faut aller à l'école comme tout le monde ! Il a donc fallu trouver une solution rapidement vu notre décision de continuer l'aventure. Alors autant commencer tout de suite en se laissant de la marge pour s'adapter au système français, étant donné qu'à bord de *Kangaroo* l'année scolaire a déjà été absorbée ! Julie rigole très fort tous les matins ; elle doit patienter jusqu'en septembre pour recevoir les bouquins et cela fait bien rager son frère qui posera la même question tous les jours pendant quelques mois :

- Mais pourquoi Julie, elle, n'a pas besoin de faire l'école ?

Rendez-vous prévu avec l'équipage de *Tubi*, les Ostrogoths, Zenyal, Drizard. Et *Abracadabra* qui nous a rendu un énorme service. Notre convertisseur échangé sous garantie n'était pas arrivé à temps en Guadeloupe à cause des grèves. Nous sommes donc partis sans (on allait pas demander à nos visites de rester à la case départ sur cette île terrassée par la grève pour 15 jours !) et ils nous ont servis de livreurs !

On porte vraiment pleins de casquettes en devenant marins… et on se fait des amis à une vitesse vertigineuse. « Tu prendras bien encore un petit planteur avant de partir ? Et si on mangeait ensemble ce soir, il te reste quoi au bateau ? » Sans compter les après-midis que les enfants passent tous ensemble. Un jour, c'était même projection privée d'un film à la bibliothèque. Une vraie salle de cinéma gratuite avec air conditionné où notre équipe de jeunes marins a regardé « La guerre des boutons ».

Le côté social repart de plus belle sur Saint-Martin, puisque tous les bateaux de voyage s'y arrêtent à nouveau. C'est la dernière île française avant l'étape du retour et les *shipchandlers* sont en tax free. Organiser le retour. Le routage. Préparer le bateau. Traverser l'Atlantique. S'arrêter aux Bermudes ou viser direct les Açores ?

Tout le monde tergiverse, mais ce n'est pas encore notre cas. Depuis le début, nous sommes tentés par les grandes Antilles qui se situent un peu plus au nord. Il nous reste encore quelques semaines avant la saison des cyclones qui commence dans l'Atlantique Nord très officiellement le 1er juin pour terminer le 30 novembre. Selon Hervé, il nous faudrait quitter au plus tard les Bermudes début juillet. Cela nous laisse quand même deux bons mois devant nous. Ça vous tente un petit tour par la République dominicaine et la mythique Cuba ?

Sur le chemin du retour

République Dominicaine

3 Mai

Superbe arrivée au lever du soleil et bien méritée ! Depuis 6 heures hier soir, on freinait *Kangaroo* à fond ! D'abord en enroulant le gennaker et en faisant route que sous GV, puis en étant que sous solent ou sans aucune toile, à la dérive, ballottés par les vagues. Finalement l'aube s'est levée, nous permettant de pénétrer dans la baie de Luperon, naturellement découverte par… Christophe Colomb.

Le chemin est sinueux, il y a une petite barre et on découvre une rivière à plusieurs bras, des oiseaux qui chantent, un calme majestueux. Impossible d'arriver de nuit, c'est sûr, et tellement magique ces petites heures du matin.

Luperon, c'est la base. Vu le peu de mouillages situés sur le nord de l'île, c'est apparemment le seul endroit où l'on peut laisser le bateau en sécurité et partir à l'aventure.

Nous irons donc d'abord à Saint-Domingue, en bus. C'est la première capitale européenne créée au XVe siècle dans ce nouveau monde. Là, on va retrouver Denis qui arrive par avion et restera avec nous jusqu'à Cuba. Denis, pour faire les présentations, c'est presque comme mon « papa ».

Voilà donc le programme de la suite des événements. Pour le moment, nous sommes confinés sur le bateau en attendant le passage des diverses autorités. Paraît qu'il faudra leur offrir une boisson, c'est la coutume ! En attendant, tout le monde s'occupe, Hervé lit, les enfants étudient et moi… je vous écris !

Et avant que j'oublie, la traversée fut également un succès, vu que l'on a pêché… un thon ! Miam qu'il était bon ! On l'a mangé en deux fois, sushis et steaks. Parfait.

À Santo Domingo, nous avions rendez-vous dans une petite pension adorable de la zona colonial. Ville magnifiquement entretenue avec les monuments les plus vieux de l'hémisphère ouest, comme ils disent ici. Classée au patrimoine mondial par l'UNESCO, cette ville regorge d'édifices qui ont tous une valeur historique forte : première cathédrale du continent américain, premier palais de justice, première place, etc.

Entassés dans notre voiture louée pour la semaine, nous avons roulé dans le sud-ouest du pays jusqu'au lac super salé d'Enriquillo situé à 40 m au dessous du niveau de la mer et rempli, paraît-il, de crocodiles que l'on n'a pas vus. À la place, on a déambulé au milieu de dizaines d'iguanes. Surtout ne pas leur marcher sur la queue. Cela fait assez film fantastique, ou d'horreur, selon les goûts !

La région est encore peu touristique et tant mieux. Les locaux se baignent dans des piscines naturelles construites aux embouchures des rivières, sous les palmiers. L'eau de l'océan ne scintille pas comme à l'habitude. Ce n'est ni du bleu, ni du turquoise ou du vert, mais une couleur incroyable, presque surnaturelle, un peu laiteuse, comme une opale claire. Non, je devrais dire comme une Larimar, cette pierre semi-précieuse que l'on trouve uniquement dans la région et dont le nom provient de la contraction du prénom Larissa (la fille de l'un des découvreurs du gisement et du mot *mar*, pour la couleur de la mer des Caraïbes).

C'est une ambiance familiale et tranquille, avec partout de la musique. Elle sort des fenêtres des maisons, s'échappe des voitures, des haut-parleurs de la rue, des bars et restos, et des mains expertes des musiciens qui font la tournée des terrasses. Nous nous sommes achetés plein de disques que nous écouterons plus tard au bateau.

De retour à Luperon, nous retrouvons *Kangaroo* et partons à la journée pour des excursions. Ce qui nous laisse un peu de temps pour l'école aussi !

Il y a eu le jour sportif, avec les 27 cascades – *charcos*. Engoncés dans un gilet avec un casque, nous sommes partis dans la forêt vierge au milieu de rivières. Il a fallu grimper sur des cailloux, se battre contre le courant. Deux guides accompagnateurs avaient fort à faire à nous soutenir, tirer et pousser pour activer la montée. Pour la descente, je vous laisse deviner. Sauts à hurler, toboggans naturels et *flotar* telles des balles de tennis dans des ravins creusés par le temps. Un vrai parc d'attraction 100 % naturel.

Il y a eu le jour galopant, où nous avons dû tout d'abord partir à la recherche des chevaux, les ramener pour les seller, puis sommes partis avec notre guide dans des vallées, sur des crêtes de collines, le long des étangs.

Il y a eu les jours volants, où nous nous sommes rendus à Cabarete, la mecque du kitesurf, pour qu'Hervé y prenne quelques leçons.

Et les jours qui font réfléchir avec la visite de la ville de Dajabon, à la frontière avec Haïti. Voici donc un peu d'histoire…

> Hervé :
>
> Hispaniola est la deuxième plus grande île des Antilles après Cuba. Elle est composée de deux pays : la République dominicaine (2/3 du territoire et 10 millions d'habitants) à l'est et Haïti à l'ouest (1/3 du territoire et 9 millions d'habitants). Malheureusement, ces deux pays ont peu de choses en commun : Haïti parle le français et le créole, la RD parle l'espagnol. Haïti pratique l'animisme tandis que la RD est catholique romaine. La couleur de peau des RD varie du blanc au noir foncé (il y a même un numéro allant de 1 à 5 sur le passeport indiquant la couleur de la peau), la moyenne étant plutôt cannelle, tandis que les Haïtiens sont noirs ébènes,

descendants directs des africains « importés » comme esclaves. Le pays est aussi très différent car les cultures intensives d'Haïti ont décimé la végétation alors que la RD est verdoyante et tout pousse facilement.

Tout a commencé avec l'arrivée de Christophe Colomb en 1492. L'île fût le premier lieu du nouveau monde où les colons européens s'implantèrent. Moins de 100 ans plus tard, les 300'000 « indiens » qui habitaient l'île avaient été massacrés ou exterminés par les Espagnols. Mais l'île perdit de l'intérêt pour les Espagnols après qu'ils découvrirent les mines d'or du Pérou et du Mexique. En 1697, l'Espagne céda ainsi à la France le tiers occidental de l'île. Le nouveau Dom-Tom français appelé Saint-Domingue fût la colonie la plus riche de France grâce aux esclaves qui travaillaient le coton et la canne à sucre.

La France prit ainsi le contrôle de toute l'île en 1795. Mais les esclaves noirs se révoltèrent et battirent l'armée de Napoléon : ce fut la naissance de la première république noire du monde : Haïti. La République dominicaine devint quant à elle indépendante des espagnols en 1821, mais fût envahie par la suite pendant plus de 20 ans par Haïti. Au final, la RD s'en sort mieux que Haïti, un des pays les plus pauvres au monde.

Une séparation naturelle existe entre les deux pays (montagnes et désert) et il n'y a que deux villes frontières. Les gardes sont partout avec leurs fusils mitrailleurs puisqu'il n'y a pas de libre-passage, sauf le mardi et vendredi, jours de marché.

Dajabon, où nous nous sommes rendus, est donc une ville presque ordinaire qui n'aurait rien de particulier s'il n'y avait pas la frontière. Dès 4h du matin, les Haïtiens passent le pont sur la rivière Massacre - là où de nombreux immigrants haïtiens furent massacrés en 1937 - et installent leurs échoppes en territoire dominicain. Globalement, les Haïtiens vendent des fringues et des chaussures, *made in China* et du matériel donné par les institutions internationales d'entraide. On peut acheter ainsi du dentifrice, du savon encore emballé par paquet de douze par des ONG ou des baskets, des crocs, etc. qui doivent venir tout droit de nos containers à habits usagés.

Avec l'argent qu'ils récupèrent ainsi, ils peuvent acheter les denrées de base vendues par les Dominicains : pâtes par sachet de 5 kilos, riz par paquet de 25 kilos, farine, maïs, etc. La circulation au sein du marché est délirante, il fait extrêmement chaud, le passage entre les échoppes est large de deux mètres, il y a une foule très dense et en plus les motos passent au milieu.

Nous avons pu nous rendre jusque sur le pont qui enjambe la frontière, gardé par des casques bleus bien armés emmitouflés dans leur gilet pare-balles malgré la chaleur. Le va-et-vient est impressionnant : les Haïtiens courent dans un sens avec des brouettes vides et des remorques « fabriquées maison » et reviennent à plein dans l'autre sens avec ce qu'ils ont pu trouver. Ils crient pour qu'on les laisse passer car leurs charges sont énormes : on en a vu avec plus de 200 kilos de nourriture sur une brouette ! Et cela n'arrête pas, les allers-retours sont incessants. Plusieurs centaines de tonnes de nourriture transitent ainsi en une matinée d'un pays à l'autre avec le sentiment qu'il y a une grande urgence, que demain sera peut-être trop tard.

Malgré tout, l'ambiance est bon enfant, c'est très *businesslike* et on ne se sent pas du tout menacé. Il y a très peu de gens qui font la manche, tous essaient de proposer quelque chose en échange. Mais c'est la première fois depuis que l'on est partis que l'on est réellement confrontés à une situation où l'on sent la détresse. Quelle expérience poignante !

Le retour au mouillage, sur notre *Kangaroo*, est très intriguant. Nous avons découvert à Luperon une communauté de navigateurs au long cours qui… ne voyagent plus. Ils ont tous l'air d'avoir trouvé leur coin, leur base. À cause des filles, des bars, de la musique ? Ils disent attendre le bon vent pour descendre aux Antilles. Le plus fameux a même écrit un livre sur comment y arriver. Son truc est de naviguer de nuit, lorsque le vent est plus calme, quitte à aller au moteur. Pas trop notre genre. Mais il faut de tout pour faire un monde. La plupart d'entre eux sont anglophones. Ils ont même créé leur propre radio, sur la VHF, qui chaque matin donne la météo, le vent et des infos diverses telles que : « y a-t-il quelqu'un qui sait réparer ceci, je cherche telle pièce pour réparer mon radar, qui aurait cela à bord… etc. »

En choisissant de quitter *Kangaroo* très fréquemment pour partir à l'aventure, nous avons vécu à un tout autre rythme que le leur. Et c'est la cadence que j'ai toujours adoré. Voyager, bourlinguer, rencontrer, c'est selon moi la vie rêvée. Je me sens pourtant fatiguée, un peu vidée, je rumine. Et tout ceci m'énerve encore plus, un vrai cercle vicieux. Est-ce le trop plein d'émotions, d'expériences ? Est-ce parce que nous sommes déjà sur la route du retour et que l'on ne s'arrêtera que pour un mois avant de tout recommencer ? Je me sens comme embarquée dans un processus qui me fait perdre un peu pied. De quoi sera fait notre avenir ? Avons-nous fait le bon choix ? Je regarde Robin et Julie qui ont l'air de se porter à merveille, même quand ils étudient. Ces deux heures d'école quotidiennes leur apportent un point de repère et le sens des responsabilités, de l'organisation, de la planification. Mais comment s'en sortiront-il au final ? Est-ce ce lieu qui pousse à une remise en question, à ces moments de doutes ?

La menace de la saison des ouragans me rappelle à l'ordre et il me faut réagir. Après seulement deux semaines en République dominicaine, nous levons l'ancre, Cuba nous attend !

Cuba

Nous avions bien sûr entendu parler des fameux Jardins de la Reine où les langoustes se pêchent à gogo. Toutefois, nous avons décidé de passer par la côte nord de l'île de Cuba afin d'éviter une longue et pénible remontée au près par la suite dans le passage qui la sépare de la Floride.

Deux haltes sont donc prévues sur les extrémités de l'île afin d'y laisser le bateau. La première à Puerto Vita, à côté de Guardalavaca et la deuxième dans la ville bien connue de Varadero, pour rejoindre la Havane et la pointe nord.

Une année "sabbatique"

Extrait du journal de bord écrit par Denis pour notre blog :

Un autre mythe qui s'est effondré pour moi pendant ce séjour, c'est celui du marin buriné accroché à la barre, l'œil fatigué, reprenant chaque vague, une grosse tasse de café fumant aux lèvres pour tenir le coup... on m'avait dit que même Robin faisait ses quarts sur *Kangaroo*... Chic, je me suis dit, il prend du grade... prendre un quart à onze ans en pleine nuit, c'est pas mal !

C'était sans compter sur ce sacré *windpilote* !

Robin, que je devais relever de son quart à 22 heures, le pauvre chéri il devait être crevé... eh bien non, Robin bouquinait sa série des Otori, une saga japonaise moyenâgeuse où d'intrépides chevaliers pétris d'honneur s'affrontent sur des champs de bataille avec des têtes coupées, un fond de romance de jeunes filles en fleurs... de cerisiers... des seppuku et plein de kurosawaseries en vrac, bref, je retrouve Robin confortablement installé sur le canapé, le nez dans son livre - c'est fou ce qu'ils lisent ces deux-là, Julie et lui, ça épate tout le monde en République dominicaine et à Cuba, ils lisent au bistro, en voiture, aux arrêts de bus, partout... bon, rebref.

- Robin, c'est comme ça que tu fais ton quart ?

- Ben oui, toutes les vingt minutes, je vais voir dehors s'il se passe quelque chose !

Patatras ! Moi qui dois lire Les Nuls font du bateau pour enclencher mon GPS et qui sais tout juste utiliser le pilote automatique avec clic-clic plus un, moins un, plus dix, moins dix pour changer le cap, je découvre le *windpilote*... pour ceux qui ont de la peine à suivre... facile, on établit les voiles, bien réglées, on est à 150-140 du vent selon l'humeur... et avec le *wind*, eh ben, le cata, il est comme un toutou en laisse... il va où on lui dit d'aller, c'est-à-dire qu'il est toujours très poli avec le vent, il va où le vent lui dit d'aller, comme ça il reste toujours bien réglé et nous on peut s'affaler sur le divan... cool. (...)

Tout ça pour vous dire que le bateau, il va vite ! En trente-six heures, on s'est fait Luperon - Guardalavaca à Cuba avec un cata qui allait tout seul, juste ralenti un peu par les lignes de canne à pêche et les appâts à l'arrière, mais il a repris de la vitesse quand le gros poisson argenté qui faisait le fou ou du ski nautique, on n'a pas bien pu voir parce que l'on était gêné par la queue d'une grosse baleine, paraît-il la seule que les Favre aient vu pendant cette nav', eh bien, quand le poisson a fait faux bon avec l'appât à trente euros, nos assiettes étaient tristes…

On s'est vite consolés avec un lever du jour un peu laiteux dans une petite baie près de Guardalavaca… vous aurez compris, c'est comme en italien, le coin où on garde les vaches, mais en fait, c'est le nom qu'on donne aux ibis qui viennent leur bouffer les parasites sur la croupe…

Vroooum, le bateau des garde-côte arrive, tous très gentils, mais pas de musiciens à bord, on aurait eu plaisir à se faire accueillir avec des Très, des Claves, des Güiros, bref, toute cette batterie de cuisine qui rend la musique cubaine si attirante et rythmée…

On s'est contenté de jeter l'ancre à nouveau et d'attendre le médecin masqué, la vétérinaire masquée, le douanier masqué et ganté avec des rubans de scellés, le *capitan del puerto* masqué, un peu comme dans les hold-up ! Mais ça s'est super bien passé, le cocker anti-drogue n'a pas fait caca sur la couchette de Robin, Muriel a eu le temps de planquer son orchidée, importation végétale suspecte pour une vétérinaire révolutionnaire… On s'est retrouvé le premier soir à faire une balade dans le village de Puerto Vita, on a rencontré nos premières belles Américaines, bien roulées, de magnifiques pare-chocs (personnellement, j'aurais préféré des Cubaines dans le style).

24 mai

Puerto Vita
Les formalités d'arrivée ont été expédiées en moins de deux, malgré le nombre imposant de contrôles.

C'était bien la première fois qu'un médecin montait à bord pour nous ausculter un à un, et qu'un chien venait renifler dans mes réserves ! Ils étaient assez comiques, ces fonctionnaires, avec sur leur nez un masque de chirurgien, au cas où on aurait attrapé le dernier virus à la mode !

La marina, bien installée au milieu d'une mangrove, m'a cependant vite déprimée. Déjà, nous nous butions à une administration très rigide. Alors que nous sommes le seul bateau habité sur les 8 qui sont au port, il aura fallu plus d'une demi-heure et cinq formulaires à Robin et Denis pour acheter quelques œufs et jus de fruits au magasin du complexe. Au niveau du frais, le seul produit proposé a été un ananas pourri qui sortait du congélateur. Non merci, sans façon, on préfère manger des fruits en boîte à ce niveau-là et notre gentillesse a des limites. En plus, les gardes s'ennuyaient à mourir et passaient leur temps à se poster sur le ponton pour nous voir vivre.

On a donc préféré s'enfuir au plus vite au volant de notre 4x4 louée dans un complexe hôtelier situé à 20 minutes de là. Robin et Julie ont dû rester en limite de l'hôtel, interdiction formelle d'entrer dans l'enceinte. Vous voyez, les adultes ont besoin de se détendre dans ce palace *todo incluido* à 300 dollars la nuit, alors restez dehors.

Un hôtel *children free* ! Je n'avais jamais vu cela. Mais ça devient à la mode et c'est vraiment très inquiétant. Une société sans enfants serait pourtant vouée à la mort !

J'ai pris note récemment qu'en Allemagne, une nouvelle loi précisait que « le bruit des jeunes ne peut pas être considéré comme une atteinte à l'environnement ». Je l'espère bien, mais sommes-nous maintenant obligés de le mentionner expressément dans des lois ? N'y a-t-il pas moyen de cohabiter ? Il y a des jours où je ne regrette plus ma carrière d'avocate. Vers quel monde allons-nous ? Une planète dirigée par des juristes où les enfants sont censés rester silencieux et assis devant leurs écrans ?

Sacré contraste avec la réalité. De retour dans notre village, nous marchons sur la route en nids de poule. Il y a plein de gamins qui jouent avec rien, c'est-à-dire avec des jeux universels tels qu'un pneu de vélo et un bâton. Il y en a même un qui avait un lasso et qui a attrapé Robin du premier coup ! Le lendemain, on a été lui payer la rançon : un pantalon et des baskets trop petites pour Robin ! Le jeune garçon était aux anges. Ils nous ont offert également des coquillages, et même des fruits, des *marignons*, super amers, à ne pas conseiller. Cela nous a permis de nous rendre compte de la gentillesse de ces Cubains qui survivent avec rien, c'est-à-dire avec au maximum dix francs suisses par mois dans leur monnaie de singe nationale, alors que pour se payer une paire de souliers, il faut payer dans la monnaie des touristes, c'est à dire en CUC, les pesos convertibles... et un mois de salaire, ça ne suffit pas pour la paire de godasses...

> Comme c'est étrange cette société à deux monnaies. Nous allons nous démener avec nos pesos dans la poche de gauche et nos CUC dans celle de droite, en essayant de ne pas trop faire exploser notre budget.
>
> Et dès le début, c'est un retour dans le passé. Denis se retrouve en enfance. C'est reparti pour les années 50 !
>
> Vieilles voitures et camions déglingués côtoient de splendides side-cars. Sur les bas-côtés, les chevaux tirent des calèches et certains vont à vélo. Dans le centre des villes, on a attaché des chaises roulantes à côté des vélos, inventant ainsi le bicitaxi. C'est absolument incroyable.
>
> Ce qui m'a frappée aussi, pendant ces derniers jours, c'est le calme qui règne grâce à ce peu de trafic. Beaucoup vont à pied et on se pousse sur le côté dès que l'on entend la voiture arriver. Ça rend la place plus accueillante, la rue plus joueuse, cela permet d'improviser des concerts, de sortir la table pour une partie de dominos.
>
> Nous avons longé en voiture toute la côte nord-est pour arriver à Baracoa et y passer la nuit. Trajet bien plus que varié puisque nous sommes passés des plaines verdoyantes aux coteaux luxuriants, pour arriver sans crier gare dans un paysage dantesque de fin du monde. Une usine d'extraction de nickel qui crachait de la fumée de toute part et des

panneaux interdisant strictement la prise de photos. Ils ne connaissent pas encore la lutte contre la pollution par ici !

Santiago de Cuba n'avait pas vu autant d'eau depuis 22 ans ! Avec les dérèglements climatiques, ils feraient mieux de s'y habituer ! Et nous nous sommes retrouvés, en plein repas, à chasser la pluie qui ne s'évacuait plus de la cour intérieure de notre logeuse. Vite, sauvons les meubles !

Après avoir bouclé notre tour de la pointe est de l'île, nous remontons à la voile sur La Havane. Les enfants et moi étions contents de retrouver notre routine sur *Kangaroo*, afin de pouvoir emmagasiner les émotions rencontrées et se préparer pour la suite.

Nous allons mettre 4 jours pour effectuer cette remontée le long de la côte cubaine avec des mouillages splendides et notre lot d'émotions météo ! Plus besoin de télécharger les cartes, le phénomène est chaque jour identique. Vers 11 heures, le thermique du matin s'arrête, le vent tourne à l'est et on met le spi. Ensuite, le spectacle est grandiose car de gigantesques nuages se forment dans le ciel à une vitesse impressionnante. À vue d'œil, les cumulus prennent de la hauteur, les masses blanches s'additionnent. On dirait que les dieux jouent au Jenga en construisant le nuage le plus haut possible. Puis, il est temps de se préparer à l'attaque. On prend direct deux ris et on se retrouve au près. Le ciel nous tombe sur la tête. Orages, éclairs, mer qui fume. À deux reprises, on a même dû affaler toute la toile pour ne pas s'engouffrer dans une zone de grains qui était bien trop sombre à notre goût.

Le livre qui passe entre toutes les mains à bord actuellement est bien évidemment « Le vieil homme et la mer » d'Ernest Hemingway. La plage de Cayo Guillermo où nous nous arrêtons pour dormir est d'ailleurs l'un de ses endroits de prédilection pour la pêche. C'est effectivement superbe. Avec le coucher du soleil et une petite bière fraîche entre les mains, achetée dans une baraque sur la plage. Les enfants qui jouent dans le sable. Pour parfaire le tableau, je rajouterais qu'il est dimanche soir. La meilleure soirée de la semaine selon Hervé, celle où l'on mesure encore plus la chance que l'on a.

Kangaroo, la machine à remonter le temps.

26 mai : Hervé

J'écris alors que nous longeons la côte vers le nord de Cuba. Il n'y a pas beaucoup de vent et on avance tranquillement à 4-5 nœuds. Mais on a quand même l'impression que *Kangaroo* va tellement vite qu'il a réussi à remonter le temps pour se retrouver en 1957. Un peu comme dans « Retour vers le futur » où le héros se retrouve en 1955.

Chevrolet Bel Air 1957, Pontiac, Chrysler, Cadillac, des vieux camions, des side-cars, plein de vélos, des charrettes qui côtoient des Ladas plus récentes mais beaucoup moins jolies. Et surtout, il y a très peu de trafic. À titre de comparaison, il y a aux USA 857 engins motorisés pour 1000 habitants contre 27 à Cuba !

Petit rappel historique pour ceux qui auraient séché leur cours d'histoire : Fidel Castro accompagné de Che Guevara et de son frère Raoul prennent le pouvoir en janvier 1959. Cuba passe au rouge foncé, devient le fer de lance des pays communistes et bénéficie grandement de l'aide de l'URSS. Invasion ratée à la baie des Cochons organisée par la CIA, crise des missiles entre Kroutchev et Kennedy, Cuba cristallise l'attention des Américains ; normal, la côte la plus proche n'est qu'à 150 km à vol d'oiseau de la Floride.

Novembre 1989, chute du mur de Berlin et début de la Perestroïka. (Vous vous rappelez où vous étiez quand c'est arrivé ? Moi j'étais en train de finir mon école de recrue au Fort de Savatan…). Cuba voit sa manne financière disparaître et les américains augmentent encore l'embargo sur le pays. C'est la période la plus difficile du pays, 5 ans où les gens n'auront presque plus rien à manger, des coupures incessantes d'électricité, etc.

En 1994, Fidel est obligé d'ouvrir les vannes et de laisser les touristes rentrer pour avoir des devises. C'est le début de la société à deux vitesses mais curieusement le système mis en place tient toujours et a l'air de satisfaire les Cubains.

Pour nous, il y a des choses vraiment étonnantes : par exemple, il existe un carnet de rationnement qui prévoit que chaque Cubain peut acheter, par mois, avec des pesos nationaux et fortement subventionnés, seulement 5 livres de riz, 4 de sucre, 1 litre huile, 1 savon vaisselle, 1 pain par jour mais pas de viande. Si tu veux en acheter plus, tu dois payer en CUC (= très cher), C'est la porte ouverte au marché noir. Mais sinon, les frais de santé, d'école (obligatoire pour tous), de logement, tout est fourni par l'Etat. En fait, l'argent qu'ils gagnent, c'est pour manger et se déplacer.

Il y a aussi des côtés drôles, comme les slogans révolutionnaires à chaque entrée de village : « Revolucion o muerte » (la révolution ou la mort), « Siempre contigo » (toujours avec toi), "« La juventud debe marchar a l'avanguardia » (la jeunesse doit marcher à l'avant-garde), « socialismo o muerte », etc.

Denis, notre journaliste national du bord qui maîtrise parfaitement l'espagnol, a discuté avec nombre de Cubains. Bien que regrettant certains points du régime (en particulier les deux monnaies), ils considèrent que les acquis sociaux sont énormes et n'aimeraient pas vivre ailleurs. Nous parlons là de gens qui ont voyagé à l'étranger, instruits au niveau universitaire. Etonnant, n'est-ce pas ? Et ils ne redoutent même pas une invasion des dollars américains si Obama décidait d'ouvrir les vannes du commerce avec Cuba.

C'est peut-être aussi parce que cette culture révolutionnaire va à l'opposé de notre société de consommation. Ils ne ressentent pas le besoin de consommer, de faire du *shopping*. Ils ont leur musique et la danse, riche. Mais est-ce que cette vision de la vie tiendra avec la génération qui n'a pas connu la révolution et surtout la vie d'avant ? C'est LA question à 100 CUC…

6 juin

La Havane
Que de kilomètres parcourus, de jour comme de nuit.

Je garderai en mémoire ces rues où l'on arrive encore à marcher. Les enfants qui jouent, les passants qui déambulent, les bicitaxi qui actionnent leur sonnette à tout va ! Des trous ... J'y suis même tombée dedans un soir. Et j'ai cassé mon unique paire de chaussure dans la chute. Réparation de fortune et voilà que le lendemain dimanche, je trouve sans problèmes en bas de la maison un cordonnier. Eh oui ! N'oublions pas que nous sommes chez les rois de la bricole, les as de la réparation. Que ce soit les chaussures, les vêtements, les moteurs, les cuvettes de toilettes (je parle d'expérience, ils ont réussi à me trouver à Varadero une pièce de rechange sur un vieux bateau abandonné !) : rien ne se jette, tout se répare ! Comme on est loin de notre société de consommation !

Fascinant de jour, et ça continue de nuit.

Ça a été l'escale (avec la République dominicaine) où nous serons le plus sortis ! Et à Cuba, la spécialité c'est... non, non, pas le Cuba libre mais le mojito ! Très déshydratant puisqu'il s'agit d'eau gazeuse mélangée avec du sucre, des feuilles de menthe et du rhum blanc ! La bonne excuse pour aller les tester de bar en bar, mais seulement dans ceux avec « la musique ».

De Baracoà à La Havane, en passant bien sûr par Santiago et Vinales, on en a écouté de la musique ! Un vrai film. Du pur Buena Vista Social Club. Soit à la « casa de la Trova » ou « casa de la cultura » ou « de la musica ». À La Havane, c'était plus ou moins dans chaque bar branché. Et notre préféré a été sans conteste le « Montserat Bar », à côté du repaire d'Hemingway. On a même pu y emmener Robin et Julie un soir. Ils ont fini dans les cuisines à préparer le repas en compagnie d'un médaillé olympique de boxe (Atlanta 1996) qui mesurait 2,05 mètres et fumait des cigares !

Naturellement, les enfants ne sont pas encore accros des mojito ! Par contre, une glace de temps en temps... surtout qu'il fait tellement chaud ! Cependant, pas question de céder à la tentation d'une glace estampillée NESTLE. La Magnum est au même prix qu'en Europe ! C'est pour les vrais touristes ! Nous, on veut des glaces à la Cubaine..

C'est donc naturellement chez Coppelia qu'il fallait se rendre. Les meilleures glaces de tout Cuba ! Ça à l'air facile à trouver, près de ce parc, au milieu de tous ces immeubles. Oh ! Mais ce n'est pas vers les devantures d'un immeuble qu'il faut se rendre. La glace C'EST le parc ! Hallucinant ! C'est dimanche et les familles, les amis, les copains-copines font la queue, des queues ! Disséminés aux différentes entrées du parc, alignés comme de vrais British, les Cubains patientent des heures devant le panneau de leur choix. À l'est du Parc, aujourd'hui, c'est l'entrée « vanille ». De l'autre côté, fraise. On fait le tour, ça nous prend bien 10 minutes, tiens, ici c'est chocolat. Mais c'est impossible, on ne va pas perdre notre journée à faire la queue pour une glace ! D'autant plus qu'ils ne font rentrer les gens que par groupe de 20, et qu'entre chaque passage, il faut attendre au moins 20 minutes - le temps qu'ils mangent et paient. Il y en a pour des heures !

Ce dimanche-là, la chance nous a souri ! On est reparti, car on voulait téléphoner au papa d'Hervé pour lui souhaiter bon anniversaire. Pas une mince affaire non plus, le téléphone, mais je vous fais grâce de l'aventure pour rester concentrés sur les glaces avant que ça ne fonde. Pendant le temps du téléphone, un énorme orage a éclaté, balayant d'un coup les plus téméraires. Puisqu'on n'était pas trop loin, on a donc retenté notre chance et sommes retournés au square. Hey ! Regardez, y'a une file qui a moins de succès, on y va ?

C'était la file « amande et varadero ». Personne n'a pu nous dire ce que c'était, ce goût varadero (nous on sait juste que c'est le nom de la ville où on a laissé *Kangaroo* !!!). Bref, au bout de 20 minutes, c'est déjà notre tour. Quelle veine ! Un guide nous emmène alors en direction du centre du parc. Là, on découvre une énorme sculpture en forme d'huître qui abrite l'institution. On comprend pourquoi notre file avait moins de succès car c'était pour des places au bar ! Nous, ça nous va très bien. Bref, on nous aligne au comptoir. Il y a là au moins 50 tabourets en demi-cercle et réglables en hauteur. On s'assied et... voilà que l'on reçoit notre bol... de glace au... CHOCOLAT, car il n'y a que ça maintenant ! Un énorme bol avec dedans 5 boules de même saveur ! S'ils posent la question de combien on en veut, ce n'est pas par rapport au nombre de boules mais au nombre de bols de 5 boules. La dame à côté de moi par exemple avait pris 10 boules ! J'imagine et j'espère que c'était son repas de la journée. Et voilà l'aventure, la glace était délicieuse, on a bien ri, et ça nous à coûté… euh… 1 franc suisse pour les 20 boules ! Moitié moins cher qu'une unique glace Nestlé à la touriste.

Morale de l'histoire : ce n'est pas le goût qui compte, mais le plaisir de pouvoir partager une bonne glace. Précepte que l'on a pu confirmer ensuite à plusieurs reprises chez des glaciers moins renommés que Copellia (mais ils servaient 7 boules d'un coup, énorme !)

Difficile de résumer notre visite, mais c'est sûr, Cuba restera un moment fort de notre voyage. C'est l'un des derniers pays communistes au monde et le fait d'avoir été (et surtout d'être encore !) sous embargo américain en fait un cas à part. Même si on a l'impression que l'idéalisme communiste ne fait plus trop recette, les gens sont néanmoins très attachés aux acquis sociaux issus de la révolution.

Et c'est vrai que de ce côté-là, les résultats en matière d'alphabétisation, de durée de vie, de niveau scolaires sont égaux voire supérieurs aux pays occidentaux développés et nettement supérieurs aux autres îles antillaises. Logements gratuits, nourriture de base subventionnée, hôpitaux et médecins à disposition. Il y a beaucoup d'avantages, même si globalement les Cubains sont très pauvres.

C'est pour ça que les Cubains sont les rois de la débrouille et qu'ils ont tous quelque chose à vendre. Ce sont souvent des choses « trouvées » sur leur lieu de travail, mais l'Etat laisse faire car l'argent ainsi récupéré est directement réinjecté dans l'économie. C'est aussi pour ça que les touristes sont de vraies vaches à lait : les entrées des musées à La Havane, par exemple, sont 25 x plus chères pour les étrangers que pour les nationaux !

Par contre, ce qui nous a frappés après la République dominicaine où la joie de vivre éclatait à chaque coin de rue, c'est l'ambiance « morose » des habitants. On sent clairement que ce n'est pas facile tous les jours, il n'y a pas cette ébullition typiquement latino, pas de musique à fond dans la rue, bref, c'est calme, voire trop calme parfois.

Voilà en vrac ce que l'on a aimé et ce que l'on a moins aimé :

On a aimé : les glaces cubaines, les vieilles voitures américaines, La Havane (une ville avec des immeubles spectaculaires, à apprécier surtout la nuit), le peu de trafic, la côte nord avec ses cayes désertes, les *casas particulares* où l'on dort chez l'habitant, le café, le coco taxi ou les bicitaxi, un truc que l'on devrait faire chez nous, la musique live dans les cafés, la qualité des danseurs, les mojitos.

On a moins aimé, même si ça fait le charme du pays : la double monnaie pesos/CUC qui complique pas mal la vie, l'impression de se faire pigeonner dès que l'on est étranger, parler espagnol est un vrai plus, le manque de liberté en bateau, on est surveillé de très près, l'accès à internet super lent... les usines d'extraction du nickel, les orages tous les après-midis, un peu stressant en bateau tous ces éclairs, fumer le cigare, mais il fallait essayer !!!

L'annonce officielle

La news telle que postée sur notre blog en juin 2009 :

C'EST OFFICIEL ! ON REPART POUR UN TOUR !

Partis de La Rochelle en octobre 2008, on s'est tous assez vite rendu compte qu'une année sabbatique avait l'air longue en soi, mais qu'elle n'était pas suffisante pour visiter un peu plus à fond les pays abordés. Déjà au Cap Vert (décembre 2008), on avait eu de la peine à partir alors que nous avions passé 3 semaines sur place !

On nous a aussi baptisés les « avaleurs de milles » ou le « *Kangaroo* qui ne tient pas en place ». Surnoms qui nous conviennent assez bien car par rapport aux autres bateaux rencontrés, on en a effectivement fait « un peu plus » ! Déjà près de 9000 milles et on va passer la barrière des 10'000 lors de la transat vers les Açores.

Chacun de nous a ses motivations. Les enfants sont heureux de cette vie à bord, ayant tellement de temps après leurs deux heures d'école quotidiennes pour lire, pour jouer et des parents rien que pour eux. Quant aux adultes... des affaires qui ne tournent pas comme prévu et la crise qui sévit... tout ça ne nous pousse pas à rentrer, surtout qu'il nous faudrait retrouver du travail rapidement. Et la vie est quand même bien moins chère sur l'eau, même s'il faut toujours parer aux postes principaux qui sont ceux des dépenses pour le bateau et pour remplir le frigo !

Notre PASSION de la voile en elle-même y est pour beaucoup. Et ce n'est pas de traverser une ou deux fois l'océan qui va nous arrêter ! Surtout avec notre *Kangaroo* et d'autant que ce sont les moments préférés de Robin et Julie !

Nous maintenons donc notre programme jusqu'aux Açores, comme prévu. Ensuite, ce ne sera donc plus le retour chez nous mais le début d'une plus grande boucle, avec une première escale au Maroc. De là, on repartira en Suisse pour régler nos affaires pendant un mois ! Et surtout, voir et passer de bons moments avec ceux qui nous sont proches.

Puis, ce sera le Sénégal en novembre et une deuxième transat « aller » vraisemblablement en direction du Brésil… on verra bien !

Bermuda

Ça y est ! Je les vois ! Comme je me réjouis d'y arriver… Mes Bermudes ! Et d'entendre, j'espère, de la part des officiels ou de nos amis, le célèbre « Welcome back » qui me fait toujours frémir et sourire de plaisir !

Les Bermudes ont été mon paradis pendant près de deux ans. Pas besoin de me prendre la tête et très heureuse de m'occuper de Robinator et de Julie, dans notre maison au bord de la mer !

Ce que nous vivons est encore plus extraordinaire, et au moins Hervé est heureux. Ce sera son premier retour sur l'île depuis 2003 ! Quant à nous… euh… on a déjà craqué deux fois !

L'ambiance à bord de *Kangaroo* va donc en s'excitant, ce qui, je pense, n'est pas le cas sur les autres bateaux qui s'approchent de ces îles au milieu de nulle part. Pour eux, c'est surtout une escale qui coupe la traversée retour.

Cela fait donc 10 jours que nous avons quitté Cuba et que nous sommes en mer, en plein dans le fameux triangle, dont les pointes se situent à Porto Rico, Miami et aux Bermudes.

« Je comprends ce triangle maintenant » nous dit notre Julie. « Les bateaux disparaissaient car il n'y avait plus de vent, donc plus à manger, et puis ils mouraient tous de faim ou se jetaient à l'eau !!! »

La vérité sort de la bouche des enfants ! Les fichiers météo avaient beau être alléchants, ils se sont avérés assez faux dans l'ensemble. Arrivés vers les Bahamas, nous avancions plus poussés par le courant du Gulf Stream que grâce à nos voiles gonflées ! Et on n'a jamais eu assez de vitesse pour couper à travers les îles.

Nous avons donc contourné les Bahamas par le Nord, et puis… on a fait au mieux. Notre pire moyenne a été de 64 milles par jour. Un record de lenteur. Mais tout inconvénient peut avoir des avantages. Nous avons donc profité de ces longs après-midis pour se baigner autour du bateau et jouer au château-fort avec les 122 soldats en papier que les enfants ont découpés.

Notre nouvel ami : un petit poisson gris et jaune qui nous a suivi à la trace pendant trois jours. Question pêche : un fiasco également, pas de vent, donc lignes emmêlées et maintenant que l'on avance un peu plus, on ne pêche que des algues, on doit être à la limite de la mer des Sargasses. On a tout remonté à bord et on va continuer de puiser dans nos réserves !

Nous avons joué aux pirates en faisant du pain habité par des espèces de vers qui se sont stérilisés à la cuisson ! La tresse (sorte de brioche qui se mange au petit déjeuner en Suisse) était moins belle (car on compte nos œufs vu la pénurie) mais elle était bonne et plus protéinée que d'habitude !!!

Quand le vent a daigné réapparaître, nous sommes repartis mais notre moyenne… bfff.. brisée, cassée. Heureusement que nous ne sommes pas en course. Et puis on a eu quelques soucis techniques, donc voilà… on y va molo. Et ça me laisse le temps d'envoyer des sms par satellite pour organiser les rendez-vous avec les copains et de languir !

Ce n'est pas un mythe, oui, aux Bermudes, les hommes vont au travail en bermuda. Et le code vestimentaire est même assez rigide. Le bermuda doit être de couleur vive. Les chaussettes foncées et remontées jusqu'aux genoux ! Si, Si ! Ne rigolez pas ! Hervé avait 4 paires différentes pour aller à la banque. Au choix : roses, jaunes, vertes et bleu clair ! Et le 5e jour de la semaine ? C'était « casual friday » et il mettait un bermuda normal en coton, genre skipper ! Ces tenues sont assez sexy finalement. On peut juger l'homme à son genou…

Il y a également deux autres particularités qui m'ont toujours tenu à cœur aux Bermudes et que je trouvais assez intéressantes du point de vue environnemental :

- Il n'y a aucune source d'eau douce sur l'île. Ainsi, toutes les maisons sont équipées d'un toit blanc en escalier qui permet de récolter l'eau de pluie. Cette dernière est alors stockée dans une citerne située sous la maison. En cas de pénurie, il est possible de commander de l'eau dessalinisée arrivant par camion. Résultat, vous préférez gérer au mieux vos ressources d'eau au lieu de payer une facture salée pour de l'eau douce !

- Une seule voiture est autorisée par habitation. En conséquence, beaucoup de deux roues sur l'île, ce qui fluidifie la circulation. La limite de vitesse autorisée est de 35 km/heure et les grosses voitures ne sont pas acceptées ; elles doivent correspondre à un certain gabarit, même si votre famille est nombreuse.

Hervé par 32°15'N et 64°30'W :

Deux semaines exactement aux Bermudes, « my god » cela a passé vite. Pourtant, on n'a pas été gâtés par le temps, on a failli battre le record historique de pluie pour le mois de juin

(321 mm ou 12 inches). Mais c'était pas très grave car on était surtout là pour voir les amis et pas pour aller à la plage. Et ça a commencé en fanfare, car dès la première après-midi, Becky et Karen sont venues nous accueillir au port avec le frigo-box rempli de bières, de vin et des cookies. Et cela a continué toute la semaine avec des barbecues, des soirées animées vraiment sympas, des éclats de rire, une atmosphère super relax.

C'était la première fois que je revenais aux Bermudes depuis notre départ en 2003. Au premier abord, l'île n'a pas trop changé, toujours ces maisons de poupées de toutes les couleurs. Et les gens sont toujours aussi gentils. Mais par contre, quel changement radical après Cuba, tant au niveau des prix (bière à 6 dollars, kilo de tomates à 10 dollars) qu'au niveau apparences - société de consommation. Après toutes les îles que l'on a visitées, c'est clair que si l'on avait pas de bons copains sur l'île, on serait resté 3 jours et reparti en courant car l'île est surpeuplée, sur-construite, hyperdensifiée et très très artificielle. Mais n'allez dire cela à Muriel, chez elle c'est pas rationnel, elle ne peut pas voir les Bermudes comme ça, c'est son jardin secret, son île enchantée. Peut-être est-ce l'effet du triangle ???

On voulait aller à Hamilton pour être plus près des copains, mais en raison de la météo on est resté à Saint-Georges, le port d'entrée. Surtout qu'il y a le wifi gratuit au mouillage (bon, il faut avoir un bon ordi pour choper le réseau...). Au début, on voulait louer des scooters (il est impossible de louer une voiture aux Bermudes), mais au vu des prix on a renoncé. On a donc commencé avec le bus (le meilleur système au monde selon une bonne mamma bermudienne !) mais heureusement des amis (Chris and Laura, *thank you so much, this was great !*) nous ont prêtés leur voiture. Il faut dire que l'on avait pris avec nous notre permis de conduire passé sur l'île lorsque nous y habitions en 2002. Sinon, impossible de rouler ! Et en plus, il faut savoir que la limite de vitesse est de 35 km/h (non, non, pas des milles, vous avez bien lu !).

Le week-end dernier, on a quand-même bougé *Kangaroo* pour aller à Castle Harbour, un très joli mouillage. On a invité les copains et bien sûr avons navigué au près avec le courant contraire ! Mais ce n'est pas grave, comme ça ils ont pu profiter plus longtemps de cette sortie en cata. Le mouillage était désert car la météo n'était pas top. Alan et Becky avaient amené de quoi manger pour 20, c'était incroyable.

Le dimanche matin, on est allé chercher Ariane (ma sœur) en annexe à l'aéroport. La grande classe, mais arrivée trempée au bateau !

Maintenant, c'est la grande tournée d'adieux, chez Yola et tous les autres, et Ariane n'en revient pas de combien les gens sont tristes de nous voir partir. Mais, c'est sûr, on les reverra soit en Europe soit lors d'un prochain tour, non ?

La traversée retour

Ma belle-sœur Ariane m'a impressionnée. Un soir par Internet depuis la République dominicaine, nous lui avions proposé de se joindre à nous pour la traversée retour. Nous savions qu'elle n'avait toujours rien de prévu pour ses vacances du mois de juillet. Quelques minutes plus tard, elle nous écrivait avec les dates d'arrivées et les vols possibles !

- Tu devrais réfléchir un peu plus à ce projet, lui avait-t-on répondu. Nous te proposons tout de même de traverser l'Atlantique nord à la voile ! Ce n'est pas une décision à prendre à la légère !

Sauf que, pour Ariane, tout était décidé. Rien ne pouvait l'inquiéter puisqu'elle allait naviguer avec SON frère !

Voici quelques-unes de ses impressions après 6 jours de mer, exposant d'un autre point de vue la vie pendant les traversées ; chaque occasion est un événement, nous vivons vraiment l'instant présent :

J'ai été nommée rédactrice du bulletin pour vous permettre de partager les événements à bord.

On est lundi 6 juillet, 11h du matin et nous sommes au point 36°37 N et 50°52 W (hop, tous sur Google earth). On a battu hier notre record de distance parcourue avec 187 milles.

Mes Bermudes St-Georges avec wifi au mouillage!

Les célébrations ne manquent pas : le 3 nous avons scruté le compteur de *Kangaroo* qui a passé les 10'000 milles !!!

Le lendemain soir, seule journée de mer assez plate pour l'heure de gym et circuit-training inventé par les enfants, alors que nous passions à l'avant pour le stretching et salutations au soleil, ce sont 2 baleines qui ont surgi de nulle part pour nous accompagner quelques minutes... un grand moment !

Depuis, le vent a repris des forces, ce qui a contraint Hervé a adapter la fameuse recette d'Igor du flan au caramel, impossible de faire un bain-marie au four... différent mais délicieux quand même ! Il a pêché un délicieux hogfish, un peu léger pour 5, mais succulent ! La nuit, il arrive que des calamars atterrissent sur le bateau, des appâts tout trouvés pour mettre au bout de nos lignes.

Muriel est accro à l'iPod touch de Loïc (mon fils), elle découvre le slam et surtout c'est la reine de *brain-tuner*, elle détient le fantastique record de 81 secondes pour répondre aux 100 questions... qui dit mieux, on attend vos scores !

Ce soir, nous allons fêter la mi-parcours, je rêve de sushis... mais là, ce n'est pas encore gagné !!

La seule chose qui manque à bord est un calendrier lunaire, alors on a arbitrairement décidé que la pleine lune serait pour ce soir !

Voilà pour les petites nouvelles maritimes et domestiques de *Kangaroo*, élu meilleur bateau de l'année avec un équipage top class !

9 juillet : par Hervé

Notre position ce matin est 35°32 N et 41°03 W.

On commence à sentir l'excitation monter à bord de *Kangaroo*, l'arrivée devrait se faire dans la journée de dimanche 12 juillet, le jour de l'anniversaire d'Ariane !!! Voilà qui est bien calculé, non ? Bon, il ne faut pas toujours croire ce que disent les GPS, mais on va faire notre possible pour y arriver.

Sinon, les quarts de nuit sont passés à bûcher la méthode de portugais express utilisée par ma maman lors de son dernier voyage à Madère. *Entao, os senhores e senhoras gostam da comida portugesa ?* Comme on voit ses notes dans le bouquin, ça nous motive pour avancer les leçons...

La plupart des bateaux vont directement sur Horta et son café des Sports, mais bon, vous nous connaissez, on n'aime pas faire comme les autres. Nous avons donc prévu d'atterrir sur l'île de Flores, la plus occidentale des 7 îles de l'archipel. C'est le point le plus à l'ouest de l'Europe et apparemment un bijou à ne pas manquer.

Ces derniers jours de navigation ont été plutôt tranquilles, sous 1 ris et gennaker, grand ciel bleu et houle assez formée. On a eu pendant 2 jours pas mal de courant contraire, jusqu'à 1,5 nœuds, assez surprenant car signalé sur aucune carte. Je pense que c'est un « tourbillon » sorti du Gulf Stream qui cause cet effet.

Sinon, on a (enfin...) vu plein de dauphins, au moins un troupeau de cinquante, c'était génial. Par contre, toujours rien qui s'accroche aux hameçons, c'est sûr, c'est la dernière fois que l'on fait une traversée sans Igor, on en a ras-le-bol des boîtes de thon !!!

Robin et Julie vont super bien, ils continuent à faire l'école malgré les vagues. Ils sont surtout super contents qu'Ariane ait amené l'iPod touch de leur cousin, plein à craquer de jeux et d'applications.

Voilà, on vous embrasse tous bien fort et on vous souhaite une bonne fin de semaine.

Hervé pour les Favrenmer

11 juillet

Quelques phrases récoltées au réveil ce matin :

Julie : « Quand j'appuyais sur les boutons, j'avais l'impression d'être au chalet à Saint-Luc (2000 m d'altitude) »

Hervé : « Je me réjouis déjà de voir la neige au Pico (plus haute montagne des Açores et du Portugal) »

Robin : « Eh ! Regardez comment j'ai dormi ! - en exhibant sa magnifique polaire noire qu'il n'a pas remis depuis 8 mois - Pour l'anni d'Ariane demain, on devrait lui faire du vin chaud au lieu du champagne !

Ariane : « Cette nuit, j'ai rêvé des boules Body Shop qu'on met dans les bains chauds »

Bref, vous l'avez compris, on se caille à bord de *Kangaroo*, et ce même au fond de sa poche. Mon quart de nuit (je prends toujours les 3 heures avant le lever du soleil) s'est déroulé emmitouflée dans un sac de couchage. Il faisait 19 degrés dedans… et dehors, j'ose pas imaginer ! L'eau n'a que 17°C !

Chaque 20 minutes, le supplice : sortir se mouiller les pieds dans ce cockpit pour contrôler les voiles et faire un tour d'horizon sur 360°. Bon, je pourrais le faire depuis l'intérieur mais comme on est au près, je préfère régler l'allure à chaque fois.

Le choc est rude, mais heureusement le vent s'est calmé et les vagues aussi. On a passé les dernières 24 heures dans les positions couché, 4 pattes ou du genre pieuvre à tentacules pour se tenir de partout. Il fallait au moins 8 mains pour faire la vaisselle sans qu'elle tombe à un moment par terre – bon, j'exagère un peu vu qu'on a utilisé que les bols en plastique !

Le froid a quand même eu le mérite de remettre mes idées en ordre. Me revoilà sur le blog après un silence radio de presque 4 semaines ! Mais je n'avais pas envie de vous chauffer les oreilles avec « mes Bermudes ».

En plus, Ariane m'a amené pour rigoler un livre intitulé « De l'art d'ennuyer en racontant ses voyages - Le manuel du parfait exploraseur » Ça commence comme ça : « Chaque année, plus de 700 millions de touristes parcourent le monde. En 2010, ils seront 1 milliard à vous assommer avec leur récit de voyage » !!!!!!!! Ce livre vous explique en 40 pages comment mettre au supplice ses amis et connaissances ! AHHHHHH ! J'ai bien rigolé mais… loin de moi l'idée de vous faire souffrir ! J'essaye de retenir les leçons. Je ne veux pas être un exploraseur. Et vous n'êtes pas obligés de me lire ! Pour nous, le blog est aussi un cadeau que l'on offrira plus tard à Robin et Julie.

D'ailleurs à ce sujet, les longues conversations avec ma belle-sœur m'ont permis de réaliser la METAMORPHOSE de mes enfants. Après presque une boucle sur l'océan, ils sont revenus grandis ! Même un peu trop. On avait fait au mieux pour l'âge. Pas trop jeunes pour qu'ils en profitent un maximum et pas trop grands pour éviter les blues et confrontations de l'adolescence. Et là… je réalise que mon petit Robin, qui a eu 11 ans en janvier, est passé sans crier gare à l'étape supérieure. Il n'y a plus de doutes, le garçon est en train de muer, l'acné est bien ancrée, il m'arrive déjà à la hauteur du front et même dans ses conversations, il s'intéresse de plus en plus au monde des adultes. Heureusement qu'il est à fond avec nous dans le fait de repartir, car sinon on aurait des problèmes. Julie fait sa coquine également et profite de sa situation de petite sœur. C'est quand même très avantageux d'être numéro deux. Mais je n'en reviens pas de ses lectures, là elle en est aux Misérables de Victor Hugo par exemple. Vivement que ses cours du CNED arrivent afin de pouvoir l'occuper !

Pour en finir avec les livres, je parlerai encore du GUIDE DES ACORES que je feuillette avidement depuis quelques jours. Ces belles prairies vertes, ces maisons blanches aux jardins foisonnant de gros hortensias bleus… La Bretagne sous des auspices plus cléments ? (Ça, je demande à voir vu notre météo locale !).

Ce soir, on va enfin trouver qui est notre CACAHOUETE ! Vous ne connaissez pas ce jeu ? À faire lorsque l'on est en vacances, à plusieurs familles ou copains. Au début, chacun tire au sort un prénom d'un membre du groupe. Et pendant une période donnée (5-8 jours), on doit s'occuper de sa KKouette –soit la personne tirée au sort- en lui faisant des petites attentions mais sans jamais lui dire qui on est ! Chacun a pu donc trouver des trucs sympas genre petit chocolat sous le coussin, petit mot doux, attention renforcée, message envoyé par satellite ! Et ce soir, c'est le grand déballage. Chaque membre du groupe doit dire de qui il pense être la cacahouète. Aura-t-on deviné juste ?

Les Açores

17 juillet

Le baromètre indique 1034 mb. Nous sommes au cœur de l'anticyclone. Celui dont on parle souvent à la télé. Il ne fait pas si chaud que ça, mais c'est bien agréable tout de même.

J'ai adoré le premier contact très fleuri de Flores. Me promener au milieu de cascades d'hortensias. Faire le tour de l'île en voiture et admirer les lagunes au milieu des cratères. Un mix entre la Bretagne et la Suisse.

Dommage que le mouillage soit devenu soudainement dangereux lorsque le vent a viré sud si rapidement. À cause de lui, nous avons aussi joué aux girouettes et sommes repartis direct sur Horta, sans crier gare. Jolie navigation, de 11 heures du soir jusqu'au lendemain après-midi.

Horta. Escale mythique. Le café Peter ne tient pas ses promesses. On le trouve un peu surfait, rempli de touristes guide du routard dans la poche qui n'ont même pas l'air de navigateurs. On est donc partis à la chasse d'autres troquets plus authentiques !

Et puis, il faut quand même que l'on commence à ranger le bateau, faire les lessives, les courses, les douches, etc. C'est le CNED des parents, Corvées Nettoyages Entretien Dépannage.

Nous passons notre temps à admirer les dessins qui sont peints sur les murs, les marches, les bancs, les sols. Chaque marin a laissé sa trace et on compte bien faire de même. Ce qui est fascinant, c'est de retrouver les dessins de tous les bateaux amis qui sont passés cet été ou les années précédentes ! On a déjà retrouvé par exemple celui de *Mille Sabords* ou bien de Dominique, qui a fait la Mini l'année passée avec Hervé ! Le dessin de Perrine, *Galeb* qui a démâté et j'en passe…

Un beau matin, pinceaux en mains, nous nous sommes à notre tour attelés à la réalisation de la fresque de *Kangaroo*. Mais pas comme à Funchal de Madeira, où l'on s'était imaginé qu'en achetant une bombe de peinture jaune, on ferait un truc super. Non. Là, on a pris beaucoup de temps, de patience et d'amour pour réaliser ce travail d'équipe. Il a fallu attendre 6 heures entre chaque couche, couvrir notre œuvre lors des averses, faire attention aux piétons fous ou au camion poubelle qui risquait de lui rouler dessus ! Et on a beaucoup ri.

Alors que, dans notre monde, peu d'entre nous prennent le temps de créer, je trouve fascinant de penser qu'autant d'équipages ont sur ce quai tiré la langue et pris du temps afin de réaliser ce chef-d'œuvre communautaire !!!

Du côté des moins bonnes nouvelles, *Kangaroo* a refait des siennes. Il refusait d'abattre en virant à l'entrée de la baie menant à Horta. Et on se demandait pourquoi. En plongeant sous le bateau, Hervé a pu découvrir que nous avions perdu le safran bâbord ! Voilà qui explique la tenue bizarre du bateau lors des derniers milles parcourus. Le safran est la partie immergée du gouvernail, la pelle qui pivote dans l'eau et qui donne la direction au bateau. Heureusement que nous en avons deux sur un multicoque, ce qui nous a permis d'arriver à bon port ! Nous nous démenons alors pour que les Australiens nous envoient un jeu de safrans de rechange – puisque ça va par paire – à notre prochaine escale et en attendant, trouvons des solutions pour en construire un de secours à l'aide de plaques en acier et de tubes en métal. Pas bon marché, mais suffisant nous espérons pour le dernier bout d'océan qu'il nous reste à parcourir.

Douze jours à bricoler, peindre, organiser, vivre, parcourir l'île dans tous les sens. Garder à l'œil Pico, le volcan situé sur l'île d'en face. Pico fait d'ailleurs le beau. C'est un volcan qui aime souvent parer son sommet de chapeaux de toutes sortes, faits de nuages. On a été le visiter de très très près. Dans ses entrailles. Tunnel de lave impressionnant. Puis Ariane est partie rejoindre les siens par avion. Elle avait pourtant le choix de continuer, plusieurs bateaux lui ayant proposé une place à bord pour terminer la traversée ! Et nous bien sûr. Mais il fallait qu'elle rentre. Et je l'imagine déjà en train de vanter les qualités de notre mode de vie à ses enfants… peut-être que cela leur donnera envie de venir partager des moments avec nous ?

Bilan d'une année en mer

3 août

Décidément, il faut savoir lire les fichiers météo et rajouter à chaque fois 5 nœuds de plus pour la prédiction. Cette traversée a été à nouveau plus rapide que prévue, et nous avons passé les derniers deux jours sous 2 ris solent. On a osé retourner à l'extérieur pour les repas de midi, mais j'avais mis mon ciré. Il fait froid (pour nous !), 20 degrés dans le carré. C'est certain, on ne va pas souffrir de la chaleur au Maroc.

1er août
Jour de fête pour *Kangaroo*. Il y a une année de cela, c'était la mise à l'eau à La Rochelle ! Je ressens encore la joie que l'on avait en le mettant à l'eau avec Jean-Michel à nos côtés.

Le soir, on avait même inauguré la cuisine avec Denis et une FONDUE, fête nationale suisse oblige.

Et comme pour nous faire un clin d'œil, *Kangaroo* a choisi cette même date anniversaire pour nous BOUCLER LA BOUCLE. Il y a 8 mois, nous passions exactement au même endroit ! Toujours aussi plat. Toujours autant d'eau.

Il y avait donc matière à ouvrir… LE CHAMPAGNE.

La nuit passée, je cherchais les cargos, mais il y en a étonnamment peu. Fascinée par l'image transmise sur notre GPS, j'imaginais devant moi l'entrée de la méditerranée. Cette possibilité de pouvoir, si on le voulait, modifier nos plans et passer à travers le détroit de Gibraltar, juste pour le plaisir de naviguer là. Un peu comme Julie qui nous a dit ce matin, en regardant des cartes Panini sorties d'un vieux paquet de céréales : « Mais puisque la prochaine coupe du monde de foot est en Afrique du Sud, pourquoi on n'irait pas ? »

Cette facilité déconcertante de pouvoir choisir où l'on a envie d'aller. Cette liberté que l'on a acquise en décidant de couper les amarres. En voilà une belle définition de la liberté : espaces sans limite.

Mais là je m'égare, car je ne suis pas du tout philosophe. J'avais même de mauvaises notes à l'école. Ma fin de blog devait plutôt porter sur nos impressions, le bilan d'une année en mer, la vie en vase clos ou que sais-je…

Et ça, c'est presque encore pire… je déteste… répondre aux questions du genre : quelles ont été vos escales préférées ? Pourquoi voulez-vous trier tous nos souvenirs ! C'est tellement réducteur !

C'est alors qu'Hervé nous a fait la lecture du livre de bord, celui qui contient sommairement les heures de départ et d'arrivée, les lieux, les changements de voile, la force et le sens du vent, le livre légal, obligatoire, qui peut bien heureusement contenir quelques informations supplémentaires et dont les pages vont bientôt être épuisées. Et on a tous écouté très attentivement. Retrouvé nos impressions. Recroquevillés, serrés les uns contre les autres pour bien tout entendre et tout revivre, nous avons réalisé que nos souvenirs étaient encore très vivants.

C'est là que l'on note une différence : il y a eu les moments avec les visites et celles où on a été seuls ou à 5. Avec les visites, ce que l'on a préféré, c'est de passer de si bon moments avec eux.

Question escales: les petites Antilles, c'était certes très joli. Mais trop… touristique. À relever dans le lot notre préférence pour les Saintes. Julie pense à Montserrat également, et puis Saba ainsi que de l'anse d'Arlet (Martinique) et Tobago Cays.

Pour les enfants, d'autres escales inoubliables : Tenerife, La Gomera et Marigot, là où ils se sont faits le plus de copains.

Cuba a été sans doute l'escale la plus enrichissante au point de vue historique et pour son retour dans le temps. Mais notre palme d'or va revenir à… la République dominicaine, La Dominique, le Cap-Vert et les Açores. On est 4, donc ça fait 4 palmes… c'est bien ça.

Pour ceux qui aiment les chiffres :

129 jours de navigation sur 250 jours et 13'000 milles parcourus (donc si vous partez une année, ne comptez peut-être pas passer 80 % de votre temps au mouillage… c'est pas toujours vrai ce qui est écrit dans les magazines, tout dépend de votre tempérament, donc un bateau rapide, c'est pas mal…).

Les pires souvenirs :

Hervé : les heures passées dans la cale moteur.

Julie : la marche du Cap-Vert.

Robin : on entend tous les soucis des parents.

Muriel : on ne pourrait pas faire aller ce bateau moins vite ?

L'escapade genevoise et les premiers questionnements

Kangaroo est confortablement installé dans la marina de Rabat, au Maroc. Nous avons bossé trois jours complets pour le rincer de fond en comble, laver tout l'intérieur, frotter l'annexe que nous avons rangée à l'envers, les palmes et tubas et tout le tralala… puis sommes partis en voiture tout à l'est du Maroc, à la frontière avec l'Algérie, pour assister au mariage d'Alana (une de nos anciennes baby-sitter canadienne) et Ali, auquel nous étions conviés de longue date. Une expérience fantastique. La mariée qui doit tout le temps changer de robe, les danses avec le foulard noué sur les hanches et les nuits à dormir à la belle étoile; le toit de la maison avait été recouvert de tapis de toutes sortes pour y coucher à même le sol tous les invités. Comme j'étais de la partie, il a naturellement plu. Quelques gouttes. Mariage pluvieux… mariage heureux !

De retour à Genève par avion, je continue d'explorer, avec mes yeux curieux. C'est très instructif de se sentir un vacancier dans sa propre ville.

Les enfants profitent de ce bain de relations et recréent des liens. Pour les parents, c'est un peu moins le repos, vu que l'on court de droite à gauche pour rattraper une année d'administration. Grâce au blog, on n'a pas trop besoin de se répéter et de risquer de se retrouver dans la peau d'un… « exploraseur » !

L'image-clef de ce bref séjour. Alignés côte à côte sur un banc au soleil, nous dégustons avec plaisir notre sandwich préféré. Ça fait longtemps qu'on en rêvait et il est toujours aussi délicieux. Tomates et parmesan dans de belles tranches de focaccia. C'est la pause de midi, sur le pont qui enjambe le Rhône et nous regardons, incrédules, passer les gens d'une rive à l'autre, d'un pas cadencé. C'est le luxe incarné, un magazine en 3D, un défilé de *fashion victims*. Tous tirés à 4 épingles malgré les différences notables de budget. On ne voit que la maîtrise, le paraître, l'avoir, le montrer. Après une année sur l'eau, sommes-nous déjà tellement déconnectés de cette façon de vivre ? Avons-nous déjà autant changé ? Ne voient-ils pas que dans la vie, le plus important est d'être bien, de créer des liens, de rire et de parler plutôt que de posséder le dernier téléphone, la paire de chaussure à semelle rouge et j'en passe ?

Suis-je déjà devenue une extra-terrestre ?

Aurons-nous l'envie et arriverons-nous à revenir à ce mode de vivre après une si longue interruption ?

Ces questionnements, sans réponses pour le moment, nous permettent de partir sans inquiétudes vers notre futur. Nous ne savons pas trop où nous irons – nous avons acheté les guides de l'Amérique centrale et du sud – mais par contre, nous savons comment : dans la poche de notre curieux Kangaroo!

Deuxième partie
Deuxième départ

Maroc et Canaries

Re-départ

23 heures. Dans l'avion de Royal Air Maroc qui nous emmène de Genève vers Marrakech. J'essaye de dormir mais je n'y arrive pas. Pourtant, le voyage va être long. Encore 2 heures de vol puis 350 km de route pour rallier Marrakech à Rabat. Une sieste me ferait du bien, sachant que l'on ne sera pas sur *Kangaroo* avant 4 heures du mat'. Mais j'ai trop d'images dans la tête !

En courant dans les couloirs de l'aéroport tout à l'heure, j'ai senti une énergie incroyable. Il y a des moments qui ne trompent pas dans la vie. Des instants où nous sommes certains de nos choix. Et ce soir, c'était vraiment ça. J'étais dans mon élément.

Nous avons bien sûr eu droit au « *last call for the Favre family* », Robin ayant laissé son poignard marocain dans son sac à dos ! C'est dingue ! On contrôle toujours le contenu des sacs en partant... Mais ensuite, les enfants, ça re-range les choses autrement ! Heureusement que les contrôleurs ont été sympas. Après quelques explications abracadabrantes « vous voyez, nous sommes Suisses et habitons sur un bateau basé au Maroc pour le moment, Robin a acheté ce couteau là-bas avec son argent de poche et après de grandes hésitations il l'a pris en Suisse pour le montrer à ses cousins… », les contrôleurs, ahuris par notre vie, ont gardé l'objet incriminé juste le temps que notre famille revienne le chercher pour le mettre à l'abri jusqu'à notre retour. Il s'en est fallu de peu !!!

Je repars et j'ai toutes ces conversations, ces visages, ces repas, ces moments partagés qui résonnent au fond de moi. Et le fait de dormir chez les uns et les autres a contribué à rendre ces moments plus intenses. Finalement, c'est un peu comme si vous vous retrouviez en vacances sur un bateau !

L'amitié et la solidarité ont vraiment du bon, même si ça bouscule un peu ! Et nous devrions plus souvent inviter les copains à passer la nuit à la maison et partager, le lendemain, un bon petit-déjeuner communautaire avant de rentrer chez soi. Vous invitez bien les copains de vos enfants pour passer la nuit de temps en temps chez vous, non ? Pourquoi est-ce que cela ne se fait plus, lorsque l'on devient grand ?

Rabat et la remise en route

2 octobre 2009

C'était le 2 octobre 1996. Tu n'avais que 52 ans. Sonja, ma maman. Tu es partie subitement vers la lumière blanche, vers d'autres horizons… Loin de mes yeux, mais pas de mon cœur.

Et à chaque fois, j'ai le blues. Ça ne s'estompe jamais. C'est récurrent, chaque année, comme les saisons. Mais aujourd'hui, c'est vraiment fort. Fort dans tous les sens du terme.

Je pars seule au café, pour le boire à ta santé. Et pas n'importe lequel. Celui dans les remparts de la kasbah des Oudayas. Tu sais ? Tu te rappelles ? On l'aimait bien celui-là, non ?

Tu m'as tellement fait voyager. Sonja. Toutes tes économies, tu les investissais dans nos voyages. Et à Noël, c'était la totale. Pas de sapins, pas de cadeaux. Jamais de réveillon. Mais deux-trois semaines guide en poche et sac à dos. Voilà comment j'ai attrapé le virus. On prenait très peu de photos mais cet esprit de découverte, ces innombrables rencontres, les odeurs et les visages, la musique des rues, oui, tout cela m'a profondément marquée, et je continue d'adorer, d'en redemander.

La vie est belle. Je suis là en pensant à toi. Je pleure mais sinon ça va. Très bien même. Qui aurait pu penser qu'un jour, je serais là, juste en bas de ce café que l'on avait bien aimé, sur mon bateau et en famille ? C'est encore mieux que dans mes rêves, même si ce n'est pas tous les jours facile.

J'espère que tu es contente pour moi. Toi qui avais peur que je mène une vie trop conformiste, trop pépère. Sortir avec cet avocat qui semblait partir sur des rails tout tracés… Tu n'as pas eu le temps de vraiment le connaître. On ne s'en sort pas trop mal finalement, tu ne trouves pas ? Es-tu fière de moi ? Quelques fois, je pense même que j'ai trop de chance. Ce n'est pas vous qui nous donnez des coups de mains de « l'eau-delà » ?

Au final, vous m'avez même facilité la tâche, mes chers aïeux. Car dans les faits, il n'y a plus grand monde qui puisse me retenir à terre. Ma famille se compose d'Hervé, de Robin et de Julie. Plus de maman et de papa, de sœur, de grands-parents, plus d'oncle, pas de tantes et aucun cousin. Une hécatombe, un vrai désert. Heureusement, il y a ma famille de substitution que je me suis créée au fil des ans et des rencontres. Une famille à qui je peux presque tout dire… mais jusqu'à quand ? Auront-ils encore le temps et l'envie de m'écouter ? N'ai-je pas trop changé à leurs yeux également ?

Je me rappelle de nos débuts à la voile. Après mes premiers stages aux Glénan. On aurait tout fait pour se faire embarquer sur des bateaux, toi et moi ! Et d'ailleurs, on a osé ! Tu te rappelles de cette lettre ? Je devais avoir 15 ans. Tu lisais les petites annonces du journal et une en particulier avait attiré ton attention : « Monsieur, 45 ans, possédant un voilier sur le lac, cherche compagne, etc. » Nous étions assises dos au mur au soleil de notre petit balcon des Pâquis et dans la foulée avions décidé de lui écrire. La cigarette dans une main et le crayon dans l'autre, tu tenais le calepin sur tes genoux et nous avions cherché ensemble les bons mots. « Cher Monsieur, j'ai vu que vous possédiez un bateau sur le lac. Je ne suis pas intéressée par une romance mais avec ma fille, nous aimerions bien pouvoir naviguer sur votre bateau… » Et cela avait marché ! Le bonhomme était un peu spécial, puisqu'à bord de son bateau suédois, il n'y avait que des femmes. Mais notre but avait était atteint. Nous étions équipières ! Et avons même partagé plusieurs croisières aux Antilles et dans le sud de la France en sa compagnie.

Au Sénégal, nous avions osé pareil. Mère et fille à traîner sur les quais: « Vous allez en Casamance ? Vous n'auriez pas de la place pour nous ? » Le lendemain, nous attendions sur le ponton, assises sur nos sacs à dos militaires, pour embarquer sur le voilier qui allait nous emmener là-bas. Te rends-tu compte que je vais y retourner tout bientôt, au Sénégal et en bateau ? Cela va faire bizarre d'y retourner sans toi.

5 octobre

Bientôt une semaine que nous sommes à Rabat. Un mystère : où file le temps ? Un constat : si on ne le voit pas passer, c'est que l'on est bien occupés.

Il faut dire que *Kangaroo* avait l'air un peu fâché d'avoir été abandonné si longtemps… pourtant, on a souvent pensé à lui lors de notre séjour en Suisse.

Alors hier, après avoir demandé toutes les autorisations nécessaires à la douane, à la police et au port, nous sommes sortis des estacades pour nous mettre au mouillage, juste devant la kasbah, sur le fleuve Bouregreg, à quelques centaines de mètres de l'accès à l'océan.

L'eau était nettement plus propre que dans la marina et c'est exactement ce qu'il nous fallait pour se jeter à l'eau ! Munis de petits racloirs, on a bossé comme des fous pour enlever algues et coquillages. Il y en avait une sacrée couche et nos mains ont un peu souffert, car ça coupe la peau ces bestioles. C'est dans ces moments-là qu'on regrette d'avoir un catamaran… car il y a deux coques entières à nettoyer ! Bon, le résultat n'est pas top mais on n'a pas pu faire mieux. La pose du nouvel antifouling (peinture sous marine qui empêche ces formations d'algues) est prévue pour l'escale de Dakar, ce sera bien nécessaire.

Naturellement, Robin et Julie se sont vite découragés et on leur a permis d'aller faire des tours en annexe... il fallait bien faire marcher à nouveau un peu ce moteur. Et puis ils perdaient la main dans la construction de châteaux de sable !

Tout cela, juste en dessous de la terrasse du café des Oudayas, celle où j'allais boire des cafés avec Sonja. Joli clin d'œil n'est-ce pas ? Robin et Julie ont même pris une superbe photo pour l'occasion.

De retour au ponton, c'est toujours la bonne ambiance. On est tombés sur un groupe de Français du sud, des joyeux lurons qui ont tous construit leur propre bateau. Des vrais pros. Ils n'en sont pas à leur premier voyage. Les garçons discutent, s'échangent des tuyaux. C'est super enrichissant comme expérience. Moi j'apprends la cuisine marocaine et j'ai découvert les bienfaits de l'argile pour soigner les bobos.

Un soir, nous sommes sortis ensemble de la marina. Troupeau de *yachtees* se dirigeant vers la menuiserie. « Vous avez vu comme elle est belle ? » nous dit un des skippers en nous montrant sa future table de cockpit. Du coup, on s'est aussi lancés. Car depuis une année, c'était la guerre des miettes qui tombent par terre sur *Kangaroo* ! Notre table a des rainures et c'est insupportable. La nouvelle table sera donc prête cette semaine, sur le plateau, nous avons fait incruster une splendide rose des vents en marqueterie, Hervé a craqué pour le design ! Dans la foulée, nous avons également commandé chez un couturier un taud de protection contre le soleil.

Les cours du CNED occupent bien toutes les matinées. Et c'est sur chaque bateau pareil. On voit bien la différence d'ambiance et d'activité sur les pontons avec les après-midis où tous les enfants se retrouvent pour jouer. Ils sont tellement absorbés par le groupe que j'en profite pour m'éclipser quelques heures. L'emplacement du port est idéal pour faire des emplettes et se balader dans les médinas. Je préfère me diriger sur Rabat. Cela me permet d'utiliser les barques des pêcheurs et de me retrouver directement mêlée à la population locale. J'adore ce moment de traversée de l'oued.

La médina de Salé est bien plus typique (moins de touristes) et plus proche... On commence à y avoir nos habitudes, comme chez ce marchand qui nous propose des coupes de fruits au yogourt délicieuses et des jus de toutes sortes (sauf que dans la fraise il y avait de la banane et que Julie a fait une drôle de tête !).

Et vous qui nous imaginez tout le temps sous le soleil, détrompez-vous ! Aujourd'hui nous sommes dans un brouillard intense. On voit à peine le bout de la marina !

Essaouira (Maroc)

Le 8 octobre, le port s'est vidé d'un seul coup. Nous sommes tous partis en même temps, avec *Todoben*, *Hasta Luego*, *Tequila* et *Zigoto*. Concours de pêche qui tourne à nouveau mal pour une mouette... que l'on retrouve noyée en bout de ligne. Ils font plus fort sur les autres bateaux. Après quelques heures de navigation de conserve dont quelques-unes passées à rigoler à la VHF (naviguer de conserve se dit de deux ou plusieurs bateau suivant le même itinéraire), nous seuls maintenons le cap sur 180°, plein sud. Les autres partent à l'est, sur Graciosa, aux Canaries. Nous les y rejoindrons plus tard. L'envie nous taraudait de retourner à Essaouira, mais par la mer cette fois. C'est un endroit où je me sens si bien, où j'ai tellement de souvenirs... On dirait que cette côte est une fabrique de souvenirs...

> Arrivée de nuit à Essaouira, passé une heure du matin. Je me sentais comme un pirate qui se prépare à attaquer ! On imaginait bien la présence de la ville, entourée d'un énorme mur sombre, épais et haut, flanquée de multiples tours. Le flux lumineux part ainsi dirigé directement vers le ciel. Nous avons suivi les indications que nous envoyait le phare. Trop à gauche, tu vois du rouge, trop à droite, du vert (et boum dans l'île déserte qui protège la baie !). Rester religieusement dans le blanc et se laisser guider jusque dans la baie. Ne pas se fier aux cartes électroniques qui ne correspondent pas vraiment à la situation. Tâtonner le mouillage avec le

sondeur, en mesurant la profondeur de l'eau. Il n'y a plus que 7 mètres ici, ça devrait aller. Quel plaisir, le lendemain matin, de se réveiller avec une toute nouvelle ambiance - même des chameaux en prime tout le long de la plage, un vrai décor de cinéma.

Pour rester dans le sujet des entrées et sorties de port ou de mouillages, je vais vous raconter le départ d'Essaouira. Nous sommes partis de nuit et dans un brouillard total, il n'y avait pratiquement pas de différence entre le jour et la nuit. Ras-le-bol de vivre dans un nuage humide depuis 3 jours et l'idée de se réveiller à nouveau dans cette purée de pois ne nous plaisait plus du tout. Plus question dans ces conditions de se référer au phare qui jouait tout bonnement à cache-cache ! Heureusement donc que nous avions le radar et le moteur (car il n'y avait pas de vent). *Kangaroo* ressemblait à un vrai sapin de Noël, toutes lumières allumées afin d'être repéré plus facilement par les bateaux de pêche. On est sortis du mouillage sans encombre. Au large, le brouillard s'est un peu dissipé et nous avons eu droit à une de nos plus belles nuits en mer, grâce aux eaux froides marocaines très riches en plancton. *Kangaroo* créait une incroyable trace d'étoiles filantes dans son sillage. Rien que du bonheur pour les yeux, de quoi aller faire de beaux rêves !

Essaouira et les mécaniciens : par Hervé

Calme plat sur le mouillage d'Essaouira, deux jours qu'il y a pétole comme sur le Léman mais avec un effet en plus : le brouillard puisque l'eau est plutôt froide. C'est un brouillard d'advection car il y a un phénomène d'*upwelling* sur la côte marocaine dixit le pape de la météo J-Y Bernot (p.363) - bien sûr vous le saviez déjà, c'était juste pour vous rafraîchir la mémoire !

Brouillard sur l'eau, mais grand beau sur terre. Alors j'ai proposé à Julie et Robin d'aller faire un tour à cheval sur la plage. On est donc partis avec Muriel comme chauffeur d'annexe. La plage est très grande et malgré la pétole, il y a des grosses vagues qui y déferlent. Rapidement, je prends le commandement, j'hésite trop au lieu de foncer pour surfer sur la vague et boum, badaboum on sancit (chavirer par l'avant) : ma spécialité d'ailleurs en catamaran de sport, il faut dire, mais sur un monocoque il faut se donner de la peine. Enfin, vous me direz, mieux vaut sancir avec l'annexe que *Kangaroo*…

Bref, on est tout mouillés, le moteur s'est noyé (au propre comme au figuré) et on rentre à la rame, plutôt sportif !

Je m'attaque donc au moteur, démonte les bougies, rien n'y fait, il ne veut rien savoir. Direction le port où le mécano des pêcheurs m'accueille dans son antre. « Honda 4 temps » il ne connaît pas, ici ils ont que des Tohatsu et des Yamaha 2 temps, mais bon, un moteur reste un moteur. Je suis accompagné par 3 autres Marocains, à peu près personne ne parle le français, mais c'est rigolo, les mots techniques sont en français avec un fort accent arabe bien sûr ! Il démonte donc le carburateur plein d'eau, puis surprise, il s'arrête, se change et on m'explique qu'il doit aller à la mosquée, c'est l'heure de la prière. Pas de problème, il revient 15 minutes plus tard, souffle dans les cylindres avec l'air sous pression, doit s'y reprendre à 4 fois pour le nettoyage des bougies avant que vroum, ça redémarre !!! *Yes*, vive les mécaniciens, je commence à avoir un carnet d'adresses bien rempli tout au long de l'Atlantique, si vous avez besoin d'une adresse, envoyez-moi un email…

Note de Muriel : à sa décharge, c'est à cause de moi que l'on a chaviré. J'ai tellement crié en voyant ces vagues que cela l'a fait hésiter. Et il n'a pas voulu tenter le divorce donc il a ralenti pour perdre de la vitesse et voilà, un souvenir de plus ! A part cela, Essaouira ne changera jamais. C'est toujours l'une des plus belles villes au monde, selon moi. Le café et les jus d'orange sur la place avec des cornes de gazelles, les sardines grillées avec le cri des oiseaux, les ruelles de la médina, les murs blancs, l'huile d'argan, l'odeur du bois, la grande plage… A l'époque, lors de mes précédentes visites, il y avait juste beaucoup moins de touristes.

Atterrissage à Graciosa (Canaries)

11 heures. Les enfants font l'école sur notre nouvelle table marocaine. 10 cm de largeur en plus et bien moins de bagarres… car les livres ne se chevauchent plus ! Par contre, on est déjà bons pour la poncer et la revernir : elle n'a pas du tout aimé l'humidité ambiante d'Essaouira…

Au loin, ce n'est plus la mer, rien que la mer, toujours la mer, mais les îles Canaries !

C'est un plaisir sans cesse renouvelé de voir notre destination se rapprocher. Dans 2 heures peut-être, ce sera l'atterrissage. J'ai bien dit atterrir qui vient du mot terre : action d'atterrir, toucher terre en parlant d'un navire. Et non d'amerrissage, qui est l'action de se poser sur la mer, terme valable pour les avions et les hydravions !

Je fais la maligne avec mon dictionnaire, n'est-ce pas ? Bon, pour tout vous dire, ce n'est malheureusement pas le mien, mais celui de Robin. En effet, nous avons tenu a procéder à la « cérémonie du dictionnaire » pour marquer son passage de l'école primaire au cycle (collège pour les Français). Je vois déjà sourire les représentants de notre commune qui sont abonnés au blog ! Sauf que nous avons mis un peu plus de temps que prévu pour le lui offrir, étant donné que nous attendions un pays francophone pour en acheter un… Inutile de rajouter tous ces kilos dans nos bagages ! Lors de notre premier tour de l'Atlantique, on se référait à l'encyclopédie que nous avions dans notre ordi. Mais c'est bien plus pratique et plus écolo de feuilleter un livre que d'allumer un ordinateur pour consulter un seul mot !

Le fameux dico acheté à Rabat a trouvé sa place dans le carré. Ce Larousse nous a même permis d'inaugurer des nouveaux jeux, tel celui du « dictionnaire »… fous rires garantis. Hervé a la trempe d'un vrai Dicodeur (titre d'une émission radiophonique quotidienne de la Radio Suisse Romande).

L'île se rapproche, je devine le village maintenant. Et je m'en réjouis. Notre guide nautique nous précise les dimensions de

Graciosa, 6km sur 3. Ses habitants ont l'habitude de dire : « Quand vous débarquez, vous pouvez enlever vos chaussures et oublier le reste du monde ». On vous dira si c'est vrai !

19 octobre

Pas besoin d'aller bien loin pour trouver des coins de paradis.

Alors qu'on imagine les Canaries comme un endroit rempli de touristes, nous sommes totalement dépaysés. Des couchers de soleil à couper le souffle grâce aux reliefs escarpés de l'île de Lanzarote qui rougeoient en fin de journée. Une eau transparente, turquoise et deux petites plages qui permettent aux garçons de s'essayer au *kitesurf*... (sauf qu'il n'y a pas assez de vent). De mignons petits volcans qui ne demandent qu'à être escaladés...

Je vous écris d'un petit village dont j'ignore le nom situé à 5 minutes en annexe. Ses maisons sont blanches, les volets bleu roi, on se croirait en Grèce. Pas de goudron, mais du sable dans les rues... ambiance bout du monde garantie.

On a retrouvé les Haribos, à savoir les bateaux colorés dont on a fait la connaissance à Rabat. L'ambiance est sympa. On va boire l'apéro d'un bateau à l'autre, lire des bandes-dessinées sur *Windsongs*, se baigner, échanger toujours des idées, d'ailleurs, je crois qu'Hervé les a convaincus de retourner ensuite au Maroc, à Dakhla. C'est une ville en plein Sahara occidental, la mer au milieu des dunes... On verra si c'est possible avec la météo. Prochaine escale, Tenerife.

Tenerife bis

Drôle d'étape que celle-ci, puisque pour nous c'est *bis repetita!* Puisque nous étions ici il n'y a même pas une année... pour les 39 ans d'Hervé. Le *Kangaroo* marche sur ses traces.

Au début, nous étions un peu déçus de ne pas nous retrouver sur le ponton 5. Tant mieux finalement. Le Rallye du Soleil, constitué de 34 bateaux qui vont de conserve d'Europe en Amazonie en passant par le Sénégal et le Brésil, squattait

NOTRE ponton. Bien entendu, on s'est mis ailleurs. Ils sont tous partis hier, laissant le ponton 5 tout vide. Nous sommes bien où l'on est, juste à côté de la capitainerie avec la machine à laver, les douches, etc. Pour internet, c'est toujours la même galère, il faut aller au milieu de cette 4 voies ou bien dans les rues de Tenerife. Par exemple là, c'est déjà la nuit et on fait un peu vieux couple sur notre banc, Hervé et moi. On fait face à un magasin en cessation d'activité mais il y a un super réseau... c'est cool !

Les points positifs de cette escale sont les suivants :

- on sait où se trouvent tous les magasins, shipchandler, etc...

- on a des adresses qui fonctionnent pour se faire envoyer des bouquins d'école et le guide du Sénégal (que je n'avais pas pensé à acheter avant !)

- beaucoup de gens qui nous reconnaissent et nous saluent amicalement !

- on a rationalisé la location de la voiture en faisant tout le même jour : courses gigantesques, livraison du matériel, saut chez Decathlon, chez Leroy Merlin (euh oui... la vie en bateau n'est jamais de tout repos, il faut continuellement bricoler, et ça occupe bien !).

- on sait où se trouvent les meilleures glaces !

- idem pour le restaurant, à Laguna. On s'est refait le Botegon, c'était délicieux.

- et surtout... on s'est racheté un *jamón* GIGANTESQUE ! Cette fois, il fait plus de 9 kilos. Il va rester pendu dans notre salle de bains jusqu'au Sénégal car on a décidé de l'inaugurer quand *Kangaroo* sera sorti de son chantier.

Le point négatif : la nouvelle taxe supplémentaire de 70 euros pour chaque période de 10 jours passée dans un port étatique espagnol. De quoi faire fuir les plaisanciers qui se rabattront sur le Maroc, par exemple...

Sinon, ce qui me fait très plaisir, c'est la mémoire de Robin et Julie. Un an qu'ils découvrent presque chaque jour des endroits nouveaux et je ne sais jamais s'ils en profitent autant que moi. Parfois même, c'est carrément la guerre pour les faire sortir de leur livre... Tonnerre ! Regardez dehors un peu !

Eh bien, je ne douterai plus de ce point maintenant. J'ai eu la preuve, ici, que c'est plutôt moi qui souffre de pertes de mémoire. Ils se rappellent presque tout et avec une capacité de détails étonnante. Tant mieux !

Demain, c'est départ pour Dakhla, retour au Maroc, cette fois, au milieu des dunes.

Note : la lessive

Pas de vent pour cette traversée Tenerife-Dakhla et un grand soleil. J'en ai profité pour inaugurer une nouvelle façon de faire la lessive. Hervé m'a acheté, chez Leroy-Merlin, une petite boule verte qui remplace la poudre ou les noix de lavages. Complètement écolo, d'une durée de 3 ans, cette boule magique transforme, soit disant, les molécules de l'eau et abracadabra, le linge est propre ! Bon, j'ai quand même dû frotter à un endroit tenace du t-shirt de Robin mais j'avoue être assez intriguée. Penser que l'année passée, j'ai réussi à me faire des cloques sur le devant des index à force de frotter !

Ne vous inquiétez pas, ça ne m'arrive pas si souvent que ça de laver le linge à la main. Et pourtant, je n'ai pas de machine à laver à bord. J'ai l'air un peu d'une extra-terrestre quand je croise certains bateaux de voyage car ils semblent presque tous en être équipés. Mais pour Hervé, il n'était pas question d'alourdir *Kangaroo* avec cette machine qui aurait nécessité beaucoup d'eau douce et d'énergie pour fonctionner, entraînant de ce fait l'installation d'un groupe électrogène, etc. En plus, ni lui ni moi ne sommes allergiques aux taches...

Bon, j'avoue qu'à la Rochelle, j'étais un peu stressée. (...)

Une fois par mois environ, on s'attelle à trouver un endroit, self-service ou pressing. La moins bonne expérience a été en République Dominicaine, où j'avais pris dans mon sac les habits de Denis... qui ont malheureusement disparu !!! Il faut croire que ses t-shirts sans manches et ses sous-vêtements ont plu à quelqu'un ! C'est vrai que je n'avais jamais pensé à compter le nombre de nos habits. J'ai appris la leçon !

À Cuba, pour parer au problème, j'ai mis en dessous les habits à laver et à me rendre et en dessus de la pile, ceux que je pouvais offrir ! Carla, la responsable de la laverie, était super contente. Deux semaines après, j'ai même eu droit à la lessive gratuite… j'étais son amie !

Aux Bermudes, je m'en suis donné à cœur joie. J'avais tellement de machines à disposition et tout ici sur ce bateau semblait pourrir! Merci à mes copines de m'avoir prêté autant de poudre ! Ça devenait un rituel… un repas entre amis et… une petite lessive ?

À Rabat, dans la nouvelle Marina du Roi, ça s'est extrêmement mal passé. C'était nettoyage à fond en vue de notre départ et j'en profitais pour nettoyer les coussins extérieurs du cockpit. Et là… catastrophe. J'ai retrouvé le tissu complètement déchiré, il s'était immiscé dans le tambour de leur machine flambante neuve. Heureusement que pendant notre séjour en Suisse, nous avons pu récupérer du tissu envoyé par Marie qui s'était occupée de la sellerie à La Rochelle. Et de retour au Maroc, un petit couturier de la médina a réussi à faire des miracles en décousant toute la partie endommagée et en la remplaçant, un travail titanesque selon moi qui nous a coûté la somme de 13 euros ! Ouf. On s'en est bien sortis !

Un truc à ne pas oublier : toujours garder à bord ou en réserve un surplus de tissu ayant servi à la confection des canapés, coussins du bord, etc. pour les remplacer au cas-où. Il est si facile de voir s'envoler la fourre du coussin (housse pour les français) qui sèche au soleil tendue sur les filières, malgré la batterie de pinces à linge…

Après une année de vadrouille, et si on totalise les sommes dépensées dans les laveries, self-service, etc., je pense qu'il n'est pas du tout vital d'avoir une machine à bord. Il ne faut pas être trop maniaque, d'accord, mais notre manière de vivre ne nous oblige plus à être tirés à quatre épingles ! On fait des rencontres sympas en cherchant ces machines, c'est une bonne excuse pour aller patienter et papoter sur une terrasse de café !

Loin de nos villes, l'air est tellement moins pollué, nous salissons d'ailleurs peu nos habits. Le problème réside plutôt avec le sable et le sel dans les draps de lit, mais nous utilisons aussi la douche et l'eau chaude, enfin, vous croyez quoi ?

Dakhla

Dunes. Du sable sec plein les yeux, les oreilles.
Habituellement dans notre environnement, c'est plutôt sel et humidité !

Du vent, décoiffant. Du soleil, incandescent.

Des nuits et des matinées fraîches, j'enfile ma veste *softshell* rose.

Un ciel blanc, bleu ou orange selon les heures, parsemé de points multicolores et très vivaces...

Le Sahara. Nos deux catamarans négocient les bancs de sable, ces dunes sous-marines se révèlent être de vrais repères de crabes et de couteaux à marée basse.

Un visage rayonnant chez tout le monde ! Nous sommes 8. Il y a 2 filles, 2 garçons, 2 mamans et 2 Hervé ! Petit flashback pour mieux comprendre.

À la marina de Rabat, on avait rencontré *Teoula*, un cata qui, comme nous l'année passée, est en train de prendre son année sabbatique autour de l'Atlantique. Hervé sympathise avec Hervé, Muriel avec Gwen. Il fait aussi du kitesurf, on lui parle de notre décision de faire une escale en plein Sahara, à Dakhla. Sauf qu'eux n'ont pas commandé de table marocaine... donc ils partent avant nous... peut-être que l'on se croisera plus tard ?

Entretemps, je commence à relire mes Saint-Exupery. Collection la Pléiade, qui appartenait à mon père. C'est un bonheur ce papier bible, tout léger. Je rêve d'imaginer ces pilotes de l'Aéropostale suivre la côte marocaine puis mauritanienne et sénégalaise, de nuit. Les vagues sont tellement pleines de plancton, disent-ils, qu'avec le ressac contre les côtes se crée une ligne lumineuse qui leur sert de guide durant les vols de nuit.

Dans la tête de l'autre Hervé, l'idée du Sahara a fait sa route. Et qu'il regarde sur les cartes, sur les guides, sur google earth… alors après les Canaries, hop, *Teoula* rebifurque sur l'Afrique ! À eux les tracasseries administratives ; nous sommes en territoire militaire, et il faut l'autorisation du Général pour remonter la lagune ! Merci à vous de nous avoir balisé le chemin, procuré par avance l'autorisation. Notre seule galère ? La remontée face au vent, au courant et aux vagues. Une journée très désagréable vite oubliée car le matin au réveil, quel paysage inhabituel! Sauvage, très sauvage.

Tout autour de nous, des plateaux de sable sec hauts de 300 m coupés à ras, véritable plaque de beurre qu'on aurait entamée par tous les côtés. On se retrouve entre amis mais le temps est compté : juste après l'école, hop ! nous voici entassés dans la benne du pickup à 120 à l'heure sur la route toute droite, puis dans la piste plus que cahoteuse. Ouille nos fesses ! On arrive à la dune blanche. Seul Hervé (l'autre) a fait le voyage par une autre moyen de transport… le kitesurf ! Balade dans les dunes, pique-nique sablé, thé cuit à l'abri du pneu de la voiture et chicha. Bref, la totale saharienne. On a beaucoup ri, bien profité et apprécié !

Comment expliquer cette même longueur d'onde lorsque l'on se retrouve avec des gens qui ont le même rêve que vous et le réalisent aussi ? C'est un sentiment de plénitude, pas besoin de mots, on est déjà dans le sujet, les liens se créent très rapidement.

Le soir, on se régale avec un excellent poisson, un vrai requin pêché pendant la traversée et qu'on partage avec bonheur !

Le lendemain, ce sera amélioration des départs sur l'eau pour mon Hervé. Il n'est pas vraiment seul, il doit y avoir au moins... 50 ailes de kitesurf dans le ciel. Des rouges, des vertes, des bleues, des noires, des jaunes. Zig-zags à travers cette langue d'eau. Bal de mouches multicolores. Un peu plus loin, un campement accueille ces fanas, et même les championnats du monde ! Ça se comprend, il y a tellement de vent et aucun obstacle pour le perturber !

Entre temps, je vais avec Gwen faire les courses à la ville, à 25 km de notre coin de désert. Nous nous faisons prendre en stop par... des expats ! Un Danois et une Brésilienne, atterris il y a deux mois dans cette zone qui appartient à quel pays ? En fait, à personne vraiment. Depuis que les Espagnols ont quitté cette zone - tous les noms sont d'ailleurs en espagnol sur les cartes - il n'y a toujours pas eu de votations et le Maroc, l'Algérie et les Sahariens se le disputent encore. Dans les faits, la région est petit à petit colonisée de Marocains sponsorisés par leur Etat.

Nos expats, un peu désœuvrés, seront heureux de nous rendre service jusqu'à la fin, et après nous avoir accueilli chez eux pour qu'on puisse utiliser leur connexion internet, ils nous amèneront au marché et nous raccompagneront au bateau. En prime, une visite de catamaran. Cela ne se fait pas tous les jours ! Petite photo avec leur portable au coucher du soleil, en voilà encore deux heureux de leur dimanche !

Le soleil se couche bientôt et nous sommes sous gennaker et grand-voile, balancés par la houle. Direction Dakar. *Teoula* est sur notre bâbord, c'est chouette de naviguer ensemble. De temps en temps, on s'échange des infos ou on se parle à la VHF. Leur bateau étant plus long, ils arriveront avant nous. On n'a pas mis les lignes à l'eau car on sature de poisson ! Le compartiment congélateur de notre frigo en regorge encore... On rêve de manger des pâtes !

Sénégal

Dakar

Notre séjour au Sénégal va finalement durer trois mois, d'octobre à décembre.

Par la force des choses, du rythme de l'Afrique, de la vie, de l'attente. Trois mois où l'on a appris... la patience.

Nous avions deux points primordiaux à régler : les dérives - depuis le Cap-Vert l'année dernière - et le carénage ; on ne trouve que difficilement des endroits où sortir des catamarans autour de l'Atlantique nord.

Nous avions organisé notre arrivée depuis des mois avec ce chantier réputé, tenu par des Français ayant construit de très beaux catamarans, et pensions arriver attendus afin de lancer les travaux très rapidement... c'était sans compter les contre-temps...

> Notre première semaine à Dakar :
>
> Tiens, cela fait une semaine que nous sommes à l'heure africaine. Comme tout passe vite... ou lentement selon les sujets !

Pour la lenteur, on peut parler de l'administration. Au vu de la longueur de notre séjour, il nous faut obtenir une autorisation temporaire d'importation de notre bateau, que l'on ne peut obtenir qu'avec la copie du « passavant » ! Bref, lettres, photocopies, tutti quanti et passages dans les bureaux du port. Quelques jours plus tard, il faut aller avec les nouveaux papiers au bureau des douanes, un vrai sketch ! Ils sont tous là à lire le journal ou à parlementer, ils nous font monter au deuxième, redescendre, partir au fond du couloir là-bas, etc. Mais bon, tout a l'air de poursuivre son cours et nous devrions bientôt être en règle !

L'organisation de notre sortie de l'eau est assez épique. On ne sait toujours pas où et quand ça va se faire. On a entendu des « pour le mois de mars » ! Ou bien « après ce bateau là, la semaine prochaine » ! On est toujours dans le flou total et c'est très déroutant d'autant plus que nous sommes depuis 4 mois en contact avec le chantier. Le problème est le suivant : quand vous sortez le bateau de l'eau sur sa remorque, le bateau reste devant le treuil, sur la plage, le temps des travaux ! Ce n'est pas comme en Europe où l'on pose ensuite le bateau plus loin pour réutiliser la grue ! Ce système rallonge considérablement les délais. Et la liste d'attente est plus que douteuse. Alors, restons calme…

Pour le visa d'entrée, ambiance plus chaude mais très rapide ! En cours de traversée, nous avons réalisé, à la lecture du guide du Sénégal, que les Suisses avaient besoin d'un visa ! Hervé s'en est très bien tiré en proposant de contribuer à l'achat du mouton de la famille du fonctionnaire pour la fête prochaine de la Tabaski (dans 20 jours). Il est revenu triomphant avec les 4 tampons, une bonne affaire !

Ces aller et retour dans les bureaux administratifs nous ont empêchés de partir pour le moment à la rencontre de Dakar. Nous avons juste tourné autour de la grande place de l'Indépendance : elle n'en vaut pas le détour, sauf si on souhaite faire une étude spécialisée sur les comportements dans les embouteillages, et là, ça vaut vraiment le voyage !

Heureusement que dimanche dernier, nous sommes partis ensemble à bord de *Teoula* passer la journée à Gorée. Ça vous dit quelque chose ? De là sont « partis » des millions d'esclaves pour les Amériques. L'île est superbe quoique très touristique. Le très touristique impliquant les vendeurs ambulants qui insistent, ne vous lâchent pas, ça fait partie du folklore. On a pris le temps d'expliquer à nos enfants un pan de l'Histoire. Intéressantes aussi les discussions avec la police du coin qui voulait nous faire payer le même prix que si on venait en ferry, puisqu'on leur faisait concurrence. Finalement, avec du temps, des palabres et un sourire, tout s'est arrangé…

Nous partons aujourd'hui pour le fleuve du Sine Saloum, en attendant l'éventuelle sortie de l'eau. Cela nous remettra de bonne humeur et nous changera de cette baie. Penser que la plage était encore magnifique il y a 15 ans ! Puis, les Français on construit une digue de 30 mètres pour empêcher un certain clapotis qui dérangeait leurs opérations militaires, coupant ainsi le courant marin naturel. La plage a commencé à se joncher de détritus, les usines se sont mises à y déverser leurs eaux usées, les gens ont déserté leurs belles maisons, d'autres se sont installés et voilà le gâchis… Une spirale infernale…

Mais bon, l'ambiance au club est sympa et il y a internet.

Sine Saloum

10 novembre

Deux fleuves. Le Sine et le Saloum. Deux bras qui se jettent dans la mer. La mangrove un peu partout. Une navigation à vue, avec nos enfants sur le mât à tour de rôle pour guetter les bancs de sable à certains endroits critiques. Ils sont bien sûr attachés pour ceux que ça inquiète !

Les pêcheurs qui nous vendent la récolte de crevettes de la nuit. Les villages où les religions sont très entrelacées, tout comme les arbres. L'église, la mosquée, l'arbre à offrande des animistes. La case où l'on regarde la télé, avec toute la smala, en ayant auparavant enclenché le générateur ou dévié l'électricité produite par le panneau solaire communal ! Que d'images défilent encore dans notre tête !

Nous sommes au 21e siècle et le téléphone portable est naturellement partout. Une invention incroyable pour les pays aux faibles infrastructures, qui facilite énormément les échanges. Le tam-tam téléphonique, un gros tube d'environ un mètre de haut avec une peau tendue par dessus, situé en plein milieu du village, est toujours en vigueur. Il permet d'annoncer à 8 km à la ronde les évènements tels que le risque élevé d'incendie. Point très important sachant que toutes les femmes cuisinent encore au feu de bois, dans leur case à toit de paille ou dans les cours. Elles savent qu'elles doivent faire très attention, il y a un code différent pour les disparitions, les mariages, etc.

Souvenirs impérissables pour Robin et Julie qui ont pu passer une journée à l'école du village. Impressionnant pour eux de se retrouver à 39 dans une classe, à deux sur un seul pupitre, avec en plus une discipline de fer !

Et tous ces enfants nous donnent la main, nous tournent autour, nous accompagnent dans nos moindres déplacements. Et ces baobabs... ces barques de pêcheurs... Ces couchers de soleils... Souvenirs lumineux et touchants.

Hamac, maladies et accidents

40 ans c'est dengue ! Eh non, pas de faute d'orthographe mais bien un jeu de mots... Hervé se souviendra de son passage dans le club des quadragénaires !

La fièvre s'est déclarée alors que nous naviguions dans le Sine Saloum. En quelques minutes, le skipper a été terrassé. Il a demandé du Coca-Cola, chose très étrange étant donné qu'il est normalement destiné au mal de mer, et que sur ce fleuve lent, majestueux et sinueux, bordé de baobabs immenses, il n'y avait pas de quoi être malade. Il a bu et est resté assis, cloué, avachi, la télécommande du pilote entre les mains, à regarder avec un œil vaseux les berges du fleuve défiler... J'ai mis quelques minutes à réaliser qu'il ne se sentait vraiment pas bien du tout, que le bateau avançait dans ces eaux sinueuses sans skipper. Et j'ai lâché d'un coup mes casquettes de maîtresse d'école et de cuisinière pour prendre sans attendre la relève à l'extérieur, car dans ce coin, il faut être très attentif, il y a des bancs de sable partout qui se déplacent au gré des saisons et du courant.

Au village que nous avons rallié, il y avait les *Teoula* et une délégation de médecins de l'association Voiles sans Frontières ; ils viennent chaque année en voilier soigner les habitants de ces zones éloignées et le bateau est le moyen le plus approprié pour s'y rendre. Ils ont dès le lendemain effectué le test de la goutte épaisse qui permet de savoir s'il s'agit du paludisme (ou malaria). Il s'est avéré heureusement négatif, mais la dengue, ce n'était pas génial non plus.

Ces médecins ont également peut-être sauvé mon homme. Dans ma grande sagesse, je lui avais donné de l'aspirine afin de faire baisser la fièvre qui avoisinait tout de même les 40 degrés. Or, c'était bien le seul médicament qui est à proscrire dans ce cas précis, puisque la dengue peut évoluer vers une forme hémorragique ! On a eu très chaud et je m'en rappellerai !

Fièvre, très grosse fatigue qui va durer au moins trois semaines avec un traitement au paracétamol uniquement.

Le lendemain du diagnostic, j'ai remonté le bateau jusqu'à Dakar, afin d'être près d'un hôpital au cas où. Pour une fois, j'ai un peu triché avec le moteur pour aller plus vite, le skipper étant hors d'état pour faire ses remarques. Nous savions qu'il y avait au CVD (Cercle de la voile de Dakar) un hamac dans lequel Hervé allait pouvoir passer ses journées tranquillement, à l'abri du soleil et de la chaleur.

Nous connaissions déjà bien les deux : le hamac et l'hôpital. Grâce à Julie qui, avant de partir pour le fleuve, nous avait fait un accident de… hamac.

Le truc typique où les enfants chahutent et s'amusent à plusieurs jusqu'à la culbute. Comme quoi, c'est à terre que les accidents se passent bien souvent.

L'impact a été puissant puisqu'elle avait même perdu ses repères et que sa joue avait été très amochée. Ce n'est que le soir que l'on a réellement commencé à se faire du souci. Car après le choc, Julie a somnolé tout l'après-midi – dans le hamac bien sûr. Puis, de retour au bateau, elle avait faim, puis a vomi avant de manger. C'est là qu'on a sorti les bouquins de premiers secours et comme il y avait pas mal de points négatifs, on a décidé d'agir.

Pour commencer, nous avons appelé le CCMM de Toulouse (Centre de consultation médicale maritime) qui s'occupe de tous les navigateurs battant pavillon français.

- Au vu du diagnostic, on vous conseille d'aller au plus vite dans un hôpital. Etes-vous en mer ? Doit-on vous envoyer un hélicoptère ?
- Non, ça ira. On va pouvoir prendre l'annexe, merci !

C'était la nuit noire. Il n'y avait plus de taxi. Nous avons trouvé sur la route un gars sympathique qui nous a conduits à la base marine française. On passe les barrages et on atteint la clinique. Super accueil de l'infirmière qui fait les premiers check-up. Le médecin de garde arrive, très sympa également. Il plaisante avec Julie, lui fait tous les tests et nous rassure complètement. Pas besoin de scanner. Quand elle est tombée dans les pommes, elle a tout simplement fait le KO du boxeur. Et si commotion cérébrale il y avait, elle aurait vomi en jet, comme pour la sténose du pylore (spécialité que nous avons l'honneur de connaître également !).

Plus de peur que de mal.

Au vu de nos expériences, il faut croire en sa bonne étoile. Malgré des pharmacies de bord bien remplies, il n'y aura jamais toutes les parades pour faire face à chaque situation. C'est bien là que réside l'aventure ! Car à vouloir trop prévoir, certains n'osent même plus partir !

Depuis que nous sommes arrivés au Sénégal, nous prenons sagement, une fois par semaine, notre petit médicament anti-paludique. Nous avions opté pour le Lariam. Au yacht club, c'est d'ailleurs un grand sujet de discussion, tout le monde y va de son point de vue, et il y en a même qui ne prenaient que des huiles essentielles...

Un comité d'enfants s'est d'ailleurs constitué un jour afin d'obtenir des précisions sur ce sujet mortel :

- Mais pourquoi lui il prend un médicament contre la malaria et nous on ne prend que celui contre le palu ?
- Mais parce que c'est la même chose, c'est la même maladie ! Soulagement général !

À l'infirmière du centre des voyageurs de l'hôpital universitaire de Genève, où nous avions fait nos vaccins, j'avais posé la question suivante à ce même sujet :

- Mais pourquoi ne peut-on plus prendre de la Nivaquine? À l'époque, c'est ce que l'on prenait !
- Mais parce que les moustiques, chère Madame, ils éclateraient de rire ! La Nivaquine, ça ne leur fait plus peur !

C'est vrai qu'en 20 ans, elles ont eu le temps de s'adapter, toutes ces petites bêtes. Des vraies mutantes. Résultat : c'est à nous d'ingurgiter des tonnes de médicaments. Un peu comme les tonnes de produits que l'on pulvérise sur nos légumes, afin qu'ils soient tout beau ripolinés…

La dernière question médicale que l'on pourrait encore traiter dans ce chapitre reste celle de l'appendicite, que de nombreux marins redoutent encore. Les symptômes sont, comme chacun sait, une forte douleur de l'abdomen, en bas à droite.

J'ai découvert qu'une thèse de médecine a été menée en 2006 par Fabrice Entine sur ce sujet, sous la proposition du fameux Docteur Jean-Yves Chauve, surnommé le médecin des coureurs au large, qu'Hervé avait côtoyé lors de ses Mini-Transat.

Ses conclusions sont très explicites. Je cite rapidement. La crise d'appendicite est la plus fréquente des urgences abdominales et c'est un problème grave en cas d'isolement. Cela dit, il n'existe plus de zones où une communication radio ne puisse être établie avec un conseiller médical. Pratiquée par certaines équipes avant un départ en zone isolée, l'appendicectomie préventive a été remise en cause à partir du début des années 70. De façon surprenante, on constate qu'elle est encore réalisée dans le monde et notamment en France chez certains navigateurs. Selon des travaux d'équipes anglo-saxonnes, il est possible de différer l'intervention grâce à un traitement antibiotique adapté, qui permet de retarder les effets de la crise et d'attendre les secours : l'amoxicilline, l'acide clavulanique, le métronidazole et le ceftriaxone. Ces médicaments sont bien connus des médecins. Quoi qu'il en soit, mieux vaut un traitement excessif qu'un traitement tardif, et il ne faut pas hésiter à joindre un médecin par téléphone ou BLU qui appliquera certainement le principe de précaution.

Sur *Kangaroo*, nous avons tous gardé nos appendicites. Il n'y a que *Kangaroo* qui nous a causé quelques problèmes avec ses appendices… Dérives et safrans particulièrement. Résultat à ce moment de l'histoire : 1 et 1. Attendez la suite et vous allez voir…

Saint-Louis

26 novembre : les cours remontent !

Alors que le franc suisse a passé aujourd'hui et pour la deuxième fois de son histoire au-dessus du dollar, nous sentons également, depuis notre QG de Dakar, une fluctuation des cours. Comme le dit Hervé, les actions remontent ! Alors voici notre lot de bonnes nouvelles :

- Hervé se sent mieux de jour en jour. Ce n'est pas encore la grande forme, mais il n'a plus du tout de fièvre. Il n'est pas encore en état pour aller affronter la foule dans Dakar mais ça viendra sûrement.

- Nous avons reçu l'assurance que nous pourrons sortir *Kangaroo* de l'eau ! La liste d'attente s'est rétrécie, les autres bateaux ayant trouvé une place ailleurs ou s'étant désistés ! Ouf, car c'était le seul endroit d'Afrique où nous pouvions caréner et on n'allait pas pouvoir retraverser l'Atlantique dans cet état. *Kangaroo* a dû se lancer dans l'élevage de crabes et de coquillages en tout genre, tellement il y a d'algues autour de ses coques !

Le grand jour sera donc pour début décembre, car l'activité à Dakar diminue d'heure en heure. Tout le monde se prépare pour la grande fête de la Tabaski ou Aïd el-Kébir, durant laquelle chaque famille se doit de sacrifier un mouton ! Alors on voit partout ces animaux à 4 pattes, il en arrive encore des milliers de Mauritanie et du Mali. En tant que toubab (personne à peau blanche), ce n'est pas une très bonne semaine car les gens deviennent un peu fous, et ceux qui n'ont pas encore réussi à réunir l'argent pour l'achat du mouton vont faire ce qu'ils peuvent (!), il faut donc faire très attention à son sac à main, les larcins étant en forte hausse.

Nous sommes enfin fixés sur la date de carénage, il est donc plus facile de faire le programme. Nous attendrons la fin de la fête et partirons en début de semaine prochaine pour trois jours à Saint-Louis, tout au nord, à l'embouchure du fleuve Sénégal. Outre le charme de cette petite ville, ancien comptoir et capitale de la Colonie, nous espérons nous rendre dans la troisième réserve ornithologique au monde.

4 décembre

Ouahou... qu'il nous a fait du bien ce petit bol d'air frais ! Façon de parler bien sûr, car les embouteillages de Dakar sont inimaginables. J'ai même pris un panadol en revenant tellement j'avais mal au crâne à force de respirer les pots d'échappements ! Mais ça, c'était au retour. Car les souvenirs sont bien là. La gare routière avec le taxi-brousse qui attend d'être rempli pour partir. 250 km parcourus en 4-5 heures, avec des paysages assez verdoyants finalement. Pas mal de baobabs au début puis des acacias. Zut, la nuit tombe déjà ! On ne verra pas la fin du trajet.

Le lendemain, on découvre Saint-Louis, le fleuve Sénégal, les centaines de pirogues. Mais comment se fait-il qu'il y ait ici des camions poubelles qui nettoient à coup de pelle les restes de la Tabaski ? Comme c'est propre ! Ah... huit ministres habitent sur ce bout de territoire... on comprend mieux !

En flânant, on tombe sur une échoppe de location de vélos. On monte en selle ? Surprise : celui de Julie a même la vignette Suisse 2009 ! On apprend plus tard que le marchand a dû débourser 150 euros pour ce vélo qui doit au moins avoir 10 ans !

On se pavane au café de la Poste, en imaginant Mermoz et Saint-Exupéry buvant un coup à la table derrière nous. Le premier vol en hydravion pour la traversée de l'Atlantique sud est parti de l'hydrobase, juste à côté de notre campement. On va d'ailleurs aller se poser dans notre cabane de paille, dans un camping juste sur la plage, avec le bruit des vagues. Top cool. On se croit vraiment en vacances, ne rigolez pas ! Mais après l'épisode dengue, ça nous fait du bien ce changement. Et en plus, la vie au CVD (Club de voile de Dakar) n'est pas toujours bonne pour les nerfs… mais j'en parlerai une autre fois !

Réveil inutile à 6:15 : le chauffeur est arrivé avec 1 heure de retard ! On garde le sourire, on se réjouit tellement d'arriver au parc national du Djoudj. Rien qu'en lisant le guide, vous avez envie d'y aller : c'est le premier point d'eau pour les oiseaux migrateurs après leur traversée du Sahara ! Et lorsque nous sommes sur la pirogue, on se retrouve tous bouche bée. C'est hallucinant. Des escadrilles de pélicans nous foncent dessus. Ainsi que les jacanas, les aigles pêcheurs, etc.

Calme, liberté, simplicité. Coin de rendez-vous de volatiles sur notre planète après avoir survolé l'Europe ou l'Asie. Pas besoin de réservation, ni de GPS ou de carte de crédit, leur vol est assuré pour l'endroit désiré, ils vont même y pondre leurs œufs !

L'impact des décisions humaines

Au Sénégal, cette question m'a vraiment occupé l'esprit.

Nous prenons tous chaque jour de petites décisions qui favorisent ou péjorent notre environnement – prendre le vélo au lieu de la voiture, trier ses déchets, renoncer à un achat superflu, sauter dans l'avion comme dans un bus. Je ne suis qu'un numéro au milieu de milliards d'individus. Et mon action infime ne trouvera sa force que si d'autres personnes agissent et pensent comme moi. Une question de nombre. Et de légitimité. Et ce qui m'a fasciné, c'est la vitesse à laquelle arrivent les conséquences lorsque les décisions émanent du pouvoir politique et l'ampleur positive ou négative que peut avoir cet impact.

Le centre historique de Saint-Louis, superbe avec ses vieux bâtiments, vestiges du temps où la ville était comptoir français de l'Afrique occidentale puis capitale du Sénégal, se situe sur une petite île, dans le delta du fleuve Sénégal, avec seulement une langue de sable qui la sépare de l'océan. Avec le temps, la ville a débordé de partout sur les autres rives, et des ponts relient les différentes parties de la ville entre-elles. Saint-Louis a depuis toujours subi d'importantes inondations, qui ont été quelque peu régulées par des barrages construits en amont du fleuve au fil du temps.

Cependant, lors des inondations de 2003, dans l'urgence, il a été décidé de créer une brèche dans la langue de Barbarie, cette longue plage de sable qui sépare le fleuve de l'océan où se trouve la piste d'aéroport – l'hydrobase – qui accueillait les aviateurs de l'Aéropostale.

Ainsi, 7 km plus au sud de la ville, et très au nord de l'embouchure naturelle de l'époque, il a été creusé, en une nuit, un petit canal de délestage de quelques mètres de large afin de « vider » le fleuve et « sauver » la ville. L'étude d'impact n'a été faite qu'après... et c'était déjà trop tard.

En peu de temps, la brèche s'est élargie de manière spectaculaire, devenant la nouvelle embouchure du fleuve, passant de quatre petits mètres à près d'un kilomètre de large. C'est bien simple, en se promenant sur la berge, on ne voyait plus l'autre bout. Bien entendu, l'ingénieur hydraulique qui avait pensé à ce stratagème n'avait jamais imaginé que son canal allait être 250 fois plus large sous la pression de l'eau !

Saint-Louis se retrouve donc aujourd'hui en position de tête d'estuaire. Le risque d'inondation par le fleuve a été écarté, mais s'est ajouté un risque d'inondation par la mer, une érosion qui menace des infrastructures hôtelières, une salinisation de la nappe phréatique qui contrarie les agriculteurs, un recul de la pêche continentale, la disparition du lieu de ponte de nombreux oiseaux et tortues de mer, etc. Le point positif est que les pêcheurs de Saint-Louis – on dénombre 4000 équipages – ont un accès plus rapide à la mer... Il faut les voir chevaucher la barre sur leurs embarcations colorées, ces quelques vagues hautes et puissantes marquant la frontière entre le fleuve qui se déverse et l'océan qui fait front. C'est impressionnant.

Passons à la meilleure nouvelle vu que je parle des pêcheurs. Un sujet qui me tient à cœur. Car il faut bien différencier les petits pêcheurs locaux des gros navires industriels qui saccagent les mers. Saviez-vous qu'en une seule journée, un chalutier capture autant de poissons que 50 pirogues en une année ? Ce genre de navire pullule selon les zones, et particulièrement le long de la côte ouest de l'Afrique. Nous n'avons pas arrêté d'en croiser.

Les pêcheurs sénégalais sont ainsi contraints de passer plusieurs jours en mer pour de maigres captures. Nous en avions croisé de nuit, et c'était assez effrayant. Tout d'abord on humait une odeur de feu, puis on distinguait une lueur dansante sur la mer et en s'approchant encore, on découvrait une minuscule embarcation, au ras de l'eau, traînant là, avec une dizaine d'hommes, un petit feu qui crépitait à même la coque pour se réchauffer ou cuire un poisson. Ils attendaient ainsi que ça morde, perdus au milieu de l'eau et du temps, pendant des jours, sans rien autour.

Plus de poisson. Plus de marché. Plus de travail. Le chômage. Puis, tout à soudainement basculé. Une des premières courageuses décisions du nouveau gouvernement de Macky Sall, dès le début de son investiture en 2012, a été de révoquer l'autorisation de pêche de 29 chalutiers étrangers. Et les poissons sont revenus, très rapidement.

J'imagine la baie de Hann retrouver son activité, avec des hommes au grand sourire et au corps musclé, et ces femmes en boubous coloré qui aident à trier, fumer et vendre le produit de la pêche. Avec les bénéfices, les familles pourront régler bien des situations et reprendre le dessus, sachant que ce secteur emploie dans ce pays plus de 600'000 personnes.

C'est ce qui s'appelle du développement durable. Et cela ne fonctionnera complètement que lorsque la pêche illicite sera vraiment condamnée. Mais les pilleurs des mers, pirates des temps modernes, sévissent avec des moyens très perfectionnés pour nous abreuver de sushis que nous consommons presque tous sans réfléchir. N'y a-t-il que des organisations telles que Sea Shepherd et Greenpeace qui osent aller au combat ? Et que dire des terres qui sont achetées par des entreprises étrangères, partout en Afrique ? Du scandale des semences ? Il n'appartient pas à ce livre de développer ce genre d'idées mais cette petite histoire de pêche miraculeuse me donne beaucoup d'espoir. Et à vous ?

Histoire de carénage par Hervé :

Note : le carénage est le fait de nettoyer la coque du bateau qui se trouve en dessous de la ligne de flottaison. Il s'agit de décaper les restes d'antifouling (une peinture antisalissures) et d'en remettre deux couches.

Après des semaines d'attente, pour une organisation planifiée depuis le mois de mai, il a fallu revoir la liste des travaux à la baisse et les reporter à plus tard. Dans l'immédiat, il nous faut toutefois absolument caréner le bateau car on n'avance plus, nous sommes scotchés (pour les initiés, on se dirait sur un L...) C'est peu dire !

Notre jour de sortie allait finalement arriver lorsqu'on a commencé à parler de prix. On n'y croyait pas : 350'000 CFA soit plus de 600 euros, c'est plus cher qu'à la Rochelle et le double du prix de Trinidad par exemple ! Nous sommes tombés des nues. Le prix a de plus augmenté au mois d'octobre. On a vraiment l'impression qu'ils font tout pour décourager les catas car le prix d'une sortie pour un monocoque reste encore raisonnable : 60'000 CFA, soit six fois moins cher. En conséquence, et même après tant d'attente, ils ne nous verront pas sur leur chariot.

On s'est donc arrangé avec Aron - qui nous fait penser à Baba d'Astérix - pour qu'il nous aide dans notre entreprise.

Un mois et demi après notre arrivée, on échoue donc (volontairement !) notre cata sur la plage en le positionnant sur des cales en bois. Cinq Sénégalais attaquent à fond au racloir pour enlever tous les coquillages et autres algues. Manque de chance, la marée basse est à 13h et notre équipe prend la pause pour manger bien sûr ! Le plus drôle, c'est que plus tard, je dois faire face à une revendication salariale : ils veulent être payés plus car ils doivent travailler les pieds dans l'eau et c'est plus dur que sur le chariot. Bien sûr, mais alors pourquoi vous prenez la pause quand la marée est au plus bas ?

En une marée, le bateau est propre et quand elle remonte, on enlève les cales et on recule le bateau pour ne pas qu'il s'échoue tout seul pendant la marée de la nuit.

Mardi, rebelote, on recale le bateau et on continue à frotter mais le boulot principal c'est la peinture. À 13h30, la marée est basse mais là, pas d'antifouling pour commencer à peindre la coque ! Elle a pourtant été commandée et payée il y a plus d'une semaine. (Pour les intéressés, c'est de l'Interspeed 340 pour cargos mais sans TBT. Son prix défie toute concurrence et surtout, il est adapté aux eaux chaudes, enfin on espère !)

On paie donc nos 5 gaillards à regarder la mer...

Quand finalement la peinture arrive, la marée commence à remonter et on arrive juste à poser une mini-couche au niveau de la ligne de flottaison. Et là, c'en était trop, Muriel a pété les plombs... Il faudra remettre tout ça au lendemain.

Mercredi donc, 3e jour d'échouage, on peut peindre, faire le trou d'arrivée d'eau pour les nouvelles toilettes. Eh oui, les toilettes électriques Vetus ont rendu l'âme en moins d'une année. On change les cadènes de sous-barbe pour le gennaker, bref, on peut faire tout ce qu'on avait prévu. YES, cela n'aura pas été sans mal mais ça y est, le bateau est propre... dessous parce que dessus, je vous laisse imaginer la couleur du pont après un mois de poussière, de sable et de pollution !

On a enchaîné avec les travaux que l'on devait faire à l'intérieur du bateau : pose de la cuvette wc, des plinthes des marches d'escalier, peinture des equipets, bref, de quoi nous tenir occupés et les mains sales pour 4-5 jours.

Nous sommes bientôt prêts à accueillir nos invités de Noël, ma sœur Ariane, qui cette fois ne vient pas seule mais avec ses 3 enfants, Melody, Loïc et Ambrine. Va y avoir de l'ambiance sur *Kangaroo* !

Oui, je confirme, Hervé l'a bien décrit : « Muriel a pété les plombs ». J'ai craqué, je n'en pouvais plus ! Toute cette attente, cette organisation, la marée qui monte et qui descend avec son décalage de 50 minutes par jour, les revendications, l'eau si polluée qu'il faut se désinfecter les pieds à la Javel chaque fin de journée. C'est désolant. En 30 ans, la plus belle baie d'Afrique est entrée au top 10 des baies les plus polluées du monde. Le sable est noir, non pas parce qu'il provient d'un volcan, il y en a pas dans la région, mais parce qu'il est tout simplement pourri, jonché de détritus arrivant par les canaux de la ville, le tout-à-l'égout de Dakar, les abattoirs, les usines qui déversent leurs produits toxiques, etc.

J'ai été également très affectée par la mésaventure arrivée à un autre équipage. Fatigués d'attendre leur sortie de l'eau – nous n'étions pas les seuls dans ce cas, on se tenait les coudes – ils avaient trouvé une solution au club nautique voisin, pour caréner avant de pouvoir repartir.

Ces images ne s'effaceront jamais de ma mémoire. Alors que tout le monde s'affaire autour de *Kangaroo*, voilà que soudain, on entend un bruit étrange et des cris. Plus loin, juste après les photogéniques pirogues colorées alignées sur la plage, un grand monocoque s'est écrasé au sol. Je cours voir ce qui se passe avec mon appareil photo qui pend autour de mon cou. Et c'est vraiment affligeant : le bateau est couché sur le côté, il est tombé du chariot lors de la manœuvre de sortie de l'eau. La famille était à bord, la maman va être transportée à l'hôpital. Je prends en charge leur fils, que je connais à peine. C'est tout un rêve qui s'écroule. Le temps s'arrête. Les ennuis commencent. Je me permets de prendre des photos, car les choses n'ont pas l'air très claires du côté des manutentionnaires. C'est une impression bizarre, comme si les gars du chantier essayaient de masquer les preuves de leur maladresse. Mon sang ne fait qu'un tour et je joue au paparazzi avec la conscience tranquille. Surtout, que personne ne réalise mes intentions. Ces clichés permettront plus tard de sauver un peu la situation vis-à-vis des assurances, heureusement.

Vivement qu'on parte de Dakar! Il y a trop longtemps qu'on stagne ici, avec nos attentes, les maladies, cette routine qui s'installe, les accidents, nos espoirs déçus. On y apprend la patience, certes, mais j'ai envie que le voyage continue. Heureusement, les sourires des locaux, la nourriture (particulièrement le poulet *yassa*), le sculpteur, nos habitudes, les tissus colorés (j'ai pu refaire toute ma déco interne du bateau), nous ont sauvés de la déprime !

Rester sur place nous a permis également de faire des check-up. J'ai pris le temps de prendre rendez-vous chez un ostéopathe pour mon mal de dos et nous nous sommes aussi bien occupés de Julie ! Etant donné le niveau scolaire plutôt élevé de Julie, j'avais trouvé très surprenant qu'elle recopie aussi mal et avec autant de fautes ce que l'instituteur du village de Mar Lodge, dans le Sine Saloum, avait écrit au tableau noir. J'étais déçue sachant à quel point c'était un honneur d'être accepté dans une école le temps d'une journée. Elle m'avait alors répondu :

- Mais maman, je n'arrivais pas à lire au tableau noir !

Consternation. Notre fille est myope. Son joli visage va devoir s'orner de petites lunettes. Bon, ce n'est pas étonnant, avec des parents myopes. Mais depuis une quinzaine d'années, nos lunettes ont été reléguées aux oubliettes grâce à ces fameuses opérations lasers. Une délivrance pour le marin !

Alors voilà, vivre en bateau, c'est aussi prendre le temps, dans un pays étranger, de s'occuper de nous. Trouver un oculiste, puis faire le tour des opticiens, attendre que les verres arrivent par la poste, etc.

Julie porte maintenant des magnifiques lunettes rouges d'exploratrice… elles lui permettront de découvrir mieux encore la suite du voyage !

Noël

La journée du 24 a commencé très tôt ! Hervé s'est levé à 2 heures 30 du matin pour prendre le taxi direction l'aéroport pour aller chercher nos nouveaux vacanciers. Je l'ai accompagné en annexe à terre car elle ne pouvait pas rester là toute seule pendant la nuit. Elle aurait été dérobée en moins de temps qu'il ne faut pour le dire. C'est pour cela qu'il y a ce système de « passeur », une jolie barque du club nautique avec un petit toit pour nous faire de l'ombre. On l'appelle à la VHF ou par un signe de la main et elle fait le tour des bateaux du mouillage. Mais ce système ne fonctionne que pendant la journée.

De retour au bateau, je n'ai jamais pu me rendormir. Robin m'a rejoint, il ne tenait déjà plus en place… même Julie notre marmotte dormeuse ! Vous auriez dû nous voir, les trois à trépigner dans le carré toute la nuit, genre « on fait notre quart ensemble alors qu'on fait du sur-place à l'ancre ! ».

Cette baie est un spectacle permanent, de sons d'images et de lumières. Il y a toujours de l'activité, même de nuit. Des barques pleines de pêcheurs attendent le lever du jour, certains en chantant. Les rails grincent lorsque le train passe, les mosquées se réveillent en criant à travers un micro grésillant, le cri des coqs se mélange aux aboiements. Et tout à coup, la sonnerie du téléphone : Hervé nous informe que l'avion n'est toujours par là et qu'il n'y a aucun panneau indicatif ! Sans billet d'avion, interdiction d'entrer dans l'enceinte de l'aéroport. Tout le monde attend dehors, derrière des barrières, dans la nuit... sans rien savoir. Ils sont ainsi obligés de se parler entre eux pour glaner des bribes d'informations.

Finalement, c'est au petit matin que la tribu Favre s'est retrouvée sur le ponton en chantant « joyeux anniversaire » à Loïc. Pas mal comme passage dans sa 15e année !

Deux petites heures de repos et on attaquait la journée avec un gâteau, des crêpes et l'ouverture des cadeaux !

Alors qu'on vous assène des phrases telles que « le bateau doit être parfaitement prêt lors de l'arrivée des visiteurs », nous avons pleinement dérogé à la règle, Sénégal oblige ! Tout le monde s'y est mis et la liste était encore longue... il fallait encore nettoyer tout le pont, finir les pleins d'eau, préparer le repas de Noël et aller en ville pour acheter les derniers légumes.

Un dernier passage chez Mama Bijoux pour récupérer le pantalon fait sur mesure pour Hervé (nous, on avait déjà reçu nos robes) et quelques dernières babioles. C'est drôle à Dakar à Noël, de voir des tas de sapins en plastique et des guirlandes colorées gesticuler à travers les embouteillages afin de trouver preneur.... *Kangaroo* n'avait pas besoin de ces apparats. Il était déjà paré pour la fête. Et elle fut belle. Nous étions 14 à bord en comptant Pierre et Marie-France de *Champs Fleury*, *Timshel* (le malheureux monocoque) ainsi que l'équipage de *Kangaroo*. Les enfants nous ont chanté des chansons scouts à défaut de chants de Noël. Le menu était à se lécher les babines. Melon sénégalais avec le « j*amón* » espagnol qui a eu finalement droit à son heure de gloire, *vitello tonnato* et petites patates sautées par Francis avec une salade de haricots, deux excellents gâteaux et des petits chocolats fraîchement arrivés de Suisse !

Très belle occasion pour se dire au revoir également. Et peut-être que nous nous recroiserons, la terre est ronde !

C'était notre deuxième Noël, toujours aussi magique...

La Casamance

20 heures de nav' avec Ariane et les cousins à bord et nous voilà à l'entrée de la Casamance, la région tout au sud du Sénégal. Je ne sais pas pourquoi nous nous sommes retrouvés dans cette situation, mais ce n'était sûrement pas le bon jour pour rentrer dans la passe… Le fleuve devait être fâché contre l'océan, devenu soudain tout houleux, au loin, on voyait de l'écume, comme de la neige sur les vagues… Nous avions pourtant les coordonnées des cardinales et balises et étions vraiment au bon endroit. Cependant, quelque chose ne tournait pas rond.

J'avais pressenti le danger et obligé tous les enfants à rentrer à l'intérieur de la cabine. Bien m'en a pris. Ils ont été fort occupés à ramasser tous les objets qui ont volé de toutes part. Le frigo est sorti de son insert, le pouf rempli de nourriture a dévalé les marches et s'est vidé dans le couloir, tout était sens dessus dessous. Chose très rare en multicoque, où on n'a jamais rien besoin de ranger vu que le bateau ne gîte presque pas.

Mais revenons à nos moutons de mer qui grandissaient à vue d'œil. Et la passe était là, assez visible. Il fallait zigzaguer pour éviter les bancs de sable. Lorsque les vagues nous ont submergés par le côté, je me suis cramponnée à la barre. Et j'ai senti toute l'eau me passer sur la tête. Avantage du cockpit ouvert, elle est sortie très rapidement, emportant malheureusement les sièges, un seau et tout ce qui traînait par terre. Plus de peur que de mal !

Le contraste avec le calme du fleuve a été saisissant ! J'avoue avoir eu peur. Mes jambes ont mis un moment pour arrêter de trembler. Mais que faire d'autre ? À partir du moment où nous étions engagés, impossible de revenir en arrière.

Il n'y a plus qu'à profiter des agréables surprises qui vont nous attendre tout au long du fleuve.

À Hedj, nous sommes invités à un mariage dès notre arrivée à terre. Il paraît que c'est la saison. Nous assistons à la procession qui emmène les époux en chantant devant la chambre de leur nuit de noce. On se retrouve près d'un feu de joie et attendons le repas. Ce sera riz au cochon de lait. Les convives sont placés devant les plats selon leur âge. En effet, il n'y a ni assiettes, ni couverts. Et pour manger dans le plat, mieux vaut ne pas mettre un enfant avec un adolescent, le partage serait injuste et l'enfant n'aurait peut-être pas assez à manger. Pour nous, les toubabs, ça a été un plat pour la famille. Paraît qu'on a eu de la chance car on a eu droit à la cervelle !!!

Le rythme est naturellement trouvé. Le jour, c'est navigation sur *Kangaroo* ou en annexe dans les bolongs (petits affluents dans la mangrove). Il y a pas mal de méduses, dont le compte est tenu par Ambrine et Julie (dans les 400 répertoriées) ; ça ne nous empêche pas de nous baigner.

Au 3e jour, nous arrivons au mouillage de Karabane. Tiens, un bateau jaune… C'est *Utinam*, celui de Virginie, que l'on connaît depuis Rabat ! Nous sommes donc bien accueillis car elle est déjà bien introduite dans certaines familles. Nous sommes officiellement invités à notre second mariage. Ambrine n'en revient pas… Deux en deux jours !

Très instructif puisqu'on se retrouve directement à la séquence suivante… soit le réveil des mariés. Les draps sont amenés par une procession de femmes sous l'arbre. Il y a des bassines et de beaux savons de Marseille. Les femmes dansent et font un concours de lavage du drap. On se doutait bien qu'il ne serait pas tâché… la mariée est enceinte !

Dans le coin de la maison, à l'ombre des palmiers, une vingtaine de boubous colorés s'affairent près d'énormes marmites depuis le matin. Les feux crépitent… Vient ensuite un défilé de femmes qui, sur leur tête, portent des plats avec les morceaux de la vache fraîchement dépecée. Il y a d'abord la tête, le corps, avec les muscles qui frémissent encore… le repas est en bonne voie.

Nos enfants s'ennuient un peu… Ils se baignent de temps à autre et apprennent à faire des décorations de fleurs dans le sable avec les gamins du village. Nous, nous sommes émerveillés par cette organisation et admirons les cuisinières, fascinés par leur dextérité avec ces grandes cuillères en bois mesurant plus d'un mètre de long et ces chaudrons qui leur arrivent au genou, tout ça sur des feux à même le sable…

Succulent, ce repas, après toute cette attente on était bien affamés ! Retour au bateau pour leur imprimer des photos souvenir avec notre petite imprimante achetée toute exprès pour faire ce genre de cadeau qui fait extrêmement plaisir et prenons à notre bord Bouba, un enfant du village qui n'a que 4 ans. Ce qui l'a le plus fasciné à bord, ce sont les robinets d'eau de la cuisine… cela change de l'eau du puits !

Ensuite, nous mettons le cap sur Nioumoune. Quelques dauphins nous accompagneront pendant le voyage, quelle chance ! Pas de vent. Les quelques milles sont avalés au moteur. On traverse le fleuve Casamance et nous voici sur sa rive droite. Voilà le bolong. On y entre et suivons les méandres, ils se rétrécissent. Sous nos yeux enchantés se dessinent une petite hutte de pêcheur, un beau fromager aux branches imposantes, le reflet du baobab dans l'eau et le village.

Ah… il y a quelques voiliers mouillés. On reconnaît *Pinocchio* avec à son bord un autre petit Robin suisse rencontré à Dakar !

Nous sommes vite abordés par un jeune pêcheur salué sur la route. Il nous propose un beau capitaine –un poisson- qu'il vient de pêcher. Affaire conclue : il le prépare sur les marches de *Kangaroo*. Dans l'après-midi, les enfants préfèrent rester au bateau et nous partons avec Ariane visiter le village.

Il y a beaucoup de mouvements car la livraison de ciment est arrivée par la pirogue de Ziguinchor. Tous les hommes du village sont présents et Hervé fait de même, on habite ici depuis ce matin, il faut donc tout de suite s'intégrer. Il se fond alors spontanément dans la ligne de fourmis et se retrouve avec un sac de 50 kg sur son dos ! Son cœur a failli s'arrêter en réalisant que cette ligne rejoignait un autre village situé tout là-bas au fond, de l'autre côté du champ de riz ! Fort heureusement, à un moment donné, en plein effort, il s'est retrouvé face à un gaillard qui lui a ôté d'un coup le sac du dos. Ouf, il y avait un relais ! Sauvé ! Après 5 allers-retours, une bière s'impose au campement de Hyacinthe !

Dernier jour de l'année ! Les préparatifs commencent tôt. Les filles ont rendez-vous avec leur coiffeuse afin de se faire tresser les cheveux tandis que les garçons se lancent dans la confection des traditionnels petits milans selon la recette de grand-maman ! Cette année, le beurre a été mieux dosé d'autant que nous en avons très peu et que nous sommes à nouveau dans des climats très chauds !

Un équipage de jeunes Français vient nous rendre visite. Ils ont été défiés par les adolescents du village : il faut composer une équipe de foot. Toubabs contre

Nioumounais. Malgré la chaleur, le match est fixé à 4 heures de l'après-midi. Heureusement que les horaires ne sont pas très fiables… Ce match de foot amical restera un moment fort de notre voyage. Tout le village était présent, une vraie fête et de gros fous rires. Ils ont tout fait pour que l'on gagne…

Nouvel An oblige, on décore à nouveau *Kangaroo*. Repas de fête évidemment : foie gras, risotto aux courgettes, tiramisu de Julie, suivi de champagne et de nos biscuits. Chants scouts à gogo jusqu'à minuit, où nous décidons de débarquer à bord d'un autre cata pour continuer la fête en compagnie. Un peu plus tard, un bruit de respiration essoufflée nous parvient : un pêcheur bien « imbibé » s'est retourné avec sa pirogue ; il est tout simplement en train de se noyer, entraîné par le fort courant du bolong. Il a eu de la chance qu'on l'entende. Un saut dans l'annexe, mise en route du moteur : le sauvetage s'est bien effectué. L'homme semblait triste d'avoir fichu en l'air son portable. Moi, j'aurais été heureuse d'être en vie. Quel incroyable début d'année !

En Casamance, nous avons vu une myriade d'oiseaux, de plus ou moins près, des dauphins jouant dans les vagues et un plancton fluorescent a totalement fasciné Ambrine, Melody et Loïc. Tout comme la vision fugitive d'un crocodile aperçu quelques instants, se prélassant au soleil sur une plage avant qu'il ne plonge se réfugier dans les insondables flots de la Casamance. Et ce, à quelques kilomètres de l'endroit où nous nous baignions insouciants quelques heures auparavant. Un habitant du village nous a rassurés, nous garantissant que ces reptiles ont peur de l'homme.

Neuf jours en Casamance et il est malheureusement temps de rapprocher les cousins de l'aéroport. La passe pour retrouver l'océan est d'un calme étonnant, sans aucune vague. Tout le monde rigole de cette situation en se demandant s'il n'a pas rêvé le cauchemar de l'arrivée ! Nous passons la journée à remonter la côte pour atteindre Djifer à la nuit tombante, à l'embouchure du Sine Saloum. C'est de là que part une route directe pour la capitale, avec des taxis-brousse. Une superbe navigation au près, où l'on prend le temps de refermer cette parenthèse magique, ce moment en famille qui scelle à jamais les relations.

Notre plan était de rester encore quelques jours à explorer le Sine Saloum, notre premier séjour ayant été écourté par la dengue d'Hervé. Mais sitôt Ariane et les cousins partis, le cœur n'y était plus.

On a sonné la trompette et convoqué à nouveau le très démocratique **conseil de famille.** Du coup, autour de notre table du carré, après avoir pesé les pour et les contre et regardé ce qui nous restait dans le porte-monnaie CFA, on a décidé de lever l'ancre au plus vite.

C'est assez incroyable comme instant, celui où tout se décide si rapidement. Peut-être parce que nous sommes souvent sur la même longueur d'onde, en osmose, en accord. Parents et enfants. Pouvoir choisir où et quand, sans dépendre d'un employeur, de vacances scolaires, de papiers à présenter, d'avions surbookés.

Seule contrainte, faire l'avitaillement, vu qu'il s'agit tout de même de traverser un océan.

Le lendemain, nous sommes partis en amoureux à Joal ; une heure de bus chaotique pour trouver des légumes et une connexion internet – chose très rare au Sénégal comme vous avez pu vous en douter. Nous avons patienté encore un jour, vendredi, consacré à des aller et retour en annexe, histoire de remplir les réservoirs d'eau douce avec de l'eau provenant du puits d'un Français installé sur le fleuve. En plus, selon les traditions maritimes, ça ne se fait pas de partir en mer un vendredi.

Le cap choisi après bien des discussions : la Guyane française. En espérant que cette fois, on y arrivera !

La traversée devrait durer environ 15 jours, parfait pour avancer les cours du CNED.

Alors *good bye* Sénégal et merci pour toutes ces rencontres inédites, l'apprentissage de la patience, le calme de la mangrove, les baobabs et les fromagers. Cela restera une escale très riche en amitiés nautiques. Car on en a rencontré des équipages... *Teoula, Nai'a, La Françoise, Hasta luego, Tequila, Zigoto, Taoz, Djambar, Baloo, Herman-Heinrich, Timshel, Champs Fleury, Isle et Aile, Imoka, Gwenvidik, Arznael, Stellina, Utinam, Pinocchio, Makoré* et ceux que j'ai oubliés. À un de ces jours...

Transat et Guyane

Transat citron-safran

En traversée, il y a très vite des petits rituels qui s'installent. Il faut juste un certain laps de temps pour trouver le bon rythme. Un de ces moments particuliers est celui où l'on allume le téléphone satellite. Tous les deux ou trois jours, nous lançons une requête météo afin de recevoir un fichier, l'ordinateur le transformera en routage. À cette occasion, nous en profitons pour donner quelques nouvelles à nos proches. Une manière de leur demander de garder un œil sur nous ! Et peut-être qu'à leur tour, ils nous donneront des nouvelles de la planète terre ? Nous voilà tous les quatre agglutinés devant le petit écran. Quoi de neuf aujourd'hui ?

Certains bateaux sont équipés de balises de géolocalisation qui vont envoyer à intervalles régulières un signal donnant la position et la progression du bateau. Ce système, issu du monde de la régate, est disponible maintenant à la navigation de plaisance à des prix raisonnables.

Nous avons cependant renoncé dès le départ à cette idée pour plusieurs raisons. Tout d'abord, je me serais sentie tenue en laisse. On veut partir au bout du monde et on n'ose pas couper le cordon ombilical ? Penser à appuyer sur ce bouton, ou le désactiver que sais-je... tout ça, ce sont des obligations que l'on se mettait avant ! Tenir un blog est déjà suffisamment instructif pour ceux qui souhaitent nous suivre. Il aurait suffi d'un problème – et ça arrive assez fréquemment – pour créer des soucis et des angoisses inutiles. Les medias donnent déjà assez d'infos tristes ou alarmantes, pas la peine d'en rajouter.

Voici donc quelques extraits des emails envoyés pendant cette troisième transat, sachant que pour les raisons citées auparavant, tout n'a pas été dit… comme vous le constaterez ! C'est un peu comme pour les coureurs du Vendée Globe.

48 heures de navigation :

Je ne peux pas dire « déjà » car on les sent un peu passer, ces 48 premières heures… Le vent oscille entre 17 et 23 nœuds, juste parfait. C'est la mer qui nous rend la navigation pénible. Pourquoi ces vagues, pardi ? Vous ne voulez pas vous calmer un peu ? Elles viennent du Nord. À se demander ce qu'il s'est passé chez vous.

Alors on y va molo pour tout, pour l'école, pour la cuisine. Même le « jamón » a été détrôné de sa place et s'est retrouvé sous la table du carré, bien plus sûr pour lui ! Il ne peut ainsi plus tomber ! Nous passons presque tout notre temps assis ou couchés sur le canapé.

Mais on avance bien, hein ? Skipper ? On a fait 360 milles en 2 jours et nous sommes exactement au 11°17 88 N et 22° 10 00 W. Les pronostics de la traversée sont 12 jours pour Hervé, 12 et demi pour Julie, 13 pour Muriel et 14 pour Robin le pessimiste. Pour l'instant, c'est Julie qui gagne… Le ciel est un peu voilé mais on dirait que ça va se lever. Cette nuit, on a enlevé le 2e ris. Le moral est bon et très vitaminé. Car on se fait une cure ! En effet, nous sommes revenus de Kuba, petit village que nous avons visité en pirogue avec Ariane, avec un petit sac débordant de 5 kg de beaux petits citrons. Alors, si ça se calme un peu aujourd'hui, on va finalement essayer de se lancer dans la recette des tartelettes. Ça nous changera des citrons chauds et de la limonade froide !

14 janvier : 5ᵉ jour de navigation

Nous sommes à notre cinquième jour de traversée et après avoir filé à bonne allure les 4 premiers jours (718 milles), cela s'est bien calmé. On avance maintenant gentiment plein vent arrière et la cote de Robin pour la date d'arrivée (14 jours ou plus) remonte plein pot ! On se fait moins secouer, on a remis les lignes de pêche à l'eau, ce soir c'est séance cinéma. Les enfants sont adorables, ils profitent de cette traversée pour avancer à fond l'école. Jugez plutôt, ils ont déjà accompli 13 jours d'école depuis jeudi dernier. On croise très peu de cargos, les nuits sont noires d'encre car on est à la nouvelle lune, ce sont de jolies conditions pour voir les étoiles. On aperçoit maintenant la croix du Sud, signe que l'on se rapproche doucement de l'équateur.

Les *Makoré* nous ont passé un livre génial : « La sagesse de la mer » de Bjorn Larsson en collection poche. Si vous avez l'occasion de le trouver en librairie, n'hésitez pas, il décrit très bien la vie en bateau et la liberté qu'elle procure.

Ne pas inquiéter nos proches donc... je reviens à ce sujet. Car ce que nous n'avions pas dit, dans ce mail, c'est que le jour d'avant, nous avions eu un gros pépin. Pas dans les citrons, non. Sur le bateau ! Et c'est sans problème que nous allions donner Robin gagnant pour le pari de l'arrivée.

Durant la nuit, le pilote avait décroché à plusieurs reprises. Bien préoccupant. Je lis dans notre livre de bord : « problème d'alignement des safrans ? ».

Dans la nuit noire et au vu de la situation, nous avons pris un 2ᵉ ris pour moins solliciter le bateau et donc le pilote... et nous avons attendu angoissés le lever du jour. Puis, Hervé a plongé sous le bateau pour en revenir dépité. Le safran tribord avait disparu, comme le bâbord aux Açores.

Dire que l'on avait planifié de l'échanger lors du carénage à Dakar ! Mais avec tous les problèmes accumulés là-bas, nous avions remis cela à plus tard... au prochain chantier de Trinidad. Ne jamais remettre à plus tard... c'est pourtant la règle ! On s'est donc fait prendre et c'est rageant. Le problème de rigidité de la mèche du safran (le tube qui tient le safran dans l'eau et qui le relie à la barre) est ainsi bien confirmé, le mélange d'inox doit être défectueux. Cette fois cependant, nous avons un safran de rechange à bord et pourrions tenter de faire la réparation en pleine mer. Hervé a donc essayé de défaire les secteurs... mais ils étaient tous grippés. Juste impossible. On a donc affalé la grand-voile et décidé de continuer ainsi, sous gennaker seul, plein vent arrière. À nouveau, notre belle bête performante ne cassera pas de record ! Mais aller moins vite représente certains avantages... un peu plus de tranquillité !

Les jours passent et les nuits aussi. Quand le vent est très faible, nous hissons tout de même la grand-voile... heureusement qu'avec notre mic-mac, le pilote tient le coup. Ça serait tout de même le comble de devoir rester scotchés à la barre pendant tout ce temps.

16 janvier : 7e jour de navigation

Wahoo... Grand beau, mer bleue, 15 nœuds de vent. La transat telle que sur les photos des livres que l'on feuillette dans sa jeunesse... En tout cas pour moi ! Tout le monde y trouve son compte. L'école avance à vitesse TGV, le bateau est tout propre devant (on a même récuré les sols) et on prend un plaisir fou à lire tous nos livres ou faire des mots fléchés. À midi, ce sera *focaccia* faite par Julie et j*amón* (oui, il y en a toujours, c'était prévu pour durer). Par contre, on commence à avoir beaucoup moins de légumes frais. Il ne nous reste plus que 2 oignons, 2 grosses courgettes et 4 petites tomates. On a du stock de conserves et ça ira très bien, mais j'ai vu un peu juste. Il faut dire que ça a été toute une expédition pour aller trouver des légumes un peu potables... et qu'avec la chaleur et le transport, certains ont fini dans nos estomacs plus rapidement que prévu. Ah oui... on a encore des citrons ! On ne va pas risquer le scorbut dans cette traversée... c'est sûr. Hervé attend, patiemment. Cela fait déjà deux fois qu'il rate la prise du siècle. Imaginez, un lancier (genre d'espadon) de presque 2 mètres. Ils se sont bien battus, le skipper et le poisson, mais au moment de le ramener sur la jupe (un bout en fait, car il était si grand !), l'hameçon s'est détaché et la prise s'est lâchement enfuie. Hervé pense même qu'on doit avoir des marques sous le bateau car à un moment le poisson est passé sous la coque bâbord et on a entendu des coups. Rebelote hier au soir, tellement gros le poisson qu'on a eu peur qu'Hervé parte avec...

Bon, sur ce, je lui mets la pression car j'ai bien envie de poisson ce soir, les 4 lignes ont été mises à l'eau et j'espère qu'Igor est fier en lisant ces lignes... On a également fait de la couture. Julie a appris à coudre et a créé un pantalon pour son Lilou, fait avec des restes de tissus africains ainsi qu'un t-shirt blanc. Bref, il a le même look qu'Hervé avec son pantalon sur mesure et on même pris des photos, vous verrez, on s'est bien marrés ! Le chemin est encore un peu long, 650 milles, ça fait encore presque 1200 km ! Mais on en a déjà parcourus 1400 (de milles...) donc plus des deux tiers. Arrivée samedi ? On verra bien. On n'est pas vraiment pressés de toute façon.

Le 20 janvier à 19:15, il nous arrive un truc incroyable. Comme quoi, même en plein jour, au milieu de rien, il faut toujours regarder autour et devant soi. La tentation est grande de se laisser aller à rêver, à lire, pris dans l'action d'un jeu ou à la cuisine. Comme si de jour, il ne pouvait rien nous arriver. Surtout que sur *Kangaroo*, tous les sièges, à part celui de la table à carte, ont vue sur le sillage et les côtés.

Pendant des jours et des jours, c'est r-a-s, que de l'eau, des vagues, du vent, l'odeur du sel, des nuages. Mais là, juste devant nous, tout d'un coup, en plein sur notre route, il y a un point, tout petit, qui grandit et qui ne bouge pas. Pas du tout. C'est assez stressant. Vient-il exactement vers nous ? Avance-t-il ? Nous lançons un appel à la VHF, sans succès. On dirait un bateau de pêche. Bien sûr, on pense aux pirates. Le bateau à l'air déglingué. Toujours rien à la radio. Je vois des trucs qui pendent. Une allure de bateau de pêche. Nous sommes si loin des terres. Ça doit être jour de repos, il y a la lessive qui sèche. Nous sommes à 7°13 N et 44°18 W et le Chung Kno, immatriculé à Panama, reste stationnaire, ballotté par la houle. J'ai le mal de mer rien qu'à le regarder. Mais où sont les gens ? Que font-ils là ? Vivent-ils ici, au milieu de l'océan ? Sont-ils morts ? Toutes mes questions resteront sans réponses. L'important est d'avoir évité la collision, en déviant notre route d'un seul petit degré.

Sur ce, je me suis lancée dans des conserves de citrons salés...

22 janvier : 13ᵉ jour

Bientôt le week-end pour vous ! Mais pas pour nous. On n'ira pas faire la nouba à Cayenne. Notre arrivée est prévue pour dimanche, trop tard pour faire la fête. Mais bon, on aura de quoi s'amuser pendant la semaine, car mercredi, Robin fêtera ses 12 ans. Super, dit-il, comme ça on ne fera pas l'école !

Il semble qu'on se soit enfin débarrassés du contre-courant équatorial. On n'avait pas fait sa connaissance l'année passée, nous étions plus au nord et ensuite nous avions bifurqué vers la Martinique.

Mais là, on s'est fait quelques jours sur un tapis roulant… contraire. 2 nœuds dans les dents… déjà qu'on n'allait pas très vite ! En plus, ça crée des vaguelettes très inconfortables. Le bateau grince, couine, se balance. On ne dort pas très bien. Oh… comme je me réjouis de faire une nuit complète ! Une baignoire en prime et ça serait le nirvana ! Maintenant, on attend le prochain arrivant, le courant sud-équatorial. Il remonte l'Amérique du sud à une vitesse de 2 nœuds. On se positionne correctement puisqu'il va nous pousser vers le nord. On commence à se réjouir, je me lève pour voir la côte même si c'est purement impossible, encore 250 milles… Mais sur l'écran de contrôle on dirait que c'est bientôt là !!!

On a remis les lignes à l'eau, histoire d'avoir du poisson frais en Guyane sans aller au marché. Il y a de la place dans le frigo, ne nous en privons pas ! Hier, la prise était une magnifique dorade coryphène de 1,09 mètre. C'est un poisson extraordinaire. Dans l'eau, il est vert brillant, mélange d'émeraude et d'or. À peine pêché, il se meurt et perd ses couleurs instantanément pour devenir tout pâlot. Malgré cette métamorphose, il est bien plus alléchant que les poissons empaquetés des supermarchés… malgré son air délavé!

On commence à feuilleter les guides, faisons des projets de visite, notre gymnastique cérébrale journalière (les mots fléchés), l'école (qui nous prend pas mal de temps vu les objectifs fixés) et la cuisine… Sachez que nous sommes devenus des experts de la focaccia faite maison. À tel point que l'on est en pénurie de farine également…

On vous souhaite à tous un excellent week-end. Profitez bien, rencontrez du monde, nous, ça nous manque un peu, mais heureusement qu'il y a les mails !

Muriel et tout l'équipage par 5°50'82N et 48°03'70W

Note: bâbord-tribord

Voilà un moyen à l'usage des francophones pour apprendre définitivement où se trouvent le tribord et le bâbord d'un bateau. C'est très important, car si vous êtes à l'avant du bateau et que vous regardez vers l'arrière, votre côté droit sera le côté gauche de votre interlocuteur qui se trouve face à vous. C'est pareil à terre et déjà pas facile. Mais en mer, il faut éviter toute erreur de communication, d'où un langage assez précis.

L'avant se nomme la proue – comme la figure – et l'arrière la poupe, mais vous le saviez sans doute déjà et ces termes ne s'emploient que peu.

Les côtés se distinguent également avec des codes couleurs, vert pour le tribord et rouge pour le bâbord. De cette façon, de nuit, vous pourrez toujours comprendre dans quelle direction va un bateau. C'est presque plus facile que de jour. Il y a même une fameuse marque de chaussures – les Kickers pour ne pas les nommer – qui suit ce code depuis toujours. Sous la semelle gauche, il y a une grosse pastille rouge et sous la droite, un point vert. Je ne vois pas trop comment on fait pour enfiler des chaussures à l'envers mais bon, dans ce monde, tout est possible. Et c'est valable également pour les avions. Quand vous les regardez passer la nuit dans le ciel, l'aile droite clignote vert, l'aile gauche est rouge. Vous êtes ainsi sûr qu'ils volent à l'endroit…

Le truc qu'on vous apprend en école de voile ou dans les livres, c'est d'imaginer le mot batterie écrit en grand sur la poupe du bateau. Au lieu de « *Kangaroo* », on écrit donc « batterie ». "Ba" pour bâbord, à gauche et "tterie" pour le tribord. Quand je débutais dans la voile, je pensais à une simple batterie de voiture alors qu'historiquement, il s'agirait plutôt de batteries de canons... encore un truc de militaires. On aurait également pu la jouer plus musicale, avec une batterie et ses cymbales qui scintillent sur le pont... en avant la musique !

Mes souvenirs me projettent d'un coup dans une annexe, remplie de parents et d'enfants, de nuit, les étoiles perçantes dans le ciel et le calme. Le calme qui est rompu soudainement : un des enfants – sûrement l'un des nôtres d'ailleurs – s'est mis à chanter. Un refrain tout basique, mais qui pourrait tous nous envoyer à l'eau dans un moment... Et voilà ceux de bâbord qui reprennent : « c'est à bâbord, qu'on gueule, qu'on gueule, c'est à bâbord, qu'on gueule le plus fort... » avec l'autre côté qui reprend de plus belle... « c'est à tribord... », etc.

Usant pour les cordes vocales. Mais que c'est bon de pouvoir s'époumoner sans avoir peur de déranger les voisins et de crier comme des enfants !

Mais revenons à notre apprentissage du balisage maritime, sachant que dans les codes, ce qui est vert prend toujours la forme conique, comme un sapin ou un cornet de glace à la pistache, et que ce qui est rouge sera toujours cylindrique.

En mer, il faut anticiper, penser à tous et à tout. Jusqu'à la peinture des balises qui s'écaille au soleil ou au daltonien passant par là et qui ne distinguerait plus rien. Or ces balises, si elles sont là, et même numérotées certaines fois, c'est pour que l'on puisse comprendre en lisant le plan d'eau où se trouve le passage, le chemin, le chenal, le danger. Le tracé n'est pas toujours rectiligne, ni évident. Il peut être même à contresens, tourner d'un coup, pour éviter les embûches se trouvant sous l'eau ! Simple banc de sable sur lequel le bateau va s'enliser, et où il faudra attendre la prochaine marée pour repartir, ou bien rocher, barrière de corail éventreur. C'est du sérieux. Pour les habitués de la zone ou les visiteurs d'un jour, le tarif est le même. Un choc, une voie d'eau, et tout peut sombrer. Restons concentrés.

Le moyen mnémotechnique est donc le suivant, on s'imagine dans un dressing et on récite : où as-tu mis tes deux bas si rouges et ton tricot vert ? Pas très sexy comme habits mais voilà la magie : 2-Ba-cy-rouge pour les chiffres pairs, à bâbord, cylindriques et rouges et 1-tri-co-vert pour les chiffres impairs, de tribord, coniques et verts.

Puis on s'imagine en pleine mer, fatigués, avides de trouver un port pour y rentrer à l'abri. Il faut que ce soit accueillant, facile. Pour que le bateau y pénètre bien, les entrées de port sont donc balisées de la sorte avec le rouge à laisser sur notre bâbord et le vert à tribord. C'est facile. Ou presque… ça dépend encore de votre zone de navigation… mais on ne va pas compliquer pour le moment !

Cayenne

Enfin, nous voilà enfin en Guyane ! J'espère que l'escale manquée de l'année dernière pour cause de panne de moteur en vaudra la peine ! À trop se réjouir, on pourrait être déçu.

Le plan initial – attendre à l'ancre le petit matin pour franchir le chenal et entrer dans le fleuve de jour – a vite été relégué en fond de cale, happés que l'on a été par un boulevard scintillant de lumières, une piste d'aéroport avec du vert clignotant à bâbord et les rouges à tribord ?!? Oui. J'ai bien dit vert à bâbord, car nous sommes de retour en zone B de navigation (valable depuis 1980 aux Amériques, au Japon et en Corée) : c'est à nouveau notre monde à l'envers. Le vert est devenu rouge. Et c'est perturbant au début. Un peu comme si vous étiez au volant de votre voiture et que vous deviez vous arrêter au feu vert. Je reste donc encore plus concentrée sur le pilotage.

La marina de Desgrad des Cannes se trouve tout au bout, 15 km plus loin. Il y a énormément de courant, heureusement que nos deux moteurs fonctionnent ! Nous nous sommes amarrés à l'une des trois bouées en attendant de voir s'il était possible de trouver une place aux pontons qui ont l'air surchargés. Une vraie nuit de sommeil puis quel bonheur de se réveiller avec le gazouillis des oiseaux ! C'est même plus que cela, c'est un orchestre philharmonique.

Pour une fois, les formalités sont un vrai plaisir. Le bureau de douane est situé à 1 km de marche dans la zone portuaire, et pour un séjour d'environ une semaine – on est pas aux pièces – les douaniers vous font directement la sortie. Pratique n'est-ce pas ?

Tout le commerce avec la Guyane est effectué à partir de ce petit quai. L'ancien port de Cayenne étant définitivement engorgé par la vase. Un défi permanent pour tout le littoral guyanais. Mais d'où vient-elle, toute cette boue ? C'est là toute la puissance de la nature ! 450 km plus au sud, le fleuve Amazone se jette dans l'océan, emportant avec lui 35 tonnes de sédiments à la seconde, charriés ensuite jusqu'ici par le courant qui remonte vers le nord. Alors, pour permettre l'arrivée des bateaux et donc du commerce, il fallait résoudre ce problème. C'est le *Mahuri*, un bateau dragueur, qui se charge de cette tâche titanesque en recrachant la boue, 24 heures sur 24 et peut-être jusqu'à la nuit des temps, dans ce chenal d'accès tout scintillant, afin de pouvoir accueillir en tout temps les cargos de tout genre… et notre petit *Kangaroo*.

Dans le parking de la marina, une cabine téléphonique à cartes. Avec un peu plus d'organisation, nous aurions pu téléphoner à une agence pour qu'ils viennent nous livrer une voiture. Heureusement que l'auto-stop fonctionne assez facilement !

> Première mission : louer une voiture afin de pouvoir bouger du port éloigné de 15 kilomètres de Cayenne. Cela fait, on a pu commencer à explorer les environs, avec une première balade en forêt équatoriale primaire. Un vrai bonheur de se promener dans cette végétation luxuriante, riche en fougères et lianes avec un air saturé d'eau.
>
> Quant à moi, je rayonne… je n'ose même pas vous dire pourquoi ! Déjà, j'ai découvert que la machine du Lavomatic est absolument incroyable… elle lave plus blanc que blanc ! Du coup, j'ai tout mis à laver ! Et puis quand je prends la voiture pour aller à droite et à gauche, je retrouve cette même odeur d'humidité que lorsque je vivais aux Bermudes. Je me sens à la maison, j'adore…

Au mouillage, nous rencontrons un autre catamaran, le *Jangada*, avec Olivier, Barbara et leurs deux enfants du même âge que les nôtres. Le courant passe naturellement très vite et nous voilà tous entassés à 8 dans notre petite Clio, pour des balades dans la mangrove ou la forêt amazonienne. On a malheureusement fait trop de bruit ou pas été assez attentifs car aucun paresseux n'a été découvert !

Nous sommes dans la ZIC -la zone intertropicale de convergence- et ça se sent. Le soleil est brûlant et la pluie va et vient, rendant la forêt tropicale encore plus luxuriante. Quant au port du parapluie et de l'imperméable, tout se discute, c'est finalement très encombrant, il ne pleut pas si souvent que ça. Un sac étanche de marin pour protéger le nécessaire fait l'affaire.

Il a fallu ruser et faire preuve de patience sur la route. Comme par hasard – parce que nous sommes à nouveau en France ?– la grève des transporteurs a quelque peu bloqué notre programme. Pas malin n'est-ce pas de s'offrir une voiture alors que dès le lendemain toutes les routes sont barricadées par des camionneurs … et le loueur s'est bien abstenu de nous l'indiquer !

En attendant la fin de la grève, il y avait de quoi bricoler à bord, le remplacement du safran étant bien entendu la priorité. Il a fallu toutefois négocier dur avec les bateaux à quai pour pouvoir trouver un petit emplacement provisoire à couple (c'est lorsqu'un bateau s'amarre au flanc d'un autre bateau qui lui est à quai). Des câbles sont tirés dans tous les sens et ne vous hasardez surtout pas de les défaire pour utiliser cette électricité, vous risqueriez ainsi d'éteindre un congélateur ou même une machine à laver en plein essorage ! Bref, ce ne sont pas des bateaux, mais des baraques flottantes en piteux état qui font ici la loi. Après quelques tractations un peu difficiles, nous avons trouvé un compromis… car nous avions besoin d'électricité et de stabilité pour effectuer la réparation. Hervé a pu compter sur l'aide précieuse d'Olivier qui a revêtu sa combinaison de mécanicien avant de s'engouffrer dans la cale. À l'aide d'un décapeur thermique et de leur force légendaire, ils parviennent finalement à dégripper la mèche restante du safran perdu lors de la traversée. Si seulement notre cale moteur était plus vaste… tout irait plus rapidement. Hervé se retrouve ensuite à l'eau, dans cette eau brunâtre regorgeant de poissons tropicaux, de trucs longs qui ressemblent furieusement à des serpents, pour introduire par le dessous de la coque le nouveau safran. Les 5 nœuds de courant du fleuve et le manque de visibilité dû aux sédiments ne facilitent pas la manœuvre.

Cayenne, une sonorité qui me donne envie de partir explorer.

Comme souvent, nous commençons la visite en nous rendant à l'office du tourisme. Un vrai gag. Il n'y a même pas une seule brochure pour le célèbre centre spatial de Kourou. Heureusement que nous découvrons ensuite la Compagnie des guides de Cayenne, qui nous font bien envie avec leurs nombreux circuits.

Les maisons créoles sont superbes, avec ces grandes avancées dans la toiture pour protéger les façades de la pluie et du soleil. Elles ont des ouvertures naturelles qui aident à la ventilation et des cours intérieures équipées de réservoir à eau. Des maisons basse consommation avant l'heure !

La place des Palmistes devient notre QG. Il y a du wifi à l'angle de la rue, juste devant les cinémas. Je regarde les gens qui défilent, et tous ces palmiers. Dire qu'en 1834 ils en avaient plantés 456 ! Dommage qu'ils ne les remplacent pas. Il y a de la vie partout. Des enfants. Cela fait du bien.

Question shopping, il y a quelques magasins et des petits commerces tenus majoritairement par des asiatiques. À tel point qu'on ne dit pas : « Je vais à la Superette », mais « Je vais chez le Chinois ! » C'est assez fou. Ce n'est toutefois pas une nouveauté dans ce tour de l'Atlantique. Aux Açores déjà, nous disions : « Je vais chez le Chinois. » Puis au Cap-Vert, à São Nicolau également. Venus construire des routes, ils ont trouvé l'endroit bien agréable et s'y installent, font venir la famille, reprennent des magasins… puis travaillent… à fond !

Les hypermarchés se trouvent en périphérie et nous y ferons le plein avant de repartir… Pour les fruits et les légumes, c'est au marché du samedi que ça se passe. Ça foisonne de formes, de couleurs, de senteurs. Il a la réputation d'être cher, mais on l'a trouvé bien plus raisonnable que les marchés de Martinique et de Guadeloupe. Julie et moi, nous craquons pour des chadeks, une sorte de pamplemousse géant, un seul nous suffit par repas.

Sous la halle couverte, quelques petits stands de souvenirs locaux et surtout, des stands de nourriture tenus à nouveau par des asiatiques. Après tous ces efforts, rien ne vaut un gros bol de soupe vietnamienne avec des jus de fruits frais locaux. C'est la tradition. On s'assoit sur les bancs dans un coin et on déguste, en regardant la vie s'agiter devant nous.

Kourou et le centre spatial :

Pour s'y rendre, il a fallu se lever tôt, la visite guidée commençant à 8h du matin !

Vous allez donc croire qu'on n'a plus l'habitude de se lever ? Et bien pas du tout ! Kourou est située à 58 km de Cayenne mais le pont qui enjambe la rivière s'est fissuré il y a quelques jours, obligeant la population à faire un détour qui allonge le voyage de plus d'une heure et demie ! Cela permet de voir la forêt équatoriale, certes, mais ce n'est pas bien pratique pour ceux qui doivent aller travailler - d'où la grève et blocage des routes par les transporteurs. Robin s'est donc réveillé au son d'un « joyeux anniversaire » à 5 heures du matin. Lever du soleil dans la forêt amazonienne, assortie d'une autorisation de lire Alex Ryder jusqu'à l'arrivée au « port » spatial.

La visite de la base a duré 3 heures, nous étions une vingtaine de personnes avec deux guides qui nous ont emmenés dans un bus pour faire le tour de la zone dans les endroits autorisés. Imaginez vous, la superficie du centre est égale à la moitié de l'île de la Martinique ! On a vu les zones de lancement, les salles de commande, etc.

Robin et Hervé n'ont pas arrêté de poser des questions, tout était tellement fascinant ! Ariane 1-2-3-4-5, Soyouz et Vega n'ont donc plus de secrets pour nous.

Très intéressante cette visite de port... spatial. Ça change des ports... à bateaux ! Et ces similitudes avec l'esprit d'aventure, de découverte, de recherche. La conquête de l'espace après celle des océans. J'ai été fascinée par la simplicité de certaines idées. Les vaisseaux spatiaux sont certes très sophistiqués, mais je m'attendais à plus. Et je ne comprends toujours pas pourquoi tout coûte autant. Où passent tous ces milliards investis ? Le prix des pièces nécessaires à la construction de ces engins prend déjà l'ascenseur à la seule mention du fait qu'elle ira dans l'espace. Cela doit créer des étoiles dans les yeux des fournisseurs... Tout le monde se sucre au passage et ce sont les Etats qui trinquent. Pourtant, l'environnement marin est bien plus corrosif ! J'aimerais bien un peu plus de bon sens, de logique. Et que répondre à Julie lorsqu'elle me pose la question suivante : « Pourquoi dites-vous toujours que le sel détruit tout sur un bateau alors qu'on nous explique dans les livres d'école qu'il sert à conserver ? »

> À midi, petit tour dans la ville de Kourou pour se rafraîchir les idées avant la visite du musée de l'espace prévue pour l'après-midi. On a été découvrir la marina et trouvé une cabine de téléphone pour appeler la famille. Assez décevant comme ambiance. On aurait pu croire que la synergie du centre n'aurait apporté que du positif à cette ville. On ne ressent cependant qu'une grande parano, tout le monde étant enfermé chez soi, bien à l'abri derrière des grillages. On a plutôt l'impression de visiter une banlieue lointaine qu'une ville d'avant-garde aux yeux rivés sur les étoiles et la technologie.

> Notre petit tour d'horizon terminé, et suivant les conseils du club nautique, nous nous sommes rendus dans un petit restau situé dans le vieux bourg, spécialisé dans « la chasse » locale. Au menu : pakera, tatou ou pac... avec du cochon sauvage. Heureusement qu'il y avait un poster décrivant ces animaux pour bien comprendre ce que l'on allait déguster. Nous les avons tous essayés et c'était délicieux. D'un goût assez fort, avec pas mal de petits os. C'était d'ailleurs très surprenant de sucer la carapace à rayure d'un tatou ! Quel drôle de repas d'anniversaire pour Robin !

Carnaval et Touloulous

Hervé :

Le carnaval en Guyane est un peu différent des autres pays. Il commence après l'Epiphanie et continue jusqu'au week-end gras, soit environ mi-février. Il y a des défilés et des bals costumés chaque fin de semaine.

Un truc unique qu'on ne voit qu'en Guyane, ce sont les soirées touloulous. Les femmes se déguisent avec des robes à dentelles, des jupons et des loups : on ne doit plus voir un centimètre carré de peau et bien évidemment, le but du jeu est qu'on ne puisse pas les reconnaître. Certaines femmes changent même de robe durant la soirée pour brouiller encore plus les pistes.

La spécialité ? Ce sont les Touloulous qui invitent à danser les hommes qui, eux, ne sont pas déguisés.

À Cayenne, il y a deux universités (une université c'est un *dancing*...), le Polina pour les jeunes et le Nana pour les moins jeunes. On s'est donc lancé avec nos amis de Jangada, Barbara et Olivier, pour aller samedi soir à l'université de Polina. On arrive là-bas vers minuit, guidés par Arnaud, un français de métropole qui fête son premier carnaval. Il sait que sa femme est ici mais la reconnaîtra-t-il ? Les Touloulous commencent à arriver par groupes. Les costumes sont superbes, dignes du carnaval de Venise. Certaines tenues doivent représenter un sacré budget !

À l'intérieur de la grande salle, le groupe local « les Mécènes » joue de la musique de carnaval style lambada-salsa, fifres et tambour. Muriel va s'asseoir sur un banc dans les hauteurs. Etant une femme non déguisée, elle ne peut que regarder de loin et non participer.

C'est là que les choses se corsent. Les hommes attendent, comme des pommes sur un comptoir, sur les abords de la piste. Fin de la musique, les couples se séparent, les Touloulous reviennent faire leur marché. Un petit air espiègle derrière leur loup, elles s'approchent, jaugent les capacités dansatoires de leur futur cavalier, celui-ci est trop grand, celui-là trop vieux, celui-là trop blanc - il ne doit pas avoir le sens du rythme. Une fois leur choix arrêté, elles le prennent par la main et hop c'est parti, il ne peut pas refuser. Et la danse, ce n'est pas simple ! C'est le piké, une version spéciale très collé-serré, où seulement le bas du corps doit bouger.

Comme il ne faut pas mourir idiot, je me suis mis sur l'étalage des pommes et j'ai attendu qu'une Touloulou veuille bien m'inviter. Suspens.

Au final, je me suis fait inviter deux fois et je peux vous dire que ce n'est pas une danse facile. J'étais crispé, je bougeais trop les épaules, il a fallu que je tente de prendre le rythme, bref, c'est presque plus facile de traverser l'Atlantique en solitaire que de danser le piké !

Les Touloulous repèrent immédiatement les vrais pros, ceux qui sont capables de danser pendant 5 à 6 heures de suite. Ils ont souvent un mouchoir qui dépasse de leur poche et avec lequel ils se « sèchent » entre deux musiques. Bien évidemment, c'est la fournaise à l'intérieur du Polina.

À deux heures du mat, nous quittons ces lieux enfiévrés. Les Touloulous continuaient d'affluer, la salle commençait à être pleine à craquer, il devait y avoir au moins 3-4000 personnes. Les universitaires allaient continuer à danser toute la nuit…

Salut des îles du Salut

30 janvier

Nous voilà repartis. En sortant du fleuve, nous longeons le dragueur. Inlassablement, de jour et de nuit, il continue son éternel combat contre la vase. Il ressemble à un bateau-pompier, recrachant plus loin ces tonnes d'eau brunâtre.

De jour, il est vraiment impressionnant de naviguer dans cette eau saturée de sédiments. La ligne de démarcation se situe à environ 4 milles de la côte, sorte de frontière où l'eau redevient bleue après avoir passé par toutes les teintes de kakis. Et nous voilà sortis du courant. C'est fascinant.

Dans l'après-midi, nous arrivons aux fameuses îles du Salut, trois petits îlots d'où surgissent des milliers de palmiers. Comment imaginer le pire alors que vous approchez d'un semblant de paradis ? Nous sommes arrivés au bagne. Le vrai. Du bateau, c'est indétectable. Le mouillage n'est pas très confortable car la houle se fourvoie entre les passes, additionnée d'un courant fort et presque capricieux. On n'ose cependant pas faire les pénibles alors que pendant des années, même les gémissements des prisonniers étaient bannis. La gendarmerie maritime est venue nous accueillir et prendre nos coordonnées pour un contrôle. C'est tout. Et ils étaient sympas. À nous d'aller à terre maintenant. Pour la visite.

> On a commencé par l'île la plus poignante, Saint-Joseph. On y voit encore les vestiges des cellules surmontées de passerelles sur lesquelles les gardiens faisaient des rondes afin de surprendre les bagnards qui avaient interdiction formelle de faire du bruit, même avec leurs propres chaînes. La règle du silence absolu.
>
> Le lendemain, on a visité l'île Royale qui recensait jusqu'à la fermeture du bagne en 1947, outre des cellules disciplinaires, tout un quartier d'habitations à l'usage des surveillants et de leur famille, un hôpital, l'église, etc. Difficile de se rendre compte de l'horreur alors qu'on se promène dans un superbe paysage au milieu des ruines et bâtiments abandonnés, à l'affût des singes et des agoutis que l'on rencontre à la pelle. Ce qui m'a fait le plus peur sur cette île ? Qu'un d'entre nous soit blessé par la chute d'une noix de coco.

Les trois îles du Salut diminuent maintenant derrière notre sillage. Nous laissons derrière nous un superbe tableau verdoyant, des milliers de palmiers qui ont pris possession de ces terres, un petit paradis, autrefois enfer du bagne.

La Guyane est un pays qui devrait cependant figurer plus souvent dans les destinations des amoureux de la nature. Avec comme livre de chevet le fabuleux guide « Randonnées en Guyane, guide des loisirs et de l'éco-tourisme » de Philippe Boré. Trouvé chez les guides de Cayenne, ce bouquin est une pure merveille. Il contient plein d'idées de balades à faire dans le pays mais surtout plus de 200 infos-nature de la région qui nous permettent de combler avec plaisir nos lacunes de simple citadin. Les fourmis exfoliatrices n'auront bientôt plus de secret pour nous, tout comme les agoutis et les pacas. C'est le premier guide que les enfants s'arrachent; ce n'était jamais arrivé avant. Pour les aventuriers, ce même auteur a publié un guide du même genre pour le Suriname... future escale lors du prochain tour ?

Livre de bord

3 février 2010

17h : 223 milles en 24 heures ! C'est notre nouveau record. Grâce au courant équatorial.

L'Amérique Latine

Orénoque

Vie en tribu

10 février : Vénézuela - Fleuve Manamo - Tribu des Warao

Nous sommes au cœur de la forêt, dans l'énorme delta de l'Orénoque.

Kangaroo est accompagné de *Taoz* et *Teoula*. Nos bateaux sont heureux de se retrouver, bien ancrés l'un à côté de l'autre en biais, avec une amarre accrochée à la terre par l'arrière, tout à l'extrémité de l'îlot.

Pour l'instant, je vois nos enfants se baigner et sauter depuis l'avant de *Teoula*. L'eau est... toujours brune. Au début, ça gênait les autres qui se sont faits quelques semaines d'eau turquoise incroyable. Mais nous, on a l'habitude...

Souvent, nous avons des visiteurs. Les indiens Warao prennent leur pirogue et viennent nous accoster. Ils s'agrippent à nos coques et nous regardent. Je ne sais pas ce qu'il se passe au village, mais en tout cas il y a une pause. Peut-être l'heure de la sieste dans les hamacs ? Au début, on troquait. Surtout des habits, de préférence des jupes, contre des sacs en pailles, des colliers, des bracelets. Et après on ne comprenait pas pourquoi ils restaient si longtemps. Il nous a fallu un moment pour comprendre qu'ils faisaient du tourisme ! Comme nous bien sûr ! Ils nous regardaient vivre. C'est donnant-donnant. Comme le troc. Et c'est trop mignon de voir ces visages passer à travers le hublot et rigoler à la vue de nos cabines, nos matelas, nos salles de bain, avec toute la famille qui fait ses commentaires.

Les Waraos vivent dans des maisons construites sur des pilotis. Un ponton en bois fait office de rue principale et relie les habitations entre elles. Toit en feuilles de palmier, ouvertures aux 4 vents. Ils dorment dans des hamacs et leurs affaires sont empaquetées dans de grands paniers très aérés. Parfois, le village ne compte qu'une famille. Toutes les générations sont rassemblées sous le même toit et les bébés n'ont pas de prénom. Les parents semblent attendre 2 ans pour leur en donner un. On a visité une école presque neuve, toute en bois également, avec des caillebotis en guise de fenêtres. Les deux profs étaient si sympathiques qu'on les a invités à bord. Pas facile pour eux de faire l'école aux indigènes. Déjà, ils ne parlent pas la même langue. Sur les deux classes (une pour les grands et l'autre pour les petits), seul un élève de 12 ans arrive maintenant à lire. Pour les attirer en classe, le gouvernement prévoit le repas gratuit. C'est pour cela que beaucoup viennent, mais pas tous.

Robin était un peu fâché au début. À cause du bruit d'un groupe électrogène qui fait fonctionner, devinez quoi ? La télé et le congélateur ! Mais comment est-ce possible qu'ils aient une télé ? La réponse est politique. C'est le gouvernement Chavez qui les fournit car c'est le meilleur moyen de faire passer la propagande. Par contre, comme il n'y a pas de réseau, ils regardent des DVD. Robin est triste de voir encore un peuple primitif qui va se plier à la société de consommation. Moi, je comprends enfin pourquoi elles ont tellement envie de fringues !

Un gars de la région nous a emmenés en pirogue à travers la jungle. Un singe a été aperçu ce matin à l'aube et la nuit précédente ; après plus d'une heure de rame, on a trouvé un petit crocodile. Le ciel est quelquefois traversé par des ibis rose-fluo et les toucans sont vraiment impressionnants avec leur bec crochu.

Une semaine d'immersion inoubliable, avec une vue et une vie bien différentes de nos habitudes.

Nos hublots de coques sont comme des tableaux accrochés aux murs de chez vous. Les motifs variant jour après jour. C'est à chaque fois la fête, le matin, de se réveiller en découvrant un nouveau paysage ou un autre point de vue.

La toile est normalement composée d'eau plus ou moins salée, variant entre le bleu, le turquoise, le vert ou même le brun, et plus loin des côtes, des parois rocheuses, une plage de sable ou de cailloux, avec peut-être beaucoup d'arbres ou des palmiers, un port avec ses pontons ou un quai, ou l'immensité de la mer.

Sur le fleuve Manamo, c'était très différent. Là, nous avions un jardin. Au gré du courant, des paquets de jacinthes se baladaient le long du cours d'eau. Spectacle incessant qui venait s'agripper à nos ancres, nos coques, créant autour de nous une île de verdure, une banquise fleurie. Julie, la plus légère du bord, a même réussi à se coucher dessus !

Ajoutez-y des visites de dauphins roses… et le tour est joué ! Pourrons-nous un jour trouver mieux ailleurs ? En plus, adultes et enfants sont aux anges car le rendez-vous a bien fonctionné. Au Sénégal, on s'était dit qu'on se retrouverait par ici avec les *Taoz* et les *Teoula*. Et nous y voilà ! Alors, nous aussi, on se sent un peu « tribu ».

Vous l'aurez compris toutefois. Mêmes ces tribus sont victimes de notre société. Télévisions, machines à laver, habits. Ils ont soif de notre mode de vie. Les pieds dans la boue et la tête dans le consumérisme. À cause des vidéos, de leur président, de nos visites. La tête me tourne. Ils veulent davantage. Ils envient notre fonctionnement. Ils veulent plus ! Alors que chez nous, une vague de « moins » se soulève. Moins consommer, moins jeter, moins polluer, moins travailler, afin de reconquérir sa vie, son bonheur, sa liberté. Où se situe le juste équilibre ?

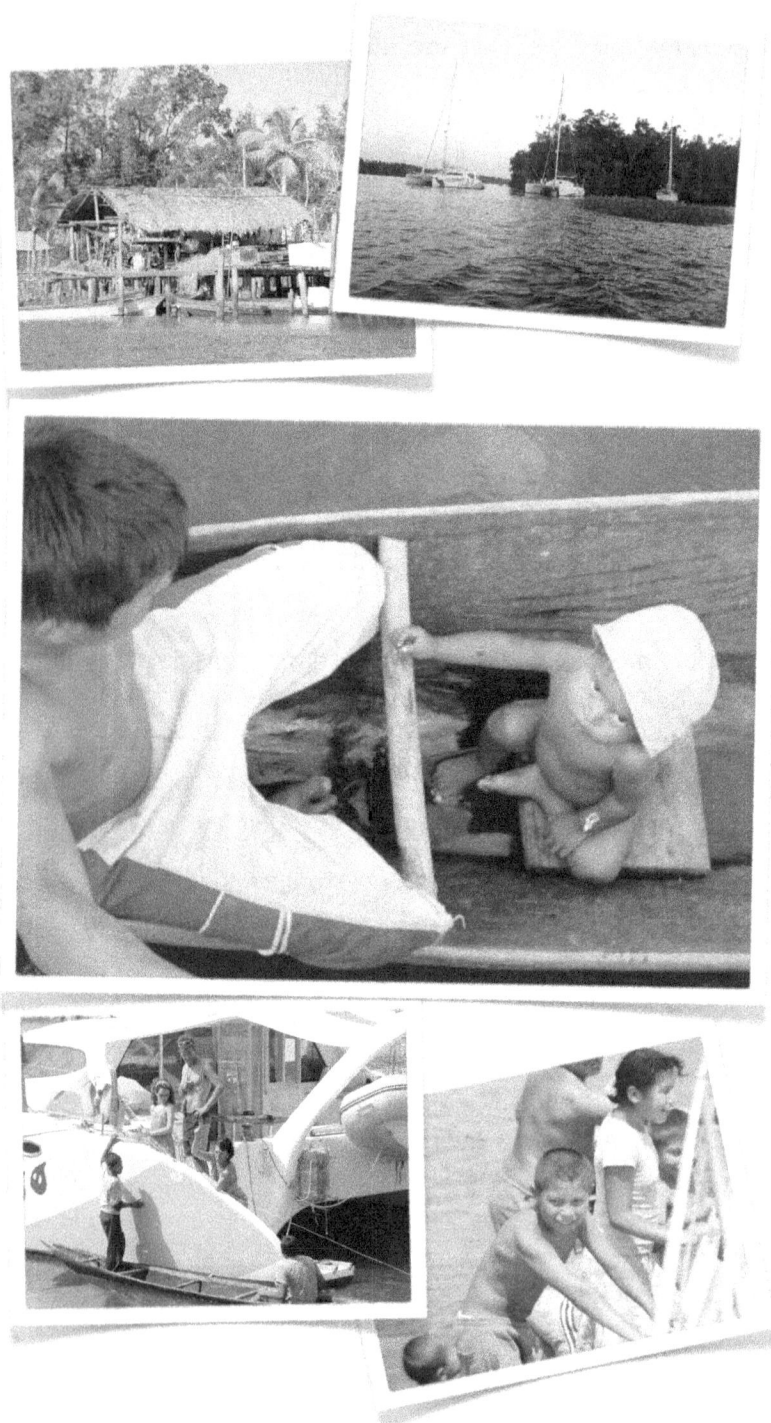

LE SILLAGE DES FAVRE EN MER – *KANGAROO*

MURIEL ANDREY FAVRE

Trinidad et Tobago

Le carnaval de Trinidad

Nous avons osé… et dans ce verbe, il y a beaucoup de peur et d'angoisse parmi les navigateurs. Va-t-on se faire attaquer ? N'est-ce pas trop dangereux ? Allons nous enfin aborder le thème des pirates ?

Il en est de même pour la suite du programme. Impossible de se mettre d'accord. Il y a les bateaux qui parlent de tenter les îles vénézueliennes en flottille, mais qui tremblent, question sécurité. Ceux qui vont partir au nord. Ceux qui reviennent avec des coupures de journaux relatant les faits divers et attaques dans la zone. C'est quelquefois impressionnant. Il faut reconnaître que chaque jour, dans le journal, on découvre des meurtres à la machette. On dirait que beaucoup de conflits se résolvent par la violence sur cette île, même en famille.

Nous sommes mouillés dans la baie de Chaguaramas, bien connue des marins pour ses nombreux chantiers à terre. Certains d'entre nous y sont déjà d'ailleurs, à sec, et ont commencé leurs travaux divers de carénage, entretien, etc. L'endroit est parfait, tous les corps de métiers sont présents. Nous en sommes cependant plutôt à la phase organisation, devis, planification, puisque pour nous le chantier va être malheureusement assez important. Cela fait bientôt 18 mois que le bateau navigue à fond. Il a besoin d'un sérieux check-up !

La zone est entourée de barbelés et de gardes. On peut vivre ici sans se frotter à la population locale. Cela contribue certainement à ce climat tendu. Pour ne pas prendre de risques, il faut se fier aux consignes de la population et ne pas être au mauvais endroit à la mauvaise heure.

Dans le ciel, des dirigeables de la Police font des tours en permanence. De là-haut, ils voient et filment tout. Ils sont bien moins bruyants que les hélicoptères, mais je doute que les criminels en soient inquiétés… ils sont tellement gros et visibles ! C'est peut-être un bon concept mais qui manque de discrétion. Après tout, pourquoi penser aux agressions, aux travaux, alors que l'ambiance est à la fête ? À nous le carnaval !

> Nous étions un peu inquiets d'aller nous immerger dans la foule avec nos enfants, sûrement en raison de la réputation du

carnaval de Rio. C'est vrai que lorsque l'on est descendus du bus à Port of Spain, le lundi matin, l'ambiance était glauquissime ! Arrivés un peu trop tôt, le spectacle résidait plutôt dans les vestiges de la fête de la nuit précédente. Ces jours de carnaval sont un vrai marathon, un effort surhumain. Les gars enchaînent fêtes sur fêtes, dont certaines portent bien leur nom du genre INSOMNIA. Vive le Red Bull !

Sur le trottoir, des gars affalés, des nanas en string à paillettes, des corps enduits de peinture de toutes les couleurs, des gros seins bien mis en valeur. On a beau dire, mais on devait être drôles à voir, nos 5 familles « modèle » plus le copain Yaya, tous bien vêtus, à se donner la main pour se rassurer. Et que dire à nos enfants, quelles explications sur cette déchéance ? En tout cas, à ce moment précis, nos jeunes n'étaient pas impressionnés favorablement par ce fameux carnaval !

Mais petit à petit, le décor a changé. Il n'y a pas d'horaires. Le défilé va commencer, mais quand ? Pas d'organisation non plus ! Dans quel sens partira le cortège ? Ça dépend des années, on verra ! Une myriade de fêtes successives ou improvisées, d'année en année.

À force de tourniquer, on s'est retrouvés dans la bonne rue. On a commencé à voir de beaux costumes, des *steel-band* ou de la musique plus moderne.

Les *steel-band* sont des groupes de musique qui jouent du *steel-drum* ou *stell-pan*. C'est un tambour d'acier, originaire de Trinidad et Tobago. Pendant la colonisation britannique, les autochtones avaient l'interdiction de jouer du tambour avec des instruments rythmiques africains. Les gens défavorisés ont donc récupéré de vieux bidons à pétrole vides et créé cet instrument. Sa tonalité est si typique qu'il fait maintenant penser immédiatement au sable et au soleil des Caraïbes !

Les gens dansaient à fond sur la musique volume maximum, mais pour les costumes, ce n'était pas encore au point. Aucun déguisement, à part des t-shirts assortis : l'explication ? Le lundi est le jour où l'on exhibe à la fois le plus beau char et son costume inédit. Les accompagnants ne mettent pas encore leur parure, elle ne va durer que le temps du vrai carnaval, soit le mardi gras.

Retour au bateau dans un maxi-taxi, dans lequel il y avait un panneau insolite à l'intérieur. C'était écrit : Ne pas... fumer, manger, boire, dire des gros mots ou faire l'amour ! Cela nous a bien fait rire ! Il y avait aussi deux hôtesses de l'air super tristes. Vous savez pourquoi ? C'étaient des reines de la fête, et vu la désorganisation totale, elles n'avaient jamais pu retrouver leur costume qu'elles avaient pourtant vu prêt, assemblé, prêt à être enfilé. Pas de costume, donc pas de passage devant les juges. Des heures et beaucoup d'argent investi pour rien. Elles en avaient les larmes aux yeux. C'était leur 17e participation et elles avaient même gagné un prix en argent l'année précédente. Triste réalité, et pour elles, immense déception.

Au niveau financier, ce carnaval est devenu très commercial. Vous me direz : qu'est-ce qui n'est plus commercial aujourd'hui ? Donc, il faut faire avec; des pubs partout, partout !

Beaucoup de touristes viennent vivre ce moment. Ils payent environ 400 US$ et sont alors rattachés à un char. On leur fournit le t-shirt du premier jour, un costume à paillettes pour le lendemain. Tous ces habits semblables forment une homogénéité chatoyante très agréable à l'œil. Mais surtout grâce à leur costume, ils ont accès illimité au camion BAR, celui qui vous donne de l'énergie grâce au rhum-coca, au gin, à la bière Caribe, etc. (et le camion toilettes qui suit derrière !) Pas étonnant qu'ils arrivent à danser pendant des heures !

Mardi, nous aussi on a pris quelques forces ! Au coin de French street, on s'est vraiment éclatés ! En haut d'un muret duquel on avait une belle vue d'ensemble, on a tous bien dansé, on s'est donné à fond ! Les enfants couraient à droite et à gauche pour trouver de fausses pierres précieuses tombées des costumes, puis récolter des bouts de parures, des bracelets, des colliers. On a pu ainsi tous se déguiser en recyclant ces trésors. Quelle ambiance magique... Danser en plein jour au milieu de toute cette foule euphorique, c'était vraiment un Carnaval inoubliable !

Tobago et le gâteau

J'appelle ça : mon activité créatrice annuelle. J'étais heureuse que Julie me dise : « pour mes dix ans, tu me fais un gâteau surprise ? ». *(Il y a encore de l'enfance en elle, Robin la grande perche, quant à lui, préfère le gâteau Lolo au chocolat)*

Selon les plans initiaux, qui changent heureusement au gré des envies et des rencontres, Julie aurait dû passer son anniversaire dans le chantier à Trinidad.

- Vous vous rendez compte, passer mes 10 ans dans un chantier toute seule, sans copains, y sont pas cools mes parents !
On avait beau lui dire que ce serait une journée spéciale… elle n'était pas contente. Heureusement, l'entente était si bonne entre les bateaux-copains que les plans se sont modifiés. Nous voilà à Tobago, tous réunis au même mouillage.

Jamais je n'ai concocté un gâteau d'anniversaire dans une cuisine avec une vue si sublime ! Une mer turquoise à 360 tout autour. Mais que j'ai chaud !!! Tellement chaud !!! Pour le sucre glace également, ce n'est pas facile de bosser dans ces conditions ! Voilà le travail : un gâteau jaune en forme d'annexe (petit clin d'œil pour les invités puisque nous avons tous la même annexe jaune) et un magnifique sourire de ma fille découvrant la « création » ! Je suis comblée.

Tobago n'est pas très éloignée de Trinidad. D'ailleurs, ici, on dit à l'anglaise « T and T ». 15 minutes en avion, ce n'est qu'à 55 milles de Port of Spain, mais vu le vent dans le nez, le courant de 3 nœuds contraire et l'état de la mer, on a juste mis… 26 heures pour y arriver ! Par la suite, on a appris que les gens d'ici ne se lançaient jamais de la sorte pour rejoindre l'île. Ils longeaient la côte au moteur jusqu'à un certain point puis traversaient… Bien plus rapide… Nous aurons à nouveau appris quelque chose, c'est quelquefois dommage d'être aussi têtu mais… ça crée des souvenirs et de belles photos.

« Ambiance année sabbatique ». On vous explique le concept ? On fait la grève de tout. Marre du rangement, du bricolage, des corvées, du nettoyage (car on a été victimes d'une marée noire au mouillage de Port-of Spain… burp tout a été touché… nos coques, nos amarres et surtout nos annexes, une vrai calamité ce pétrole). Les enfants ne sont pas au courant car ils font l'école le matin. L'endroit est superbe. Nous sommes mouillés juste à la lisière de la réserve naturelle. Tout le monde y trouve son compte. Les hommes font du kitesurf ; moi, j'entraîne mes deux copines dans des balades-discussions-salutations au soleil ; on se fait des soirées pizzas au restaurant… nous avons élu cette pizzeria la meilleure de tout l'Atlantique ! ; on joue au volley, on bronze, on construit des châteaux de sable.

Le premier jour, on a loué un gros bus pour visiter la côte au vent jusqu'au nord de l'île. L'arrêt *clearance* a pris pas mal de temps. C'est une corvée de faire à chaque fois tous ces papiers, la douane, l'immigration, se faire tirer les oreilles par un fonctionnaire qui n'a jamais mis les pieds sur un voilier et qui ne veut pas comprendre que « mouiller où il veut – en l'occurrence à l'est de l'île devant son bureau » ce n'est pas toujours possible… On voit bien qu'il n'a jamais mis 26 heures à tirer des bords pour arriver à Tobago !

Après ces formalités ennuyeuses mais nécessaires, on s'est bien amusés dans de magnifiques chutes d'eau – de l'eau douce en quantité sans avoir à fermer le robinet, un vrai bonheur pour des marins ! C'est un peu comme la Dominique finalement, toutes ces collines, ces cascades, cette verdure. Très vivifiant. La route grimpe et serpente. A chaque virage, on voit la mer.

Au retour, nous avons fêté l'anniversaire de Julie, avec un peu d'avance, car les copains de *Teoula* nous quittaient pour suivre leur périple différent du nôtre. C'était donc barbecue nocturne sur la plage avec au dessert mon « annexe jaune », très réussie !

Les adieux sont difficiles.

Kangaroo et *Taoz* ont caboté encore quelques jours ensemble le long de la côte de Tobago. C'est mieux d'échelonner les vides créés par les séparations. Arrêt mouillage à Englishman Bay, virées en annexes, premières expériences de chasse sous-marine pour Robin et Hervé. À

Parlatuvier, une autre rivière nous a retenus une journée entière. On aime le luxe de l'eau fraîche et douce et toute cette ambiance verte.

Finalement, nous avons atteint à nouveau Charlotteville, découverte en voiture quelques jours avant. Je suis fascinée par le fonctionnement de ce village. Tout le monde est dehors, les jeunes, les anciens. Des bancs partout, rarement vides. L'école est en plein milieu. Les pêcheurs également. Bistro et pompe à essence. Tout se mélange, tout vit. On s'achète un requin. Une sorte de paradis !

> C'est le 29 février au soir que Julie a enfin pu recevoir, pour ses 10 ans et selon notre tradition familiale, son fameux couteau suisse ! Etant née le 1e mars et avec le décalage horaire, nous étions dans les temps ! Bravo à elle d'avoir attendu si longtemps. Deux ans qu'elle lorgne celui de son frère. Le célèbre canif tant convoité, choisi avec Hervé lors de notre dernier séjour en Suisse en septembre, gravé à son nom, était soigneusement emballé et caché dans la poche de notre *Kangaroo* !
>
> Une dernière soirée avec les *Taoz*, avec du gâteau LOLO. Eh oui, Julie aussi l'adore. Quand je vous dis que c'est un must, sur *Kangaroo* !!!
>
> C'est bizarre de se remettre à naviguer tout seuls… On a levé l'ancre ce matin, bien avant le lever du soleil. Il était 4 heures et demie. Un dernier adieu à la VHF, les feux de route de *Taoz* disparaissent à l'horizon, un mois que nous étions ensemble : l'Orénoque, le carnaval de Trinidad, Tobago, sans compter le Sénégal. Cela laisse des traces, certainement indélébiles, de même que des souvenirs, des moments d'émotion intense, le tout renforcé par une solide amitié.
>
> Les dauphins sont venus nombreux nous montrer le chemin pour retourner sur Trinidad. Ça va être l'affaire de quelques heures. On est au portant cette fois avec 3 nœuds de courant avec nous, soit un différentiel de 6 nœuds par rapport à l'aller et même bien plus, vu qu'on ne tire pas des bords ! *Kangaroo* va sortir de l'eau lundi matin. Il faut qu'on refasse à nouveau

l'antifouling, posé à moitié au Sénégal, plus tous les travaux qu'on n'a jamais pu mettre en route vu le manque d'organisation africaine !

Demain, on a rendez-vous à l'ambassade des Etats-Unis pour que les enfants passent une interview. Pas de visa, pas de retour en Suisse puisque nous faisons escale à Miami. On va se plier aux formalités, mais de très mauvaise grâce. Je vous laisse imaginer toute la paperasse et les formulaires qu'on a dû remplir avant d'arriver à l'étape de demain. C'est un petit coucou aussi pour l'une de mes fidèles lectrices, Michèle, qui réceptionne les demandes de passeports dans notre commune. J'aurais mieux fait de lui commander directement le biométrique accepté sans formalités aux USA, n'est-ce pas ?

Mais pourquoi à nouveau un retour en Suisse, alors qu'il y a 6 mois nous y étions déjà ? Simple question de calcul financier et de planning. Puisqu'il nous fallait absolument quitter le bateau pendant les travaux planifiés et dormir à l'hôtel, nous avons réalisé, compte tenu du nombre de jours concernés, qu'il était plus avantageux de revenir au bercail et voir notre famille au lieu de rester à traîner sans rien faire autour du bateau.

Plus tard, on prendra la direction du canal de Panama pour basculer dans l'autre dimension...

Et il ne sera plus question de prendre l'avion.

Cette année nous fêterons Noël à Pâques, et peut-être même pourrons nous faire du ski ? C'est vrai, la neige manque énormément à certains membres de l'équipage ! Décidemment, grosse lacune de ce voyage.

Pour la valise, ce sera très simple. Je pense qu'on va tout mettre sur nous ! Les enfants ont tellement grandi depuis notre départ qu'ils n'avaient plus une paire de chaussures et de pantalons à leur taille dans l'armoire ! Nous avons dû aller exprès au centre commercial – c'est fou comme il y a toujours des grandes surface partout – faire quelques emplettes...

Les amis, on compte sur vous pour nous habiller dès l'arrivée !

Note : gâteau Lolo

À force d'en parler tout le temps, je vous donne quand même la recette :

100 g de beurre + 100 g de chocolat noir à faire fondre dans la casserole puis incorporer 150 g de sucre, 50 g de farine et 3 œufs.

Bien mélanger et verser dans un plat qui ira au four pendant 15 minutes à 200 degrés.

C'est aussi simple que cela et ça n'utilise que très peu de gaz… Parfait, non ?

Naturellement, sur *Kangaroo*, on double la recette à chaque coup ! Et si vous n'avez pas de copain qui se surnomme Lolo, vous pourrez le rebaptiser le Choco-Kangaroo !

Pause suisse

C'était mal choisir le titre.

Comment faire une pause de trois semaines quand on se retrouve subitement au milieu de tant de gens qui nous ont manqué ?

J'en ai pleinement profité.

Un après-midi, je me suis même retrouvée – sans trop réfléchir – à suivre ma belle-sœur Ariane dans une via ferrata. Pas de problème a-t-elle dit. J'ai pourtant eu peur. Ma vie accrochée à ce harnais. Ce vide là en bas et aucune échappatoire possible. J'ai surmonté l'épreuve et j'en suis fière. Traverser l'Atlantique me semble bien moins impressionnant !

Contente aussi d'avoir mis mes skis de fond, un jour, même s'il ne faisait pas beau. Je maintiens mon entêtement à ne plus vouloir participer pour le moment à cette folie du ski alpin. Dans la discipline du fond ou de la randonnée, l'homme va à son rythme. Il profite de la nature et revient avec cette impression magnifique d'avoir accompli quelque chose.

À l'aéroport, j'ai acheté la revue suisse, PME. En couverture, posait un énorme kangourou ! Le titre était « Prêt à rebondir après la crise ? » Nous, nous faisons des bonds pendant ce temps ! Dans le magazine, des articles sur beaucoup de personnes qui ont réussi. Mais aussi une phrase qui amène une réflexion : « Pour moi, le luxe serait de partir une année autour du monde sur un catamaran ». Quelle coïncidence ! C'est exactement ce que l'on est en train de vivre ! Et qu'est-ce qu'il attend, le Monsieur, pour sauter le pas ? Nous, le pas, on l'a sauté à pieds joints et on est encore en plein dedans. Et en plus, on est également devenu millionnaires… enfin « time millionaires », millionnaires en temps !

Pendant ce séjour, j'ai eu un gros choc. A 42 ans, l'un de nos amis venait d'avoir deux crises cardiaques. Avec l'embolie pulmonaire d'une amie il y a quelques mois, cela rallonge la liste des ennuis de santé qui arrivent sans crier gare, déjà à nos âges. J'ai beau me dire que l'un de mes prochains projets sera la mise en place d'une maison de retraite autogérée entre copains, s'il n'y a plus personne pour participer, ça ne vaudra pas la peine ! Donc si vous avez des rêves, faites qu'ils se réalisent. Sans trop attendre !

Coucher de soleil sur l'aile de l'avion. Sur *Kangaroo*, ce serait l'heure de « l'apéro » avec une petite partie de cartes ou un jeu en famille. Là, ce n'est vraiment pas possible. On est disséminés dans l'avion. Heureusement, un monsieur m'a cédé sa place et je suis assise à côté de Julie ; en fait, je lui sers de coussin. Je vois la tête de Robin… il est si grand maintenant. Peut-être qu'il doit vivre l'un de ses premiers émois ? Il est assis à côté d'une énorme américaine qui déborde de son siège. Ah… toute cette chair près de lui. Mieux vaut peut-être qu'il continue à se réfugier dans son jeu vidéo… !

Tiens, mais quelle est cette île ? La République Dominicaine ? Coucou, les bato-copains, vous êtes déjà là-bas ???

Frénésie de voyages. Est-ce génétique ? Transmissible ? Dans ma chambre, les cartes géographiques punaisées aux murs me faisaient déjà rêver. Mes grands-parents avaient la chance de posséder une voiture, ils faisaient de grandes virées à travers l'Europe. Ma maman passait son temps au volant de son véhicule pour son travail de représentante (en chocolat suisse, en habits de sports, en carrelages) à travers la Suisse, l'Italie, la France… et mettait tous ses sous de côté pour voyager. Mon père se faisait appeler directement par l'agence et dès qu'il y avait une bonne combine, il était partant pour découvrir d'autres horizons ; internet et les *last minute* n'existaient pas, à l'époque ! Et notre Denis qui ne peut pas rester en place plus de deux jours consécutifs ! On doit être des nomades dans l'âme et dans le sang, comme certains sont agriculteurs !

On va retrouver notre bateau, notre maison, notre refuge-flottant. Notre villa avec piscine et vue sur la mer. La coque de noix qui nous fait voyager. Notre bolide qui saute par-dessus les océans. J'espère qu'il va bien, *Kangaroo*. Prêt pour de nouvelles destinations ? Pour un nouveau sillage ?

Le chantier de Chaguaramas (Trinidad)

17 avril

Kangaroo est à l'eau !!! On va repartir !!!

Bon, j'écris cela en mode « heureux », même si j'ai encore l'estomac noué par les montants qui ont été débités de nos cartes de crédit ! Du délire ce que ça coûte. Il est vrai que vivre à bord du bateau ne nous revient pas cher du tout. Bien moins de frais fixes qu'à terre, pas trop d'habits, pas de tentations permanentes... Par contre, le poste « entretien » est toujours important. Et c'est sur chaque bateau pareil. Le maître mot dans tout cela est qu'il faut rester simple dans l'équipement. D'où cette citation d'Hervé « Plus tu as de gadgets, plus tu le regrettes ».

Au chapitre des améliorations, un deuxième pilote automatique pour être sûrs de ne pas barrer jour et nuit pendant 3 semaines dans le Pacifique, des magnifiques mains-courantes en bois pour se tenir dans les escaliers, une nouvelle étagère pour la chambre arrière, des postes de barre tout refaits à neuf et un socle de toilettes super design.

Au chapitre des réparations ou de l'entretien, la liste est considérable:
- Les moteurs : puisqu'ils nous causaient du souci depuis notre première traversée, nous avons pris le taureau par les cornes et une grue est venue les extraire de leurs cales... pour qu'ils soient entièrement sablés, repeints, bref... complètement remis à neuf. Des heures pour les sortir et des heures pour les reposer... c'est sûr, pour un prochain bateau, on analysera la grandeur des cales et testerons à l'avance leur étanchéité !

- Les réservoirs : sur *Kangaroo*, les réservoirs étaient intégrés dans la coque, mais malheureusement la peinture de fond des réservoirs, conçue spécialement à cet effet, se dissolvait dans le gasoil… Sans commentaires. C'est en raison de ce problème qu'il nous a fallu sortir du bateau pendant un certain temps, car c'était un très gros chantier de devoir réouvrir tous les réservoirs pour les repeindre à nouveau…

Sinon, on a réussi à faire le reste nous-mêmes. Il y avait par exemple :

- Les anodes : c'est fou le pouvoir du sel sur un bateau. Il bouffe tout. Prenez une anode par exemple. C'est une pièce qui s'enfile devant l'hélice du moteur pour le protéger de la corrosion. Impressionnant la différence entre la neuve et l'ancienne – qui n'a qu'une année et demie ! À nouveau, sur le papier, ça prend juste quelques minutes pour effectuer le changement… Dans la réalité, c'est quelques heures… d'ailleurs, on a rencontré quelques voiliers qui ont eu la mésaventure de perdre leur hélice… Comment est-ce possible quand on voit la difficulté que l'on a eu à enlever les nôtres ?
- Les toilettes : ces WC Vetus électriques étaient une vraie fumisterie. Les pièces rouillent dès le premier mois, le plastique jaunit et se casse, les tuyaux se bouchent, le système se grippe. On est revenus au modèle à l'ancienne, de chez Lavac. Il fonctionne nettement mieux et vous permet de faire de la musculation pendant que vous pompez ! On l'a testé à bâbord lors de notre troisième transat et on en est très content. On a donc installé le même chez les enfants. Mais non, ce n'est pas Hervé qui fait ces commentaires. J'ai bien le droit aussi de vous faire un petit topo technique, non ?
- L'antifouling : bon, ça c'est la base… mais bien plus facile lorsque le bateau est tranquillement posé sur des plots… pas de problème de marée, etc.

Le frigo a été mis sur « off » étant donné que son système de refroidissement ne fonctionne qu'à l'eau de mer. Alors, chaque matin, l'un des enfants s'en allait avec ses 8 TT (la devise de l'île, les dollars de Trinidad et Tobago) pour revenir avec un gros sac plein de glaçons. Ça marche très bien ce système, et ça nous a permis de nous faire de bonnes boissons fraîches ! Café glacé, jus d'orange revigorant. Il nous faut boire des litres et des litres avec ces 40 degrés à l'ombre et notre programme d'enfer !

On déguste notre dernier *smoothie* au café du coin. La *clearance* pour sortir du pays n'a pas été de la tarte non plus. Le nombre de fois qu'Hervé a dû se rendre à l'immigration est hallucinant. Et c'est le seul pays visité jusqu'à maintenant qui veut voir l'équipage en entier et correctement vêtu à chaque reprise ! Quatre copies par ici, 3 par là. Heureusement qu'il y a le bon vieux papier carbone pour ne pas devenir fou ! Les enfants ont bien ri en voyant cette invention d'un autre siècle !

En face de moi, je vois la colline. Elle est toute brune maintenant. Trois jours durant, nuit et jour, elle a été en flammes. Et personne pour combattre ce feu. « Voyez-vous, ça ne sert à rien ». Quelle nonchalance ! On a bien vu un hélicoptère traînant un seau géant rempli d'eau, mais c'était juste pour que la télévision le filme. Bref, petit à petit les feux se sont rapprochés de la route encerclant le chantier. La nuit, sans vent, c'était vraiment difficile car l'air était presque irrespirable. Maintenant tout est brun. Il a plu, mais un peu tard…

Ce soir, c'est plat de pâtes avec nos voisins du bateau *Damm Dour*. L'équipage n'est malheureusement pas au complet car le skipper n'a pas réussi à se battre contre le « crabe » qu'il avait emporté avec lui en voyage sans le savoir. Il est décédé du cancer au mois de janvier. Des histoires comme celle-ci font vraiment cogiter. Sa femme se retrouve seule et sans projet, alors qu'elle a juste la cinquantaine. Ils avaient tout vendu pour partir : maison, voiture, etc. Leur fils a pris 3 mois sabbatiques pour l'aider à ramener le bateau en France avec un skipper. Dur dur la vie. Je vous le dis : il faut profiter tant qu'on est là.

Et maintenant, êtes-vous prêts pour les eaux bleues ?

Cap à l'ouest

Los Roques

19 avril 2010

Cap à l'ouest ! Ça y est enfin. On a le soleil droit devant nous. Il est 17 heures. Les lumières sont sublimes. C'est l'heure où il faudrait prendre des photos. Hervé est à la barre, tout bronzé. Julie vient de sortir… pour prendre l'air. Il faut toujours se réhabituer au mouvement du bateau sur les vagues. Et les enfants ne choisissent pas la voie facile. Ils restent à l'intérieur, livre en main, affalés sur le canapé, jusqu'à ce que la nausée arrive ! Va-t-elle vomir, la coquine, sur ce trajet de 300 milles ? Les paris sont pris. Je lui propose comme chaque fois un petit Stugeron…

- Mais non, maman, ça ira !!!

Nous devrions atteindre l'archipel de Los Roques dans 36 heures. Eaux de carte postale, dignes des plus belles brochures, la 5e barrière de corail au monde, du bonheur en perspective.

Devant nous, un monstre déguisé en requin nous coupe la route.

- 36 nœuds de vitesse, tu te rends compte ? me dit Hervé.

Pratique cet AIS (Automatic Identification System) qui nous permet de connaître le nom du bateau, sa destination, sa vitesse… et l'âge du capitaine ?

Mais c'est quoi ce mouvement maintenant ? Ah, c'est Julie à la barre. C'est vrai qu'en grandissant, et avec des lunettes sur son petit nez, elle a du plaisir à barrer… Son papa lui explique :

-Tu vois tout droit ? C'est la pointe ouest du Venezuela. Incroyable comme ces deux pays sont proches, non ? C'est pour cela qu'il y a des pirates et qu'il faut passer vite. Cette nuit, nous n'allumerons d'ailleurs pas les feux de navigation afin de passer inaperçus. Bon, faut pas trop s'inquiéter quand même. Pour le moment, tu laisses le Venezuela à bâbord et tu vas tout droit. En attendant, je vais écrire dans le journal de bord.

Elle ne va pas très droit mais c'est pas bien grave. Je pourrais la regarder pendant des heures, les cheveux emmêlés, boucles au vent, donner des coups pour rétablir la barre en tirant la langue ! Le temps passe trop vite. Robin se penche vers moi :

- C'est où que l'on enclenche le deuxième pilote automatique ?

Mon grand. Quand on est partis, tu étais encore un enfant. Maintenant, tu me dépasses en hauteur et en force et tu t'intéresses à tout ! La mer te va si bien. Tu as bien compris qu'à part l'école, il y a avait tant de découvertes à faire en faisant ce voyage, sublime cadeau pour nous quatre.

20 avril 2010 : en navigation

Alors là, c'est parfait. *Kangaroo* avance à 7-8 nœuds. Le soleil est passé devant et tout le cockpit est à l'ombre. Une température idéale. Et puis, tout le monde est calme. Chacun a trouvé un coin tranquille où lire et rêvasser. Le rythme de nos mouvements est lent, imposé par la chaleur et le roulis du bateau. Nous prenons notre temps, chose qui n'arrive pas si souvent à terre. Une deuxième nuit en mer et nous serons déjà arrivés. À peine le temps de trouver un rythme, finalement. Presque trop court. C'est ainsi que j'imaginais notre première traversée de l'Atlantique.

Je m'assieds sur le flanc du bateau et médite en regardant tout ce bleu. Pourquoi suis-je si bien ici et maintenant ? J'apprécie l'instant présent, car en mer, ce sont les éléments qui décident. Le vent, l'eau et ses vagues. Parfois c'est même pénible, on n'en voit pas la fin. Je supplie pour que ça s'arrête... Grâce à ces moments difficiles, heureusement rares, on ressent encore plus intensément le bonheur et la douceur de vivre.

21 avril 2010

À quelques heures de l'arrivée à Los Roques, l'impatience se réveille. Plus que 15 milles et le vent est toujours faible. Avec de la chance, nous arriverons au coucher du soleil. Julie joue avec un paquet de cartes. Robin lit.

Moi, je suis heureuse. Heureuse de savoir que Los Roques sera - et pour un bon moment - une des dernières escales pour laquelle je n'aurai pas l'émoi de la découverte.

Je les entends déjà me dire :

- Alors, Muriel, ce n'est plus comme à l'époque ?

Ce qui me plaît, c'est qu'ils ne s'imaginent pas à quel point ça va être beau. J'espère bien sûr en secret que ça n'a pas trop changé. Les rues seront-elles encore faites de sable fin ? La Polar (nom de la bière locale), au café tout rose de la Grand-Place, aura-t-elle toujours le même goût ?

Après un petit problème de santé, je vais mieux ! Il m'est arrivé un drôle de truc ! Un abcès très mal situé (juste dans le pli de la fesse gauche !) se résorbe doucement. J'étais inquiète de me diriger vers une clinique de Trinidad pour ce problème un peu délicat. Puis, lorsque je me suis retrouvée à quatre pattes, fesses en l'air, sur la table de la salle d'opération, avec le docteur, scalpel à la main et l'infirmière, avec la seringue, je me suis dit que j'avais bien fait de prendre cette sage décision, c'était vraiment nécessaire. Là, c'est antibiotiques pendant 10 jours par voie orale et en crème.

23 avril : Los Roques

N'ayant pas fait d'entrée officielle dans un port agréé au Venezuela, nous avons été tolérés comme bateau en transit. Ce qui est drôle, c'est que sans rien débourser, nous avons quand même dû faire la tournée des autorités. Garde-côte, Guarda Nacional, Parc national et Autorité Unique. Cette dernière porte d'ailleurs mal son nom. Pourquoi est-elle unique si on en a visité 3 autres avant ?

Moins bonne nouvelle, nous n'avons le droit de nous arrêter que pour 48 heures. Je pense que cela peut s'arranger. On est bien restés plus d'une semaine planqués dans l'Orénoque ! Ensuite, on ira se cacher tout là-bas. Mais... plus d'internet. Car c'est la classe... hier, on a acheté à terre un mot de passe pour 24 heures et on vous écrit du bateau (bon, ok, on avoue, la liaison n'est pas très fiable mais c'était génial de skyper avec la famille).

J'avais oublié mon appareil photo. Que ça ne me reprenne pas ! La couleur turquoise-émeraude de la mer en début de matinée n'a rien à voir avec ses reflets violets de fin de journée.

Dans le fond, est-ce que cet endroit à beaucoup changé ?

En buvant une bière très fraîche dans une posada, j'ai lancé la conversation avec la patronne de l'établissement :

- Vous savez, Madame, je suis déjà venue à Los Roques. C'était il y a très longtemps. Ça doit faire dans les 25 ans.

- Mais vous étiez très petite alors, vous aviez 4-5 ans ?

Imaginez combien je me suis sentie flattée ! Elle ne s'imagine pas mon état d'esprit avec cet abcès qui m'empêche encore de m'asseoir confortablement !

-Euh, non. Je devais en avoir 17 ou 18 ! Les lieux ont tout de même changé, mais je suis rassurée. C'est encore dans les limites de l'acceptable. Est-ce grâce au statut de Parc National ?

-Oui, oui. Il y a une politique très stricte au niveau des licences. Par exemple, quand j'ai créé cette posada il y a 17 ans, j'ai eu la 9e licence. Et maintenant, vous savez à quel numéro ils en sont ? Au numéro 75 !

Eh bien, 75 licences... En y réfléchissant, je trouve que cela fait moins de dégâts que prévu. Moi, « à l'époque » (je le place encore tant que je peux !) je n'avais pas les moyens pour la posada. On avait dormi chez un pêcheur. Maintenant, il y a dans les rues de sable une multitude de petits établissements charmants et dans lesquels on aimerait bien s'installer. C'est style chic décontracté. Le matin, ils embarquent les touristes (on a vu une tonne d'Italiens) sur les îles environnantes, pour passer la journée « mode Robinson ». Tout un programme !

Allons vite nous réfugier quelques jours dans les îles hors circuits !

Partir se cacher, sitôt pensé, sitôt exécuté ! Se volatiliser. En espérant que notre mât ne sera pas repéré par la Guardia Nacional. On a choisi sur la carte un mouillage bien à l'ouest, au sud de Cayo Elbert, éloigné de la civilisation. Moi qui espérais être seule, je suis un peu déçue, il y a déjà un voilier. D'ailleurs, j'ai l'impression qu'il m'insulte alors que nous faisons la manœuvre de mouillage. Pas gonflé le gars, on a aussi le droit de venir ici, non ? En plus, on fait bien attention de ne pas se mettre en dessous de lui afin de ne pas lui gâcher la vue. Allons encore plus vers la plage. Voilà. 1.50 mètres d'eau sous la coque. Le moins profond que l'on n'aie jamais fait. Et ça me turlupine. J'ai déjà vu ce bateau quelque part. Voilà qu'à peine les moteurs éteints, j'allume l'ordinateur. La recherche est facile, je veux le 26 décembre 2008. Bingo, je suis certaine que c'est eux. À croire que c'est toujours les mêmes qui cherchent les endroits un peu lointains ! Ile de Brava, la dernière des îles du Cap-Vert, tout au sud-ouest. Une île sans touristes, car il n'y a qu'un bateau par semaine et pas d'avion. L'île où nous avons fêté Noël avant de sauter le pas pour notre première transatlantique. Eh oui, c'est bien *Fernand* avec Bruno et sa compagne. Il nous avait dépannés pour notre souci de moteur et puis nous étions partis. Ils n'étaient donc pas en train de nous « crier dessus », mais de nous saluer ! Ouf ! Nos voisins sont sympas ! Et ce n'est donc pas trop tard pour les remercier de leur aide et de leurs conseils. Confirmation du dicton utilisé souvent entre marins en se quittant : à bientôt, la terre est ronde !

Le lendemain, *Fernand* est reparti. Nous sommes allés à terre explorer Cayo de Agua, petit îlot qui porte bien son nom : au pied de deux touffes de palmiers, on peut deviner des trous dans le sable qui sont un peu bouchés. Pour faire comme les premiers habitants des Roques, on est allés creuser et… miracle, on a vraiment trouvé de l'eau. Bon, elle était plutôt saumâtre, rien à voir avec la couleur des eaux environnantes, mais c'était de l'eau douce, de l'eau de vie (mais sans alcool et sans tirets !).

Gaston, notre mouette rieuse mascotte de *Kangaroo*, aime se tenir face au vent sur notre bouée de sauvetage jaune délavée.

Comme c'est bon de se sentir seul au monde et presque autosuffisant. C'est tellement rare que ça mérite d'être relevé. Pour ceux qui s'imaginent que vivre en bateau c'est toujours de l'eau claire, une plage de sable blanc, des vagues qui se cassent dans l'eau immanquablement turquoise, un phare à rayure rouge et blanc avec dans le fond des mouettes rieuses, le coucher de soleil avec le skipper bronzé qui vous propose un petit apéro… eh bien tout ça, ce n'est malheureusement pas si fréquent !

Je laisse le rêve se poursuivre, je n'arrive pas à trouver des arguments maintenant. Trop parfait. Le soleil se couche et j'ai tout ce que je vous décrivais avant. En plus, l'éolienne fonctionne à fond, le desal' nous a fait le plein d'eau douce, la pêche a été bonne. Finalement, il nous manque qu'un petit jardin pour avoir quelques légumes frais !

Le virus

Notre but est de passer Panama, on ne peut plus traîner en route. Il faut être attentifs aux saisons, aller avec le vent.

Une escale sur la route... Los Aves par exemple. On y a passé un moment complètement irréel. A cause des couleurs. À en avoir mal aux yeux ! Certains endroits sont très peu profonds, 60 cm environ, parfait pour jouer à la balle piquée. Des forêts de gigantesques palétuviers. Sur leurs branches, des centaines de petits puffins - des oiseaux de mer - attendent patiemment que leur duvet s'en aille. De belles plumes apparaîtront et ils essayeront de voler. Il y en a partout. Ces oiseaux, proches des albatros, passent l'essentiel de leur vie en mer et ne viennent que sur ces îlots déserts pour se reproduire. Certains testent déjà l'amplitude de leurs ailes, déploiement un peu comique et pas du tout efficace ! Les parents, toujours proches, nous guettent de leur œil. Avec leur bec bleu et leurs pattes oranges, ils sont vraiment magnifiques. Le paradis des passionnés d'ornithologie. Ce qui n'est pas hélas notre cas !

Un peu plus loin sur la route, il y a la Hollande. Les îles ABC, pour Aruba, Bonaire et Curacao. Des îles qui vivent du tourisme, des services financiers et du pétrole. Nous n'avons plus envie de tant d'artifices. Besoin d'authentique. Pas de maisons hollandaises colorées devant des lagons turquoise. Cependant, la civilisation a du bon, car nous avons besoin de réparer l'enrouleur de gennaker qui s'est tordu. Il n'y avait pourtant pas tellement de vent ! Hervé a bien essayé de redresser la pièce, mais ce n'est pas parfait et la manille ne passe plus à l'intérieur. J'en ai profité pour remplir le frigo.

De nuit, la navigation est facile, plus besoin de GPS. À ma gauche, la Croix du Sud. À ma droite, la Polaire ; je navigue dans les étoiles.

- Vite, pincez-moi, je rêve, c'est trop beau !

Mais non. Je suis juste bien réveillée. C'est la nuit. Je suis seule dans ce paradis. Tout le monde dort. C'est mon instant à moi.

Et dire que j'ai commencé la voile par hasard !

13 ans. L'été approche et le programme doit être fixé. Au lieu des sempiternels deux mois chez ma grand-mère en Italie – bon, à force, ça m'a permis d'être complètement bilingue et d'avoir des souvenirs épiques, mes cheveux au vent sur des vespas, mes bras enlaçant de très beaux garçons – on m'envoie pour mon premier séjour linguistique deux semaines en Angleterre !

Il faut cocher dans le formulaire une case pour les activités sportives. Le tennis, ce n'est pas mon truc. J'ai trop de peine à voir la balle qui m'arrive dessus ! Quant à la danse, c'était trop pour « les filles », j'étais du genre plutôt garçon manqué. Ne me restait plus que la voile. Eh bien, pourquoi pas ? D'autant plus que nous venions de déménager de la petite cité de Fribourg pour la grande ville internationale de Genève et qu'à quelques rues de chez nous, j'avais découvert un élément fantastique, une dimension nouvelle, un espace où je pouvais respirer : le lac.

Le virus est attrapé. Faire de la voile.

Et j'enchaîne stage sur stage. Des dériveurs sur lac aux habitables en mer. Mais l'Atlantique est loin et froid. Alors c'est en Méditerranée que je passerai la plupart de mes vacances.

Partir, naviguer, larguer les amarres. Pourrais-je maintenant prétendre, grâce à *Kangaroo*, au titre de voyageuse, aventurière, exploratrice ou navigatrice ? Ces nominations, titres sans papiers, qui me font bien plus fantasmer que celui d'avocate ! Je n'ai rien découvert. Ella Maillart, Anita Conti, Leonie d'Aunet. Isabelle Autissier ou Elen MacArthur... S'en inspirer ? Leur ressembler ? Elles ont suivi le cours de leur vie, de leurs envies, se sont battues en profitant des occasions qui s'offraient à elles. Pour ces femmes, c'est un parcours réussi.

J'ai construit autre chose, créé mon propre chemin, grâce à mes rencontres, à ma volonté, avec à mes côtés, Hervé, Julie et Robin. Alors, si je tombe à l'eau cette nuit, si je meurs là, maintenant, Hervé et les enfants le savent : à l'instant où j'ai largué les amarres à la Rochelle, j'ai pu vivre mon rêve. Je peux donc mourir en paix.

Faire des projets… d'ailleurs, j'en ai encore…

Pourquoi ne pas écrire un livre ? Nous sortons enfin un peu des sentiers battus. Le tour de l'Atlantique, c'est un classique. Maintenant, l'intérêt grandit, se transforme. Je commence à prendre des notes, dans un premier beau cahier Moleskine, je l'ai intitulé : « De Trinidad aux Marquises, Notes Océanes à bord de *Kangaroo* » Avril à Juin 2010.

Trinidad, c'est fait, Panama est droit devant. Et avant d'attaquer le canal, nous allons rencontrer une autre tribu, celle des indiens Kunas.

Panama

Eclairs en mer

2-3 mai : 20e mois

Les dernières 24 heures sont toujours les plus longues. Moins patients, on aimerait plus de vent. Et plus on approche du but, plus le vent devient capricieux. Les vagues, elles, restent imperturbables. Majestueuses et fortes, elles narguent *Kangaroo* par l'arrière, se mesurant en hauteur par rapport à notre arc, elles le soulèvent tranquillement. Le plus énervant, ce sont ces voiles qui claquent, cette grand-voile qui, en revenant à sa place, donne des grands coups à faire tressaillir le mât, la coque, et tout ce qui est fixé dessus. Ça use le matériel, qui est déjà mis à rude épreuve en voyageant de la sorte, et bien entendu, nos nerfs !

En faisant abstraction des coups, on aurait plaisir à écouter les écoulements sous les coques, ces ruissellements d'eau qui nous indiquent que finalement, on avance, que ce n'est pas si mal. Avec 5 petits nœuds de vent, notre bateau réagit. Quel luxe ! Je n'ose pas imaginer l'état de l'équipage sur un catamaran sans répartie. Des heures à souffrir en silence, puis un concert de pistons, le moteur allumé, l'odeur du gasoil…

Sur un cata, il faut être léger, très léger. C'est la rengaine d'Hervé. Il a comme souvent, absolument raison. On est là pour naviguer à la voile, non ?

D'ailleurs, cette nuit, c'était un peu la déception. Trois jours et demi que l'on n'avait pas allumé le moteur, même pour charger les batteries ! Et secrètement, on espérait arriver jusqu'au bout sans l'allumer du tout. En me réveillant pour prendre mon quart, Hervé m'a cependant demandé de l'actionner pendant une heure. Pas une mauvaise idée au final. Cela m'a donné un semblant d'armes contre ces masses de nuages vrombissants.

Pour le moment, très peu d'air, et tellement lourd. Des éclairs crépitent sur tout le flan bâbord de *Kangaroo* et devant nous. Je vais lofer un peu pour éviter l'endroit, même si on ne va plus du tout dans le sens voulu. À plus tard les San Blas, je m'écarte un moment mais mieux vaut arriver vivants ! Que c'est stressant ! Je me sens bien vulnérable avec mon grand mât au milieu de toute cette eau. Et ça me rappelle Cuba, l'année passée déjà, à peu près à la même période. C'est de saison ?

San Blas

Arrivée de nuit, comme souvent malheureusement. On jette l'ancre dans un endroit accessible qui semble être à l'abri d'un coup de vent pour les quelques heures de sommeil ininterrompues que l'on va s'offrir. Pas possible d'aller plus près. C'est rempli de coraux. Trop dangereux.

On a bien sûr analysé la carte, on sait que devant et derrière il y a une île, corroborée par le signal du radar, une petite barrière de corail sur notre gauche. Mais qu'en est-il vraiment ? Après ces quelques heures de repos bien mérité, je lève le cou et espère apercevoir quelque chose par le petit hublot latéral. Rien à signaler ! Je m'agenouille pour ouvrir en grand le capot situé au-dessus de notre lit et sors en entier sur le pont avant. Ouaououou ! C'est magnifique!

Rien à voir avec les îles vénézueliennes. Comme prévu, il y a profusion de splendides palmiers. Tous plantés par les indiens Kunas, les maîtres des lieux.

Los Roques
et
Los Aves

Vite ! Un gros grain fonce droit sur nous ! On subit l'assaut du vent - 30 nœuds - de la pluie et des vagues. *Kangaroo* se fait bien secouer. Plus tard, Hervé va mettre plus d'une heure à décrocher la chaîne qui s'est enroulée dans 7 m de fond autour d'un gros caillou. Avec ce qu'on a tiré dessus pendant les rafales, on a bien failli perdre le mouillage! Heureusement qu'Hervé a l'habitude de plonger, maintenant.

Tout est récupéré et nous partons vers le mouillage, au milieu des îlots. Entre ces deux îles, là sera notre place. L'après-midi est passé en exploration. De l'autre côté de la palmeraie, nous découvrons une dizaine de bateaux, tous américains. Ce doit être la fameuse BBQ Island - l'île Barbecue. C'est une île dont la jouissance a été laissée peu à peu aux *gringos*, les Américains vivant sur leurs bateaux, contre leur engagement à l'entretenir.

Pas une seule bouteille en plastique ne vient souiller les lieux, contrairement à ce que l'on pourra voir plus loin. Certains bateaux vivent ici depuis une dizaine d'années ! Possible finalement, vu que des Kunas en barque à moteur viennent régulièrement leur vendre des marchandises. On en profite d'ailleurs pour commander 4 langoustes… qui n'arriveront jamais !

Etonnante civilisation, basée sur un chapelet de 365 îlots coraliens dont seulement une soixantaine sont habités. En voyageant d'est en ouest, nous avons rencontré des familles qui émigrent à tour de rôle sur les îlots pour une durée de un à six mois. Ils y vivent de la récolte de noix de coco, mangues, ananas et de gros coquillages. L'eau est limpide. Dans les fonds, on aperçoit souvent des raies tigrées et des étoiles de mer.

Vers Porvenir, nous visitons deux villages, Cichub-Huala et Nalunega. Ce sont de petits îlots sur lesquels s'entassent 550 habitants. Ecole, église, et surtout la halle communale dans laquelle ils se réunissent très régulièrement pour discuter en commun de toutes les décisions relatives à la communauté. Un vrai labyrinthe de huttes. Devant chaque ouverture, des femmes cousent, coupent, superposent, papotent, dessinent.

La création des molas est l'activité économique principale de ce peuple indigène.

Mais qu'est-ce qu'un mola ? Pour de vrai, ça veut dire « blouse », puisque ces œuvres étaient initialement prévues pour être cousues sur les blouses des femmes. Elles ont commencé à les faire dans les années 1850 afin d'égayer les tenues qui étaient imposées par les blancs, puisque l'ère du vivre nu arrivait à sa fin. C'est un jeu de superposition de tissus aux couleurs très vives. Avec un coup de ciseau magique, les femmes font apparaître des motifs splendides, de vrais tableaux aux thèmes locaux, en rapport avec leur histoire et la nature.

En plus de ces molas brodés portés au niveau de la poitrine, et pour parfaire leur description, les femmes - de stature très petite - ont toujours les bras et les jambes enlacés de bracelets très longs qui, au fil des tours, forment, grâce aux couleurs des perles en plastique savamment choisies, des motifs géométriques, qu'elles changent tous les deux mois environ. Derniers détails : un long trait fin dessiné au crayon sépare le front en son milieu et une boucle d'or est accrochée à leur narine.

Autre particularité intéressante, ce sont les femmes qui héritent, d'où l'étalage de leur richesse par les bijoux. Mais que faire lorsqu'on n'a pas de fille ? La réponse est simple, on élèvera son garçon comme une fille. Il y a donc pas mal de travestis, dont Prado, un maître molas qui a confectionné celui pour lequel j'ai craqué. Pour le prendre en photo avec son œuvre, j'ai dû m'y prendre à trois fois car il voulait toujours contrôler sa pose et sa chevelure sur mon écran. Les travestis ont donc un statut particulier dans cette société, ils sont très respectés et bénéficient de certains avantages, comme par exemple celui de ne jamais conduire la barque.

J'ai aussi été très surprise par la propreté des villages alors que certaines îles étaient malheureusement très polluées. Après discussions et réflexions, la situation est malheureusement claire : les déchets ne proviennent pas du manque d'organisation des Kunas mais sont amenés par les courants marins. Cela devient dramatique, partout où nous allons.

Moi aussi, j'ai un peu pollué, bien sûr sans faire exprès. Nous sommes partis en annexe visiter des îlots et j'avais pris 20 $ avec moi cachés dans le soutien-gorge de mon maillot de bain. Je n'y ai plus pensé et je suis allée me baigner. Plus tard, nous avons rencontré des pêcheurs qui ont voulu nous vendre des langoustines. Au moment de conclure, j'ai réalisé que le billet vert devait être au fond de l'eau ! Les gars n'en revenaient pas et sont partis chercher masques et tubas pour retrouver le trésor…

Le canal

Colon, 10 mai 2010

Nous voilà à Colon dans les temps. Encore toute étonnée d'être ici. J'en fais part dans notre blog en écrivant :

> « Le canal de Panama, vous vous rendez compte ? Et je vous promets qu'en quittant la Rochelle, il y a un an et demi, je n'aurais jamais imaginé être ici maintenant, alors même que nous venions de visiter toute une exposition sur le canal de Panama dans les bâtiments de la corderie royale de Rochefort ! »

Nous avons fait nos adieux à l'océan Atlantique. Maintenant, nous sommes entourés de cargos mais bien seuls au « mouillage » de Flat. Il y a bien une marina qui accueille les plaisanciers mais elle avait l'air bien loin du centre, très chère et assez hors de la réalité. De combien de jours sera notre attente avant de passer le canal ? 4, 7, 15 jours ?

> Nous passons nos journées à organiser le passage et à visiter les environs avec Denis qui est à nouveau parmi nous. Nous traversons les docks du port de commerce pour aller et venir. Halte au musée de Miraflores, qui explique l'histoire de la construction du canal et visite des zones tax-free pour faire quelques achats. Il y a tout ce que l'on veut. Cependant, ce n'est pas très plaisant, c'est vraiment l'un des endroits où nous nous sommes sentis les plus vulnérables ; un meurtre par jour selon le journal.

« À terre, c'est vraiment la zone. On se dirait dans un film de science fiction. Il y a la police partout, tout le monde nous dit : « N'allez pas ici, n'allez pas plus loin ». Les bâtiments sont complètement détruits, les trottoirs défoncés, c'est ultra sale. Pourtant on en a vu des endroits, mais je crois bien que c'est ce que j'ai vu de pire. Deux gardes armés nous ont même accompagnés pour acheter des tomates. C'est dire ! Promis, on prendra le taxi pour les déplacements ! »

D'un point de vue pratique, nous sommes arrivés à la basse saison du passage des voiliers et comme le crise mondiale du commerce n'est pas encore bien résolue, il y a bien moins de trafic que d'habitude.

On a donc eu un « transit express » et sans agent s'il vous plaît. Le préposé de l'immigration nous a donné le numéro de téléphone de son fils Yariel qui a tout organisé d'une main de maître :

- lundi : on recevait nos lignes de 125 pieds de diamètre 3/8 ainsi que les pneus ;
- mardi : ils sont venus mesurer le bateau. Il nous manquait une corne de brume qui marche au gaz. C'est le seul modèle autorisé. Dans la foulée, Hervé est allé payer les 1500 dollars à la Citibank. Et comme ils n'acceptent que du cash, c'était un trajet assez risqué. Heureusement quelques gars armés le surveillaient. Dix minutes après, Yariel nous appelait pour nous dire que l'on passerait les écluses le jeudi après-midi.
- jeudi soir : départ pour l'ascension des écluses. Ça tombait bien puisque c'était justement le jeudi de l'Ascension! Nous sommes montés de 26 mètres de haut et avons passé la nuit dans le lac Gatun. Le miracle, c'est qu'en ouvrant le robinet d'eau de mer il n'y avait que de l'eau douce qui sortait.
- vendredi : nous sommes redescendus en trois paliers à deux endroits distincts, Pedro Miguel et Miraflores.

Au niveau coût (et pour autant que l'on récupère la caution), cela nous a coûté 600 $ de passage, 60 $ pour la location des amarres, 32 $ pour la location des pneus, 75 $ pour la mise à disposition d'un *handliner* (littéralement teneur d'amarres) et 100 $ de *service fee* (taxe de service) à Yariel qui comprend la *zarpe* (autorisation) et le *cruising permit* (permis de croisière) du Panama pour un mois. Au total, environ 900 $ pour un passage d'un océan vers un autre, le tout en 5 jours. Une somme certes importante, mais qui n'aurait rien à voir avec celle que l'on aurait dû dépenser rien qu'en nourriture pour faire le tour de toute l'Amérique du sud !

Au niveau humain, nous avons eu à bord pour le passage un *adviser* par jour (spécialiste obligatoire du passage de canal) et un *handliner* qui est resté avec nous pour les deux jours. Et vendredi, j'étais un peu énervée, car ils ont voulu manger le repas de midi à onze heures du matin déjà, alors que nous vivons plutôt à l'heure espagnole. Ils s'attendaient vraisemblablement à de la haute gastronomie française vu notre certificat de pavillon et ont été dépités devant ma jolie salade de riz que j'avais pourtant préparée avec soin. Ils criaient « Sel ! Poivre ! » sans même dire merci ou s'il vous plaît. Heureusement, Denis était là pour m'aider à les calmer ! Robin et Julie n'en revenaient pas de tant de goujaterie. Cerise sur le gâteau, les explosions pour l'agrandissement du canal me faisaient sursauter à chaque coup. Heureusement que l'*adviser* de la journée précédente avait été éduqué différemment ! Très sympathique et passionné également ! Il avait déjà fait le passage plus de 300 fois et ça le fascinait toujours. Tout comme nous d'ailleurs. «Vous voyez, là ? La bugne sur la porte ? C'est un cargo qui se l'est prise. Et puis cette écluse-là, la dernière pour arriver à hauteur du lac, a des doubles portes de 700 tonnes chacune qui sont d'époque. Ils ont doublé les portes car ils avaient peur que ça lâche ! Et si tel avait été le cas, bonjour l'inondation dans la région ! »

Le canal, c'est un truc énorme et il y a des chiffres étonnants :
- 14'000 bateaux par année, soit environ 38,8888 par jour. Heureusement, on n'a pas été le 0,88 du jour..
- 5 % de tout le trafic mondial de commerce. J'aurais pensé que c'était plus.
- La largeur des écluses : 100 pieds, soit 32,20 mètres. Le maximum autorisé pour les bateaux c'est 31 mètres de large, on dit alors que c'est un navire « Panamax ». On a vu passer un paquebot de passagers et avec 60 centimètres de chaque côté, c'est chaud

bouillant. Vive les petites locomotives qui les maintiennent bien droits à l'aide d'énormes câbles car ils n'ont pas la place pour les pare-battages.

- 100'000 tonnes d'eau douce du lac Gatun à chaque passage d'écluse, heureusement qu'il pleut beaucoup dans la région sinon le canal ne pourrait pas fonctionner.
- 2 milliards de dollars de revenus annuels pour le Panama. Un porte-containers paie 75 dollars par container, qu'ils soient vides ou pleins, faites le calcul : lorsqu'il y a 4000 containers, cela donne une facture de 300'000 dollars pour le bateau, plus les extras.
- La vitesse à laquelle se remplissent et se vident les écluses est simplement incroyable : 1 pied en 8 secondes, soit un mètre en 24 secondes. On a vu sur le speedomètre du bateau que le courant était à 16 nœuds. Plus fort que celui du golfe du Morbihan !
- Les porte-containers actuels de dernière génération sont déjà trop gros pour pouvoir passer le canal. D'où la nécessité de l'agrandir afin de garder des parts de marchés. Les nouvelles écluses permettront heureusement de réutiliser l'eau utilisée pour chaque transit. Elles consommeront ainsi moins d'eau pour un volume de transit doublé. Peut-être qu'elles seront inaugurées pour le 100e anniversaire du canal ?

Ce qui est « énorme » également, c'est que *Kangaroo* soit dans le Pacifique… et nous avec !

Les perles du Panama

Tous dans le taxi. Et en avant la musique, salsa, bachata… Les fenêtres grandes ouvertes, caméra pointée au dehors, nous voici prêts pour une visite express de la ville. Il n'y a pas vraiment d'autres moyens vu que c'est gigantesque et que les immeubles poussent de partout. Sans trottoirs. En une heure, on aura donc fait le tour jusqu'à l'emplacement de l'ancienne ville, brûlée par les pirates.

Quel contraste avec la décrépitude de la ville de Colon, du côté Pacifique. Ici, on construit à tout va… Donald Trump s'offre un building en forme de voile, le plus haut bâtiment de l'Amérique du sud. Le chauffeur en sait un paquet sur sa ville et c'est très instructif.

Nous traversons un quartier qui joue à la renaissance. Les vieux immeubles sont rachetés petit à petit et refaits entièrement. On sent l'investissement étranger, même si on suppute des tonnes d'expulsions à la clef. L'un de nos guides parlait d'une similitude avec La Havane. La comparaison nous sied. Il nous dépose finalement pas loin du Casco Viejo, dans une rue piétonne sympa et très populaire. On se balade pour se retrouver dans le plus vieux bistrot de la ville : « le café Coca-cola » !

Le repas de midi composé de crevettes est délicieux ; ils en produisent un maximum. Des hommes âgés sont assis dans un coin, les habitués. Je ne sais pas comment ils font pour supporter le climat ! L'air conditionné crache à plein volume ! On dirait même qu'il y a des glaçons qui coulent de la machine vissée au plafond. On paie au plus vite et nous nous retrouvons dehors, au chaud... ouf, ça va mieux. Mais on a quand même dû chopper un truc car depuis ce jour-là, nous avons tous les estomacs détraqués... coup de froid ?

Au Panama, les glaçons ne coulent pas seulement des boîtes à air conditionné ! C'est aussi un monsieur dans la rue, devant un chariot de bois aménagé, tenant d'une main un énorme pain de glace et de l'autre une râpe. Et il râpe, râpe, remplit un gobelet de neige et asperge sur le dessus une espèce de sirop très coloré. Et au suivant !

N'ayant pas de congélateur à bord, cela fait quand même partie des fantasmes des navigateurs d'avoir de temps en temps dans les mains une belle et bonne glace qui vous dégouline sur les doigts. Surtout avec cette chaleur.

- Ouah, joli l'intérieur, vous avez vu la décoration ?

Nous sommes accueillis par une lignée de cuillères à glace en tous genres, des rétros, des modernes, des antiques, une vraie collection. À nouveau, la déco est très soignée. En lisant les coupures de presse soigneusement encadrées dans le fond du local, j'apprends que ce magasin a été créé par un couple de Français avec 3 enfants qui ont choisi de s'installer au Panama pour différents facteurs : stabilité, climat économique en pleine expansion, monnaie (dollars américain), hôpitaux, qualité de vie, etc. Et pourquoi pas, finalement. Autant Colon était dangereuse, autant la côte semble charmeuse.

À quelques milles à l'ouest de la ville de Panama se niche un autre petit paradis. Une petite île toute rondelette inondée de fleurs : Taboga. Paul Gauguin avait vu juste. Il y était venu pour se soigner de la malaria, attrapée pendant qu'il travaillait à creuser le canal pour se faire un peu d'argent. Mais il avait dû renoncer au rêve d'y acheter une maison… trop cher ! Un comble pour l'artiste dont les oeuvres se vendent maintenant à prix d'or !

On va continuer à suivre sa trace, et bientôt nous le retrouverons aux Marquises… Pour l'heure, nous profitons de la baie, du restaurant après la balade. L'atmosphère est toute particulière. Un mélange de calme et de vie. Une âme de village. Au loin, dans le coucher de soleil orangé, le souvenir d'un monde moderne, le 3e millénaire, Panama et ses tours élevées, visibles des milles à la ronde.

Alors que tout le monde dort tranquillement, je me réveille, j'entends des bruits bizarres. Des cognements. Que se passe-t-il ? Nous pensions être à l'abri des malfaiteurs mais voilà que l'on essaye de pénétrer dans le bateau, de nous voler l'annexe ? Les enfants, bienheureux dans leurs couchettes, n'entendent rien. Hervé et Denis se retrouvent dans le carré alors que j'enfile à toute vitesse de quoi cacher ma nudité et m'extrais tant bien que mal par le capot avant pour ramper sur le toit du bateau afin de ne pas être vue. Je pourrais peut-être faire diversion ? Et là, quel spectacle ! Ce n'est pas un voleur mais un énorme animal de deux mètres de long, gluant et assez fin, avec des espèces de pattes. Première réaction :

- C'est un crocodile !

Il saute sur place, se recroqueville, essaye de tourner sur lui-même, arque son corps, se détend et se cogne partout. Il n'arrive pas à retourner à l'eau par les jupes (la jupe est la partie arrière de la coque permettant un accès aisé). Dans la nuit, j'ai l'impression qu'il manque d'air. C'est peut-être un poisson finalement. Je passe à l'avant pour prendre la gaffe, ce long bâton télescopique muni d'un crochet à son bout qui nous permet normalement de prendre au loin des amarres ou de ramasser les objets flottants. Et je commence à pousser péniblement l'intrus vers la sortie. C'est là d'ailleurs que je trouve le deuxième coupable de cet intermède, raide mort : un joli petit poisson qui avait mis toute sa force pour sauter par-dessus notre bateau dans l'espoir d'échapper aux crocs de ce Houndfish – de son nom latin « tylosurus crocodilus » – vous voyez qu'il portait bien son nom finalement !

Le poisson-crocodile a retrouvé l'eau à temps par un vague plouf pas très esthétique.

À bord, nous avons tous applaudi.

- Les gars, vous l'avez pris en photo ?
- Euh, non, on n'a pas pensé. Tu avais l'air tellement efficace !

Encore quelques paroles échangées, un truc à boire. C'est drôle, ces discussions de nuit, il n'y a qu'en bateau que ça arrive si souvent. Chacun de nous est ensuite retourné dormir.

Après cette halte tranquille, nous avons filé vers l'archipel des Perlas. Accueillis par des raies qui sautaient de la mer. Quelques jours hors du temps avant la grande traversée. Il a fallu aussi dire au revoir à Denis. Ou même pas le temps. Car à l'aéroport, il a été kidnappé par l'équipe au sol composée de cette *señorita* également vendeuse du billet, hôtesse d'accueil, contrôleuse de passeports. Au temps de la sur-surveillance aéroportuaire, c'était un vrai gag, un bond en arrière, un souffle de liberté de le voir prendre ce vol. Alors que l'on parle de scanners corporels pour détecter des femmes aux seins transplantés de matériel explosif, déclenchés par téléphone portable, indétectables ou presque, de menaces chimiques toxiques capable de tuer tout l'équipage en quelques secondes, ici l'avion a atterri… et a roulé vers nous, qui attendions au bord de la piste, assis sur des cailloux. La piste coupe l'île en deux, et à un des bouts il y a un sympathique bistrot-hôtel. La « Madame-qui-fait-tout » à la poitrine généreuse a scruté le tarmac en cherchant son passager chéri, l'a houspillé, même pas le temps de faire un bisou, je t'empoigne le sac, le jette dedans, pousse notre Denis à l'intérieur - il semble être l'unique passager- et l'avion, qui n'avait même pas éteint son moteur repart se positionner et démarre, avec Denis toujours debout, n'ayant pas encore choisi sa place. À gauche, à droite ? Mais l'avion est déjà en l'air. Génial, j'adore. J'avais les larmes plein les yeux. Cela me rappelle les aéroports du sud de l'Algérie ou de Los Roques… à l'époque. De tous ces endroits où l'avion est encore un symbole d'évasion, où il ressemble à un albatros. Saint-Exupery ressuscité.

Dernier épisode cocasse de notre séjour dans les Amériques. Sur l'une des 200 îles des Perlas. Un vrai gag, une vrai perle. Nous mouillons dans une grande baie bien abritée d'une île déserte, tout semble calme mis à part quelques barques de pêcheurs abandonnées sur la plage. Nous remettons notre exploration, l'envie de débarquer n'est pas au rendez-vous.

Pendant l'école, un bateau à moteur s'approche de nous. Ce ne sont pas des pêcheurs mais une équipe de TV en train de préparer l'émission « Survivor ». Ils nous demandent s'il sera possible de nous décaler dans le mouillage car nous sommes juste dans la ligne de mire de la caméra, et ça ferait plutôt tache pour le tournage. « Ne vous en faites pas, ai-je répondu, cette nuit, nous partons pour les Galapagos… ».

De la foutaise, ces émissions de télé ! Nous faire croire qu'ils sont sur une île déserte alors que toute la civilisation est à quelques kilomètres à la ronde… Avec piste d'aéroport, piscines de milliardaires, etc.

Galapagos

Traversée chaotique

22 mai 2010 : 2e jour de près

Nous sommes partis des Perlas depuis 48 heures.

- Seulement ? dit Robin en relevant le nez de son Ipod.

Moi aussi, je trouve le temps long. Paf, encore un truc qui tombe. À midi, c'est tout l'ananas coupé qui s'était retrouvé sur le sol. Hervé a beau nous dire que les conditions sont inespérées depuis une heure, on ne le croit pas. *Kangaroo* nous secoue toujours, chaque déplacement est soumis aux lois de la vague et du moment.

Julie, quant à elle, ne bouge pas de son poste. Elle est dehors, assise, recroquevillée contre la paroi du cockpit. On en est à 5 vomis. Elle regarde les heures passer en écoutant de la musique ou en jouant avec son fidèle Pimbuli, la peluche qui remonte le moral. Car Pimbuli est un expert. Il a déjà 5 traversées de l'Atlantique à son palmarès (dont deux effectuées en Mini avec Hervé) et garde en permanence le sourire. Je vais lui apporter un pull à ma chouquinette, même si elle dit ne pas avoir froid. Je ne sais pas comment elle fait pour être si stoïque, du haut de ses 10 ans. Moi, le près, ça m'énerve. C'est agréable en régate, ou quand la mer est plate. Mais en croisière, c'est lassant, surtout quand on en prend pour une semaine… Une semaine !!!

En plus, tous mes légumes et mes fruits pourrissent. Je fais pourtant mon maximum, ils ont eu trop chaud et ils n'aiment pas l'humidité. Ce matin, j'ai encore dû faire un tri et de bonnes recettes : tarte à la courge, gâteau à l'ananas, smoothie passion-mangue. Mais j'avoue : je n'ai pas cuisiné avec plaisir. Surtout quand l'œuf pourri bleu a sauté sur mon t-shirt. Burp ! L'odeur, manquait plus que ça !

D'ailleurs, l'effort était exagéré. Hervé l'a bien compris et il s'est mis aux fourneaux ce soir. Moi, j'ai eu ma dose !

La lune a pointé son nez. Est-ce possible? Verra-t-on le soleil demain ? Car en plus, nous n'avons que du crachin ou de la grosse pluie avec des passages à vide. Gris-gris-gris.

Pourtant, il faut positiver. Cela n'arrive pas qu'à nous : « Les Galapagos, ça se mérite ! » Beaucoup sont passés par là. Je sais, je sais, mais c'est mauvais pour mes nerfs et pas tous ont eu ces conditions…

Des dauphins sont à nouveau venus nous tenir compagnie. Nous sommes gâtés depuis que nous sommes dans le Pacifique. Ils ont l'air plus vigoureux, toujours en bande, sautant sur les vagues en faisant des figures. Est-ce parce que la mer est plus froide ou à cause du courant de Humboldt ? En tout cas, on s'en met plein les yeux. La première nuit, c'était tellement stupéfiant que nous avons même réveillé les enfants ! Hervé m'avait appelée pour voir le phénomène. Les mouvements sous-marins des dauphins formaient des traces d'étoiles filantes dans l'océan. Leur ballet s'était transformé en feux d'artifice marins, de couleur scintillante. Le spectacle aurait pu durer des heures.

Robin éternue. Il ne fait que 25 degrés. Sacrée chute de température depuis Panama. Je ne sors qu'avec mon ciré et, à chaque fois, c'est la douche. Pluie ou vague coquine, quand ce n'est pas la grand-voile qui décide de déverser le trop-plein du lazy-jack sur mon dos. Au moins, le ciré prend l'air. Je ne l'ai pas souvent sorti en un an et demi !

La journée passe. Quand l'un de nous craque, il y en a souvent un autre pour lui remonter le moral, dire la phrase qu'il faut pour garder la bonne humeur. Et les enfants sont assez forts pour ça. Presque meilleurs que moi. Bonjour l'ambiance avec un équipage qui se connaît à peine et où il y a des tensions. Heureusement, notre famille est tellement soudée que ces épreuves ne pourront que se transformer en expérience positive avec des souvenirs inoubliable : « Tu t'en rappelles, de cette fameuse traversée des Galapagos au près ? »

Sensations du près. Fermez les yeux et imaginez faire de la balançoire. En avant, en arrière, toujours plus haut. Vous sentez comment ça fait lorsque l'on arrive en bout de course, avant de redescendre ? Sur le bateau, c'est pareil, on monte et hop, ça redescend. Sauf que ce n'est pas régulier, la montée peut venir de gauche ou de droite, ou par l'avant. Et c'est bien plus fréquent. Chaque trois secondes, je m'envole pour je ne sais où. À force, c'est usant. On a envie de terre ferme.

J'ai été sortie de ma couchette par l'appel d'Hervé. « Viens vite, on a un problème ». Le foc gît à l'avant. Il est tombé. La drisse à cassé. J'ai toujours peur que ce soit mon matelotage qui cède. Mais pour le savoir, il faut monter au mât. Je tire sur l'autre drisse afin de soulager et assurer Hervé qui grimpe au mât. Il se fait balloter de gauche à droite et avec la hauteur, ça prend de l'envergure. À mi-chemin, on décide de changer l'allure du bateau. Je pars donc mettre *Kangaroo* en vent arrière, dans le sens des vagues, ce sera plus facile pour Hervé. Surtout ne pas tomber à l'eau. Car il y a un paquet d'heures avant que les enfants ne se réveillent et je doute qu'ils entendent l'alarme du Wavefinder avec leur sommeil de plomb. Hervé suspendu au sommet du mât et moi dans les vagues. Pourquoi ai-je toujours autant d'imagination ! C'est épuisant. Je reviens à l'avant. La manœuvre continue. On redescend la drisse de foc et la pièce. Puis mon skipper. On analyse : c'est la pièce métallique qui a cassé. C'est fou comme les bouts sont bien plus solides que le métal. On trouve une manille textile préparée d'avance qui remplacera la pièce. On rehisse le foc. Hervé est lessivé par l'effort. En plus, il a une tourista d'enfer. Je l'envoie au lit. Je vais essayer de faire toute la nuit si j'y arrive. J'écris, je pense. Je réalise que le moral est remonté. Je n'ai pas fait grand chose dans la manœuvre. C'est rageant, ce matériel qui se casse, mais je suis contente, satisfaite que l'opération se soit bien déroulée.

Ce sont ces moments-là qui donnent un sens à notre vie. À chaque fois, on doit surmonter l'épreuve, on se retrouve apaisé, jusqu'à la prochaine surprise.

23 mai

Enfin, le soleil est revenu, s'est confirmé. Branle-bas de combat, âpre lutte en fait, contre l'humidité. La mer est calme et j'en profite pour aérer le bateau en ouvrant tous les hublots. Courants d'air bienvenus ! Dans le cockpit, j'étale tout ce que je trouve, même le linge sale. Il vaut mieux qu'il soit sale et sec, les tâches de moisi n'apparaîtront pas, toute une stratégie ! Même s'il cogne un peu fort, ce soleil nous fait du bien. Les enfants se mettent à l'école, même Julie qui, pourtant, n'a pas encore la frite. C'est une équipière économique, notre fille. À midi, elle n'a rien avalé.

La trouvaille d'Hervé pour cette traversée, une chasse au trésor. Chaque jour, il invente une énigme à résoudre pour trouver une cachette dans laquelle se trouve la prochaine épreuve. Je vous donne un exemple :

    LS OTED A M TMET DSU

    E GUTS EU E OBN   ESS

Sinon, au registre des mauvaises nouvelles du jour, l'ordi noir nous a lâchés ce matin. Impossible de le ramener à la vie. L'humidité est néfaste. Mais toutes nos photos de Panama sont dedans sans sauvegarde ! Et le site du blog également. On ouvre la boîte à outils. Démontage de la bête ! Au bout de deux heures, Hervé a réussi à démonter le disque dur, mais

« Petit noir », comme on l'appelle, ne s'est toujours pas réveillé. On l'a mis au soleil à l'ancienne place de la machine à café – offerte aux Açores à un équipage russo-israélien – ça devrait lui plaire ! De temps en temps, je le retourne, en espérant que la sauna lui fasse du bien. Vous avez trouvé la réponse à l'énigme ? La réponse est : les gouttes d'eau me tombent dessus.

24 mai : 4e jour de près

J'ai pleuré. Pas sans raison. Avançant à tâtons vers l'avant du bateau, secouée, ballottée contre les parois de notre cabine, j'ai découvert mon baobab tout abattu, comme s'il avait reçu la foudre, les branches arrachées. Hervé l'avait posé sur notre couchette. Ça faisait comme si j'allais voir quelqu'un que j'aime fort à l'hôpital. On ne sait pas toujours à quoi s'attendre, on retient son souffle, on a peur... Je craque rarement pour des objets. Pourtant, à Dakar, quand j'ai vu ce que créait ce sculpteur, j'ai été simplement envoûtée. Moi qui n'ai jamais osé planter un arbre dans mon jardin, je suis tombée en extase devant ce baobab. Sa fonction, du haut de ses 40 cm : s'enguirlander de bijoux. Pourtant, je n'ai pas tellement de colliers. Mais pour lui, j'en aurais collectionnés. Hervé l'avait bien vu dans mes yeux et toute la journée de mon anniversaire j'étais revenue chez le sculpteur qui finissait en vitesse la commande. Mais pourquoi travailler si vite ? Je lui avais alors demandé, prié même, de prendre son temps. Ne gâchez pas les finitions, j'aime trop cette œuvre pour la recevoir bâclée. Prenez votre temps, je reviendrai dans deux jours.

3 kilos de plus dans le bateau, sans aucune utilité à part me rappeler l'Afrique.

Je réparerai mon baobab. Quand nous serons au calme. Mais ça m'a fait du bien de pleurer. Cette navigation est tellement éprouvante ! Même si nous traversons dans des conditions luxueuses, ce n'est pas marrant que d'être tous là, affalés à l'intérieur du carré. C'est très silencieux, chacun dans son demi-rêve, dans son livre, dans son sommeil, les yeux fixés dans le ciel à écouter de la musique. Mais je rassure ceux qui auraient envie de tenter l'aventure, la plupart du temps, on est au portant. Le voyage n'est pas une régate, et normalement, je dis bien normalement, on choisit souvent des trajets où le vent nous porte.

Les assiettes ont volé. Elles se sont toutes cassées. Pas malin d'avoir de la porcelaine à bord. Mais c'est tellement plus chouette que le plastique !

À 21 heures, Hervé comptabilise 703 milles effectués mais seulement 470 sur la route directe. C'est la mi-parcours.

25 mai : 5e jour de près

Et toujours la même rengaine. On envoie les ris, on enlève les ris, le vent tourne, retourne. Le temps passe et on ne le voit plus passer. On ne sait plus quel jour on est, nous voilà hors du temps. On se réjouit pour les petites choses, telles que la chasse au trésor, une accalmie. Un moment sur le pont.

L'air est si vif, si puissant, si frais, si salé que tout devient trop. Trop vif, trop fort. Je m'étais confortablement glissée dans un livre, couchée à l'extérieur dans mon grand coussin vert en micro-billes fait maison. Le livre parlait de Paris, Londres, New-York, d'envie, d'amour. Et en sortant de là, quel choc. Je dois trouver des lunettes. Je pointe mon nez vers l'avant, sens le vent contre mon visage, l'eau salée. Ce n'est pas du spray Eau d'Evian, mais celle du Pacifique. Et c'est magnifique. Le vent siffle dans les voiles. Je ne peux que respirer profondément, goûter cette paix dans cette puissance. En bateau, je me sens vivre !

Retour à l'intérieur, je réalise que ça ne sent pas très bon. Relents de poisson.

- Comment, il n'est pas frais, mon poisson ?

Pourtant, nous n'avons pas pêché. Je retourne sur le pont, tous les poissons volants ont déjà été éliminés ou balayés par les vagues. De temps en temps, nous jouons à cela. Il faut prendre l'exocet – c'est le vrai nom du poisson volant qui a donné son nom à un missile - délicatement par la taille et vous le lancez. Impression d'être encore une enfant, dans la salle de classe, quand la maîtresse est partie, debout sur une chaise à lancer l'avion en papier de toutes ses forces.

Retour à la réalité, puisque ça pue toujours...

C'est Julie qui va résoudre l'énigme. En allant aux toilettes.

- Euh, c'est normal qu'il y ait un poisson dans la salle de bain ?

Quelle fabuleuse trajectoire, viser direct dans le hublot ouvert d'un bateau qui avance. Sur la paroi en face, une nouvelle décoration faite d'écailles bleutées-argentées. KO et pouf, par terre. Mort originale pour un poisson du Pacifique.

28 mai 2010, extrait email satellite – passage équateur

Salut à vous, les décoiffés.

Vous savez pourquoi je vous appelle ainsi ? Car dorénavant, vous avez la tête à l'envers… en tout cas pour nous ! Journée exceptionnelle aujourd'hui sur Kangaroo ! Lever habituel, au son de la musique, c'était « ambiance sénégalaise ». Mais la tension était palpable. On se préparait au passage de… l'Equateur ! Alors, tous à nos déguisements. Finalisation de la déco du gâteau. On déjeune puis… Neptune sort de sa cachette. Hervé, muni de son trident fabriqué avec les services à salade en bois, orchestre de main de maître la cérémonie. C'est la tradition ! Robin, Julie et moi avons donc dû passer les tests prouvant que nous aimions la mer, comme par exemple embrasser sur la bouche un poisson volant frais de la nuit…, etc.

Ayant été jugés aptes, la ligne s'approchait. Le champagne a jailli des bouteilles, les offrandes à la mer ont été nombreuses (Laekerli, parmesan, huile d'olive, bonbons, etc). Comme les femmes sont souvent imprévisibles, j'ai ensuite demandé à pouvoir essayer de jouer à Mike Horn. On a donc abattu en grand et essayé de tenir bien droit sur la ligne de l'Equateur. Eh bien, ce n'est pas facile. Hervé n'avait jamais fait ça – ce n'est pas en régate qu'on décide de repartir en arrière, juste pour voir…

Position du passage 0°00'000 et 90°15'00W. Si vous prenez la planète et que vous imaginez une orange, nous avons passé presque à l'angle droit ! Chouette, non ? 1/4 d'orange en partant depuis Greenwich, naturellement.

LE SILLAGE DES FAVRE EN MER – *KANGAROO*

Galapagos

Nous sommes arrivés vers les premières îles des Galapagos. À l'îlot de San Bartolomé, à côté de l'île San Salvador, on a décidé de s'arrêter, histoire de se relâcher un peu et de ne pas nous faire encore une arrivée de nuit sur l'île d'Isabella, notre destination finale. Nous savions pertinemment que selon les lois équatoriennes, et vu que c'est un parc national, nous n'en avions pas le droit ; mais c'était bien trop tentant. Qui n'a pas envie de toucher enfin la terre après s'être fait secouer pendant 9 jours entiers ? Sur la plage, on a tout de suite vu des otaries... génial.

D'ailleurs, nous sommes très fiers de notre traversée, effectuée à 5,8 nœuds de moyenne, 1215 milles parcourus alors qu'en ligne droite, le parcours était de 900 milles seulement... vive les zigzags... Nous sommes très contents car nous n'avons jamais, même pas une minute, allumé le moteur. Tout ça grâce à notre éolienne qui, vu notre allure, a tourné sans s'arrêter, nous fournissant toute l'énergie nécessaire pour notre consommation et celle du pilote automatique.

Maintenant, c'est le soir et... mon rêve de nuit paisible au mouillage s'est volatilisé ! Un ranger très désagréable nous a menacés de tellement de choses (prison, 45'000 $ d'amende, etc.) qu'on a préféré jouer profil bas et remettre le cap sur notre destination finale, Isabella. Mais l'aventure fut belle car la promenade au sommet de l'île - entièrement balisée - fut absolument splendide - on a d'ailleurs appris que c'était un des plus beaux endroits de toutes les Galapagos.

Isabella

Coup de cœur pour cet endroit, j'ai décidé de m'installer ici. On a déjà fait deux allers-retours le long de la plage et chaque fois je frissonne d'émotion et j'ai des larmes aux yeux. Une énergie incroyable se dégage de cette nature. Comme par exemple ces vagues en rouleaux qui s'écrasent sur la plage et dans lesquelles les oiseaux viennent piocher des poissons pour le petit-déjeuner. L'équilibre semble réel. Même s'il est cruel.

- Si on achetait une maison ici ? Qu'en pensez-vous les enfants ?

C'est ce que j'ai demandé ce matin au petit déjeuner. Robin après un petit moment de réflexion, à répondu que ce n'était pas une bonne idée.

- Je préfère que vous ayez un bateau. Déjà, c'est moins cher, et en plus après tu peux être sûre qu'on viendra vous voir plus souvent. On prend un avion et nous voilà !

C'est vrai qu'il n'a pas tort, mon fils. Alors en attendant, on va profiter à fond de cette île. On s'est donné une semaine pour voir ce que l'on peut, et profiter de l'endroit, des animaux et des gens.

- Mais tu connais déjà tellement de monde… en deux jours, me dit Julie.
- Oui, ils sont charmants, ces habitants. Ils parlent volontiers… et moi j'aime ça.

Ils ont d'ailleurs deux particularités : ils prennent le temps de parler et ils marchent pied nus. C'est un signe : s'il y a plein de gens, enfants et adultes, pieds nus, se sentant libres, n'ayant pas peur de se faire mal, car tout est bien entretenu, pour moi, l'endroit est valable.

Je crois que dès le 2e jour déjà, Robin, qui avait également constaté le phénomène, a décrété au sortir de l'annexe : « je fais comme eux, je ne mets plus mes schlaps ». Un peu comme en Nouvelle-Zélande. Beaucoup, là-bas, font cela, et même dans les supermarchés ! Ce qui n'a rien d'illogique, car si le matin une personne part sans chaussures, très probablement à un moment donné elle va se rendre dans un magasin. En Europe, c'est impensable ! À la rigueur, dans un jardin. Sentir l'herbe sous les pieds, la rosée. Même à la maison, bien des personnes restent en chaussures. En bateau, la question ne se pose plus, nous sommes à pied nus en permanence. Nous avions d'ailleurs élu les Crocs chaussures du tour du monde, avions pourtant déchanté au bout de quelques mois ! En effet, Robin développait de drôles de petites cloques dans le creux de ses doigts de pieds. À Saint-Martin, aux Antilles, nous étions allés consulter. Et la pharmacienne avait déclaré : « c'est typique des Crocs ! On ne peut pas mettre que ça. (Ah bon ?) Allez donc tout de suite acheter des tongs et tout disparaîtra. »

Elle a eu raison sur toute la ligne. Pieds nus, schlaps/tongs ou baskets. Voilà notre garde-robe. La vie est si simple en bateau. Impossible d'ailleurs de suivre les modes puisqu'elles changeraient d'île en île, de pays en continent. Et impossible également de se fondre dans la foule. On a quand même tous le look bien particulier des navigateurs !

Revenons donc aux locaux. Il y a par exemple, la boulangère, l'Argentine qui tient l'hôtel tout rose, le monsieur de la superette, les policiers et Fanny, la dame de la poste, qui doit bien avoir dans les… 70 ans et qui vend aussi les t-shirts :

- Mais, c'était fermé, hier ? Je me demandais d'ailleurs si votre poste fonctionnait vraiment ! Et maintenant, un dimanche, c'est ouvert ? Regardez, j'avais même fait une photo de votre devanture… (rires)
- Eh oui, le samedi matin et le dimanche matin, je ferme. Il faut bien que je fasse un peu de ménage !
- Et si je dois me faire envoyer un paquet (pour une pièce de rechange… le bateau, c'est faire du bricolage dans les plus beaux endroits du monde, pas vrai ?), quel adresse dois-je mettre ?
- Votre nom, Post-Office, Isla Isabela, Galapagos… très simple… mais… ça prendra au moins trois semaines.

Et les locaux aux Galapagos, c'est bien sûr les animaux. Endémiques ou pas. C'est bien pour cela que les touristes affluent ! Il y en a partout, des animaux – et des touristes – vous imaginez bien ! Des iguanes, des tortues, des crabes, des raies, des pingouins, des flamands roses, des requins, des hippocampes et des otaries à gogo.

À tel point qu'on avait même la nôtre, d'otarie, baptisée Isabella. Elle venait s'installer sur la jupe arrière du bateau, et souvent on a dû l'empêcher de rentrer dans la cabine ! C'était incroyable de nager sous le bateau avec elle. Dommage, les photos prises sous l'eau ne verront jamais le jour, j'avais mal refermé le capot de notre nouvel appareil sous-marin acheté à Panama. Désolée !

Pour faire certaines excursions, nous avons eu l'obligation de nous joindre à des touristes: balades magnifiques à travers la flore bien particulière, montée au sommet pour admirer le deuxième plus grand cratère au monde, de même pour une virée en bateau. Cette île est tout simplement fabuleuse.

Dimanche soir aux Galapagos

Je fais le bilan de la semaine...

Elle s'est plutôt mal terminée puisque Julie a fait un roulé boulé avec le vélo loué pour explorer une des parties de l'île. Le poignet gauche a tout pris ! Comme par hasard, elle est gauchère !

Pas de médecin sur place, ni d'infirmière ou de poste de secours. Peut-être sur l'île d'à côté, mais bon, même la police n'a pas su trouver le numéro de téléphone et de toute façon, il semblerait qu'ils n'aient même pas de radiographie. Que faire alors ? Partir en avion sur le continent ?

Par le plus extraordinaire des hasards, Sally et Gordon, des Australiens passionnés de surf qui naviguent sur *Morning of the Earth*, un cata mouillé à côté de nous, sont tous deux médecins spécialisés en orthopédie. Comme quoi, il y a souvent une solution pas loin ! Julie s'est donc rapidement retrouvée dans de très bonnes mains, ils lui ont fait un plâtre escamotable. Le poignet – très probablement cassé – va se remettre seul, on ira consulter en Polynésie s'il continue à être douloureux.

C'est dimanche soir. Les deux cargos qui sont arrivés la nuit dernière sont toujours au mouillage et n'ont toujours pas terminé de vider leurs cales. Ils viennent une fois par semaine, jour d'effervescence sur les pontons. Ce matin, grâce à leur grue, ils ont même réussi à débarquer un camion ! Opération délicate mais réussie. La semaine passée, j'avais photographié la livraison de nouveaux frigos !!! J'aime voir vivre les gens.

C'est dimanche soir et demain, lundi, ce seront les derniers préparatifs. Achats de légumes, plein d'eau (on va nous livrer 400 litres), obtention du *zarpe* – l'autorisation de partir- mise à jour du site internet, prise d'une dernière météo. Une bonne nuit et nous lèverons l'ancre... pour la Polynésie.

C'est dimanche soir et comme tous les dimanches soirs une fois de plus, je réalise combien nous avons de la chance de vivre ce voyage.

Pour ceux qui nous demandent toujours quels sont nos endroits favoris, on pourra sans hésiter rajouter Isabella, magnifique île qui vue du ciel ressemble à un bel hippocampe... Allez sur Google Earth pour en avoir la confirmation, c'est saisissant !

Troisième partie
Le Pacifique

Transpac

Un mot que l'on pourrait aisément associer à un nom de société commerciale, genre compagnie de transports, camions routiers, cargos, déménageurs.

    Pour les navigateurs, c'est autre chose.

    La Transpac, c'est la traversée du Pacifique.

    C'est juste énorme. Rien qu'à écrire.

    C'est un peu comme si nous étions sortis du monde ; sur les cartes terrestres, c'est souvent là qu'il y a la fin.

Nous avons donc sauté le pas. Plongé dans cet inconnu. Droit devant. Sur 11,70 mètres de long. Une idée qui ne nous avait jamais effleuré auparavant, dans nos beaux plans de bons Terriens.

Le Pacifique. Baptisé ainsi par Magellan en raison de sa traversée très clémente.

Un moment inoubliable, pour une multitude de raisons. Partis le 8 juin des Galapagos, nous avons touché terre vingt jours plus tard.

Quatre jours de plus que prévu par nos pronostics. Vous voulez savoir pourquoi ?

Le gennaker

Quatrième jour de traversée. Le vent souffle dans les 20 nœuds, *Kangaroo* avance telle une fusée avec des pointes à plus de 10 nœuds mais la mer est si plate que je ne me fais pas de soucis et décide de me plonger dans l'écriture. On est sous ris-gennaker.

Tout d'un coup, Hervé apparaît. Il est sorti de sa couchette. Il doit être 4 heures du matin. J'ai l'impression d'être prise en flagrant délit de bien-être. Pourtant, j'ai été faire un tour dehors il n'y a pas si longtemps et même si on avance très vite, je ne trouve pas que le bateau souffre.

Le marin pas rasé sort dans le cockpit, scrute le ciel, hume le vent, les embruns, les instruments de navigation. « Ça tire un peu trop fort. Je crois que l'on va enrouler le gennaker ».

Ai-je déjà fait l'éloge du gennaker ? Cette énorme voile d'avant qui ressemble un peu à un spi. Sauf qu'il est accroché à l'avant du bateau comme un génois. D'où son nom, une contraction de génois et spinnaker. C'est une belle voile blanche à la texture légère, qui mesure sur *Kangaroo* dans les 70 m². Grande comme un appartement ! Un beau moteur qui s'enroule sur lui-même de la base à sa hauteur, un peu comme un store déroulant. Très facile à remiser. Sauf que dans les faits, il en est quand même à sa 4e traversée océanique. Et vous devinez facilement la suite…

Une seconde après qu'Hervé ait terminé sa phrase, on entend comme une expiration. Un dernier souffle. Le pilote secondaire, installé à Trinidad, qui consomme moins mais qui barre moins bien également, est remonté un peu trop au vent. Pression dans la voile et… superbe déchirure. Sur la longueur entière. On ne sait plus quoi dire. Silence total. L'intuition était la bonne, mais nous avons trop traîné pour agir.

Munis de nos lampes frontales, on se retrouve en couple à l'avant ramassant les lambeaux de voile qui sont traînés le long du flanc de *Kangaroo*. Ça alors ! On ne s'y attendait pas de sitôt. Encore des frais qui s'additionnent. Et c'est dommage d'avoir un si beau bateau qui avance sans avoir les voiles qui vont avec. C'est un peu comme une voiture sans pneus !

De retour dans le carré, alors que *Kangaroo* a repris sa route avec son foc à toute épreuve à l'avant, que les enfants dorment toujours sur leurs deux oreilles, nous nous asseyons autour de la table. C'est la faute de personne. Même si on avait enroulé la voile avant, elle aurait cédé un jour ou l'autre. On parle peu, car la tristesse est avec nous ; ou c'est plutôt une sorte de découragement. C'est notre plus longue traversée et on vient de perdre notre plus bel atout. Je vais me coucher et Hervé reprend mon poste. Il note dans le livre de bord : le gennaker explose sur toute la longueur du guindant. Impossible à réparer sur le bateau sans machine à coudre.

Au petit-déjeuner, Robin conclura l'événement par cette phrase :
- Il a duré super longtemps ce gennaker ! Tu ne te rappelles pas de la Mini-Transat ? Papa avait éclaté son grand spi le 1er jour de la traversée. Tu te rends compte, le 1er jour ! Et ce n'était même pas du *made in China* !

Constellations

Cette nuit, je me sens en forme. C'est fou comme il est plus facile d'écrire, la nuit. Un délice. Il y a 5 jours que nous sommes partis. Ce sont les deux premières nuits qui sont les plus difficiles. Après, on prend le rythme, le temps n'a plus d'emprise, on ne sait plus à quelle heure on vit et ce n'est pas important. D'ailleurs, nous devrions passer à travers 4 fuseaux horaires pendant cette traversée. On changera l'heure des montres quand l'envie nous prendra.

Je voulais regarder les étoiles avec un de mes livres préférés, malheureusement publié en anglais seulement. H.A. Ray et sa femme sont les créateurs de *Curious George* ou Georges le petit curieux, une bande-dessinée avec un petit singe qui fait plein de bêtises et qui a eu énormément de succès dans les pays anglophones. Lorsque nous habitions en Angleterre, j'avais d'ailleurs acheté quelques uns de leurs livres pour les enfants. Jusqu'à ce que je découvre que Monsieur Ray était également un passionné d'astronomie, et qu'en tant qu'illustrateur, il s'était mis en tête de redessiner la carte des constellations de manière à ce que l'on puisse retrouver plus facilement dans le ciel les formes allégoriques proposées. L'ours ressemble à un quadrupède, la vierge est une femme couchée, les gémeaux se tiennent la main.

Sauf que le ciel est toujours tout voilé et que je ne peux pas me prêter au jeu des ressemblances.

Routes de grande croisière

Le livre que l'on rêve de posséder et d'utiliser un jour. Un pavé qui se feuillette surtout sur les stands de salons nautiques. « Routes de grande croisière ». Il n'est finalement pas si utile que cela mais pour une fois, c'est le moment de le sortir. Il nous a été donné par un bateau copain qui en possédait deux exemplaires. Va-t-il nous aider à résoudre LA question qui nous taraude nuits et jours ?

Que ferons-nous après les Marquises ?

On pensait à une sortie hispanique, histoire de consolider notre espagnol. D'autant que Julie s'y est mise avec le CNED. Après la Polynésie, cela pourrait donc être l'île de Pâques, puis la remontée du Chili, Pérou et l'Equateur avant de repasser le Canal. Ce programme me conviendrait. Que pouvons-nous concocter d'intéressant maintenant que nous sommes de ce côté de la planète et qu'il nous reste, selon les conditions énoncées dans le pacte familial, un peu plus d'une année à bord ?

Dans cet hémisphère sud, la tête en bas, tout est inversé. L'hiver devient l'été et la période des cyclones diffère. Ce sera cette fois de novembre à avril, avec une zone assez importante à éviter. En Polynésie, il n'y a que les Gambiers ainsi que les Marquises qui sont situées en dehors de la zone à risque. Passer 5 mois là-bas, alors que nous avons constamment la bougeotte ? Est-ce bien raisonnable ?

Hervé trouve que je devrais me calmer. Gauguin et Jacques Brel, ainsi que bien d'autres, ont choisi d'y vivre, aux Marquises ! Et sans gémir ! C'est vrai et je me réjouis de connaître ce petit coin de la planète. Peut-être que ça nous fera du bien de prendre un peu plus de temps, de ne pas être soumis à des impératifs de programme, de moins utiliser le bateau.

Le Pacifique

Pourtant, je n'arrive pas à tranquilliser mon cerveau féminin. Hervé sort alors les grands moyens. Il prend une grande feuille blanche, des crayons de couleurs, tous les guides nautiques du bord dont, bien évidemment, « Routes de grande croisière ». Il note, consulte, souligne. Et je n'ai rien le droit de voir. Bien entendu, j'ai déjà tout feuilleté avant, mais il a raison, c'est plus efficace de coucher toutes les options sur le papier pour qu'on en parle concrètement, les atouts en main.

« Va-t-il nous faire aller au Japon ??? »

La bougeotte, cette façon de ne pas aimer les habitudes, ce sentiment qui me pousse à ouvrir la porte et aller prendre l'air, partir à la découverte. Pratique alors de vivre sur un bateau, car il n'est jamais besoin de préparer le voyage (ou presque !). Au cours de la transhumance et jusqu'à l'arrivée, on a toujours un endroit pour s'abriter, vivre et dormir.

Au début de notre relation Hervé riait beaucoup en me regardant fonctionner. J'ai par exemple ce principe, transmis par ma mère, de ne jamais m'asseoir à la même place à table. Je suis crispée dès que je vois un père de famille installé sur « sa » chaise, trôner. Chez nous, je ne veux rien de figé, on change tout le temps. Et quand je vais ailleurs, je ne dis rien bien sûr, je m'adapte. Les conventions !

Dans le fond, pourquoi toujours dormir dans le même lit ? Sur *Kangaroo*, je suis comblée, c'est très fréquent de changer de cabine. Tout dépend du sens des vagues, de leur hauteur, du vent…

En traversée, cela devient difficile. J'avoue. Au bout de quelques jours, tout ce train-train qui s'installe. Impossible de partir, de s'échapper ; je suis coincée. Partir faire quelques pas un moment sur le pont, à l'avant, pour rompre la monotonie, c'est quand même bien maigre. Et pourtant, je m'y fais. Chaque acte prend tellement d'importance sur le moment qu'il se suffit à lui-même. Il permet d'éclairer la journée sous un angle nouveau. Cela devient parfois la journée du pain, celle des dauphins, du gâteau au chocolat ou de je ne sais quelle mésaventure technique. Ainsi, les jours passent et ne se ressemblent pas. Et nous vivons le temps présent.

Je crois que je change. J'apprends, je grandis. Je ne suis plus celle d'hier. Nous ne sortirons pas pareils de cette aventure.

D'où cette conclusion, soufflée par un ami : entreprendre un si grand voyage, une telle aventure, ne peut pas être considéré comme une simple parenthèse de vie. C'est une charnière. Un passage. Il y aura dorénavant l'avant, puis l'après.

Les calamars

Les calamars ressemblent à des petits extra-terrestres. Comme les poissons-volants, on les recueille sur le pont. Ça doit être un sacré choc d'être porté par le sommet d'une vague et de venir se briser sur le pont du bateau.

De temps à autres, les enfants partent à l'avant pour les ramasser. À partir de huit, on peut lancer la machine ! La question existentielle du bord est la suivante : faut-il leur couper la tête ? Difficile à savoir, d'autant qu'ils nous impressionnent avec leurs deux grands yeux d'un bleu pacifique.

Sur *Kangaroo*, on a décidé de les étêter. On évite ainsi leur regard désapprobateur lorsqu'on les jette dans la poêle, avec une giclée d'huile d'olive et une pincée de sel.

Un délice d'apéritif !

Le Kon-Tiki

Après l'incident, certes ennuyeux, du gennaker, il nous en est arrivé un second. Beaucoup plus grave.

Kangaroo nous offrait ainsi le troisième épisode de la série désormais culte : la perte du safran. Jamais deux sans trois ?

Nous voilà en bien mauvaise posture. Nous n'en sommes qu'au 6e jour. Avec ces vagues et ce vent – nous, nous n'aurions pas nommé le Pacifique « Pacifique » – le seul cap que nous arrivons à tenir nous dirige droit vers les îles Hawaï ! Tiens, on n'avait jamais pensé à cette option. C'est quand même assez stressant. Nos nerfs sont à vifs. Ce n'est pas le moment de faire de l'humour. Nous sommes ballottés par les vagues, incapables de bien diriger l'engin, avec une réserve d'essence qui ne nous permet pas d'aller bien loin... Heureusement, à force de réglages et de patience, les vagues s'étant apaisées et ne prenant plus le dessus, nous rétablissons la direction générale. Plus question de faire de la vitesse maintenant. Nous renommerons donc provisoirement notre bateau *Kon-tiki*, en mémoire de ce radeau qui emmena en 1947 l'explorateur Thor Heyerdahl et six autres personnes, du Pérou aux Tuamotou, en 101 jours, poussés par le vent, le courant et aidés d'une petite voile.

Le temps est encore plus lent sur un radeau.

Tout autour de nous, c'est le vide. Rien. Le néant. La vacuité.

Pourtant, après une petite phase de découragement, l'ambiance est à nouveau bonne à bord. Nous sommes heureux, nous sommes vivants, nous nous sentons bien ensemble, nous rigolons, parlons, jouons aux cartes et réglons notre radeau.

Est-ce que nous nous sentons seuls ? Là, en plein milieu de cet océan? Avec 4000 mètres de fond sous nos pieds ? Non. Absolument pas. De plus, une fois par jour, pendant 20 minutes environ, nous avons des relations avec l'extérieur, mais dans un juste équilibre. Pas 200 emails qui viennent encombrer la vie, les sms qui vous interrompent sans cesse ou les coups de téléphones inertes du genre « j'arrive dans 10 minutes ». Non, je parle de communication réelle et sensée, apportant beaucoup de plaisir.

Nous avons par exemple gardé un contact écrit journalier avec nos amis australiens de *Morning of the Earth*, ceux-là même qui ont plâtré Julie le jour avant notre départ des Galapagos. Ils nous gardaient à l'œil et vice-versa. Partis deux jours après nous, ils auraient pu nous venir en aide en cas de pépin plus grave. De quoi s'échanger des nouvelles du bras de Julie et également des recettes de calamars, «suicide-squids», comme on les appelait. Eux aussi n'en avaient jamais vu autant auparavant. Le Pacifique est-il plus poissonneux que l'Atlantique ? Ou bien est-ce juste l'équilibre normal ? C'est la même question que je me posais en regardant les vagues s'écraser sur la plage aux Galapagos. Les rouleaux regorgeaient de poissons, on pouvait les voir à l'œil nu, et les oiseaux venaient tout simplement piquer du nez dans ces déferlantes pour ressortir avec leurs prises... l'écosystème à son état de grâce... Notre planète arrivera-t-elle un jour à retrouver la forme après le passage des êtres humains ? Vaste débat.

Toujours à travers nos emails, des contacts avec les parents et quelques copains choisis. Afin de limiter les frais, on envoyait un unique email avec des nouvelles à une adresse à terre, qui de façon automatique distribuait les news aux destinataires prédéterminés de notre liste. D'ailleurs, il y en a même qui se sont décidés à la dernière minute à venir nous voir aux Marquises. Chouette ! Et tous les deux jours, à heure fixe, nous avions aussi un rendez-vous téléphonique avec *Taoz,* le bateau-copain de cet hiver, avec qui nous parlions gratuitement via l'Iridium, notre téléphone satellitaire. La classe ! Conversations hallucinantes d'un océan à l'autre. Eux, ils la faisaient en flottille, leur transat retour, avec les bateaux-copains, les enfants jouant d'ailleurs entre eux à travers la VHF ! Pas mal de casse cependant par là-bas vu que, pour cette traversée retour direction les Açores, ils comptabilisaient déjà 5 bateaux abandonnés, un cata brûlé, un trimaran ayant cassé son bras de liaison, un monocoque abandonné pour cause de perte de safran (ouf, ça n'arrive pas qu'à nous !), un bateau coulé à cause d'une rupture de jupe arrière et un dernier en raison d'une collision avec une baleine. Ça fait beaucoup tout ça… et ça ne semble pas être des ragots de pontons.

Quant à *Teoula,* également en mode atlantique-retour, ils nous transmettaient quotidiennement… les résultats de la coupe du monde de football, qu'ils recevaient de leur contact à terre ! Robin était aux anges. Il avait dessiné avec sa sœur un grand panneau avec toutes les équipes et on prenait les paris ! Voilà comment passer le temps.

Les 20 jours s'égrainent. Lire et s'assoupir, rêver les yeux ouverts, saute-mouton entre ses propres pensées, les souvenirs, les fantasmes et les espérances.

À terre, ça n'arrive jamais, ou si peu. Le temps est un luxe. Combler chaque instant. Même pour les enfants. Du lundi au dimanche. Les décideurs eux-mêmes ne trouvent le temps de réfléchir que lorsqu'ils se lèvent à 4 heures du matin. Je ne sais pas comment ils font pour tenir le coup. Dormir 4-5 heures par nuit n'est pas offert à tout le monde. À la fin, il y aura sûrement un prix à payer. Moi, j'ai besoin de mes 9 heures. C'est énorme, je trouve, mais je n'y peux rien. Curieusement, je ne souffre pas de ce sommeil interrompu par les quarts, en traversée. Au final, j'ai quand même la dose que me demande mon horloge interne. Hervé, quant à lui, peut se contenter de 6 heures… c'est sûrement comme ça qu'on « réussit » dans la vie… lorsqu'on optimise son temps.

Le temps, ce n'est vraiment pas ce qui nous manque à bord du bateau. Un espace temps à n'en plus finir dans un espace océanique qui s'étend de partout. On vit au rythme des astres, qui inexorablement poursuivent leur route !

Dans mon demi-sommeil de l'après-midi, j'ai eu une pensée pour mon père, cet homme que j'ai si peu côtoyé car ma maman a dû très vite s'en séparer. Je me rappelle très bien son appartement de célibataire, un capharnaüm où il était impressionnant de marcher, tant il y avait de revues et de coupures de journaux sur le sol. Il passait sa vie à lire. À part dans la cuisine et dans la salle-de-bain, chaque mur n'était que bibliothèque. Des collections entières de vieux grimoires et de polars, de romans, de recueils, d'encyclopédies, même sur les trois murs tout autour des WC où il y avait des BD d'un genre un peu spécial. Et la collection de la Pléiade. C'est d'ailleurs la seule chose qui me reste de lui.

Dans le port d'Isabella, lors du dernier apéro sur un autre bateau, j'ai entendu une femme américaine dire à haute-voix en anglais : « J'ai visité leur *Kangaroo*, hier, et j'ai été impressionnée. T*hey ARE readers* – ce sont des lecteurs ». Eh oui, le privilège d'avoir du temps, c'est aussi de pouvoir le passer en lecture, de s'évader de la sorte. Il y en a qui préfèrent le passer à visionner des dvd. Chacun son plaisir. Même Robin, qui n'aimait pas vraiment lire au départ de la Rochelle, s'y est mis très rapidement et dévore, quitte à relire « x » fois les mêmes bouquins ! Dommage que l'on n'ait pas comptabilisé le nombre de livres lus et échangés depuis le début. Cela aurait été très intéressant. Pour les films, nous avons quand même progressé. C'est finalement sympa de se passer des petites séries pendant les quarts de nuit. Il suffit de mettre sur pause après 20 minutes (comme elle est pratique la fonction compte à rebours du téléphone !), faire un tour dehors, contrôler les instruments et se replonger dans l'action.

Terre, terre.

Ce matin, au réveil, il y avait de la musique de Starmania à plein tube, un soleil éclatant et un superbe spi jaune.

- Tu l'as hissé tout seul sans la chaussette ?

Mon skipper lève les yeux au ciel. C'est vrai. Il n'a pas fait la Mini-Transat et la Solitaire du Figaro pour rien, ni perdu la main. *Kon-tiki* décolle un peu, bravo chef !

À la demande de Julie, Hervé résout le problème mathématique suivant : sachant que la montagne la plus haute de Fatu Hiva mesure 960 mètres, quand pourra-t-on voir la terre ? Elle sera visible à peu près à 70 milles de l'arrivée, soit vers 17 heures. Il faut encore que la visibilité soit bonne et il ne s'agira que du sommet. Comme quoi, les maths et Pythagore peuvent toujours servir. Le bon sens également, puisqu'il ne faut pas oublier de prendre en compte la rotondité de notre planète. Autre constatation : on va encore se faire une arrivée de nuit !

C'est tellement drôle d'être le premier à pouvoir crier « Terre, terre » comme Baba, la vigie dans les Astérix.

20 jours. En fin de compte, ce n'était pas si long que ça.

Nous sommes en Polynésie ! *'ia ora na*! Bonjour !

La Polynésie française

Les Marquises

Nous voilà au cœur du triangle polynésien. Cela nous change de celui des Bermudes ! Pour le tracer, il faut relier les points suivants : île de Pâques à l'est, Hawaï au sommet et Nouvelle-Zélande à l'ouest.

L'océan agit en maître ici. Il suffit de regarder un globe terrestre pour le comprendre. Les cinq archipels de la Polynésie française, à savoir les Marquises, les îles de la Société, les Tuamotu, les Australes et les Gambier, sont si distants les uns des autres qu'ils se partagent à eux seuls une superficie maritime aussi grande en taille que l'Europe !

Petits grains de sable sur une grande nappe, d'un bleu très profond. Avec une gamme de turquoise inimaginable ! Mais pas partout. Cela dépend de l'âge des archipels. Chaque île s'est créée il y a très longtemps le long des plaques tectoniques, à partir de volcans sous-marins. Il faut ensuite compter quelques millions d'années pour passer du stade de volcan à île haute – comme aux Marquises – jusqu'à celui d'atoll, les pentes internes et externes du volcan s'affaissant dans la mer pour devenir récif corallien.

Dès le départ, nous devrons faire des choix. Impossible de tout voir. Et puis, nous continuons à vivre dans le luxe du « temps présent ».

Vivre le présent et apprendre à réfléchir autrement. Déconcertant. Particulièrement dans cette partie du monde où l'on pense un peu différemment. Ici, le futur n'est plus devant. Et on ne peut plus se retourner vers notre passé, car les Polynésiens ont une conception bien particulière du temps. Leur passé est devant eux puisqu'ils savent de quoi il est constitué. D'où un respect profond des traditions, des anciens. Le futur est dans leur dos, on ne peut pas le voir. Logique.

Voyage à des années-lumières de notre civilisation. Au fur et à mesure que nous approcherons de Papeete, la capitale, la sensation s'estompera. Le touriste est de retour. Les clichés également. Tahiti, Moorea, Bora-Bora, paradis des plages et des mariages, tout un business model.

Attaquons déjà les Marquises ! Le plus jeune des archipels. Le plus escarpé. Le plus puissant.

Premiers pas à Fatu Hiva

Premier jet d'ancre dans cette petite île de Fatu Hiva. La première en venant de l'est.

Légalement, pas le droit de s'y arrêter car on ne peut y faire les formalités d'entrées. Mais nous bravons l'interdiction, comme tous ceux qui sont au mouillage, soulagés, fiers et heureux d'y être arrivés.

La fameuse baie des Vierges, une des plus belles baies du monde selon Robert Louis Stevenson. Et c'est vrai qu'elle est très impressionnante avec ces pics qui pourraient faire penser à des verges. D'ailleurs, la baie s'appelait ainsi avant que les missionnaires y rajoutent un « i » pour un peu plus de décence !

1er Juillet

Je me range du côté des guides touristiques. Cet endroit est tout à fait exceptionnel. Quand on vient de passer des jours et des jours à ne voir que des vagues, c'est encore plus saisissant. Ces falaises, cette verdure, ces contrastes, cette luminosité. J'en ai le souffle coupé. Alors que je n'ai encore rien vu. Le deuxième soir, je serai plus abasourdie encore !

Il fait nuit très tôt, vers 18 heures. D'ailleurs, on a de la peine à comprendre les horaires. Le mystère est résolu au bout de 2 jours. Nous vivons avec un décalage de 30 minutes par rapport à Papeete… Voilà le hic !

Notre première visite à terre est un petit flop. C'est dimanche soir, tout le monde est rentré chez soi. Ça fait du bien de se dégourdir les jambes, avec un flip-flop dans les flaques.

Tout ça à cause de la pluie. Un bel orage et nous voilà à récolter avec tous les récipients à notre disposition toute cette eau si douce, si pure, si délicieuse. C'est la fête à bord : on rince la vaisselle, les sols, et j'en passe… entrecoupée d'une ou deux baignades, quelques discussions avec les bateaux d'à côté –il faut prendre contact avec nos nouveaux voisins – et c'est déjà la nuit.

Le lendemain, nous partons faire connaissance. Le village est caché au fond du mouillage. On ne le voit pas depuis la mer. Une seule rue part depuis la jetée où tous les enfants et les jeunes se retrouvent pour se baigner ou jouer au volley.

Tout se passe donc chez l'habitant. Si vous entendez un bruit de scie, c'est que l'artisan n'est pas loin. Vous l'apercevrez sous son abri, au fond du jardin. Puis il vous dit de vous approcher, sa femme arrive et vous amène chez eux, pour voir « l'exposition ». C'est assez maigre, tout est parti pour les fêtes de juillet à Papeete.

- Pourquoi travaillent-ils si vite aujourd'hui ? On dirait qu'ils sont stressés, vos hommes !
- C'est parce que l'*Aranui*, le paquebot amenant les marchandises et disposant de cabines de luxe pour les passagers, va arriver la semaine prochaine. Il faut produire à nouveau car cette clientèle est bien plus fortunée que vous, les navigateurs !

Ce n'est pas souvent qu'il y a ce genre de touristes sur Fatu Hiva ! Ici, pas d'avion. Le seul accès, c'est la mer, pas toujours commode. Pas d'aéroport, pas de banque, une seule cabine téléphonique, deux villages distants de 17 km reliés par une unique route en terre ou 15 minutes par la mer. C'est vraiment le bout du monde. Ou le début. Tout dépend d'où on arrive !

Nos oreilles se délectent. Elles s'habituent doucement à l'accent marquisien, très marqué avec des « r » qui roulent. Heureusement que nous parlons bien le français ! Ça facilite bien les échanges et les rencontres, ce qui n'est pas le cas pour d'autres navigateurs étrangers qui se voient un peu frustrés. Je me mets tout de suite à la mode en apprenant à poser sur l'oreille des fleurs qui sentent si bon. C'est moins élaboré que ces *Umuhei*, bouquets de fleurs aromatiques et d'épices qu'elles plantent dans leurs coiffures afin d'aiguiser les sens. Un vrai filtre d'amour. Alors, cette fleur, je la porte à gauche ou à droite ? Ils me disent que c'est égal, alors que selon mes sources, il faudrait que je la mette du côté de mon cœur, puisqu'il n'est plus à prendre... Info ou intox ?

En fin de journée, tout le monde se retrouve vers la jetée. Roulements de tambours.

Le village est à son poste. Ceux qui feront partie du show se retrouvent dans la grande salle polyvalente. Ils partiront vers les autres îles pour exhiber leur talent lors des fêtes de *Heiva*, par le thonier communal (navire de pêche spécialisé dans la pêche au thon) dans une dizaine de jours. Les autres s'entraînent sur le terrain de volley et préparent quant à eux les fêtes du 14 juillet. Eh oui, nous sommes en France !

Deux styles très différents pour des festivités antagonistes.

J'ai été subjuguée. Par les chants. Les voix stridentes des femmes, les cris de guerre des hommes.

Puis les danses. Elles, les *vahinés*, forment des cercles, tandis que les *tanes*, hommes, sont en colonne. Ça bouge dans tout les sens. Je suis émue aux larmes tant le moment est intense. Leur spectacle – uniquement en marquisien – raconte l'histoire d'un garçon qui s'est fait manger par une baleine et a été rejeté sur une autre île dans laquelle il y a une princesse...

Le lendemain, je suis à nouveau en place à l'heure de la répétition, tellement c'est fantastique ! Rendez-vous est pris à Hiva Oa pour la représentation du 16 au soir. Je serai leur meilleur supportrice, découvrirai les costumes en prime et prendrai de belles photos. Promis.

La dernière nuit au mouillage est très mouvementée. Le vent s'est levé et descend en trombe la vallée ; rafales à 30 nœuds dans le mouillage... Je dors mal dans ce genre de cas, car je passe ma nuit à me demander pourquoi je suspends ma vie à cette petite chaîne...

Nous partons au petit matin en direction de Hiva Oa, l'île où Gauguin et Brel sont enterrés. Pas eu le temps de faire les balades, de voir la cascade ; mais on espère revenir.

Nuku Hiva

Tout va très bien, Madame la Marquise !

Oui, tout a très bien été. Trois semaines à bourlinguer entre les îles marquisiennes. Hiva Oa, Fatu Hiva, Nuku Hiva, Tahuata et Ua Pou. Il y a de quoi en perdre son latin !

C'est ce qui est d'ailleurs arrivé à nos amis lorsqu'ils nous ont fixé rendez-vous pour nos retrouvailles sur l'île d'Hiva Oa, pour le 1er juillet. On a trouvé cela un peu bizarre car dans tous leurs précédents emails, ils nous parlaient d'une autre île, mais soit. Nous sommes arrivés là-bas avec un jour d'avance.

On aurait mieux fait d'écouter notre intuition. En discutant avec des locaux dans un des rares restaurants du coin, nous avons réalisé qu'il n'y aurait pas de rendez-vous le lendemain. « Un avion qui arrive demain à 11 heures du matin ? Ah, non. Impossible. Il n'y a jamais cela sur notre île. Seulement 3 fois par semaine et toujours à 15 heures ! »

Heureusement, notre petit *Kangaroo* est toujours prêt à prendre la mer malgré sa patte abîmée. Nous avons prestement levé l'ancre dès que nous avons compris le malentendu et navigué toute la nuit pour entrer au petit matin dans la baie de l'île de Nuku Hiva, située tout au nord-ouest de l'archipel.

Quant à nos amis, ils avaient été accueillis par le chauffeur de taxi qui leur a tout de suite offert l'hébergement dans un superbe petit chalet sur pilotis avec une vue imprenable sur la baie, parfait pour guetter l'arrivée possible et probable de *Kangaroo* ! On en rit encore !

L'ambiance est bonne, les fêtes de juillet ont débuté et nous sommes tout de suite entrés dans la danse en allant voir un magnifique spectacle, un concours avec trois groupes venant de vallées différentes qui présentaient chacune le même chant, mais interprété et dansé différemment : « La danse des cochons ».

Une des questions qui revient toujours est de savoir ce que l'on fait de nos journées. Je vous assure qu'elles sont bien remplies. En priorité, nous avons rendu plusieurs fois visite à Monsieur Thierry qui nous a construit sur mesure un magnifique safran de secours dans son atelier de carrosserie-mécanique : une œuvre d'art élaborée dans l'idée de rendre service, en recyclant une barre d'échafaudage. Un vrai bonheur comme rencontre et surtout un souci en moins ! La deuxième paire de nouveaux safrans définitifs nous sera envoyée à Papeete. Ils seront bien sûr différents et modifiés par les ingénieurs, car ils avaient la particularité d'être creux à l'intérieur de la mèche pour ne pas peser trop lourd. En pratique, nous avons bien pu constater que pendant les traversées, au bout de quelques jours d'utilisation en force, le métal se fatigue et cède, d'où la rupture.

Nous avons également fait le tour de l'île en voiture avec une grosse 4x4 du même genre que celles des locaux – on a rarement vu d'autres modèles – et on se demande comment ils font pour s'offrir ce genre de véhicule. Renseignements pris, le constat est un peu triste. Grâce aux pubs vantant les derniers modèles et les possibilités de crédits, ils hypothèquent les terrains détenus depuis toujours par les familles… tout ça pour du matériel qui tombe en panne. Là, on abandonne le véhicule, car ça fait cher d'envoyer les pièces depuis Papeete, sachant qu'à certaines occasions, il faut même payer le billet d'avion et le logement au mécanicien qui viendra effectuer les réparations. L'électronique n'est pas de mise, aux Marquises.

On a pu apercevoir du sommet des crêtes des criques fabuleuses, une mer splendide, des paysages à couper le souffle.

Dans chaque village visité, il y a des rencontres inoubliables. Les gens ont le temps. Ils ne sont pas stressés. Ils sont heureux de parler, raconter, partager.

Nous avons également profité de cette halte civilisée pour faire le plein de nourriture. Ça tombait à pic car le cargo-paquebot *Aranui* faisait justement escale, ravitaillant les magasins de produits frais ! Les nerfs et le porte-monnaie doivent rester de marbre devant les rayons. La bouteille de vin de table dont je tairai le nom vendue en France à 3 euros a été repérée à 25 euros ! Pour un gros rouge qui tache avec le voyage et la chaleur en plus... Et dire que j'ai troqué contre des légumes et des fruits qui tombent des arbres nos dernières bouteilles d'alcool achetées à Panama ! Ils doivent encore en rire. Bonne leçon pour moi, nous boirons local ! La bière d'ici s'appelle Hinano, prénom d'une jolie polynésienne qui figure sur l'étiquette, avec son paréo rouge à fleurs blanches, ses longs cheveux noirs ornés d'une couronne de fleurs de Tiaré et seulement 4 petits doigts de pied !

Hors de prix également le papier ménage, le fameux « sopalin, l'ami du marin ». Il se vend par paquet de deux rouleaux pour la modique somme de 15 euros pièce. Pas étonnant que le gars de la station-service n'ait pas voulu en donner un bout à Hervé pour se décrasser les mains après le plein d'essence ! Heureusement que les produits de nécessité comme les pâtes, le riz et la farine sont à des prix corrects...

Les pamplemousses sont les meilleurs du monde.

On profite. De tout. D'autant plus que nous ne reviendrons plus aux Marquises de sitôt : le projet de passer la période des cyclones abrités dans la baie est passé à la trappe, avant même la phase du vote final. Plus question de se prendre pour les frères Bourgnon qui y ont vécu quelques temps. La faute à notre passeport rouge à croix blanche. *Kangaroo*, lui, aurait été admis avec son petit pavillon français. Mais pas les purs Suisses. En effet, nous aurions dû faire une demande de permis de séjour depuis l'étranger. Pas moyen de déjouer les règles, même en quittant quelques semaines le territoire... Nous avons droit à trois mois maximum... et c'est bien un minimum tant la vie est douce ici. On raye de notre liste l'option polynésienne en attendant de se décider définitivement sur la suite du programme. Pour l'instant, les semaines suivantes vont plutôt dépendre de nos visites ; ce sont les vacances d'été en Europe et certains en profitent !

Retour aux sources

Il nous a fallu près de 36 heures pour revenir à Fatu Hiva. La première des îles que nous avions abordée dans le Pacifique. Au près serré. C'est vraiment une allure détestable, surtout en catamaran, même muni de dérives. Il faut négocier les bascules de vent pour ne pas perdre de cap, garder le moral, rester concentré. L'équipage était motivé et unanime : « faisons le plus dur d'abord, pour ensuite se laisser porter par le vent… »

Nos nouveaux équipiers ont dû nous porter chance car ce n'est pas moins de six thons et un Mahi-Mahi que nous avons remontés à bord. Sans compter les touches ratées.

L'arrivée dans la baie s'est faite de nuit sans trop de soucis, bon nombre de bateaux avaient quitté le mouillage et nous connaissions bien l'endroit. Au matin, l'émerveillement. Les yeux de nos amis s'extasient et je suis toute heureuse de pouvoir leur offrir le spectacle de ces palmiers qui s'accrochent aux falaises abruptes et de ces tons de verts déclinés dans toutes les brillances possibles.

L'après-midi sera consacré à la marche. Il faut longer la petite vallée dans laquelle s'étendent les maisons du village d'Hanavave et continuer ensuite sur les hauteurs. La route se fait chemin, puis sentier. De temps en temps, nous nous faisons surprendre par de grosses averses. Au bout, une cascade rafraîchissante nous attend avec, à ses pieds, une grande piscine de natation. Nous sortons les produits de douche et en profitons pour nous laver à l'eau douce jusqu'à la pointe des cheveux.

Le lendemain matin, malgré une météo exécrable, nous voilà parés. Les cirés sont de sortie, ce qui est bien rare. Simon arrive à la barre de son canot en aluminium. Il part travailler au village d'Omoa, situé à quelques milles de là, et nous y emmène. Notre projet est de rentrer à pied via les crêtes montagneuses. Cependant, la météo est tellement mauvaise que nous changeons de programme au dernier moment. Pourquoi partir dans la montagne et passer la journée dans les nuages ? Les rafales sont d'ailleurs si puissantes que cela pourrait même être dangereux.

Nous déambulerons dans le village d'Omoa jusqu'à ce que Simon finisse de travailler. L'Etat goudronne la piste de 17 km qui sépare les deux villages de l'île et pour cela, ils ont engagé les hommes du village. Une aubaine dans ce lieu isolé. C'est donc après ce job provisoire qu'il reprendra sa vrai passion : la sculpture. Avec modestie et une pointe de fierté qu'il nous fait découvrir ses *tikis* – statues locales – qui trônent sur le front de mer du village.

La journée est devant nous. Il n'y a que deux boutiques avec les sempiternelles identiques denrées alignées sur des étagères et aucun bar ou café. Ça n'existe pas. Pourquoi aller au café si tout le monde se connaît ? Quand on veut voir les gens, on va chez eux ! Seule exception, les baraques montées pour les fêtes de juillet. Mais elles sont fermées aujourd'hui.

Au détour d'une rue, Hervé aperçoit un tam-tam gigantesque au fond d'une cour. Nous nous avançons et apercevons un monsieur d'un certain âge, très occupé à la création d'un autre énorme engin qui doit faire plus de 2 mètres de haut. Tout de suite, la discussion est lancée. Nous passerons plus d'une heure à l'écouter nous parler. Sa famille est une source de grande fierté. Sur ce tam-tam, il a sculpté avec amour le nom et le visage de chacun. Quatre générations au complet, sorte de bande-dessinée en relief, un vrai livre d'histoire familiale, sans oublier les amis et les dieux des légendes.

En nous parlant – en français bien sûr – il peinait parfois à trouver ses mots. Il se mettait alors à chanter la légende en marquisien, et ses yeux brillaient. Il réfléchissait encore un petit peu et trouvait les mots justes pour la suite de l'histoire… Il y avait par exemple celle du jeune homme qui s'est fait manger par un requin et rejeté ensuite sur une île où il n'y a que des femmes et une reine… je vous laisse deviner la suite… La légende d'un autre bel homme qui veut aller chercher le feu chez les deux Dieux des feux, ceux qui se frottent l'un contre l'autre pour provoquer les flammes, paire de genoux contre paire de genoux, pieds contre pieds, fesses contre fesses ! Et aussi l'histoire de l'île où, lorsqu'ils mettaient un os dans le four marquisien, il en sortait automatiquement un beau morceau de viande…

Plus tard, nous rencontrerons sur le chemin Johana, qui a épousé… un Français ! Elle nous offre spontanément un abri contre la pluie (il y a encore beaucoup d'averses), du miel, des pamplemousses et des bananes séchées. Au bout d'un moment elle part chercher son mari installé dans le village depuis plus de 25 ans. Intéressant de connaître le point de vue de quelqu'un qui a réussi à s'intégrer dans l'île. Tous deux nous accompagneront ensuite à travers le village en nous apprenant plein de belles choses.

Grâces aux rencontres, aux visites, la journée se passe. De retour à Hanavave, nous sommes un peu déçus de ne pouvoir assister à la répétition de danse, nous voulions tellement que nos amis puissent vivre également cette expérience. Mais une jeune maman de 35 ans est décédée d'un cancer le soir d'avant et aujourd'hui, c'est l'enterrement. Tout se comprend.

Nous finirons la soirée chez notre ami Simon. Après avoir procédé à des négociations très intéressantes du point de vue humain et avec toute sa famille, nous repartirons avec de superbes objets sculptés de sa main et des kilos de pamplemousses. Le soir, nous les apercevrons au complet sur leur canot moteur, en train d'inaugurer le matériel de pêche que nous avons troqué contre un masque en bois.

Adieu Fatu Hiva. Je regretterai tes habitants, tellement gentils et attachants. Par contre, pour le mouillage, on peut toujours faire mieux ! Que je déteste ces rafales qui dévalent tes flancs à des vitesses faramineuses et qui se ruent sur le mouillage !

L'éclipse de Tahuata

Pour être aux premières loges, ce 11 juillet, nous avons jeté l'ancre dans une anse de l'île de Tahuata. Oups… nous ne sommes pas les seuls à avoir eu la même idée. Avec les rafales qu'il y a dehors, c'est vraiment l'unique mouillage protégé de l'île.

La mer est limpide, parfait pour le snorkeling. Des raies passent et repassent. La plage est parée d'une belle rangée de palmiers. Les enfants s'amusent quelques heures : concours de châteaux de sable, jeux de foot et construction de cabanes. Il y a de l'ambiance, ils ont retrouvé des copains des Galapagos. Il faut qu'ils en profitent car ils sont un peu en manque de relations. La moyenne d'âge au mouillage s'est fortement accentuée, et pas dans le bon sens pour eux. La tendance est confirmée, les familles restent plutôt centrées en Atlantique.

C'est le meilleur endroit à notre sens pour voir l'éclipse solaire. Bon nombre de navigateurs ont quitté la zone pour descendre aux Tuamotu, où elle sera complète. Pas le bon plan pour nous pour deux raisons : nos amis ont un billet retour depuis les Marquises et il y a encore pas mal de choses à voir par ici. Un mois sera juste suffisant !

Julie a sorti l'un de ses bouquins et suivi les instructions pour nous construire un visionneur. Il s'agit de découper deux simples carrés en carton que l'on superpose l'un sur l'autre en laissant environ 30 cm d'écart entre eux. Le carton que l'on tient vers soi d'une main a en son centre un trou percé par une aiguille. On tourne alors le dos au soleil et les rayons sont filtrés par le trou du premier carton de céréales… et, comme par magie, apparaît sur le deuxième bout de carton que l'on tient dans l'autre main… l'image de l'éclipse. Nous sommes tous impressionnés.

Nous avons naturellement très mal résisté à la tentation de ne pas regarder le soleil directement… Toutes les stratégies ont été essayées, avec des paires de lunettes à la chaîne sur le nez derrière la baie vitrée en Lexan, des bouts de tissus ou de poubelle filtrants, tout ce qu'on vous dit de ne pas faire pour ne pas abîmer votre vue et que vous faites quand même… Le plus simple finalement, c'est lorsque le soleil était caché par les nuages, parfait pour admirer dans de bonnes conditions le phénomène.

L'heure d'après, la radio allumée dans le cockpit, nous avons encore vibré avec les supporters espagnols en imaginant l'ambiance dans les quartiers populaires des villes européennes… Finale de foot. Quelle journée événementielle !

Hiva Oa

13 juillet

Quel est le point commun entre Brel et Gauguin ?

Ils ont tous deux choisi de finir leur vie dans une île retirée du monde, Hiva Oa.

Ce qui m'a touchée, dans le cimetière, au milieu des fleurs et du vent, c'est de lire les nombreux témoignages – dessinés sur des galets ou gravés spécialement – posés autour de chacune des deux tombes.

Brel avait même pu choisir son emplacement avec le maire, aux premières loges, face à la mer. Quelle belle vue depuis là-haut, je le comprends !

Belle atmosphère. Intimiste, très inspirante. Puis nous redescendons au village retrouver la vie, dans la « ville » où toute l'activité se déploie autour de la rue principale. Le décor est posé : un snack et trois magasins, de ceux qui contiennent tout. D'ailleurs, on finira même par y acheter une machine à coudre de marque SINGER – pour réparer la voile de gennaker. Le matériel adéquat – fil anti-uv, scotch pour tenir les coutures, etc. – arrivera avec les « vacanciers du mois d'août ».

Malgré tout, cela manque un peu d'ambiance. Le village est assez petit, calme et mal placé à mon goût. Ça sent fortement le tsunami. Le bord de mer est éloigné du centre et n'est occupé que par une promenade et des pelouses de foot sur lesquelles les enfants se feront un plaisir de jouer. Personne ne construit près de l'eau. Les voiliers sont d'ailleurs relégués dans une autre baie, plus abritée, à 4 km de là. Un mouillage très rouleur, pas pratique, bondé. Heureusement que les Marquisiens sont très compréhensifs et qu'ils nous prennent toujours en stop pour se rendre au village.

L'espace culturel Paul Gauguin apparaît parmi les maisonnettes du centre, à l'endroit même ou Gauguin habitait. Il ne contient que des copies de ses œuvres, mais la visite est instructive. J'ai adoré sa maison, reconstruite à l'identique. Il la nommait « La maison du Jouir ». La façade est entièrement tissée et ornée de maximes telles que : « Soyez amoureuse et vous serez heureuse », « Soyez mystérieuse et vous serez heureuse ». De quoi faire monter d'un cran le taux de sensualité des visiteuses… Je me sens bien plus féminine maintenant que j'arbore en permanence une fleur de frangipanier à mon oreille, avec mon teint bronzé, pas fatiguée, épanouie. Amoureuse, je le suis toujours… heureuse, ça, c'est évident. Mais mystérieuse, je ne le crois pas… En tout cas pas dans le sens proposé. Car j'imagine être un mystère pour tous, et spécialement pour moi. Me voilà déjà au sommet du grand escalier, accroché à la paroi de la maison comme un parvis d'église ; il mène directement à l'étage, où l'on découvre une magnifique pièce ouverte entièrement sur l'extérieur. Bel endroit pour travailler. Décidément, suivre les traces de ce Gauguin me manquera… Mais sa vie s'est arrêtée là.

On change de siècle pour se retrouver à l'époque de Jacques Brel. Avant ce deuxième pèlerinage, pour se mettre dans l'ambiance et instruire nos enfants, nous avons regardé tous ensemble le film apporté par nos amis, « Mon oncle Benjamin », dans lequel il joue, justement. C'est un peu ça, l'éducation en bateau, on en apprend beaucoup sur un sujet d'une manière différente et variée. Une approche transversale qui rend les discussions souvent intéressantes.

Le « musée » de Brel est un drôle de petit hangar qui contient surtout… son avion ! Retapé entièrement par une équipe de fans du coin, il trône au milieu de la pièce. Jacques Brel a fait comme nous… Il est arrivé sur cette île avec la dernière de ses compagnes, Maddly – une ancienne Claudette ! – à bord d'un magnifique monocoque en acier de plus de 18 mètres pour lequel il avait eu un coup de foudre. Ils étaient partis faire le tour du monde pour fuir la foule et les fans, et le cancer – embarqué en passager clandestin – a fait son apparition dès les Canaries. Opération en Belgique, retour au bateau pour la traversée de l'Atlantique, puis passage du canal de Panama et traversée du Pacifique pour arriver ici, poussé par les vents. C'est si beau, ils s'y sentent si bien qu'ils décident de vendre le bateau et de s'y installer. « C'est scandaleux d'être aussi heureux ! » disait-il. C'est vrai que l'endroit est bien choisi. Et sûrement moins fatiguant qu'en bateau. Brel précisera plus tard : « En bateau, il faut être heureux pour partir. Autrement, il devient un château hanté de mille bruits désagréables et lancinants. Plus humide que les prisons. »

La musique passe en boucle et nous lisons des extraits de chansons et d'interviews sur des panneaux. Beaucoup de choses s'expliquent. On comprend vraiment la signification de cette fameuse phrase : « Gémir n'est pas de mise, aux Marquises ».

Ua Pou et l'esprit de clocher

À Ua Pou, nous avons fait efficace. Malgré le fait que nous y soyons arrivés le 14 juillet, fête nationale pour la France et ses Dom-Tom ! L'idée principale était de venir sur cette île pour voir d'un bout à l'autre et avec les costumes le spectacle que nous connaissions presque par cœur des danseurs de l'île de Fatu Hiva. D'autre part, nous allions finalement retrouver nos amis suisses de *Micromégas*, Chantal et Frédy, partis déjà depuis 3 ans et tout d'abord en monocoque. Ce bateau pourtant méticuleusement préparé pendant des années a été échangé dans un port des Caraïbes au bout d'un an contre un cata ! Et vu comme Chantal nous a choyés à bord – petits cafés Nespresso et j'en passe – je comprends pourquoi la maîtresse des lieux est bien plus heureuse sur deux coques ! L'espace…

Tout comme nous, ils avaient à bord des invités. Présentations, discussions, recherche de points communs… Au bout d'un quart d'heure, nous réalisons que leur invité est, par le plus grand des hasards, le voisin de pallier de la marraine de Robin, qui va arriver à bord sous peu. Rendez-vous compte, deux voisins de palier qui, à dix jours près, auraient pu se retrouver voisins de mouillage de l'autre côté de la planète Terre ! Incroyable, non ?

C'est une équipe enthousiaste qui s'est retrouvée le lendemain pour une marche de près de 3 heures pour aller admirer la vue depuis les pics, là-haut, et finir ensuite dans un bain de cascades de l'autre côté de l'île ! Nous sommes accompagnés d'un guide, Jérôme, d'une efficacité redoutable. Son passé de militaire y est pour quelque chose et sa conversion marquisienne lui sied plutôt bien. Il a mis trois ans pour lire et apprendre tout ce qu'il a pu des îles, et c'est fantastique de l'entendre nous transmettre ces traditions, nous raconter les légendes marquisiennes ou nous appliquer sur les blessures des fleurs à la Bétadine.

L'après-midi sera plus culturel avec la visite de *Maui'a*, un site de fête entièrement restauré et la baie des galets fleuris, l'un des deux seuls endroits au monde où les galets ont des petites fleurs dessinées à la surface. Absolument magique.

Le soir approche et nous sommes stressés. Oui, ça nous arrive encore ! Il faut arriver à temps au spectacle. D'autant que les rumeurs vont bon train. Les habitants de Ua Pou ont décidé de boycotter le show parce qu'il est payant. Nous sommes tristes de constater ces tensions, palpables dans toutes les îles. Ceux d'Hiva Oa critiquent Nuku Hiva et vice-versa, ici, ils sont fâchés contre Fatu. L'esprit de clocher existe donc partout. Pourtant, ce genre d'événement inter-îles – danses, concours – a pour vocation première de permettre aux Marquisiens de se rencontrer… et plus si affinités ! Ainsi, on mélange un peu le sang des familles. L'idiot du village n'est pas un rôle sympa à vivre, on en a croisés quelques-uns. Ce n'est même pas drôle du tout !

Soulagée, je constate que la salle se remplit, au compte-goutte. Par motif de solidarité, ai-je entendu dire. Nous oublions ces tensions internes en examinant l'orchestre qui accorde ses instruments. Puis perdons pied dans le rythme dès le début du spectacle. Envoutant.

Anaho tient à son eau

20 juillet

De retour à Nuku Hiva et à nos habitudes.

Dernière pizza, dernier jus de pamplemousse.

Lucie, qui avait hébergé nos amis à leur arrivée sur l'île, nous rejoint avec son taxi. On s'embrasse et les larmes font leur apparition au moment où elle dépose le collier de coquillages et de graines autour du cou de l'ami qui nous quitte.

Pour nous, il est également temps de quitter ces Marquises qui nous auront apporté des expériences magnifiques – j'y ai même fait un stage de danse ! Il nous reste encore un dernier endroit à explorer : la baie d'Anaho, située au nord-est de l'île de Nuku Hiva. C'est un endroit accessible uniquement par la mer, nous n'avions donc pas pu voir lors de notre tour en 4x4 !

Il y aura des raies à gogo. Je me réjouis de les voir. Ce poisson est vraiment fascinant par sa forme. Quand il lève à la verticale l'extrémité de ses ailes, on dirait un enfant qui court les bras écartés en imitant l'avion.

Et puis, nous amenons le pain. Deux belles grosses miches qui finiront ce soir en petits morceaux piqués sur des fourchettes, tenues par des helvètes. Miam, une bonne petite fondue sur *Micromégas*… en plus, ils en font tout un show… ça va du caquelon rouge à croix blanche à la nappe assortie jusqu'au petits lampions rouges. C'est une manière assez sympa de partager ses racines avec les gens qu'ils rencontrent le long de leur voyage. Ne pas nier ses origines. Sauf que Robin, Hervé et Frédy avaient mis pour l'occasion leurs belles chemises à fleurs de Tiaré.

La baie d'Anaho est un petit paradis sur Terre. Et les quelques habitants du cru y sont certainement pour quelque chose.

Nous sommes allés chercher un régime de bananes chez un particulier. Le père de famille nombreuse – 10 enfants et déjà quelques petits autres – jouissait de sa place d'une vue incomparable. Cette pièce principale, ouverte aux vents sur trois côtés pour faire passer l'air frais, n'avait ni fenêtres ni baies vitrées. Elle faisait office de salon, salle à manger et cuisine. Il y avait là une très grande table. Grâce à sa position stratégique sur la colline, la maison nous offrait un panorama de la baie entière. Avec nos voiliers dans le fond.

Le maître des lieux nous a expliqué son combat pour que la route n'arrive pas jusqu'ici. Son perpétuel refus face aux promoteurs qui, régulièrement, lui proposent de construire une marina pour 200 bateaux, un hôtel à 300 chambres – alors que l'avion ne peut transporter que 40 personnes à la fois ! Il nous a même parlé de la possibilité de construire une usine d'embouteillage d'eau de source, vu ses qualités.

- Non, me répond cet homme, heureux propriétaire foncier. Pourquoi changerai-je la magie de cet endroit ?
- Et vos enfants ? Est-ce qu'ils vous comprennent ? Continueront-ils ce même combat lorsque vous aurez disparu ?
- Alors là, ce ne sera plus mon problème… J'espère qu'ils auront compris.

En attendant, j'avais marqué des points en approuvant son idée de poser des bouées pour les voiliers. Le corail est magnifique en dessous, quel dommage de savoir qu'en posant notre ancre, on l'endommage à chaque fois !

Le lendemain, nous avons fait la balade sur le joli sentier qui mène au village d'Hatieu, celui où la route carrossable se termine. Depuis le col, la vue est splendide. Et c'est un vrai petit village. À peine arrivés, un jeune homme m'apostrophe en me demandant : « Vous n'étiez pas déjà venue il y a une dizaine de jours ? » Difficile de bouger incognito par ici !

Au retour, nous chargeons nos sacs de mangues sauvages et de petites graines rouges qui, percées, font de mignons petits colliers.

Juste avant de rejoindre l'annexe, je retrouve notre propriétaire foncier qui me dit :

- Vous m'avez fait plaisir, hier, avec ce que vous avez dit sur les voiliers, vous êtes mon amie.

C'est vrai qu'avec mon fils qui arborait en plus son t-shirt préféré, même si tout délavé, portant l'inscription « La mer n'est pas une poubelle », on avait l'air de vrais militants. Pour nous remercier, il nous a permis d'aller ramasser tous les citrons que l'on voulait.

La nuit, depuis le bateau, on peut facilement repérer sa maison. Illuminée grâce à des panneaux solaires. La télé ne s'éteint jamais, on la différencie des lampes de loin. J'espère vivement que les générations qui le suivront garderont la tête froide et sur les épaules malgré les bêtises qu'ils regardent à l'écran.

Le départ de la baie se fait en douceur, Julie est blottie dans mes bras. Nous sommes à l'avant sur le siège du balcon. L'île défile sur notre tribord et nous jouons à trouver des formes dans les parois des rochers. Au revoir les Marquises et à bientôt j'espère ! La météo est excellente. La houle s'est bien calmée. Trois jours de navigation pour rejoindre les Tuamotou. Adieu reliefs sauvages et escarpés. On va aller vers le plat.

Hervé est content. Il vient d'avoir une conversation VHF avec un autre cata, un Catana qui s'inquiétait de notre voilure…

- Mais… vous avez tout mis ? Comment cela se fait-il que vous avanciez si vite ? Que vous me rattrapiez déjà ?
- Non, non. Nous naviguons actuellement 2 ris dans la grand-voile. Le secret, c'est de rester léger !

Trois jours de nav' et je me réjouis. Un peu de calme et de vase clos va nous faire du bien. Entre les amis, les rencontres, les sorties, danses et spectacles, on a vécu un mois de folie !

Les Tuamotou

Fakarava et les requins

2 août

Septante-sept (77) îles disséminées sur 160'000 km² et seulement une semaine devant nous : vous comprenez le problème ?

Alors nous avons jeté notre dévolu sur Fakarava, décrite en ces termes par notre guide : « avec ses fonds sous-marins exceptionnels, c'est certainement l'aquarium des dieux ». De plus, l'Unesco a classé cet atoll et ses quatre voisins « réserves naturelles de la biosphère, par l'importance et la diversité de leur faune et de leur flore ainsi que la richesse des fonds lagunaires et des tombants extérieurs du récif ».

L'arrivée dans le lagon de l'atoll se fait par la passe sud, celle de Tamakohua. Arrivée assez périlleuse avec le courant. *Kangaroo* n'est pas maniable du tout, il a perdu dans les profondeurs de l'océan son dernier safran, juste avant l'entrée de la passe. Heureusement que nous avons de l'expérience car il s'en est fallu de peu. Plus qu'un archipel et ce problème récurrent sera définitivement résolu. Nous ne serons pas mécontents. Car naviguer dans ces conditions devient carrément dangereux. Si le dernier safran restant nous joue le même tour – celui construit par Thierry aux Marquises – nous devrons peut-être abandonner le bateau...perspective peu réjouissante avec des enfants à bord. Mais nous allons prendre ce risque. Pas trop d'autres choix. Surtout en tenant compte de notre timing assez serré.

Sur le côté tribord en arrivant, nous apercevons l'église, dernier vestige du village de Tetamanu, qui n'était rien d'autre que l'ancienne capitale administrative des Tuamotu ! Les maisons tout autour se sont envolées et il ne reste aujourd'hui qu'une longue rue bien tracée, avec de splendides palmiers et deux maisons habitées par des locaux. Toutes les autres se sont volatilisées avec le vent. Impression très bizarre. Outre les cyclones, ils vont maintenant totalement disparaître avec la montée des eaux causée par le réchauffement climatique. Quel dommage ! Des poteaux plantés dans l'eau turquoise soutiennent une dizaine de petits *farés*, ces maisons traditionnelles au toit de paille, appartenant à une pension. Des touristes du bout du monde s'adonnent au farniente sur la terrasse. C'est la photo typique du catalogue de voyage.

Nous jetons l'ancre, rassurés d'être bien arrivés. Le stress s'estompe vite dans ce paysage idyllique.

Puis d'un coup, mon niveau d'inquiétude reprend l'ascenseur en flèche.

En lançant à l'eau les quelques miettes qui restent du repas, je découvre au pied de la jupe une foule de poissons multicolores et nos premiers requins qui traînent en chaloupant leur aileron, juste là, à portée de main ! T'es vraiment sûr qu'on va se baigner là ? Y'a déjà *Kangaroo* qui n'a bientôt plus de jambes, j'ai pas envie de me faire croquer les miennes également !

Hervé avec son flegme habituel m'emmène en annexe discuter avec les autres bateaux, afin de se renseigner…

J'ai bien retenu la leçon… Il faut tout faire avec douceur. Ne pas plonger, ne pas sauter et bien entendu, éviter de mettre du sang dans l'eau… C'est ainsi que je me suis habituée à mon nouvel environnement. Et j'ai zappé les Dents de la mer pour le National Geographic Channel 24 heures sur 24.

Deux jours de plongées dérivantes, celles où l'on se laisse flotter emmenés par le courant qui pénètre dans le lagon, au milieu de millions des poissons et des fameux requins. Hervé avait enfilé son harnais et traînait derrière lui notre annexe jaune. Au début, j'étais toujours un peu inquiète. Je donnais ma main à ma Julie, plus pour me rassurer que pour la tenir. Pas besoin de se fatiguer. On restait tranquille à la surface et le courant se chargeait de tout. Le spectacle défilait sous nos yeux. À la fin du trajet, le flux était si fort qu'on avait l'impression d'être dans un parc d'attraction. Hervé se battait un peu avec l'annexe mais son système fonctionnait bien. Pas trop froid ? Alors nous remontions au moteur tout au début de la passe, pour replonger voir cet autre monde et les requins défiler sous nos yeux, encore et encore.

Ce n'est pas par hasard que ce coin est surnommé « l'aquarium des dieux ».

Nous sommes remontés très tranquillement vers le nord de l'atoll, une vigie en haut du mât pour éviter les coraux… Pourquoi courir ailleurs alors qu'ici c'est tellement beau ? On presse à nouveau sur le bouton du guindeau, la chaîne refait son boucan habituel jusqu'à ce que l'ancre touche le fond, à quelques petits mètres en dessous de nos coques, dans un sable blanc à couper le souffle. Jouer aux Robinsons, seuls au monde. Construire la cabane, tresser les feuilles de palmier comme on nous a appris à le faire, chicaner les bernards l'hermite, grimper chercher les noix de coco. C'est très beau.

Prochain arrêt : le village situé dans le nord, Rotoava. C'est la capitale de l'île. Jour de folie, car le cargo est arrivé. Nous ne participons pas, nous ferons les courses à Papeete la semaine prochaine. Notre but ici est de visiter une ferme perlière… et soutenir l'économie locale, le secteur étant en pleine crise !

Mais pas question d'acheter ces bijoux sans en comprendre le fonctionnement. Il est 15 heures et tout est fermé. On déambule le long de la rue située en bordure de mer. De temps en temps, une maison recèle une particularité commerciale. On dirait une boulangerie, là, ça doit être le magasin. La route est bien bitumée et vu que tout est très plat, ça foisonne de vélos et de petites voitures, genre Fiat Panda. Ça change des 4x4 des Marquises !

Finalement, une petite échoppe ouvre ses portes. Gunther, un Allemand marié depuis 30 ans à une Polynésienne a repris une ferme perlière pour la retraite. Les enfants ont des tas de questions à lui poser, il sera plus simple d'y répondre demain, lors de la visite.

Quelle incroyable histoire, ces petites perles grises. Je n'aurais jamais imaginé qu'il faille autant de temps pour développer ces beautés aux reflets si variés… Maintenant que j'ai vu d'où elles venaient, j'ai l'impression que je ne pourrai plus m'en séparer.

À 9 heures, nous sommes en route. On discute plutôt énergie solaire, batteries, liaisons internet. Il y a trop souvent des coupures d'électricité sur l'île. Chez Gunther, le congélateur est relié directement aux panneaux. Nous voilà arrivés. Un petit ponton nous amène dans le petit faré, les pieds sur l'eau. Il y a là trois employés qui entretiennent les huîtres. L'explication est fascinante. Il faut beaucoup de patience pour créer ces belles sphères. Seulement 1 % de ces dernières seront classifiées A B ou C. Dix-huit mois pour une couche de 0.8 mm autour du nucléus.

Tout ceci me rappelle ma grand-mère et ses sempiternels colliers de perles qu'elle portait autour du cou. Elle avait le vrai et le faux. Mais c'étaient des perles blanches qui devaient venir du Japon.

Qu'il s'avère difficile, le moment du choix. Alors même que toutes ces perles sont grises, je réalise la variété des tons et d'éclats, et bien sûr de formes. Ce petit bout d'océan sur les oreilles de ma fille. Elle a choisi un *keshi* – graine de pavot en japonais. C'est lorsque l'huître rejette le nucléus. La nacre sécrétée forme une sorte de perle manquée, à la forme bizarroïde. C'est trop joli. Je choisis des rondes.

La semaine a filé… et nous devons naviguer vers les îles de la Société. À la passe, juste avant l'heure de l'étale, Julie et Hervé n'en reviennent pas. Ils étaient encore là le jour d'avant pour du snorkeling et les vagues selon eux étaient hautes « comme ça » ! Vent contre courant, c'est quelque chose. Mais là, tout va bien. On sort facilement. Pas lieu de m'inquiéter.

Nous fêtons les deux ans de *Kangaroo*. Que de pays visités et de chemin parcouru depuis ta mise à l'eau à La Rochelle ! Malgré les vagues et les secousses, Robin et Julie ont réussi à cuisiner un cookie géant en forme de croix suisse! Notre repas du soir. Pour le cadeau, il faudra attendre Papeete. Le paquet avec les beaux safrans tout neufs et construits sur mesure arrivera en septembre. Ce sera la fin de nos ennuis.

Les îles de la Société

Papeete

2 août : 5 heures 30 du matin

Bizarre toute cette civilisation lorsque que l'on sort du néant. Arriver de nuit permet de se réadapter en douceur. Déjà à l'odeur, dans le lointain, on sent le bitume de la ville, même si ça semble très vert autour. Tandis que je longe la côte toujours à la voile, l'avion de 5 heures 15 se positionne pour atterrir face à moi. Joli clin d'œil. Nous y sommes presque. Dans 48 heures, les copains seront à bord. Et nous ne sommes pas du tout prêts pour les accueillir !

Parfois, au moment de débarquer, nous avons le mal de terre pendant quelques instants. Comme un étourdissement. L'impression est encore plus forte dans un endroit enfermé comme des toilettes. On ne marche pas droit, c'est toujours assez drôle et ça cesse très vite.

Je ne me réjouis pas de me retrouver au milieu d'embouteillages. Je crois que c'est l'un des gros problèmes à Papeete. La circulation. Quelques voitures partent déjà au travail. Pour l'instant, depuis la mer, tout a l'air calme.

L'éclat du phare se reflète dans mes voiles. Je n'ai pas l'habitude d'avoir une disco à bord ! Je devrais peut être mettre de la musique ? Mais tout le monde dort encore et je suis bien heureuse, là, seule, à apprivoiser les nouveaux paysages que découvrent mes yeux à la lueur de la lune et des éclairages publics. Seul le poisson qui vient de s'écraser sur le pont frétile en rythme avec le phare et les vagues.

3 août

C'était tellement limpide dans nos têtes depuis quelques jours que je n'ai pas été étonnée d'entendre Hervé annoncer à ses parents sur Skype la suite du programme. Nous serons en Australie vers la fin du mois de novembre où l'on compte rester 8 mois. Avec la saison des cyclones et le fait que la fin du voyage s'annonce, il faut déjà commencer à prévoir.

Sur les 4 choix discutés, les parcours se sont annulés d'eux-mêmes.

- Le retour via les Gambiers, l'île de Pâques, l'Amérique du sud ? On avait trop envie de continuer vers l'ouest et ses myriades d'îlots. La route retour via Panama, on la connaît déjà. Dommage pour l'île de Pâques. C'était si tentant.
- Passer la saison des cyclones par ici ? La solution a été fortement envisagée. J'ai dévoré les Marquises des yeux, essayant de trouver les endroits où j'aurais pu être heureuse pendant quelques mois. J'aurai choisi Nuku Hiva, n'en déplaise à Brel et Gauguin. Je m'étais presque déjà pré-inscrite aux cours de danse et de yoga du rire... Les copains des enfants, c'était une affaire arrangée. Il y a eu cependant

le problème des papiers, à cause de notre passeport suisse. On aurait dû faire une demande AVANT d'arriver, à un consulat français, pour une carte de séjour temporaire. Exit donc cette idée.

- La Nouvelle-Zélande, attrayante, d'autant plus que la majorité des bateaux-copains s'y rendent. Ça voudrait dire qu'ensuite, nous devrions attendre le mois d'avril pour traverser la mer de Tasmanie afin que *Kangaroo* touche ses terres, vu ses origines australiennes. Peut-être un peu court pour qu'un acheteur se décide. Nous avions eu la chance de visiter ce pays en camping-car il y a quelques années.

- Ne restait plus que – *The Milky Way Run* - parcours de la voie lactée puisque les îles sont éparpillées dans l'Océan comme les étoiles dans le ciel - devenue pour les français la route du laitier ! Vive les traductions ratées !

Le nom donné à notre bateau semble donc prédestiné, ce sera l'Australie !

Pour l'instant, à nous Tahiti. Nous voilà donc à Papeete, la capitale. J'enclenche en même temps les quatre machines à laver de la marina de Taina, remplies à ras-bord, puis, telle une araignée, tisse autour des haubans et du mât une immense toile à l'aide de cordelettes à linge. Voilà. *Kangaroo* se métamorphose en séchoir géant.

Pendant que le soleil et le vent travaillent, on part faire un tour en ville. Hervé est déçu en bien ! Le centre reste à taille humaine, il y a de l'ambiance dans les rues. Naturellement, on se dirige vers les magasins d'accastillage… mais on en profite aussi pour s'offrir quelques cadeaux à la boutique Hinano, la marque de bière locale qui propose également un choix d'habits… Très jolie cette chemise à fleur… ce sera parfait pour chercher les aoûtiens à l'aéroport, non ?

Robin et Julie ne tiennent plus en place. Depuis des jours ils comptent les heures qui les séparent encore de leurs copains. C'est vrai qu'avec cette distance, la famille et les amis nous manquent. Bientôt, ce sera le bonheur des retrouvailles…

Hier, nous sommes partis avec Pascal, notre « agent » local. Mais pourquoi un agent ? Pour ne pas payer la caution de 1600 euros par personne qui doit être obligatoirement bloquée lors de nos trois mois de séjours sur place. C'est l'équivalent du prix d'un billet retour par personne dans notre pays d'origine. Nous avons préféré l'engager au tarif de 35 euros de l'heure plutôt que de bloquer cette somme faramineuse dans un établissement bancaire, sans compter tous les frais.

Pascal nous a ainsi amenés, tout au fond d'une vallée, chez un ferronnier du nom de Marcel, il va nous concocter en deux jours j'espère un ultime safran de secours ! On vous promet, ce sera la dernière fois. Fusion Australie a bien compris qu'il y a un problème de calcul de solidité du tube creux de la mèche. Cela n'était jamais arrivé sur les autres Fusion car nous sommes les seuls à naviguer autant d'une traite ! Nous en sommes donc à un safran perdu vers les Açores, puis le deuxième au 4e jour de la seconde Transat, le troisième lors du 5e jour de la Transpac et le dernier... oh, ça a été chaud le dernier... lors de l'arrivée dans la passe de Fakarava. Dans ce dernier cas, nous avions plutôt opté pour un déréglement du safran de secours fabriqué de main de maître par le charmant Thierry des Marquises, dans son atelier-carrosserie. Mais non, celui-là a bien tenu. Ce que les requins ont dû rigoler en voyant notre 4e safran tomber dans les fonds !

Bref, c'est le stress. Les copains arrivent pour un mois de rêve en Polynésie, le billet leur a coûté une petite fortune, ils vont avoir 30 heures de voyage dans les pattes et nous n'avions pas le cœur à leur annoncer que nous avions quelques soucis techniques, comme la majorité des bateaux par ici !

Il y a aussi la plaque de la cuisinière Eno qui prend feu, le lecteur de cartes Raymarine qui refuse de s'allumer depuis hier, à tel point qu'Hervé se propose de voir la question à l'envers : « Demande-moi ce qui marche encore, ce sera plus simple ! »

C'est quand même un peu exagéré mais c'est le côté tabou du voyage. Celui dont personne ne parle vraiment. Naviguer, c'est toujours « travailler sur la *to do list* dans les plus beaux endroits du monde ». Rien ne changera puisque les constructeurs n'ont cure de nos problèmes. La majorité des bateaux vendus ne sortant que quelques fois par an, pourquoi construire plus fiable ? Pour les quelques illuminés qui décident de partir au loin ? Afin de se prémunir contre ce genre de situations, il faut opter pour du matériel de pro, genre ceux des bateaux de pêche. Et simplifier le plus possible en en mettant le moins à bord.

9 août

Depuis 3 jours, Igor, Sophie et leurs enfants Pauline et Nicolas sont à nouveau à bord de *Kangaroo*. Ils étaient déjà venus l'an dernier au mois de février dans les Antilles françaises. À l'appel, il manque la 9e, Natacha, la marraine de Robin, elle arrivera sous peu… En l'attendant, nous avons visité le centre ville, fait du *snorkeling*, les courses chez Carrefour, la visite du musée de Tahiti et ses îles et surtout… remis les pendules à l'heure.

Samedi matin, branle-bas de combat. Je pars en annexe avec les filles pour la ville, 20 min à fond les manettes en longeant la piste de l'aéroport dans les eaux du lagon. On croise les rameurs du matin sur leurs belles pirogues. Simple aller-retour pour chercher des boucles d'oreilles en perles que le magasin n'avait pas eu le temps de monter la veille. Ce serait tout de même un comble de ne pas craquer ici pour des perles…

Les garçons sont allés chercher deux Twingo en location. À 10h, tout le monde est réuni. C'est parti pour le tour de l'île.

Le beau temps n'est pas au rendez-vous, mais on profite quand même. Superbe *marae* Arahurau, avec mes premiers *Unu*, de drôles de fourchettes géantes. En vérité, ces *Unu* sculptés dans du bois et peints ici en rouge étaient dressés sur les lieux de culte à l'occasion d'un sacrifice humain. Ils étaient considérés « vivants » et ornés de beaux bouquets à plumes.

Puis, nous passons par la Suisse… on se croirait dans le Jura. Il y a des collines, des vaches, de la brume, on a froid. Irréel. Redescendons au niveau de la mer, ce sera plus dépaysant.

La route est sinueuse et longe le lagon. Quelquefois, d'énormes mahi-mahi, gros poissons pendus par la queue, toujours en couple, dans la vie comme dans la mort, attendent l'acheteur.

Nous, on pense bien en pêcher pendant ces trois semaines, surtout avec Igor à bord ! C'est si bon, cru, avec du lait de coco. La spécialité.

À plusieurs reprises, nous nous arrêtons sur des plages à surfeurs… fantastique de les voir dévaler les vagues. Par contre, nous sommes un peu déçus en arrivant à Teahupoo. C'est un des spots de surfeurs les plus dangereux du monde, la vague peut atteindre plus de 15 mètres, on l'appelle même « la mâchoire » qui croque les gens… mais là… rien de bien particulier à signaler… c'est calme aujourd'hui.

Je suis ébahie par le nombre d'églises. Il y en a pour toutes les confessions ! Et puis c'est surpeuplé. Normal, c'est l'île de la capitale, celle où tout le monde espère faire fortune, surtout les jeunes, désenchantés, pas de travail…

200 km plus tard, nous voilà presque au point de départ. La boucle que nous avons effectuée dans le sens inverse des aiguilles d'une montre se referme. Nous nous dépêchons d'arriver au Belvédère, voir le coucher du soleil sur la ville de Papeete… C'est trop beau… et si on revenait demain matin pour voir le lever avec Natacha ?

De retour sur *Kangaroo*, les jeunes s'organisent. Puisque la nuit va être courte, on dort sur le trampoline ? À trois heures du mat, tout le monde est levé. Bien sûr que nous voulons tous venir à l'aéroport ! Il n'y a que Sophie qui reste sous la couette…

Superbe ambiance dans ce hall d'arrivée. La majorité des gens trépignent d'impatience. Dans leurs mains, des colliers de fleurs de Tiaré au parfum suave.

- C'est pour mon fils, parti deux semaines en vacances, me dit une dame.

La tradition perdure, ce n'est pas du folklore. Dommage qu'on ait découvert seulement en partant les « mamas » qui vendent ces colliers fraîchement composés. Elles ont été délocalisées dans une cabane au milieu du parking, il fallait le savoir !

Natacha n'en revient pas. Quel comité d'accueil et de si bonne heure ! Elle est totalement jet-lag, il faut continuer dans l'efficacité pour ne pas qu'elle s'endorme. Retour au bateau pour déposer les valises et récolter une Sophie qui s'est réveillée pour nous préparer le café. Puis nous repartons au centre ville.

Il n'est que 5 heures et demi dimanche matin ! Et comme le dit si bien le guide, rien ne vaut la visite du marché de Papeete à la descente de l'avion pour comprendre le charme de la Polynésie ! Les rues autour du bâtiment central sont grouillantes de vie. Stands de légumes et de fruits. Nous ne sommes de loin pas les premiers, l'activité commençant dès 4 heures du matin. On fait le plein de mangues, ananas, papayes, pamplemousses, haricots, navets, aubergines, concombres, oignons, brioches, viandes et j'en passe.

Et les croissants… N'oublions tout de même pas que nous sommes en France et que nous avons encore le temps, non ? Alors avant d'aller rendre les deux voitures, nous remontons au Belvédère pour déguster nos viennoiseries et prendre depuis là-haut notre première photo de groupe ! Et pour le reste des vacances, on fera plus reposant ?

Retour au bateau. Rangements, pleins d'eau, snorkeling. Nous quittons le mouillage au coucher du soleil par la passe Tapuna. La musique locale est débitée à puissance maximale depuis de drôles de petites huttes-bar flottantes. La jeunesse se déhanche sur un petit haut-fond, les pieds dans l'eau, cocktail à la main. Je me réjouis de trouver des endroits plus sauvages. Les innombrables aller-retour des jets-ski, scooters des mers, skis nautiques au milieu de la baie m'irritent au plus haut point, non seulement à cause des vagues mais pour la sécurité. N'était-ce pas marqué « vitesse limitée » sur le panneau ? Les *vahas* locaux ont plus de charme.

Raiatea et Taha

Une bonne nuit de navigation et c'est dans la poche… Très facile puisque nous sommes poussés par le vent pour arriver dans l'archipel nommé bien justement « les îles Sous-le-Vent ». En font partie la célèbre Bora-Bora, Huahine, Raiatea et sa sœur Taha, ainsi que Maupiti que nous ne visiterons pas, pour le moment en tout cas.

Hervé était tellement content d'avoir son copain à bord que j'en ai profité pour bien dormir… Ils ont géré leurs quarts de nuit d'une façon complètement illogique… De ma couchette, je les entendais papoter comme des nanas et rigoler… c'est vraiment sympa de recevoir du monde à bord mais moi, à un moment donné, j'aurais été dormir pendant que l'autre veillait et vice-versa… eux, c'était du 100% ensemble… Comme quoi, les femmes et les hommes ne fonctionnent pas de la même manière !

Toutes les îles de la zone sont au même stade de développement. Dans les îles Sous-le-Vent, nous avons droit au volcan et à la barrière de corail. C'est spectaculaire. Au moment de rentrer dans la passe, toujours naturelle mais parfois agrandie à la dynamite, les couleurs de l'eau changent abruptement. Le bleu profond se décline jusqu'au turquoise en quelques mètres, avec des vagues superbes parsemées souvent de surfeurs.

Nous avons choisi de franchir la passe Taputapuatea, elle arrive directement sur le Marae. Un Marae est un espace religieux, une grande plateforme recouverte de pierre volcanique ou de corail qui sert au déroulement des cultes. Ces pierres que nous foulons de nos pas au coucher du soleil ont joué un rôle capital et « international » dans l'histoire polynésienne, puisque tout nouveau Marae des îles voisines devait incorporer une pierre de ce site cérémoniel. C'est encore plus incroyable lorsque l'on apprend que certains chefs maoris venaient des Australes, des îles Cook et de Nouvelle-Zélande en pirogue minuscule pour prendre part aux cérémonies ! Se balader dans les dernières lueurs du jour sur cet emplacement mystique était assez troublant.

Raiatea est aussi la base nautique des bateaux de location. C'est donc une autre ambiance aux mouillages. On se croise, on se salue de loin, mais chacun reste chez soi. Ça ne me dérange pas outre mesure étant donné que, nous aussi, nous nous replions sur ce qui se passe à bord…

Utuora, la 2e ville de Polynésie française, ne nous a pas fait grande impression. Deux rues séparées par un marché tout moderne avec à l'étage les sempiternels mêmes souvenirs : nacres, perles, paréos, sculptures, robes à fleurs et vanille. À force d'en voir partout, j'ai un peu la nausée. Une ville si petite que Natacha a même réussi à rencontrer des collègues de travail qui passaient quelques jours de vacances sur un grand ferry ! Décidément, la planète n'est pas grande.

Trois ou quatre jours pour faire un circuit en huit autour des deux îles. Avec de beaux arrêts à l'ancre, surtout celui au nord qui nous a offert un spectacle magnifique, un coucher de soleil sur un lagon turquoise avec dans le fond la silhouette de Bora-Bora. C'est tentant.

Bora-Bora

14 août

La navigation pour rejoindre l'île mythique aura pris plus de temps que prévu car le vent dominant était absent et remplacé par une brise venant bien entendu directement de Bora Bora… Ces bords de près ont cependant été agrémentés de belles surprises : bal de dauphins et deux baleines ! Normal, c'est la saison… Et comme d'habitude, ces attractions font sortir tout le monde sur le pont avant… Comment cela se fait-il que l'homme soit tellement attiré par ce spectacle ?

Le charme de Bora-Bora s'est abruptement estompé dès notre arrivée. Des bateaux de partout, pour les constructions, c'est pareil. Nous avons trouvé une place acceptable au bord d'un chenal… la dernière de la file, assez tranquille, jusqu'à ce qu'un yacht à moteur ait la bonne idée de jeter son ancre juste devant nous malgré le tapage orchestré par Hervé et les enfants, dans l'espoir de les faire fuir ! Pas de chance pour nous, ils avaient aussi des enfants à bord et cela ne les a pas découragés… Et nous avons dû subir toute la nuit le bruit de leur générateur.

Après un snorkeling au milieu de raies énormes, nous sommes partis vers le nord de l'île… le bal des couleurs est incessant et épatant. Sinon, c'est la consternation. Il n'y a presque plus de *motu* désert - un motu est une petite île de sable corallienne. Partout, des Pearl Beach Intercontinental Hilton Spa Bora Bora Sofitel Club Star Hotel... construits sur le même modèle. La petite paillotte les pieds dans l'eau avec variations : grande terrasse, piscine privée, jacuzzi et canapés en option. Quand on apprend que le taux d'occupation en pleine saison frise le 30%, c'est à hurler scandale. Avec nos jumelles, nous n'avons effectivement pas vu la foule. Juste des traces de serviettes étendues, quelques couples enlacés sur des chaises longues, leur alliance rutilante à l'annulaire.

Question météo, ce n'est pas toujours le grand beau. Nous le savions, c'était marqué dans le guide, ne pas venir en Polynésie en espérant avoir toujours beau temps. C'est impossible. Sur *Kangaroo*, tout le monde s'acclimate assez bien à ces brusques changements climatiques. Les enfants en profitent pour lancer de grands jeux de société et nous... on bouquine, on cuisine et on continue à refaire le monde.

Huahine

19 août

Tout ceux qui ont été en Polynésie nous avaient avertis : « Ne manquez pas Huahine, c'est la plus jolie ».

Je demandais à voir. Pour l'instant, les îles de la Société étaient certes très photogéniques, mais décidément trop touristiques à mon goût. J'ai préféré les Marquises, avec leur côté authentique.

Dès le pied posé à terre, nous avons tout de suite senti la différence. Le village est tout petit. Devant le supermarché, très bien achalandé, plein de petits stands improvisés sur des tabourets. Qui veut des tomates, des salades ou des fleurs ? Un petit garçon fait sa sieste dans un caddie.

- Eh bien oui, m'explique sa maman. C'est plus simple que de mettre la poussette dans la voiture ! Alors tous les jours, je vais prendre un caddie, je mets une couverture dedans et ça me fait son lit pendant que je vends mes légumes !

On retrouve des amis de bateau, des envies nous prennent… Tour à vélo ? Baptême de plongée ? Barbecue sur la plage ? Trois jours de rêve sur cette île fort accueillante…

21 août : matin en mer direction Moorea

Nous sommes sur le bout pénible. La remontée contre le vent et le courant entre les îles Sous-le-Vent que nous avons visitées (Bora-Bora, Tahaa, Raiatea et Huahine) et le groupe du vent (Tahiti et Moorea, notre but d'aujourd'hui).

Ce matin, quelle surprise au réveil, je découvre en face de moi une jolie petite île ! Merci Hervé et Igor d'avoir fait les quarts toute la nuit… mais c'est quoi cette île ?

Curieuse, je vais ouvrir mon guide de voyage. L'île n'est même pas mentionnée. Dans un 2e bouquin, idem. Pourtant, MAIAO existe ! Je l'ai devant moi et elle est notée sur notre carte !

Je prends alors le guide nautique et voilà ce que j'y trouve : « Maiao est une île de 10 km accessible pour les petites embarcations par la passe sud et par très beau temps. Cette île est peu développée et NE SOUHAITE PAS LES TOURISTES. Le séjour y est DECONSEILLE et l'accès doit être demandé au Maire ». Cela a le mérite d'être franc et clair. Et pourquoi pas, finalement, après avoir vu l'état de Bora-Bora…

C'est donc de bonne humeur que nous continuons la route vers Moorea. Même si de temps en temps des grains de 30 nœuds nous arrivent dessus. Hervé va à l'avant, choque la drisse, prend le ris, etc.

Moorea et impressions en stop

27 août

Dernière halte pour tout le monde : Moorea. *Kangaroo* est mouillé juste entre les deux fameuses baies à l'allure grandiose : la baie de Cook et Opunohu.

Pour faire le tour de l'île, nous avons loué deux voitures. En fin de journée, nous avons abandonné les enfants et sommes allés au Pearl Resort and Spa… très sympa de siroter des cocktails en regardant les jolies Polynésiennes danser… Les amis étaient ravis, nous, un peu déçus. La puissance des danses marquisiennes nous poursuit. Ici, c'est mielleux, plus aguichant, plus touristique ?

Après, il a fallu rentrer sur Tahiti pour accompagner nos amis à l'aéroport. C'était juste sur l'île d'en face, de l'autre côté du chenal. Nous sommes revenus à Moorea avec Natacha qui jouait les prolongations. Elle s'en souviendra !

- Tu es d'accord de faire une jolie randonnée, pas trop longue, qui part de la baie du ferry pour arriver, comme l'autre jour, sur celle de Cook ? Le guide dit que ça prend deux-trois heures… la vue doit être fantastique depuis là-haut !

Oui mais… en arrivant au col, on n'a jamais pu dénicher le chemin pour descendre la vallée. La randonnée s'est éternisée, on a enchaîné les parcours pour arriver au sommet des trois pins 5 heures plus tard. Un gentil guide nous a alors expliqué que les gens de la vallée de Cook ne voulaient plus de ces randonneurs ; ils avaient tout simplement barré la route… ah… pourtant notre bouquin datait de 2010 !

Pour rentrer au bateau, comme d'habitude, le stop ! Nous sommes devenus des pros. Par équipe de grands, de petits, masculine ou féminine. En poussant les enfants devant, en solitaire. Les Polynésiens sont tellement gentils, ça marche assez bien. Quelquefois, les lieux d'attente ne sont pas très drôles, regorgeant de moustiques, mais bien souvent, c'est un moyen de transport très sympathique qui nous permet d'apprendre une foule de choses sur les habitudes du pays. Par exemple :

- Nous, on va chercher nos enfants au ferry. Ils vont au Lycée à Tahiti. Tous les matins ils se lèvent à 3h30, nous les amenons au ferry de 5 heures et ils partent à l'école. Le soir, ils reviennent avec celui de 17h. Sacrée longue journée… faut aimer les études !

- Vous avez fait toutes ces îles ! Je suis Polynésienne mais je ne connais que Tahiti et Moorea. Beaucoup de gens sont comme moi. C'est si cher les billets d'avions inter-îles.

- On préfère profiter des offres spéciales pour la Nouvelle-Zélande ou l'Australie. Pour 800 Euros, on passe une super semaine là-bas et on fait du shopping !

- Je suis décorateur pour le film de Mathieu Kasovitz. On est en train de tourner juste là, dans la crique. C'est sur le soulèvement en Nouvelle-Calédonie... mais là-bas, on ne pouvait pas faire le film, c'est encore trop frais dans les mémoires...

- Je suis prof de lycée à Tahiti mais j'habite à Moorea. J'ai de la chance ! Mon copain est aiguilleur du ciel. J'ai donc des tarifs préférentiels. Pour moi, pas de ferry. Je vais travailler tous les jours en avion ! Je prends celui de 7 heures et je reviens vers 17h. Pas de problème, je vous amène au bateau... j'ai le temps.

- Mes rames... oui... car je vais m'entraîner... Au mois d'octobre je fais la course la plus dure du monde en pirogue. Elle va de Huahine à Bora-Bora en passant par Tahaa... vous en avez entendu parler ?

- Ah. Non, c'est pas du tout ma direction... mais montez, montez donc. Il n'y a que 10 km !

- Ils sont avec vous les trois autres là-bas ? On les prend aussi ?

- Les dauphins dans le lagon annoncent le mauvais temps.

- Derrière, ce sont mes filles. Les temps changent, vous voyez. Mes parents se parlent en polynésien, moi je parle avec ma femme en français et mes filles, eh bien voilà, elles ne parlent plus le polynésien... je sais, c'est dommage...

- Je vous ai pris car vous savez, le stop, de nos jours, ça ne marche plus du tout.

(AH BON ???)

LE SILLAGE DES FAVRE EN MER – *KANGAROO*

Le Pacifique

Surprises

Ile de Pâques, Rapa Nui

15 septembre

Vous auriez dû voir la tête d'Hervé ! Nous nous étions donnés rendez-vous à la terrasse d'un café, dans une ruelle ombragée située près du marché central de Papeete. Il était allé faire le tour des magasins d'accastillage, tandis que moi, j'ai joué la mystérieuse...

- Eh bien non. T'as perdu. Je n'ai pas été acheter des perles.

Ce n'est pas l'envie qui me manque... mais trop de choix tue le choix, comme on dit en famille... J'ai déjà mes boucles d'oreilles, ma perle autour du cou. Peut-être que je vais le regretter en revenant vivre dans la civilisation tirée à quatre épingles ?

- Mais qu'as-tu fait alors ?

C'est là que je lui ai tendu l'enveloppe. Etonné, il l'a ouverte et a découvert quatre billets d'avion. L'idée me trottait dans la tête depuis plus d'une semaine. Mais l'explication mérite une précision. À Genève, le deuxième jeudi du mois de septembre est férié : c'est le Jeûne genevois. On mange alors la célèbre tarte aux pruneaux et beaucoup en profitent pour partir en long week-end. Je sais, je sais… on a déjà bien de la chance de vivre notre aventure… mais une petite escapade loin du bateau, ça ne peut pas nous faire du mal, n'est-ce pas ?

Et à la base, dans le plan variante « je ne sais plus combien », on ne pensait pas partir vers l'ouest mais revenir via l'île de Pâques… Quel dommage de rater cette escale alors qu'Hervé avait donné à son deuxième cata le nom de Rapa Nui.

Tout a été parfait. Même la météo puisqu'en partant là-bas, nous risquions de rencontrer le froid, l'île étant située sous le tropique du Capricorne.

Rapa Nui est magique. Rien que par sa situation. C'est l'île habitée la plus isolée de tout autre endroit du monde, vous vous rendez compte ! Et quand on apprend son histoire, on reste abasourdi. Elle a été officiellement « découverte » le jour de Pâques 1722 par un marin hollandais. Il y avait alors 4000 habitants.

Au départ, imaginez sept hommes qui, selon la légende, débarquent d'on ne sait pas où - de Polynésie vraisemblablement - sur des pirogues doubles… sorte de catamaran qui n'a rien à voir avec notre *Kangaroo*. Ils s'installent et créent une société vouant un culte aux ancêtres. Il y aurait eu plus de 9000 personnes sur l'île.

Ce groupe semble ensuite se diviser en clans, avec ceux qui règnent - les longues oreilles - et les autres qui subissent - les courtes oreilles, évidemment. Ces derniers passent leur temps à devoir sculpter des statues. Puis ce sera la destruction complète de la forêt, les guerres de clans, le cannibalisme. Ensuite viendront les razzias, pour fournir le continent en esclaves, et l'arrivée des maladies. Au pire moment de leur histoire, on ne dénombrait plus que 111 Pascuans.

Les théories vont bon train. Des idées nouvelles apparaissent souvent. La dernière en date claironne que les statues n'étaient pas roulées à l'aide de rondins de bois mais que les hommes les faisaient marcher en les basculant d'un côté à l'autre du point d'équilibre avec des cordages. Plausible.

En revanche, ce que je peux vous raconter, c'est la force qui émane de l'île. L'émotion qu'elle procure. Toutes ces vagues qui claquent contre les rochers. La carrière hallucinante et verdoyante dans laquelle les archéologues ont trouvé toutes ces statues inachevées, regardant au loin, dans tous les sens. Elles étaient sculptées soit debout, soit couchées, et après, elles se cassaient en route lors du transport… fin tragique, en miettes, abandonnées…

Puis il y a les autres. Celles qui ont été remises sur pied suite à des travaux de restauration. Elles sont là et vous regardent, imposantes, majestueuses, alignées. Ce sont les ancêtres qui protègent le village. Impressionnant, une pure folie quand on imagine les moyens de l'époque.

Notre guide français a épousé une Pascuane et y vit depuis plus de 20 ans. Nous avons ainsi pu lui poser toutes nos questions, comprendre pourquoi nous étions à un tournant de l'histoire. Figurez-vous que les Pascuans n'ont reçu qu'il y a 40 ans le droit d'avoir un passeport et de voyager ? Et qu'en 1960, ils allaient toujours puiser de l'eau douce dans des cavernes souterraines ou au fond du cratère volcanique ? À dos de cheval !

Partout dans le village flottaient des drapeaux locaux. Tournant historique. C'était l'occupation, la révolution, la rébellion. Le musée, le futur grand hôtel, tout avait été pris en otage. Ce qu'ils réclamaient : une plus grande autonomie. Et je les comprends. Ils ne sont pas Chiliens. Ils sont bien plus Polynésiens et complètement Pascuans. Bien sûr, tout le monde parle espagnol. Mais c'est une manière pour eux de prendre de la hauteur, de se faire respecter. Au fond de leur cœur, ils restent Rapa Nui.

Alors oui, on a triché. On n'est pas venu par bateau. Heureusement d'ailleurs, les mouillages étant rocambolesques. Il semblerait que la meilleure période soit février. Alors vous savez quoi ? On a gardé ceci au fond de notre mémoire… qui sait… un jour on reviendra peut-être voir le concours qui élit la plus jolie fille de l'île ?

Surprises et frayeurs

Kangaroo n'a pas été sage pendant notre voyage. Il nous a même fait une grosse frayeur. J'aime les surprises, celles qui sont de bon goût. La première était excellente. Notre amie Brigitte, expatriée française rencontrée lors d'une marche aux Marquises, qui travaille pour l'Université de Papeete, est venue nous chercher à l'aéroport pour nous amener à la marina. Avec son beau sourire devant mon regard incrédule, elle a posé autour de nos épaules ces splendides colliers de fleurs de tiaré en guise de bienvenue. Je n'y croyais même pas tant j'étais surprise et heureuse. Cette manière de nous souhaiter la bienvenue est touchante et enivrante.

L'annexe n'a pas bougé d'un poil. On décadenasse et sautons dedans. Ouf, on a toujours le pied marin ! Bientôt la maison... euh... le bateau. Mais plus nous avançons à travers le mouillage, plus nous nous inquiétons. Notre œil aguerri ne détecte pas le feu de mouillage de *Kangaroo*, qui est pourtant d'une couleur assez distincte – nous sommes déjà équipés de LED – et souvent le plus haut vu la taille de notre mât. Pourtant, nous l'avions bien laissé là ? Bien ancré ? Ça avait été fort discuté. Le bateau avait tenu sur son ancre sans déraper la semaine entière précédant notre excursion, malgré les changements de régime de vent. Pourquoi prendre le risque de le déplacer ?

Panique.

Il a été volé ?

Finalement, nous le découvrons. À couple d'un autre catamaran. Quel soulagement ! Même si nous n'avions pas de réponse. Que s'était-il passé ? On grimpe, frappons à la fenêtre du bateau qui nous soutient. Bizarre, personne ne répond. Comme il est près d'une heure du matin et que nous avons en plus 4 heures de décalage horaire, nous allons nous coucher, non sans avoir fait avant un petit tour du bateau. Pas grand chose à signaler. J'ai beaucoup de peine à trouver mon sommeil. Qu'avons-nous touché ? Du corail ? La coque et les safrans ont-ils souffert ? L'ancre n'est même pas remontée, que c'est étrange.

Ce n'est qu'au matin que nous avons droit aux réponses. La nuit dernière, un coup de vent inattendu a permis à *Kangaroo* de s'échapper. Cela faisait pourtant 10 jours qu'il était sagement à sa place, ancre bien ensevelie dans le sable. Mais il est vrai qu'on n'avait pas descendu beaucoup de chaîne, juste le minimum syndical, n'ayant pas énormément d'espace pour éviter dans ce mouillage surpeuplé. Notre cata a dérapé, tout tranquillement et s'est mis gentiment à couple du bateau de Martine rencontrée déjà à deux reprises, aux Canaries et aux Antilles. On a eu beaucoup de chance.

Ce soir, le vent s'est relevé. Et l'angoisse me gagne. C'est fou de penser que nos maisons sont si fragiles, qu'on pourrait perdre notre abri, notre porteur de rêves, si facilement, par un simple coup de vent. Ce sont des histoires qui arrivent et la plus incroyable que j'aie entendue est celle des *Taoz*. Au Cap-Vert, dans la baie de Mindelo, ils avaient dérivé pendant la nuit et leur ancre s'était accrochée à celle d'un énorme cargo qui mouillait dans la baie, pas très loin des rochers où ils se seraient fracassés. Imaginez la tête du skipper lorsqu'il se lève le matin et voit devant lui l'étrave du mastodonte !

Et le vent souffle, souffle sans s'essouffler. Cela ne s'arrête pas. J'entends l'éolienne du voisin, on dirait qu'il va décoller tellement ça siffle. Le lagon est comme fou, avec de courtes vagues blanches d'écume. Au loin, dans la marina, je vois les mâts des bateaux tanguer vigoureusement. Ça brasse fort là-bas aussi. On dirait une disco de baguettes, toutes en train de danser à la lueur des projecteurs !

Haubans qui claquent comme un carillon, soupirs de vent. Il n'y a qu'à courber l'échine, attendre que ça passe. C'est ça la vie en mer : c'est elle la plus forte, c'est elle qui commande, qui mène la danse, choisit la musique.

J'espère que je vais pouvoir dormir sur une oreille au moins. Ce ne sera pas dans notre cabine. J'ai oublié de fermer les capots. Tout est trempe, du drap au matelas. Quel luxe d'avoir une cabine supplémentaire ! Je me glisse donc dans des draps frais, avec un bon roman.

23 septembre

Nous sommes prêts à partir. Il n'y a qu'un problème. Je n'en ai pas très envie.

Plus les jours passent, plus je me pose des questions sur notre mode de vie, que j'aime beaucoup, décidément.

Une petite halte à Raiatea n'a fait qu'empirer les choses. Nous avons retrouvé plein de bateaux copains, même la famille de Laurent Bourgnon était là.

Nous avons ainsi tous rebasculé dans le social. Quel bonheur ces soirées, ces annexes remplies d'enfants de 5 à 15 ans qui partent à terre pour l'après-midi. Aujourd'hui, c'est mercredi, le jour de la semaine où l'on fait chauffer de l'eau pour qu'Hervé se rase. Et puis, demain jeudi, c'est grève à l'école municipale, pour le CNED aussi ? Tentant de rester un jour de plus encore... non ? Et vendredi, l'élection de miss Polynésie ! Vous voulez rater cet événement ?

Que ce serait bon de se poser ici, comme certains. Passer une saison et continuer l'année prochaine, plus tranquillement. Stop. J'arrête de rêver. Nos visas arrivent de toute façon à expiration. Trois petits mois et puis s'en vont.

Demain, nous partirons. Reprends-toi Muriel. Droit devant. Plein ouest. Nous avons étalé la grande carte du Pacifique devant nous. Impressionnant. Ça va être chouette, non ? Noël à Sydney. Il paraît qu'à Nouvel An, il y a un feu d'artifice incroyable. Et ma petite expérience australienne, pour découvrir les Fusion 40, m'a bien mise l'eau à la bouche.

Il y a du chemin avant... Ou plutôt de la mer. 3000 milles environ. Avec comme première escale Suvarow.

Suvarow... on en rêve. Et vous, vous connaissez ?

Ces petites îles des Cook ont acquis leur réputation entre autre grâce à l'obstination d'un seul homme : Tom Neale. Il avait décidé de tout quitter pour partir s'installer là-bas, en solitaire, loin de tout. Son plus long séjour sur place a été de 7 ans. Son livre incroyable relate son aventure : Tom Neale, Robinson des mers du Sud (*An island to Oneself*).

Malheureusement, ce livre n'était plus à bord. Après lecture par tout l'équipage, nous l'avions échangé l'an dernier, n'imaginant même pas venir de ce côté de la planète ! Grâce à la magie d'internet, à Papeete, nous avions toutefois pensé au dernier moment à télécharger une version du livre sur notre Ipad, trouvé en version originale.

Ce fut donc l'une des lectures de cette traversée qui me donnait envie d'avancer pour découvrir cet endroit si perdu. La halte au milieu de l'océan, le relais sur le côté de l'autoroute. L'île de « Tom Neale ». Mais pas trop vite. Car l'un des bouquins échangés me racontait aussi l'histoire d'une petite famille naviguant tout comme nous, en catamaran, échouée non loin d'ici sur un banc de corail. L'horreur. Le cauchemar. Le père meurt à la fin. Ne pas oublier de bien zoomer sur les cartes pour éviter ce genre d'erreurs. Prendre assez large. Penser aux courants. Rester vigilants même si tout semble clair, droit devant.

Et ne pas tomber dans le « trou ». Plausible à la lecture du mail reçu de mon amie Odile ce matin même et relatant l'épisode suivant : « Nous avons déplié la carte du monde ce week-end sur la grande table du salon ; les enfants adorent. Seul problème du jour et malgré beaucoup de bonne volonté, il a fallu se résigner. Vous n'étiez plus sur la carte du monde ! Disparus ! »

Ces quelques degrés de longitude où nous voguons actuellement n'intéressent pas les cadreurs de planisphère. « Tu te rends-compte ? continue-t-elle, nous avons dû sortir la mappemonde pour vous retrouver ! » Ensuite, il paraît qu'ils ont décidé du programme du dimanche et leur fils de 6 ans, Felix, a proposé de nous rejoindre à vélo… mignon.

Je me demande vraiment ce qu'on va vivre là-bas. Il semble qu'il y ait deux *rangers* qui s'occupent de l'atoll, devenu maintenant seul et unique parc national des îles Cook. Ils s'occupent de l'îlot et collectent la taxe de passage puis rentrent chez eux pour la saison des cyclones qui débute en novembre. Sont-ils heureux au milieu des oiseaux, des poissons, des coraux et des navigateurs de passage que nous sommes ?

Continuer à écrire

Septembre 2013, les premiers salons nautiques ont ouvert leurs portes et moi je n'ai pas fini d'écrire mon livre. Pourtant, je veux continuer… raconter jusqu'au bout notre voyage. J'ai même pris trois jours entiers toute seule, durant l'été, pour avancer dans mon manuscrit. Quel bonheur ! Installée dans ce beau chalet de Saint-Luc, avec une vue à couper le souffle sur le Cervin, je me la suis jouée Ella Maillart : elle a fini sa vie pas loin d'ici, dans le village de Chandolin. Ella l'aventurière, l'exploratrice, la reporter courageuse. J'aimerais tellement ressembler à l'une de ces femmes extraordinaires... Une femme qui fait rêver, non pas parce qu'elle est belle, mais par ce qu'elle représente : L'Aventure.

Ce n'est pas la motivation qui me manque. C'est plutôt un problème d'organisation. J'ai besoin de longues plages de silence pour me remettre dans le bain. Pour me jeter à l'eau et retrouver le rythme des vagues. Ensuite, « la mayonnaise prend ». Relire pour ressentir, se rappeler. Puis compiler. Ce livre n'est pas seulement la juxtaposition de nos billets postés sur le blog, à intervalle régulier. Cela aurait été trop indigeste. Il fallait couper les répétitions, relire les nombreux carnets écrits au fil des vagues.

Et puis... je ne suis pas écrivaine.

Déception, car je n'ai pas atteint dans les temps l'objectif que je m'étais fixé toute seule. Et si je laissais tout tomber ? Ce n'est pas trop dans mon caractère non plus. J'en suis déjà aux deux tiers. En plus, il y aurait de la place en librairie pour notre aventure... Cela ferait rêver quelques lecteurs et aiderait concrètement quelques familles à se décider. Cette vie de marin est-elle faite pour tout le monde ? Non. Il faut aimer être bousculé, au propre et au figuré. Oser prendre des risques, découvrir, rencontrer. Aimer et quitter. Se dire au revoir. Même adieu, des fois.

Ma boîte aux lettres m'a réservé bien des plaisirs aujourd'hui. Pourtant, Noël est encore loin. Au milieu des factures et des pubs, je découvre avec étonnement deux étranges missives.

Tout d'abord, une carte postale de ma Julie, partie en échange linguistique en Allemagne, à Göttingen. Première fois qu'elle part toute seule, ma petite... de 13 ans. Même pas son frère pour lui tenir compagnie. Le cordon ombilical qui s'étire au-delà des frontières. Apprendre à se débrouiller par soi-même. Vivre dans une autre famille. Je ne me fais cependant aucun souci pour ses capacités d'adaptation après tout ce qu'elle a vécu. Si nous sommes rentrés, c'est justement pour que nos enfants apprennent à voler de leurs propres ailes, et je les encourage. Ils y prennent d'ailleurs bien goût. Entre le sport et l'école, il y a de moins en moins de place pour nous.

Nous quatre. Je me sens démunie. Un autre deuil que je ne m'attendais pas à faire si vite. Le deuil de notre vie de famille. Et je pense que la chute est plus dure puisque je tombe de bien plus haut. Qui peut de nos jours se vanter d'avoir vécu trois ans de suite 24 heures sur 24 collé à ses enfants ? Pas grand monde dans nos sociétés. Et ça soude. Sauf qu'après, ils partent quand même. Ils s'envolent du nid. Et il faut se trouver rapidement une autre manière de vivre. S'occuper de soi, de sa vie de femme. Sortir des nouveaux projets de la boîte.

Et cette grande enveloppe blanche… que contient-elle ? Un nouveau problème en perspective ? Et là, surprise : un manuscrit… que je feuillette sans mes lunettes… Mais c'est le mien ! Le début du mien ! Avec un petit mot de l'une de mes amies à qui j'avais demandé de lire le début, juste pour voir… « Bon, ma chère Muriel, le temps passe… ! Trop vite ! Nous voilà bientôt en automne et vous avez déjà été chatouiller les glaçons… quelle belle aventure, enfin, je devrais dire, encore une belle aventure, et merci à Facebook qui m'a permis de vous suivre. Bon, ma chère, je te remets quand même ton bouquin, car si jamais, si éventuellement, au cas où tu trouves 5 minutes pour le terminer :-) ! Je l'ai à nouveau relu, j'adore… »

Que ça fait du bien ! C'est si rare de nos jours, les compliments ! Bien sûr, ce n'est qu'un jugement purement subjectif. Mais il motive, stimule, redonne confiance.

Alors, c'est reparti… vous êtes prêts pour la deuxième partie du Pacifique ?

Des Cooks au Vanuatu

Suvarow

1er octobre

Nous avons Suvarow pour nous seuls... Certainement pas pour très longtemps. Les quatre uniques bateaux du mouillage se sont volatilisés sitôt notre arrivée. « Ne le prenez pas personnellement, mais nous partons tous tout à l'heure ! » m'a dit un inconnu à la VHF. J'étais aux anges, quelle bonne nouvelle !

Les temps ont déjà bien changé depuis l'époque de Tom Neale. L'escale est connue. Nous sommes le 95e bateau comptabilisé depuis le 1er juin. Sous l'œil averti de nos deux « rangers » locaux, James et Apii, nous profitons de notre petit paradis.

La maison de Tom Neale est devenue le « Book exchange », l'endroit où l'on troque les bouquins. Elle sert également de remise aux gardiens. Ils vivent juste à côté, dans ce chalet brun sur pilotis, autour d'une grande table très conviviale qui sert à prendre le thé, remplir les formulaires, jouer et partager les repas.

J'ai cependant décelé de grands soupirs, par rapport à mon Tom Neale. Un genre de ras-le-bol. Pourtant, son aventure était incroyable ! Tom avait connu un écrivain, Frisbie, qui avait vécu ici avec femme et enfants. Il avait même dû attacher sa famille aux palmiers lors d'un passage d'un cyclone, ce qui les avait tous sauvés ! Lors de leurs rencontres, Frisbie parlait souvent de Suvarow à Tom et le projet de se retirer un jour ici a fait petit à petit son chemin. En 1945, Tom a eu l'opportunité de voyager sur un cargo qui allait faire escale sur l'île pendant 2 jours. C'est le coup de foudre. Il part s'y installer définitivement en 1952, à l'âge de 50 ans : « - j'étais trop jeune avant ». Son livre raconte à merveille les préparatifs de son départ, ses débuts, ses problèmes d'adaptation. Mais voilà, je crois comprendre. Tom était originaire de Nouvelle-Zélande, même pas marié avec une femme des îles Cook. Est-ce pour cela que les gardiens haussent leurs sourcils ? Et il n'y a pas que Tom qui ait vécu ici. Il y en a eu d'autres, avant, puis après. Des familles, travaillant pour des fermes perlières, par exemple. Et des soldats, coincés devant leur postes de radio pendant la seconde guerre, censés détecter les peu probables passages d'avions japonais... des soldats un peu démoralisés, perdus au milieu du Pacifique, avec l'impression de rater toute la part de l'action !

Sur *Kangaroo*, nous ne sommes pas démoralisés du tout. Car c'est une nouvelle ambiance et une nouvelle expérience que de vivre ici. L'impression d'être au milieu de nulle part est très déconcertante. On entend de l'extérieur de l'atoll les vagues de la houle qui s'écrasent sur les brisants et nous, ici, sommes au calme dans le lagon. Seul hic, avouons-le, les requins. Ils sont censés être gentils, ces pointes noires, mais de les avoir en permanence derrière la jupe du bateau... c'est assez gênant et ça ne donne pas envie de se baigner. Surtout, il y a les requins pointes grises... plus dangereux. Heureusement qu'ils ne viennent pas trop nous narguer lorsque nous allons voir les poissons au milieu des coraux multicolores le long des récifs !

Opération nettoyage

Ah... la belle île déserte au milieu du Pacifique. Pourtant, même ici, on voit ce que le progrès a apporté: des tonnes de déchets. Ils sont arrivés, dérivants sur l'océan, ballottés par les vagues. C'est vraiment désolant.

Suvarow est très bien entretenue. Cela fait partie du cahier des charges de nos deux *rangers*. Ils doivent également inspecter des motus (petite île de sable corallienne) situés sur le pourtour de l'atoll. Alors quand ils nous ont proposé de venir avec eux sur le motu Manu, nous avons bien sûr répondu présent. Michel et Carmen de *Color Azul* se sont d'ailleurs joints à nous.

Une demi-heure d'annexe plein ouest. L'eau est fabuleuse, une vrai palette d'artiste aux tons bleus et verts. Il fait déjà très très chaud, le sable brûle nos pieds et il y a du boulot. En une heure, nous amassons une quantité inimaginable de détritus. Des bouées issues de filets dérivants, des boîtes en plastique, des pneus, des chaussures mais aussi des bouteilles en PET, par dizaines, avec des étiquettes chinoises, japonaises et même néo-zélandaises. Des néons et des ampoules encore entiers! Vous ne me croyez pas ? Il paraît que ce sont les cargos : voyez-vous, quoi de plus simple, quand vous remplacez le néon, que d'ouvrir le hublot et de tout jeter par dessus-bord !

Robin et Julie n'étaient pas les seuls ahuris.

Le même constat avait été fait au San Blas, ces îles situées au large de Panama. Nous arrivons souvent dans des endroits entretenus par les locaux mais dès qu'on se promène un peu plus loin et qu'on découvre la vraie facette des choses, eh bien, ce n'est pas reluisant.

Nous avons rempli les annexes de tout ce qui pouvait être recyclé et James et Apii reviendront faire un grand feu dans quelques jours, quand le vent sera tombé. Ce serait dommage que tous nos tas de déchets repartent à la mer.

Au retour, consolation : la pêche a été fructueuse. Sur l'annexe de *Kangaroo*, il y a eu un joli combat avec un mérou !

Le tabou, sans oublier la cale bonheur.. euh moteur!

C'est ainsi que des nouveaux continents se créent sur notre belle planète bleue. On en dénombre déjà cinq, ce sont les « septièmes continents » ou « waste patch ». Des continents de micro-plastiques, poubelles géantes qui flottent à la surface des océans, composés de particules plus ou moins grandes issues de la fragmentation.

Nous croyons naviguer dans océan propre: c'est une soupe de plastique. Plus ou moins épaisse, sur 30 mètres de hauteur, invisible à l'œil nu, indétectable par les satellites. Il n'empêche que les poissons ingèrent ces débris marins. Dans le tourbillon du Pacifique nord, la concentration de plastique est maintenant 6 fois supérieure à celle du plancton qui est pourtant le premier maillon essentiel à la vie dans les océans, au début de la chaîne alimentaire. Ce qui veut dire que les animaux avalent 6 fois plus de déchets que de matière vivante. Vous avez toujours faim ?

Le problème est bien là. Nous pouvons témoigner. Chacun à notre manière, nous pouvons agir contre ces fléaux. Ne plus se voiler la face. Ne plus se laisser faire, se laisser bêtement tenter. Refuser le joujou qui vient avec l'hamburger. Le gadget inutile. Garder en mémoire la règle des 4 R : Réduire notre consommation. Réutiliser plutôt que de jeter. Réparer. Recycler. Pour utiliser moins de plastique et renverser les tendances ?

Surpopulation

Mais comment appelle-t-on les habitants des îles Cook... Des Cookies? C'est la question que je me posais en regardant nos deux gigantesques *rangers* bientôt désœuvrés. Il y a trois semaines de cela, ils avaient dénombré 24 bateaux dans notre mouillage. Surpopulation. Je comprends que leur gouvernement ait mis des gardes. Et suis heureuse, vraiment très heureuse, de faire partie des derniers voiliers. Nous sommes très en retard sur la saison, mais ça a vraiment du bon.

C'était d'ailleurs la constatation de Tom Neale à la fin de son séjour. Trop de monde. Après la publication de son livre, de plus en plus de voiliers décidaient de faire escale ici. Un vrai casse-tête pour cet homme qui recherchait la solitude plus que tout. Et ça ne lui plaisait plus. Il a accordé l'une de ses dernières entrevues à Bernard Moitessier qui avait été émerveillé par cet homme de 72 ans survivant seul sur cette île en élevant des poules et en cultivant son jardin.

Dans son livre, Tom parle d'une autre rencontre en ces termes : « When they left I remember thinking how vastly different their lives were going to be from mine, once their pleasant cruise was over. Even when they reached Apia, there would be lights, cars, busy streets, cinemas, hotels, so called luxuries which, however desirable, exacted their own price in tensions, problems, congested humanity. It was a price I had long ago decided I was not interested in paying ». Cela peut se traduire ainsi : « Quand ils partirent, je me rappelle avoir réfléchi à combien leurs vies allaient être radicalement différentes de la mienne, leur croisière terminée. Déjà lorsqu'ils atteindraient Apia, il y aurait des lumières, voitures, rues animées, cinémas, hôtels, des soi-disant luxes qui, bien que désirables, allaient devoir se payer en tensions, problèmes et congestion humaine. Un prix qu'il y a déjà très longtemps, j'avais décidé de ne plus payer. »

2 octobre

Le prix à payer…

Je suis partie seule me balader. M'isoler. Le soleil était toujours dans le ciel. Une demi-heure encore peut-être. C'est fou comme ce ballon de feu tombe vite dans la mer lorsqu'il se rapproche de l'horizon. Seule sur l'île. Seule sur la plage. Seule dans mon chagrin. Seule dans la peau de cette adolescente que je ne suis plus, depuis longtemps maintenant. Même si les saisons ne sont pas les mêmes de ce côté de la planète, mon inconscient n'oublie jamais de me le rappeler. C'est la période, la semaine, puis le jour.

L'année passée, nous étions exactement à Rabat. Autre ambiance. Le grouillement de milliers de personnes, des ruelles qui serpentent, des échoppes de toutes sortes. Nous étions allés boire un thé au café Maure, dans la kasbah.

Elle. Ma maman. Que j'appelais uniquement par son prénom. Sonja.

Je traîne mes pieds nus sur le sable de corail. Cherche un beau coquillage. M'assois sur un palmier courbé par le vent des ouragans. Cela fait chic, tout ça. Je ressens que la douleur s'estompe avec le temps, mais que le manque est toujours là. Dans nos vies de nomades, nous laissons à terre bien des êtres auxquels nous tenons. Ils nous manquent, bien sûr, mais pas de la même façon. Le contact est toujours possible, il suffit d'allumer l'iridium, d'attendre de trouver du wifi. Et la vie qu'ils mènent à terre devint tellement aberrante vue d'ici – tiens, je deviens comme Tom Neale ?

Néanmoins, je reste convaincue que le voyage aura permis de resserrer certains liens. D'ailleurs, pourquoi rentrer ? C'est la question d'actualité. J'y pense souvent. Parce que l'on avait promis aux enfants de ne rallonger notre aventure que de deux ans au maximum ? Je me demande si tout cela était bien raisonné. Que vais-je devenir à terre ? Un chronomètre ? Un compte à rebours ? Ne penser qu'au prochain départ ? Tomber en dépression comme certains ? Divorcer ? Et si la maladie, l'accident, me tombait dessus aussi ? Pourquoi serais-je la seule de ma famille à toujours passer entre les gouttes ? Ne faudrait-il pas continuer à naviguer, sur ce bateau, à la découverte d'autres lieux, unis ?

Le progrès n'a pas apporté que du bon. Il n'y a qu'à voir ce que l'on a ramassé sur la plage. Alors j'essayerai de rester simple. Ne parer qu'à l'essentiel. Etre hermétique aux qu'en-dira-t-on. Consommer plus intelligemment, responsable.

Avitaillement

- Tu n'aurais en tout cas pas pu faire fourrier, m'a dit Hervé en rigolant ce matin (petit clin d'œil au parrain de Julie qui, justement, revêtait la fonction d'aide-fourrier en charge de l'intendance dans l'armée suisse).

C'est vrai que, question avitaillement, je me suis un peu plantée ! À Papeete, j'ai vite pris l'habitude d'avoir un gros supermarché Carrefour juste à côté. J'avais ainsi un peu rempli le bateau, à coup de sac à roulettes que je traîne derrière moi comme une petite vieille dame, fait un peu de frais au marché de l'île suivante, ajouté quelques fruits achetés directement sur un étal branlant, devant la maison d'un particulier. Mais tout ceci était bien trop léger, trop peu calculé, pas du tout géré, comptabilisé. Dire qu'il y a deux ans, nous étions munis d'une liste Excel pour faire nos courses à La Rochelle ! Quel relâchement ! Et d'où vient-il ? De l'habitude du voyage, l'insouciance des îles ? Leur manière de vivre aurait-elle déjà déteint sur moi ? Belle vie que celle où l'on se pose, uniquement le matin à l'heure de se lever, la question cruciale de ce qu'on va bien pouvoir faire aujourd'hui pour avoir quelque chose à manger. Passer sous l'arbre et récolter un fruit.

C'est donc la première fois que je tombe en rade de boîtes de tomates - un comble, quand on connaît notre amour pour les pâtes à la sauce tomate - et de farine que l'on utilise énormément pour le pain, les gâteaux, les pancakes, etc. Idem pour bien d'autres victuailles comme les citrons, les œufs et la sauce soja.

Le mouillage de Suvarow s'est rempli. Nous sommes maintenant une petite communauté de 20 personnes : 2 *rangers*, 4 catamarans français – *Tethys*, *Color Azul*, *Les Pascaux* et *Téou* - ainsi que 2 monocoques, les Suisses sud-africains de *Sangoma* et les Hollandais de *Blauwe Pinguin*.

Et c'est avec beaucoup de plaisir et de simplicité que nous nous sommes tous mis naturellement à nous côtoyer autour de « Pot Lock », dîners canadiens dont raffolent nos deux *rangers*. C'est un moyen pour eux de pouvoir varier un peu leur nourriture... « D'ailleurs, quand cela est orchestré par des bateaux français, c'est encore meilleur ! » nous assurent-ils !

En ce qui concerne l'avitaillement des rangers, j'ai été étonnée de réaliser qu'à terre, il n'y avait presque pas d'arbres fruitiers. Pourtant, Tom Neale passait des heures dans son jardin. Une autre époque ! Là, il y a des cocos, bien sûr, mais peu de bananes et un citronnier qui semblerait n'avoir rien donné. Les rangers ne s'en inquiètent pas, préférant vivre sur ces dîners-soupers improvisés et des cadeaux que leur donnent les bateaux en partant... essence pour faire fonctionner leur annexe et bien sûr victuailles. Figurez-vous que malgré mon manque d'organisation, j'ai quand même réussi à contribuer à leur bonheur en leur fournissant 2 kilos de magnifiques oignons - surplus excédentaire dû à l'absence des fameuses boîtes de tomates...

Le Pacifique

Ah, les beaux festins de Suvarow. J'ai rarement aussi bien mangé que dans ce coin perdu du Pacifique. Chaque jour, les hommes partaient avec leur fusil à la chasse, sous-marine bien sûr, pour revenir avec des prises que l'on se partageait entre tous. Thon grillé, sushis, carpaccios. Sans oublier notre soirée kaveu, ce crabe des cocotiers tellement délicieux que nous avons été chasser de nos propres mains sur un motu situé à une demi-heure de barque.

C'est tout un art, la chasse au crabe. Se munir d'un bâton, d'une bonne paire de gants, de crème anti-moustique et d'anti-histaminique pour ceux qui sont allergiques aux piqûres de guêpes. Puis prendre son courage et pénétrer dans le dédale de buissons touffus entourant les troncs des fameux cocotiers. Trouver l'indice, soit la noix de coco dépecée indiquant la présence de l'animal convoité qui ne mange bien entendu que de la noix de coco fraîche. Et puis le voilà, bleuté, orangé, superbe avec toutes ses pinces qui nous regardent comme des yeux. Il peut être par terre, dans un trou ou sur un tronc. Il suffit alors de le prendre par derrière, afin de ne pas se faire pincer. Facile à dire, plus difficile à exécuter. Robin et Hervé choisiront finalement la méthode sauvage. Immobilisation de la bête avec les pieds (chaussés bien entendu) puis coup de couteau « suisse » dans le crâne. Sauf que la première fois, Hervé a bien failli tout perdre, le kaveu ayant décidé de retourner dans son trou avec l'arme plantée à la verticale dans sa carapace !

Le retour vers Suvarow, nos sacs remplis de kaveu fut également succulent : arrêt dégustation d'oursins « crayons », dix fois plus grands que la normale et violacés comme des choux rouges et des coquillages, les fameuses huîtres au rebord azuré que je photographie souvent en snorkeling.

Nous sommes aussi partis une nuit à la chasse aux langoustes sur le platier, ce haut-fond qui sépare l'océan du lagon. À marée basse, l'eau jusqu'aux mollets, le jeu consistait à trouver les yeux des langoustes qui sont censés briller à la lueur de nos lampes de poches ! Cela n'a pas été facile à cause des vagues et, à la fin, nous avons eu pitié de notre unique belle prise, les autres étant trop petites. J'ai un peu regretté lorsque l'on m'a donné la recette des pâtes à la langouste : « une seule aurait suffit ! » Zut alors, ce sera pour un autre jour !

Que dire de ce dimanche soir totalement improvisé où Michel de *Color Azul* est venu nous apporter une bouteille de champagne toute fraîche avec une boîte de foie gras, afin de nous remercier d'avoir passé la journée à bord de son bateau ? Nous lui avions proposé de réparer son spi, déchiré entièrement pendant la traversée, à l'aide de notre machine à coudre achetée aux Marquises pour la réparation de notre propre gennaker. Une journée très sympa passée à coudre en leur compagnie, alors que dehors il ne faisait que pleuvoir.

Carpaccio de thon, foie gras et champagne, suivi d'un bon James Bond. Nous avons décrété que c'était une de nos meilleures soirées à bord, à tel point que, tout gais, nous avons passé le message suivant sur le canal 16 de la VHF : « Appel à tous les bateaux du mouillage, si quelqu'un à des voiles à faire recoudre, nous sommes disponibles à tout moment ! »

Elle est pas belle, la vie ?

Arrivée de jour au Royaume des Tonga

Nous devrions voir la terre dans quelques heures. Pratique, le GPS. Pas besoin de stresser dehors à regarder l'horizon comme au temps de l'estime et du sextant. L'impatience commence à percer, les projets à creuser des sillons, la *to do list* a trouvé une place sur la table à cartes avec son lot de corvées. Des tâches que nous effectuons pourtant souvent avec plaisir, puisqu'elles nous différencient ainsi des autres, je nomme là les touristes qui viennent passer quelques jours de vacances dans les lieux où nous débarquons. Des activités qui nous permettent de ressentir l'endroit plus fortement, de connaître les habitants, de deviner leurs coutumes. Saviez-vous qu'au Royaume des Tonga, tout s'arrête le samedi midi pour ne reprendre que le lundi ? Que le dimanche est exclusivement consacré au repos et à la prière ? Qu'il est ainsi interdit de se baigner et même de pêcher ? Que les femmes ne pénètrent dans l'eau que vêtues de leurs robes ? Que les hommes portent des jupes longues ?

Traversée sportive pour le skipper qui a passé son temps à choisir et régler ses voiles afin de profiter du peu d'air environnant. Et à remonter une ligne avec au bout un wahoo énorme de 1,60 m, plus grand que notre Julie !

Enfin cette constatation. Grave. Car c'est officiel. Nous aurons fait rater quelque chose à nos enfants en effectuant ce voyage. C'est la journée du 12 octobre 2010. J'espère que cela n'aura pas trop de conséquences négatives dans leur vie ! Que s'est-il passé ce jour-là ? En fait, je n'en sais trop rien. Mais à bord de *Kangaroo*, nous avons franchi la *Date Line,* ce qui fait que nous sommes passés directement du 11 au 13 octobre 2010. Nous ne tournons pas dans le même sens que Phileas Fogg et Passepartout. Pas de jour de bonus !

Dans des odeurs de terre brûlée, un peu plus tard dans la nuit, nous avons pris une incroyable décision. La silhouette noire de la terre a fait son apparition. Nous avons ferlé (remisé) les voiles : attendre patiemment dehors le lever du soleil, rompant ainsi avec notre cycle des arrivées de nuit.

Hervé s'est couché sur le canapé. *Kangaroo* se balance à un rythme différent, abandonné au gré des vagues. C'est un autre monde, de se laisser aller ainsi. Les drisses tapent au mât. Une musique désordonnée. Avec le peu de prise que l'on a déjà face au temps, c'est encore une sensation nouvelle de se laisser aller ainsi, happés par un petit courant d'un demi-nœud.

Au lever du soleil, des formes insolites prennent vie. Bien mieux que sur l'écran radar ! Tout est haut, que c'est drôle ! Cela ressemble à l'image que je me fais de la baie de Ha-Long au Vietnam. Avec un reflet abricot sur les côtés. James Bond va apparaître. Les cartes ne sont pas très précises, attention ! Exclamations de Ah ! et de Oh ! Ces îlots élevés sont incomparables. Au fur et à mesure que l'on avance, ils se transforment en silhouettes de sorcières, de baleines… En me retournant, j'aperçois une petite plaine entourée de falaises, avec des palmiers aux feuilles scintillantes. Superbe. Cet endroit se doit d'être appelé par son nom complet. C'est majestueux. Un vrai royaume naturel, ce Royaume des Tonga.

Pluie

Si certains nous trouvent courageux dans nos choix de vie, je leur réponds que nous n'avons pas beaucoup de mérite. Une petite dose de chance, effectivement, un grain de folie et l'envie d'entreprendre.

Sur un catamaran, nous avons bien plus d'espace qu'en monocoque. Même si le nôtre n'est pas très long, 38 pieds, soit 11.60 mètres, il fait quand même 7.20 mètres de large. Ce n'est pas un 80 m² mais ça y ressemble. Chacun sa chambre plus celle des visites, cuisine et salon. Toutes les pièces sont lumineuses – à part les cales moteurs – et ont vue sur la mer. Je trouve bien plus pénible de vivre en monocoque. Cela penche beaucoup plus, donc il faut tout ranger. En permanence. Impossible de prendre le large sans avoir tout calé. Le choix du bateau dépend de tellement de facteurs, dont le programme et le budget. Puis l'on s'adapte, puisque l'important c'est le voyage, la découverte. L'inconfort n'est que temporaire, tout comme le mal de mer. Le peu de place, un détail.

Steeve est de cette trempe-là. Après son premier tour du monde en voilier il y a 10 ans avec un copain, il a remis cela mais différemment cette fois. *Algarasade* n'est pas grand, un monocoque de 33 pieds soit 10 mètres, 2 cabines seulement. Avec Corina, sa compagne, ils totalisent à eux deux 4 enfants. Cela fait que les deux grands dorment dans le carré. Un bateau prêté par un ami afin d'éviter l'angoisse de la revente au bout d'une année. Il parle d'expérience ! (On dit que dans la vie d'un propriétaire de bateau, il y a deux moments heureux : le jour où il achète son bateau, et le jour où il le vend !). Leur nouvelle monture leur a ainsi été délivrée à Papeete et ils la rendront en Nouvelle-Calédonie. Steeve leur a réservé le plus beau du parcours. Même s'il n'y a pas de frigo. Et ils sont également Suisses !

Sur notre *Kangaroo* beaucoup de bonnes choses se sont donc déroulées. Dans un mouvement de spontanéité et d'envie. Au début, cela n'a pas été si facile pour eux, conditionnés encore par les conventions terriennes : « Dis-donc, ça ne se passerait pas ainsi chez nous… ». Découverte de grottes. On peut y pénétrer en passant sous une arche sous-marine. Le bleu de la mer est ardent. Pique-niques sur motus, jeux, soirées interminables, visites d'écoles, chants et danses, en se promettant à la fin de se revoir dans un an exactement afin de partager nos impressions sur le retour à terre.

À force de papoter avec Corina, j'ai aussi décidé de changer de point de vue par rapport à la fin. Penser au retour comme un nouveau départ. Une nouvelle manière d'aborder nos vies. De toute façon, à part ceux qui ont un intérêt réel à connaître nos expériences, peu de personnes vont vraiment s'intéresser à notre voyage ; nous ne porterons pas très longtemps cette aura. Trop dérangeant.

Il fait un temps pire qu'en Guyane ! Le vent fait tomber les noix de cocos. Cela arrive très souvent. Il n'y a qu'à voir le nombre de voitures au pare-brise cassé, la surface de la vitre brisée ayant même pris la forme creuse et très reconnaissable du missile végétal tombé du ciel.

> La pluie ! C'est le premier point qui caractérisera notre séjour aux Tonga. Le grand beau temps n'est pas au rendez-vous, ce n'est pas de saison, même s'il fait très chaud entre les averses. De quoi me rendre folle pour une simple raison : j'aimerais sécher ma lessive ! J'ai dû m'y reprendre à 5 fois en 48 heures. Avec succès, ou sans, me retrouvant ainsi avec des habits encore plus trempés que lorsqu'ils étaient sortis de la machine à laver, en plus avec des taches de rouille dues aux pinces à linge. Je vous laisse imaginer mon irritation, même s'il faut en rire !
>
> Les enfants ne sont absolument pas inquiétés par ce temps. Cela semble presque parfait. Avec leur quatre nouveaux copains, ils lancent des interminables parties de jeux, bien à l'abri dans le carré de *Kangaroo* ! Legos, Monopoly, cartes... tout a été sorti, c'est le paradis. Du coup, les six enfants vivent leur vie en groupe de leur côté et les parents en profitent ! Petites soirées restos, pauses café, d'autant que les prix pratiqués sont à nouveaux accessibles à toutes les bourses. Cela fait du bien d'être loin des prix de la Polynésie française !
>
> Les Tongais n'ont pas l'air de souffrir de la chaleur, à en croire leur costume porté par de très nombreuses personnes de tous âge. Une très longue jupe, identique pour les femmes et les hommes, qu'ils entourent d'une seconde couche faite de feuilles de palmier tressées.

Ils sont très croyants et très émotifs. Il n'est pas rare de les voir pleurer, une larme semble toujours prête à jaillir de leur œil. Nous avons pu le remarquer à plusieurs reprises. Une cérémonie familiale se déroulait dans le restaurant où nous nous trouvions. Pleurs lors du discours, embrassades, mouchoirs dans l'audience. Sûrement un enterrement. Mais il s'agissait finalement d'un mariage ! Le mystère a été résolu à l'arrivée du gâteau à trois étages, que nous avons même été invités à déguster !

Les Tongas, ce sera aussi l'escale où j'aurai parlé le plus italien. Avec deux autres skippers puis Beppe, un Sicilien arrivé ici il y a 7 ans. Il est tombé amoureux de l'endroit à tel point qu'il n'est jamais rentré en Europe : « Au bout de trois jours, je me suis acheté un bateau pour aller à la pêche, je ne suis plus jamais rentré en Italie, je suis resté ici. Je peux te montrer mon passeport pour que tu vérifies. J'ai tout vendu par téléphone, il n'y avait même pas internet à l'époque ! »

Maintenant que le village n'a presque plus de secret pour nous, nous partons avec *Algarasade* et *Color Azul* visiter quelques-unes des îles situées aux alentours, dont un mouillage extraordinaire situé au cœur d'un cratère...

Au creux du volcan

Une pirogue s'approche de *Kangaroo*, c'est le curé du village, rencontré hier à la sortie de l'église. Elle était étonnante, cette église, entourée de grillages que les vieilles dames devaient chevaucher. Au début, j'ai cru qu'elles prenaient un raccourci pour bénéficier des places du premier rang mais non, c'était une barrière anti-cochon ! Ils ont beaucoup chanté pendant la messe, on les entendait bien pendant que l'on se promenait dans les alentours...

Cela doit être l'un des derniers endroits du monde où tout s'arrête le jour du Seigneur. Même les avions ont l'interdiction de voler. Mondialisation oblige, certains endroits à touristes ont le droit de rester ouverts... à la ville. Ici, nous sommes très éloignés de tout ça.

Les femmes portent le deuil. Une année en noir, avec un *ta'ovala*, sorte de grande natte de palmier tissée tenue par une corde autour de la taille.

- Et vous n'avez pas trop chaud ?
- C'est comme ça, me répond la dame qui s'est assise à côté de nos garçons, afin de les regarder s'amuser. Le jeu universel du bâton de bois que l'on sculpte à l'aide... du couteau suisse !

Nous sommes dans un mouillage ahurissant. L'accès se fait par une passe très étroite et nous sommes entourés par les pentes d'un ancien volcan. Je m'habille rapidement pour pouvoir parler au curé. J'ai bien vu quelques garçons qui ont osé enlever leur t-shirts pour se baigner vers la plage mais le côté conservateur est encore très présent. Respect.

La discussion s'engage. Il nous raconte sa première traversée, lorsqu'il avait 11 ans, sur une grande pirogue de 20 personnes dirigée par son grand-père. Ils s'orientaient grâce aux étoiles, en trempant les doigts dans l'eau pour sentir les écarts de température des différents courants. Six jours à ce rythme, sans autres moyens de localisation, afin d'atteindre la capitale, dans les îles du Sud. Seuls, sur ces troncs creusés. Il faut avoir sacrément confiance.

C'est un autre monde.

> Petit stress final... très tonique, me direz-vous !

> Nous sommes arrivés hier à la tombée de la nuit au village. Nous repartirons cet après-midi déjà. Là, c'est l'heure de l'école, des courses, des dernières mises au point, des emails, du site, le tout à faire dans un temps record ! À 14 heures, nous irons accoster au ponton officiel pour les papiers de sortie. Puis ce sera cap plein ouest, pour 1000 milles d'océan. Prochaine étape, le Vanuatu, l'île au volcan Mont Yasur.

> Les adieux vont être très difficiles, car nous avons passé d'excellents moments avec l'équipage suisse d'*Algarasade*, sans oublier Carmen et Michel de *Color Azul*.

> Nos chemins se séparent. Ils vont en Nouvelle-Zélande et nous... en Australie. Ainsi va la vie !

Fidji

Du lever au coucher du soleil ont défilé, sur notre bâbord et notre tribord, nombre de petites îles, toutes plus paradisiaques les unes que les autres. Bouts de palmiers pointant leur nez au-dessus d'un étendue végétale toute verdoyante et luxuriante, langues de plages scintillantes. Jolie toile de fond pour notre navigation. Surprise que nous avons décidé de laisser intacte pour un prochain voyage. Du moment où l'on largue les amarres, on constate avec effarement que la planète est immense, superbe, et qu'il faut bien des années pour la découvrir. D'où notre incompréhension pour ceux qui ont le projet de faire le tour du monde en trois ans. C'est beaucoup trop court. Il faut choisir dès le début entre l'exploit ou le voyage, la course ou l'aventure.

Le vent a bien tourné, à tel point que nous avons affalé la GV, naviguant sous gennaker seulement. *Kangaroo* fait de jolies glissades, nous avons tous du plaisir à bord, les manœuvres de voile se passent de mieux en mieux pour mes petits matelots qui comprennent la finesse des enchaînements.

Pendant la partie de jass quotidienne du soir, nous étions tellement absorbés par le jeu que nous sommes passés à côté d'un drôle d'événement : l'antiméridien ! Nous sommes repassés à l'est de Greenwich ! Une limite que l'on franchit encore plus rarement que l'équateur, si on y pense. Le chemin du retour est amorcé. Impression de se rapprocher d'un coup de l'Europe.

Robin nous prépare un pesto « fait bateau ». Vous devriez voir les feuilles de basilic, énormes, luisantes, embaumant tout le carré. Toute cette pluie et ce soleil rendent les récoltes fabuleuses. Cela n'a rien à voir avec ce que l'on trouve dans nos supermarchés ripolinés.

Julie lit tranquillement une BD sur l'Ipad, l'instrument qui a révolutionné nos habitudes à bord. Merci encore à Natacha pour ce cadeau incroyable ! Tous y trouvent leur compte. Je passe ainsi des heures à feuilleter les guides et notes nautiques de nos futures escales. La nuit, pendant le quart, pourquoi ne pas visionner un autre épisode de la série – ça consomme si peu d'énergie !

Gageons que ce sera le genre de gadget qui se trouvera bientôt à bord de tous les voiliers !

Sinon, rien à signaler de particulier, si ce n'est un beau thon !

Le tabou

Je n'aime pas quand le skipper gueule. Pas contre nous, non. On ne s'énerve que très rarement à bord, ce n'est pas le mode de fonctionnement de notre couple et de notre famille. Je ne veux pas non plus parler du ton qu'Hervé prend lors des manœuvres, qui est beaucoup plus sec que sa voix normale : avec le vent et les distances sur le pont, nous devons forcer la voix afin que tout le monde entende le déroulé des opérations, c'est tout à fait normal de parler plus fort. Non, je veux parler des moments où il s'énerve contre les éléments naturels, comme le vent qui tourne ou les vagues irrégulières, contre les choses, ces appareils pensés soi-disant pour le nautisme (et payés le prix fort) qui ne survivent pas dans cet élément.

C'est le pire côté de la plaisance. À ceux que le bricolage repousse, ne tentez l'aventure qu'en connaissance de cause. C'est le sujet tabou des salons nautiques et de sa presse.

Je ne savais pas que le mot tabou venait du polynésien. C'est apparemment James Cook qui l'a rapporté de son premier tour du monde. Tabou. Puisque l'on est de ce côté du monde, je pouvais donc en parler.

Il n'y a qu'une solution pour s'éviter trop d'ennuis. Les anglophones ont même une expression pour en parler : le principe KISS (un bisou !) pour *Keep it simple stupid*. On peut le traduire par « Garde ça simple, stupide ». C'est le fait de rechercher la simplicité dans la conception. Moins vous aurez d'appareils à bord et moins ils tomberont en panne. Moins il y a de frottement, plus le bout restera entier longtemps. Et ainsi de suite.

Depuis quelques heures, le vent a trop forci. Sous solent seul, *Kangaroo* surfe, se cabre. Tout est calé à bord, on se croirait en monocoque ! Julie et moi sommes impressionnées par ces vagues qui soulèvent notre arrière, passent par dessous en rugissant et réapparaissent devant sous forme d'écume. Et si on jouait aux cartes à nouveau pour oublier le monde extérieur ?

Petit bouchon dans l'océan. Qui flotte. À l'intérieur de *Kangaroo*, je nous sens pourtant en sécurité, comme dans le ventre d'une mère.

Logistique

En ouvrant notre pharmacie de bord, j'ai découvert mon sésame. Un surplus d'antipaludique. Septante - soit soixante-dix - petites pastilles dont je me demandais quoi faire. Je n'allais surtout pas les jeter dans une poubelle ! Les stations d'épuration super sophistiquées en Europe n'arrivent déjà pas à détruire les molécules chimiques contenues dans nos urines… qui se retrouvent de ce fait sous forme de micro-polluants dans nos cours d'eau, provoquant ainsi des dérèglements très sérieux sur la faune et la flore…Je n'allais pas faire ici ce que je ne ferais pas là-bas !

Difficile de trouver un équilibre entre la science et la nature. Notre bien-être et la planète. Mais au diable ces considérations du moment. Je me réjouis plutôt de ce fruit du hasard. Le Vanuatu fait partie des pays à risque et j'ai là, sous la main, ce qu'il faut pour nous protéger ! Cela nous fera 17 pastilles chacun. Sachant qu'il faut commencer le traitement 3 jours avant et 7 jours après, ça nous laisse une semaine sur place ! Parfait ! Cela ne nous protégera pas des piqûres ni de la dengue, mais nous allons admettre que le facteur malchance a déjà sévi de ce côté-là ! Il est clair que nous aurions fait sans le médicament si nous n'en avions pas eu à bord. Comment tout prévoir ? C'est juste impossible.

C'est la même chose pour les cartes nautiques. On pensait tout avoir en ayant acheté l'Atlantique. Puis la deuxième année, nous nous sommes procurés celles du Pacifique, puisqu'on risquait de passer Panama. Sans trop y croire, tellement le passage est mythique ! Voilà que nous venons de découvrir que l'Australie ne fait pas partie du Pacifique, ni la Nouvelle-Zélande d'ailleurs. Ce sont les joies du marketing. Il va y avoir des achats supplémentaires à prévoir à Nouméa, en plus de la visite des musées. À moins de n'opter que pour les cartes téléchargées sur l'iPad. Beaucoup moins cher.

Et les livres. Autre casse-tête logistique. Jamais je n'aurais pensé dévorer autant de pages. Le bateau, paradis des lecteurs ? Ou enfer, lorsque l'on n'a plus rien à se mettre sous la dent. En ce moment, je relis d'ailleurs l'un de mes auteurs préférés, le Suisse Nicolas Bouvier, celui-là même qui est cité à l'entrée du yacht club de Dakar, sur un mur délabré. J'ai retrouvé la photo que j'avais faite de cette citation : « Un voyage se passe de motifs, il ne tarde pas à prouver qu'il se suffit à lui-même ».« Lorsque le désir résiste aux premières atteintes du bons sens, on lui cherche des raisons. Et on en trouve qui ne valent rien. La vérité, c'est qu'on ne sait comment nommer ce qui vous pousse. Quelque chose en vous grandit et détache les amarres, jusqu'au jour où, pas trop sûr de soi, on s'en va pour de bon. » Nicolas Bouvier, l'usage du monde.

À Dakar, personne ne savait qui était ce Nicolas Bouvier. Une personne m'avait répondu : un navigateur ? Pas vraiment. Un bon Genevois qui est parti voyager, explorer, photographier. Sa Fiat Topolino l'a mené avec son ami Thierry Vernet de Genève à Kaboul. C'était en 1953. Il avait 24 ans. Il en est ressorti un livre splendide, *l'usage du monde*. On dit que c'est le père du « *travel writing* » moderne.

Voyager et écrire vont ensemble. Mais ce n'est pas donné à tout le monde. Les belles tournures, les mots qui frappent, je ne sais pas faire. Je ressens cependant ce besoin de partager. Faire connaître les fruits de ma curiosité. Montrer qu'ailleurs, il y a aussi de bonnes idées. Qu'on ne doit pas croire que l'on fait tout juste, que chez nous tout est mieux. Pour que le lecteur rêve, imagine, soit transporté vers d'autres horizons tout en restant statique dans son lit, sur son siège de bus ou dans son canapé. Lui permettre de s'évader tout en lui donnant peut-être l'envie de partir à son tour à la rencontre de l'autre, à la rencontre de soi.

Bon ou mauvais ? Il y a plein de livres que j'ai lus et que je trouvais mauvais. Le mien le sera peut-être. Mauvais ? Bon ? Finalement, je devrais écouter ce que dit Nicolas Bouvier à ce sujet, c'est le lecteur qui choisira. Je cite : « Je parle bien entendu des livres qui l'attachent, le changent, l'instruisent ou l'émoustillent. Quand aux autres… ce même lecteur a un droit absolu à les fermer, les ignorer, les rendre à son libraire, les laisser tomber en baillant dans son bain, les percer d'un grand trou à l'aide d'un marteau et d'une alêne de cordonnier et les suspendre aux toilettes. Ce faisant, il va peut-être passer à côté d'un « bon livre », mais qu'est-ce qu'un « bon livre » et qu'est ce qu'un « côté » ? Si le texte ne nous est pas parvenu, c'est que ce n'était ni le jour ni l'heure ; quant au côté, vous étiez peut-être tourné de l'autre. Encore faut-il pouvoir choisir car il y a trop de livres (…) Alors, comment faire ? Il faut avoir quelques très bon amis dont les curiosités ne sont pas les vôtres et qui vous mettent entre les mains un livre à lire sous peine de châtiments incalculables, ou encore un bon, une bonne et belle libraire, qui passe ses nuits à lire pour vous, qui vous aime et qui vous fera partager ses coups de cœur. Ou enfin un auteur qu'un hasard fulgurant vous aura fait découvrir dans un kiosque de gare, que vous allez suivre jusqu'à son dernier souffle et vous faire ensuite entrer dans ce club invisible et fantasque : la lecture. *Histoire d'une image*, Nicolas Bouvier, Œuvres

Mes amis, la prochaine fois que je pars, je vous ordonne de me faire une liste de vos 10 livres préférés.

Parés à troquer à Tanna

Dans ma couchette avant, la lumière est bonne. Pour parler un peu terrien, elle arrive par le Velux, un panneau de pont. Quand aux fenêtres, ce sont des hublots.

Je n'ai pas chaud, le ciel est tout gris. Comme la mer, que j'entrevois une fois sur deux. Cela dépend de ces énormes vagues que je sens rouler sous mon corps, lorsque *Kangaroo* se laisse glisser. C'est extrêmement bruyant. Le frottement de l'eau dû à la vitesse, le ronflement des surfs et dans les aigus, le bruit des gouttelettes. Il y a aussi parfois plus loin le claquement du vent dans les voiles ou le bruit de la contre-écoute qui sautille sur le pont.

C'est l'après-midi et je me sens bien dans ma cabine avant. C'est devenu un rituel de navigation. Après le repas de midi, qui se fait souvent bien plus tard, je m'éclipse. Petite sieste, lecture, rêveries. Il est rare que j'en fasse plus, sauf qu'aujourd'hui, j'en ai profité pour trier tous mes habits.

Après le Vanuatu, ce sera Paris et Sydney, ou plus précisément la France et l'Australie. Des pays où PARAITRE sera de nouveau à l'ordre du jour. Nos habits de *yachtees* tout tachés seront un signe d'inadaptation. Autant donc en faire profiter ceux qui en ont bien besoin.

Sur le pont, les lignes de pêches sont d'ailleurs toute sorties pour la même raison. Etre parés pour le troc.

Yasur, le volcan vivant

Journée explosive pour l'équipage de *Kangaroo* ! Une arrivée toute en surprise avec un accueil VHF de nos copains australiens *Morning of the Earth*.

À peine l'ancre mouillée, les voilà arrivés dans leur annexe : « Nous allons voir le volcan ce soir, vous venez avec nous ? Il y aura sûrement de la place dans la voiture ! ».

Pas de répit après ces 5 jours de navigation ralliant les Tonga au Vanuatu. Nous rangeons un peu le bateau, il y a toujours de quoi faire après une longue nav, et nous voilà à terre, en train d'attendre la fameuse voiture avec Gordon et Sally, plus deux Américains du voilier voisin.

Sam, notre « guide-organisateur » habite le village de Port Résolution, nom de la baie qui nous abrite. Il nous propose de marcher un peu à la rencontre de la voiture… « Elle va arriver, pas de problèmes ». Alors on marche, en découvrant les premières habitations, de petites cabanes en feuilles toutes tressées avec des toits de palme. Tout est très calme, la nature, majestueuse. Comme musique d'accompagnement, le cri des grillons. La route principale est un chemin fait de terre rouge ou de sable noir, selon les endroits. De temps en temps, tout s'est affaissé, il y a des piquets pour indiquer aux voitures de quel côté passer, un peu comme un balisage maritime au milieu des « patates » de corail.

Une demi-heure que nous marchons et nous sommes un peu inquiets pour notre excursion. Sam est confiant et nous nous arrêtons au bord de la route, permettant ainsi aux enfants de grimper sur un majestueux bagnan pendant que Gordon sort de son sac des bières fraîches et des cacahuètes !

Enfin, la voiture arrive. Nous voilà tous entassés derrière, accrochés aux rambardes pour ne pas être expulsés à l'extérieur ! Trente minutes à ce rythme et nous pénétrons dans le parc national, puis vient le péage dans une cahute et la montée le long du flanc du volcan. Malheureusement il est trop tard, il fait nuit, dommage pour le panorama !

Cependant, le volcan Yasur est bien là, nous l'entendons de temps en temps... La voiture se parque, une petite ascension de quelques minutes sur le chemin balisé à la lueur des lampes frontales, nous voilà au point A, très près du cratère, 150 mètres seulement !

Le spectacle est fascinant. De quoi rester assis pendant des heures à attendre les éternuements de « la bête ». Elle semble se reposer puis, tout d'un coup, ça lui prend, ça vaut tous les feux d'artifices du monde !

Gordon avait encore une surprise dans son sac, une bonne bouteille de rouge et des gobelets. Dommage que les Américains aient eu très rapidement froid et se soient vite lassés, on serait tous resté des heures assis devant ce spectacle, sous la voûte étoilée, comme enveloppés par des milliers de diamants blancs et oranges.

Encore deux informations pour les curieux. La vitesse d'expulsion des bombes au milieu de l'évent -le trou d'où elles s'échappent - peut dépasser les 200 m/s. Le volcan était calme, ce qui nous a permis de monter si haut, sachant qu'au mois de juin il était en niveau 4, alerte maximum ! Pour les habitants de Tanna, le volcan est un esprit vivant.

Un autre monde

Le peuple Ni-van n'est pas très pêcheur, ils vivent surtout de leur jardin. Leurs barques sont petites, c'est un tronc creusé auquel on accroche un flotteur supplémentaire, comme en Polynésie. On l'attache avec ce que l'on trouve, des chambres à air de vélo par exemple ou bien du fil électrique ! C'est très coloré ! Ce sont donc des embarcations permettant de pêcher ce qui se trouve dans les lagons, et non capables d'affronter la mer. C'est donc avec enthousiasme que notre offre de troc a fonctionné et en échange, nous avons reçu un beau panier plein de fruits et légumes, livré le lendemain, au pied du bateau !

Nous y avons trouvé de la papaye, des cocos, des bananes, des tomates et des mangues, emballées dans un panier tressé avec

> des feuilles de bananier que nous avons même pu garder. Le tout, 100% bio naturellement ! La classe totale et un service parfait : un peu comme si on cliquait sur le panier internet !
>
> Grâce à cet échange, Hervé pourra peut-être participer à une cérémonie rituelle ?

C'est un autre monde. Une culture à mille lieues de la nôtre. Nous en prenons plein la vue. Tout est si différent.

Quant à Robin et Julie, ils passent leur vie la tête en l'air. Fascinés qu'ils sont par les banians. Un arbre vraiment majestueux. Et vraiment grand. J'ai été vérifier dans le dictionnaire : banian ou banyan, nom masculin. Espèce de moracées du sud-est asiatique, arbre de grande taille dont le tronc et les branches émettent des racines adventives verticales qui forment des sortes de piliers. Un seul banian peut ainsi avoir une circonférence plus de 600 mètres ! Pas seulement le tronc bien sûr, en comptant les branches tout de même. D'ailleurs, il y a au village un panneau indiquant que le troisième plus grand banian au monde se trouve sur l'île de Tanna et qu'il est aussi grand qu'un terrain de football ! Malheureusement, c'est un lieu très difficile d'accès et même les gens du pays n'y ont jamais été !

En tout cas, nos enfants sont attirés comme des mouches par cet arbre : « On peut monter sur celui-là ? Attendez-nous, faut qu'on essaye celui-ci ! ».

C'est devenu le rêve de Robin, avoir un jour un banian dans son jardin.

> Le *kava*
> 20 octobre 2010 par Hervé
>
> Le *kava*, c'est LA grande spécialité du Pacifique sud. Dès qu'on approche des Samoa, Tonga, Fidji, Vanuatu, c'est un rituel.
>
> Oui, mais qu'est-ce que le *kava*? Non ce n'est pas du café, cela s'écrirait plutôt *kawa*. Il s'agit d'une racine que l'on moud et que l'on mélange avec de l'eau chaude. Ce n'est pas hallucinogène, mais selon l'encyclopédie du bord, c'est une racine stupéfiante issue d'un poivrier. Sa dégustation se fait entre hommes exclusivement. Aux Fidji, il faut en amener à chaque chef de village où l'on désire mouiller.

Aux Tonga je n'avais pas eu l'occasion d'essayer, c'est pas un truc que tu commandes au bar, il faut être invité par les habitants. Les Fidji, on les a traversées à 8 nœuds de moyenne, il ne me restait donc que les Vanuatu. Finalement un soir, Sammy, notre guide pour le volcan, nous invite pour la cérémonie du *kava*. Muriel ne peut pas venir puisque c'est une femme mais nous sommes avec un Anglo-australien, Dorset, et bien entendu, nous acceptons.

Il fait nuit, nous nous rendons au lieu « spécial » *kava* à la lueur de la lampe de poche. On s'assied sur une bûche, il y a une vingtaine de personnes autour d'une cabane. Ils émettent des sons bizarres, se raclent la gorge, crachent bruyamment et parlent tout bas. Je me croirais un peu dans la planète des singes… Sammy prend une racine encore pleine de terre et croque dedans à pleines dents. Puis il nous en tend à chacun une. Je croque, c'est un peu comme une carotte, ça n'a pas beaucoup de goût mais par contre, cela insensibilise immédiatement les gencives. Etrange comme impression. Puis on voit Sammy qui crache délicatement ses bouts de racine dans un petit mouchoir. Bizarre, bizarre. Je commence à me douter qu'il ne garde pas cela pour rien… Afin d'en avoir le cœur net, je lui demande pourquoi il garde ses racines pré-mâchées et là il m'explique tout simplement que le mâchage, c'est pour préparer le *kava* pour l'infusion… Alors on y ajoute les nôtres !

Une fois qu'il estime qu'on en a assez, on se lève, on va chercher de l'eau chaude vers un feu et on remonte vers sa maison. En fait, comme Muriel ne pouvait pas venir boire de *kava* à l'endroit rituel, Sammy a gentiment pris le mélange avec lui pour le faire chez lui. On arrive devant sa cabane, il sort une vieille chaussette de je ne sais où, incorpore les racines pré-broyées et bien imbibées de salive, verse de l'eau tiède dessus, essore la chaussette dans 3 bols et nous les sert. Que faire ? On ne peut pas refuser, ce serait trop insultant. Heureusement, il faut boire cul sec, le *kava* ça ne se sirote pas ! HOP, je bois, beurk, ça a un goût d'eau de vaisselle tiédasse, ce n'est pas bon mais ce n'est pas imbuvable non plus, il ne faut juste pas penser au mode de production…

Arrive Muriel. Sammy lui prépare son bol. Je ne lui dis surtout rien, car sinon elle aurait de la peine à boire. Mais par contre, je ne peux pas m'empêcher de rire. Muriel boit donc son bol cul sec, trouve ça infâme, et nous on rit encore plus. Finalement, on lui explique la recette « Argghhh » ! Mais quelle expérience, ce n'est pas tous les jours qu'on boit de la racine stupéfiante à la salive d'indigène !

Le pire dans tout cela, c'est que le lendemain Sammy nous a expliqué qu'ils ont également une râpe pour le *kava*... Sans commentaires ! Quant aux effets du *kava*, nous avons bien senti le côté anesthésiant vu qu'on ne sentait plus nos gencives mais quant à l'effet stimulant et euphorisant, il a été assez faiblichon !

Hervé, Port Resolution, Tanna, Vanuatu

Note : les langues

Parler plusieurs langues est un atout incontestable. Surtout dans ce genre d'aventure où le but n'est pas de voir que de la mer ou des paysages. C'est la rencontre de l'autre, qu'il soit local ou voyageur, qui apporte toute la saveur.

À bord de *Kangaroo*, nous avons la chance d'en parler plusieurs à nous tous. Français, anglais et italien, allemand et latin (surtout pendant les heures d'école) et un peu d'espagnol. Autant dire que nous sommes gâtés.

J'ai été un peu gênée avec le portugais que je comprends assez bien lorsque je suis au Brésil, mais qui prend des intonations plus difficiles à Madère, au Cap-Vert ou aux Açores. Depuis peu de temps, j'accepte mieux cette déception grâce à une conversation que j'ai eu à Lisbonne avec un Portugais. Il m'a expliqué qu'à la télévision, ils étaient obligés de sous-titrer les reportages lorsqu'ils interviewaient des gens des Açores...

Ouf... si même eux ont besoin de sous-titres... je ne m'en sors pas trop mal !

En Polynésie française, nous avons rencontré plusieurs bateaux anglophones qui étaient un peu frustrés : ils avaient la nette impression qu'ils passaient à côté de beaucoup de choses en ne parlant que l'anglais.

Aux Antilles, il y a certains Français qui ne vont que sur les îles francophones. Quant aux anglophones, ils peuvent jouer au même jeu avec les îles où l'anglais est de mise. Chacun y perd. Sur *Kangaroo*, on ne choisit jamais une destination par rapport à la langue, mais au gré de nos envies, de nos lectures, de nos conversations et de nos rencontres.

Au Vanuatu, question langage, c'est de la pure folie. Il y a trois langues officielles : l'anglais, le français et le bichlamar que l'on pourrait nommer pidgin ou créole, une sorte d'anglais simplifié avec des mots français et espagnols. Cet héritage provient de l'époque des colonisations et des relations nouées entre les pays. Là où ça se corse, c'est qu'il y a ensuite 110 autres langues parlées, ce qui propulse le Vanuatu en tête du classement des pays avec la plus forte densité linguistique. 110 langues pour 250'000 habitants, sans parler des émigrés qui parlent entre eux le fidjien, le tahitien, le chinois ou le vietnamien...

Aucun problème donc pour communiquer et se faire comprendre. Il suffit de bien ouvrir les oreilles et de se détendre pour apprivoiser l'accent. C'est juste fascinant.

Hyperpolyglotte. Le rêve. Pouvoir poser le livre sous l'oreiller et parler la langue le lendemain. Ce serait tellement génial. Mais ça n'a jamais marché. Je parle d'expérience. J'ai testé souvent... avant les interrogations !

Avec de la bonne volonté, un petit dictionnaire, un peu de temps, on peut apprendre quelques rudiments. Ils éclaireront votre voyage sous un angle différent.

Excursion à la ville

29 octobre

Aller ou ne pas aller à Lenakel, la capitale de l'île de Tanna. C'est une grande question. Théoriquement, on devrait le faire, afin d'être en règle avec la loi. Mais faire les papiers d'entrée reviendrait à demander ceux de sortie en même temps. Illogique. Pas de sens. À bas la bureaucratie !

Cependant, on avait bien envie de faire le voyage, afin d'avoir une impression d'ensemble de l'île et non juste de la baie où nous étions ancrés. Un de nos buts cachés de l'excursion était de trouver une connexion internet, Hervé ayant déjà commencé à envoyer des offres de travail spontanées en vue de notre retour. Genre de détail de vie dont on ne parle pas sur le blog… car c'est censé faire rêver, voyager ! Pourtant, il y a des sujets qui rongent les méninges et les tripes de ceux qui voient la fin s'approcher à grand pas…

Dorset, l'Australien avec qui Hervé a bu le *kava*, y allait (à Lenakel) ce même jour pour prendre un avion de retour pour l'Australie. Nous avons donc décidé de voyager ensemble.

Notre fidèle Sam avait organisé la voiture. Un peu bizarre, car il me semblait qu'il y avait un transport en commun tous les matins à 7 heures. Mais le rendez-vous est pris, 7h30 sur la place ! Nous nous y rendons et comme rien ne se passe, nous laissons Dorset et sa valise en lui promettant de dire à la voiture de venir le prendre et nous faisons un bout du chemin à pied. Un peu plus loin, nous croisons la femme de Sam, sa belle-sœur et plein d'enfants. Puis Sam apparaît : « la voiture va arriver, pas de problème ! ». Sauf qu'il est déjà 8 heures passées. Je leur dis de ne pas oublier Dorset - et sa valise, et avec Hervé, nous décidons de marcher le long de la route : ils nous prendront au passage, c'est impossible de nous rater, il n'y a jamais de voitures qui passent et pas de blancs qui se promènent !

Alors je profite. C'est calme, c'est beau : la verdure, les criquets, les banians, même un peu de pluie. Les enfants ont décidé de ne pas venir avec nous, ils sont restés au bateau et c'est bon d'être à deux. Au loin, nous apercevons quelquefois des habitations. La marche est bénéfique pour les discussions ; même s'il nous reste encore quelques mois à venir, je sens la fin du voyage qui se rapproche, dans l'espace et dans le temps. Et les interrogations sur notre futur ne manquent pas.

Les minutes passent, les kilomètres aussi. Depuis longtemps déjà nous marchons pieds nus, sandales à la main, tout comme les Ni-vans. La route est de sable, de cendres. Nous arrivons déjà à l'entrée du parc national, la bifurcation qui amène au sommet du Grand Homme, le volcan !

Au moins, je peux le photographier de jour.

Mais la voiture n'est toujours pas là ! Il est déjà 10 heures et nous avons marché presque 8 km ! Moi qui avais promis aux enfants de ne pas rentrer trop tard, c'est bien mal parti !

Finalement, la voilà. Et c'est bien rempli ! Nous montons dans le 4x4 et retrouvons Dorset. « Alors, tu croyais qu'on t'avait oublié ? ». Un peu stressant pour quelqu'un qui souhaite prendre un avion en début d'après-midi !

La route jusqu'à la ville continue à nous émerveiller. Nous grimpons presque au sommet de l'île, bénéficiant ainsi d'une belle vue d'ensemble sur les baies. Et il fait froid là-haut, 21 degrés ! Ça fait longtemps qu'on n'avait pas connu ça !

Nous avions bien choisi notre jour car c'était vendredi, le dernier jour du mois. Et ce jour-là, les fonctionnaires reçoivent leur salaire qu'ils doivent obligatoirement venir chercher à la ville ! Les écoles sont donc fermées afin que les instituteurs puissent toucher leur paye. Il y avait de la vie dans les rues, au marché sous le grand banian. La capitale est bien minuscule. Quelques rues se croisent avec des maisons de briques ou de paille, une banque où l'on peut changer de l'argent mais rien retirer, un coin internet qui nous a permis de lire quelques messages. Il est déjà temps de rentrer. Le plein à la station d'essence, 4 litres à la fois, avec un entonnoir.

Cette fois, nous avons dû aller devant, car nous avions payé le voyage à prix fort ! C'est le double pour les touristes, 20 $ par personne pour une heure et demie de transport - est-ce qu'il fallait déduire les 8 km à pied ?

Halloween et Mystery Island

Mon guide Lonely Planet annonçait que le Vanuatu avait été élu, en 2007, le pays où les gens étaient le plus heureux du monde. On peut le confirmer. Cependant, je me sens toute molle, à traîner la savate comme au Sénégal l'an passé. Et tout l'équipage aussi. La cause en est certainement le Lariam, le médicament contre le paludisme.

Un catamaran fait son apparition dans la baie. Ce sont les *Catmousses* ! Enfin, nous allons faire un peu connaissance. Partis en été 2008 de

Québec, avec 4 enfants à bord, ils avaient vu notre bateau en cours de finition à La Rochelle. Trop brève rencontre sur un ponton de Martinique au mois de février 2009. Tandis que nous allions terminer notre premier tour de l'Atlantique, ils allaient pointer directement sur le Pacifique, avec une première saison des ouragans en Nouvelle-Zélande. Après deux ans sur les mers, nous voilà enfin réunis dans cette baie de Port Resolution. On se rappellera toujours de notre première soirée commune où leurs enfants sont arrivés déguisés pour Halloween en chantant des chansons en Québécois. La résolution est prise ici en baie de Port Resolution (!), nous nous fréquenterons plus longuement à partir de la Nouvelle-Calédonie. Autant dire que les petits mousses sont aux anges.

Le lendemain, *Kangaroo* reprend la mer. Direction, Mystery Island, un petit îlot positionné le long d'Anatom, la dernière île située tout au sud du Vanuatu. La navigation est très rapide. Je peux vous retranscrire le livre de bord :

> 31/10 Port Resolution-Mystery Island. 45 MN cap 160°. On part vers 9h sous la pluie, vent 15-20 nœuds ENE. Au près bon plein 2 ris GV, on arrive dans le dévent d'Anatom vers 15h. Au moteur jusqu'au mouillage, par 12 m de fond.

2 novembre

Il y a de quoi réfléchir sur la nature humaine et le stress qu'elle s'inflige. Ce soir, j'analysais la baie. Une seule et unique lumière était visible dans le village. En la fixant, je pouvais presque entendre le bruit du générateur qui s'y associe automatiquement.

Pas d'électricité, pas de téléphonie mobile puisque pas d'antennes. Quelques téléphones fixes dont deux dans le magasin.

- Pourquoi donc ? avais-je demandé.
- Un téléphone pour les appels entrants et l'autre pour qui veut l'utiliser ! Logique.

Zéro voiture. Même pas une route. Un seul tracteur pour les gros travaux. La maîtresse d'école que j'ai rencontrée en chemin m'a dit qu'à une époque, elle avait travaillé une année à la ville de Lenakel, sur Tanna.

- Oui je connais, nous y avons été.
- Beaucoup de stress là-bas, m'a-t-elle affirmé.

Après une période de découverte euphorique, c'est sûr qu'un habitant de chez eux tomberait très vite en dépression s'il était transposé chez nous. Toute leur vie tourne autour de la famille, des repas, des rituels tels que le *kava* pour les hommes...

A contrario, est-ce que nous serions heureux en vivant ici ?

Etonnamment, ils arrivent assez bien à gérer ces deux mondes antagonistes sachant que près de deux fois par mois, un paquebot déverse à la journée plus de 1000 passagers sur Mystery Island. C'est un îlot inhabité par les locaux car il serait hanté par des esprits. Parfait cependant pour y parquer les touristes crédules qui se déversent en masse pour quelques heures.

C'était drôle d'aller s'y promener, à Mystery. La plage de corail, le sable blanc et chaud. L'île fait la taille d'une piste d'aéroport... ce qu'elle était d'ailleurs, à l'époque de la deuxième guerre mondiale, pour les forces alliées. En son centre, on découvre des baraques et des étals vides prêts à accueillir l'artisanat local pour les riches vacanciers au porte-monnaie bien rempli. Tout était désert. L'île portait bien son nom. C'était surréaliste. On a même pu pénétrer dans la marmite censée cuire les étrangers. Pour la photo, il y avait juste dessus un écriteau portant l'inscription suivante : *Cannibal Soup*. Du pur délire. Cliché total. Les vacances en paquebot, ce n'est pas fait pour nous !

La Nouvelle-Calédonie

Lifou et ses femmes

3 novembre

Arrivée au près serré par mer plate et soleil levant. À peine 24 heures de navigation. Je sens l'odeur de la verdure sur la côte. La baie est immense, Robin a même le temps de nous préparer sa spécialité de pancakes pour fêter l'arrivée en Nouvelle-Calédonie.

Au loin, nous avons aperçu un voilier qui partait vers le nord. Appel VHF, ce sont bien les *Catmousses*. Nous décidons de maintenir notre programme malgré la tristesse de notre fils dont le rêve est ainsi remis à plus tard. En effet, ils ont à bord de leur Privilège 39 un vrai Optimist, petit voilier d'un peu plus de 3 m, trouvé d'occasion aux Fidji, qu'ils ont réussi à caser sous le plafond de leur cockpit. Robin, qui a déjà pas mal d'expérience sur ce genre d'engin (il faisait partie du Team Compétition de la SNG à Genève), se voyait déjà expliquer à ses quatre nouveaux amis les virements à bascule et autres subtilités.

- Mais c'est où que je vais pouvoir en faire ? nous dit-il avec un air réellement désespéré !

Nous sommes dans la baie de Santal, sur l'île de Lifou, une des trois îles Loyauté qui longent la côte est de Grande Terre, l'île principale de la Nouvelle-Calédonie.

Avant d'affronter la civilisation, à terre, je me suis dit qu'une petite épilation ne serait pas de trop. Un peu comme Hervé lorsqu'il se rase avant d'aller faire les papiers d'entrée dans un pays : ça facilite toujours les contacts d'être plus présentable.

Il y a énormément d'enfants sur la plage. Des rochers où se déroulent des concours de sauts et plongeons. À peine débarquée, je veux savoir si ce sont les vacances : je pars ainsi discuter avec une maman Kanak assise à l'ombre sous les palmiers.

En repartant, Hervé me dit : « Tu sais, je crois que l'épilation, c'était pas vraiment nécessaire ! ». C'est vrai que la maman en question était très, disons… « velue ». Moustache, favoris et une petite toison sur la poitrine. Exactement comme de nombreuses femmes au Vanuatu. Ça doit être une question de gènes. Le lendemain, j'aurai l'occasion d'approfondir cette question avec une infirmière qui nous a pris en stop. Cette forte pilosité est fréquente dans la région, certaines femmes sont même très fières de leurs atouts. À chacune ses critères de beauté. Sa manière d'être et de vivre.

C'est un peu comme pour « la coutume », très présente en Nouvelle-Calédonie. Depuis toujours, les gens sont regroupés en « tribu », autour d'une « chefferie » qui est évidemment dirigée par un chef. C'est un combat permanent pour les chefs actuellement de maintenir les traditions ancestrales. On a pu le constater en faisant le tour de l'île en voiture. Pour chaque lieu d'habitation, il y a tout d'abord la case, habitat coutumier et toujours utilisé soit pour dormir ou se réunir. À côté, de plus en plus de maisons en dur - béton ou tôle.

Mais revenons aux femmes, puisque c'était le titre de mon blog. Ce que j'ai noté également, c'est leur manière de s'habiller. À nouveau, ça m'a rappelé le Vanuatu. De longues robes amples de couleurs vives et à ras du cou. Ils l'appellent la robe mission, instaurée dès l'arrivée des missionnaires dans les années 1850. Bien sûr, le modèle a un peu évolué avec le temps, mais pas tellement. Les femmes l'utilisent d'ailleurs jusqu'à la disparition totale du tissu : d'abord comme robe d'apparat, puis, lorsqu'elle est déchirée, pour les travaux des champs et ménagers, ensuite pour faire des chiffons ! Et la robe sert bien entendu également de maillot de bain, car il n'est pas question de se montrer en petite tenue.

J'aime apercevoir ces femmes papoter entre elles sous les abris communs, à côté des cases. Elles étendent des nattes tressées et se retrouvent toutes ensemble, à même le sol. L'âge ne les empêche pas de s'allonger sur le ventre, le dos, comme de petits ados ! Surtout, elles rigolent, rigolent, même pendant les enterrements. C'est si agréable d'entendre des gens heureux !

Il paraît qu'à Nouméa ce ne sera pas comme ça... Porsche Cayenne et tutti quanti...

5 novembre

Nous décidons de quitter Lifou dès la prise du bulletin météo afin de profiter d'une bascule de vent au nord. À la pointe en direction de Grande Terre, nous devrions être au portant. Hervé est content de sa nav', il note dans le livre de bord :

« Le vent bascule au NW comme prévu, on fait une jolie courbe. »

Les lignes suivantes sont un peu moins drôles mais font partie de la vie sur l'eau :

01h30 Gros grain. On enroule le gennak' mais pendant qu'on prend un ris, le haut du gennak' se déroule et se déchire.

04h00 Plus de vent, on fait du moteur.

07h00 Vent du sud, on repart au près.

09h00 On arrive dans la passe de Havannah mais la renverse a déjà eu lieu. On est encore au près, vent SW.

Nous tirons des bords toute la matinée. Admirons le paysage. Hervé a l'air épanoui, à la barre, au milieu de falaises somptueuses parsemées de cascades de terre rouge. Il fait froid, la température de l'eau est descendue à 20 °C.

S'alléger

Partir léger. Rentrer léger.

À l'heure où les étagères des librairies regorgent de méthodes diverses et variées pour reprendre en main sa vie, tourner le dos au burn-out, se sentir vivre, retrouver un sens, je propose le concept « partir en bateau » qui semble tout aussi efficace.

Vous coulerez alors automatiquement en mode « slow life », apprendrez à vous respecter, consommerez moins et mieux, passerez du temps de qualité avec vos enfants et votre conjoint, n'aurez pas besoin de vous battre en permanence contre le phénomène du tout tout de suite, ne serez plus disponible à toute heure du jour ou de la nuit pour vos collègues. C'est une très bonne recette car vous n'aurez pas le sentiment d'être coupé de tout d'un jour à l'autre. Un peu prenante avant le départ… mais ensuite, on se fond très rapidement dans cette nouvelle vie.

Pour nous alléger sans heurts, nous sevrer graduellement, Hervé a inventé la méthode « de l'entonnoir ». Nous ne l'avons pas fait breveter pour la partager avec vous dans ce livre et avec enthousiasme. L'idée est de partir avec peu, et d'en enlever encore plus…

1) Faites les cartons et triez ce que vous prendrez ou pas en bateau. Bien sûr, vous essayerez de penser à partir « léger ». Mais comme Terrien, on imagine toujours que ce t-shirt sera indispensable, cet ustensile de cuisine également. Bref, faites au mieux.

2) Ensuite, n'allez pas vivre directement sur votre voilier. Profitez d'aller dans plus petit. Pendant quelques semaines. Bougez avec vos cartons et vos valises ! Chez des amis, au camping, dans du provisoire. Pour nous, la période intermédiaire a duré un peu plus que prévu, de juillet à octobre 2008. Au début, sous une tente au camping du Soleil, puis dans un petit 2 pièces que nous avions loué à La Rochelle. En 3 mois, nous avions déjà « oublié » l'existence d'une quantité phénoménale de choses… Elles étaient dans des cartons que nous avons finalement laissés à quai, ou plutôt dans le coffre de notre voiture, pendant la durée initialement prévue de notre voyage.

La masse des objets « indispensables » du début a ainsi dès le départ drastiquement diminué tant chez les parents que chez les enfants, qui s'imaginaient mal au début partir sans tel jeux, tel doudou, des repères qui semblaient très importants mais qui ont été très vite remplacés par ce qui les entouraient. Et puis, un I-truc, ça contient quand même beaucoup.

On se sent bien, avec si peu. Prêts à décoller au moindre souffle de vent, à la moindre opportunité.

Ne pas vouloir plus, se contenter de ce que l'on a. Profiter du temps que l'on passe ensemble, des rencontres, de ces richesses inestimables. Pas le perdre à faire du shopping.

Alors oui... nous avions un peu peur de notre réaction en « revenant » petit à petit vers la civilisation. Allions nous être capable de résister ? De garder du recul ? C'est très dérangeant au début de se sentir attaqués par ces publicités, ces vitrines alléchantes, ces offres exceptionnelles.

Mais nous avions compris que le bonheur n'était pas dans les choses.

Au retour, nous avons donc laissé nos armoires dans leur état. Elles sont très belles, vidées de leurs objets superflus.

C'est devenu un réflexe que d'utiliser l'eau avec parcimonie, d'éteindre les lumières, de rouler à vélo. Notre façon de choisir va plus loin encore, en pensant à éviter de gaspiller l'énergie grise... celle que l'on ne paie pas et qui sert pourtant à fabriquer, transporter, vendre et recycler nos objets. Nous avons opté pour une nouvelle façon de penser nos achats. En devenant des consom'acteurs. Acheter local, emprunter, investir dans de la qualité qui dure et prendre soin des appareils. Les réparer en cas de panne. Vous vous en doutez, on a gagné en expérience en vivant sur un bateau !

La vie à Nouméa

Nous sommes sur « le caillou » ! C'est ainsi qu'ils appellent l'île principale, ici... Nouméa... oh là là... de loin déjà, la nuit, on voyait tes couleurs, lueurs de la ville.

Nous avons eu droit à un ultime répit, avant d'affronter la civilisation, en rencontrant des copains qui tiraient des bords dans le chenal et hop ! on n'a pas résisté et bifurqué dans leur direction et improvisé une chouette petite soirée dans un beau mouillage… au menu… du wahoo et le gâteau choco de Lolo.

Arrivés au ponton de Nouméa, nous avons attendu assez longtemps pour toute la paperasse d'immigration. Tout a été ok sauf au niveau sanitaire car ils nous ont confisqué tous nos citrons, nos beaux pamplemousses, des bananes (bon, ça n'a pas trop dérangé nos enfants car ils n'aiment toujours pas ce fruit !). Heureusement, j'avais prévu le coup le matin et fait de la confiture avec les mangues, tranché des tomates et concocté une petite salade de pamplemousses que l'on a juste eu le temps de manger avant leur arrivée…

Et pour les douanes, ça s'est très bien passé car figurez-vous que JE CONNAISSAIS le DOUANIER !!! Croyez-le ou pas, il était venu à La Rochelle visiter le chantier Fusion !

C'est l'après-midi. Essayé de faire une sieste mais sans succès. Nous sommes mouillés juste devant le club de Va'a. Des jeunes s'exercent en faisant le tour de *Kangaroo* à la rame en riant, avec l'entraîneur qui donne en plus ses ordres par mégaphone.

Ce n'est pas la meilleure place du port on dirait, mais on s'est retrouvés là devant ce matin, après avoir été réveillés en sursaut à 5h30 par le bateau pilote du port de Nouméa :

- You have to move your boat, you are in the channel.
- Hey, nous parlons français (c'est ça d'avoir un nom inscrit en anglais sur la coque !). Nous sommes mouillés ici depuis trois jours. Pourquoi changer maintenant ?

Eh bien non. Ça n'allait plus. Nous avons été délogés comme tant d'autres puis avons profité de ce réveil matinal pour appeler l'Europe et ses dix heures de décalage horaire. Internet est si faiblichon – nous utilisons le wifi du Mac Donald qui met chaque jours des mots de passes ahurissants du style doublecheeseburger ou chocolatesundae – que nous avons donné très peu de nouvelles depuis notre arrivée. Pourtant, il s'en est passé des événements !

Nous avons passé les quatre premiers jours au ponton de Port Moselle à nettoyer *Kangaroo* de fond en comble, ayant dans l'idée de faire quelques visites pour la vente de notre bateau, bien que ce soit un peu trop tôt pour notre planning.

Nous avons aussi rencontré Luc et Sandrine de *Nilros*, que l'on se réjouissait de connaître. Arrivés il y a quatre ans par bateau, ils se sont peu à peu sédentarisés avec travail et voiture, tout en continuant à vivre à bord de leur bateau. Le frère de Luc, basé à Annecy, est l'inventeur de notre système électrique de Bus Navylec que nous testons et utilisons avec grand plaisir. *Kangaroo* est ainsi le premier bateau de plaisance au monde intégralement multiplexé ! Un vrai bond technologique (câblages en arborescence beaucoup plus légers - interrupteurs sans fils etc) et une magnifique réussite.

Beaucoup de navigateurs francophones terminent ici leur voyage, négociant avec le port un « permis d'habiter » payant, qui permet de contrôler le flux de locataires. On peut même louer à terre une « cave à vin » en même temps que la place de parc.

12 novembre

Vive les Geocaches qui nous ont sauvé notre journée d'excursion !

Le but du jour était d'aller au musée, le fameux centre culturel Tjibaou conçu par l'architecte italien Renzo Piano - le même qui a fait le centre Beaubourg de Paris. Au menu : sculptures, peintures et bien sûr architecture, tant ce bâtiment sort des sentiers battus.

À deux bateaux et 6 enfants, c'est une expédition ! Nous trouvons les arrêts de bus, la machine à tickets et même des places assises. Le trajet dure bien une demi-heure, car le centre a été construit en dehors de la ville, sur une petite presqu'île bien arborée de plantes endémiques.

Arrivés à destination, imaginez notre surprise : LES GRILLES SONT FERMEES ! Que se passe-t-il ? Encore une fameuse grève imaginée par nos amis français ? Eh bien non, pas cette fois. Aujourd'hui, le musée a choisi de faire LE PONT ! Car hier était le 11 novembre, la journée de l'Armistice. À ne plus rien y comprendre. S'il y a bien un jour où les musées se doivent d'ouvrir, c'est quand les gens ne sont pas au travail, n'est-ce pas ? À quoi cela sert de se plaindre de l'abrutissement des populations par les écrans, alors que les jours où ils pourraient se rendre au musée, ceux-ci décident de fermer ?

Il faut donc reprendre notre journée en main. Tout d'abord, trouver un emplacement pour le pique-nique. À 10 minutes de marche, nous voici sur une petite plage, face à la lagune. Pas trop mal comme emplacement.

Et la suite du programme ? Les fameuses Geocaches des *Catmousses* qui nous ont tenues occupés pour la journée ! Le principe est le suivant : c'est une chasse au trésor mondiale pour ceux qui ont un GPS portable. Il suffit de s'inscrire sur le site www.geocache.com puis de chercher dans votre périmètre s'il se trouve une Geocache. À Nouméa, il y en avait trois !

Un moyen ingénieux pour motiver les jeunes à faire des kilomètres - car nous n'allions tout de même pas reprendre le bus pour rentrer !. Au final, on trouve une boîte en plastique avec, à l'intérieur, des petites babioles. Le principe est de laisser un « trésor » et d'en choisir un en échange ! Et puis, évidemment, noter sur le carnet un petit mot pour le suivant. Ensuite, il n'y a plus qu'à mettre à jour votre profil sur internet !

Nous avons ainsi traversé tout Nouméa à pied pour arriver sur les hauteurs et bénéficier d'une jolie vue. Un trajet que l'on n'aurait certainement pas fait autrement.

Quant au musée, nous y sommes retournés quelques jours plus tard. C'était absolument magnifique, tant du point de vue de la conception du site que des œuvres exposées. Une architecture résolument futurist côtoyant des cases coutumières.

13 novembre

- Si ça vous dit, vous pouvez prendre notre voiture ce week-end, me dit Sandrine.

Que c'est chouette de connaître du monde sur place ! Cela facilite vraiment la vie ! Pour la lessive, les courses et les petits trucs comme…

- Vous avez besoin de chocolat ? me demande-t-elle

- Oh, oui ! Vu qu'en moyenne les Suisses en ingurgitent 12 kilos par année et que la plaque de chocolat noir vaut environ 6 euros par ici, c'est assez sympa si tu connais un truc !

Et voilà Sandrine qui m'emmène chez un grossiste en pâtisserie qui nous vend une magnifique plaque de 2,5 kilos de chocolat noir à 80%. Ce sera mieux que du Cadbury australien ! Nous nous sommes promis de la laisser fermée jusqu'en Australie, afin que les douanes ne nous embêtent pas. L'usine à « gâteau Lolo » va pouvoir rouvrir ses portes !

Mais revenons-en à la voiture. Et au Grand Sud. La Nouvelle-Calédonie est tellement allongée qu'il nous faudrait quitter *Kangaroo* pas mal de temps pour toute la visiter. Tandis que le Grand Sud, on peut le faire dans la journée en partant d'ici, et c'est paraît-il vraiment dépaysant.

Nous voilà donc partis. C'est le week-end. Et la première constatation au bout d'une demi-heure de voiture est que les gens d'ici doivent aimer le poulet rôti. Il y a des stands partout, aux abords des routes, dans des parkings, aux alentours des grandes surfaces. On décide de s'arrêter et de faire comme eux.

Vous me connaissez bien maintenant et n'êtes donc pas étonnés d'apprendre que j'en profite pour parler avec le vendeur, qui vient d'Annecy et qui s'est installé ici il y a trois ans. Il en avait marre de la paperasse et des soucis en France.

- Le poulet ? Oh oui, ça marche très bien, nous dit-il. Avec quelques pays d'Amérique du sud, c'est ici qu'on en consomme le plus au monde ! Ils en raffolent et c'est moins cher que la viande. La Nouvelle-Calédonie, c'est le pays où l'on mange le plus de poulet au km^2 et où il y a le plus de Porsche Cayenne au monde !

Munis de notre pique-nique, nous voilà à traverser de nouveaux paysages. Nous bifurquons dans la zone de la rivière bleue. C'est un parc protégé avec un lac artificiel créé par la mise en place d'un barrage. Des arbres se retrouvent ainsi les pieds dans l'eau depuis une quarantaine d'année. La terre est rouge. Nous croisons un sanglier et entendons plein d'oiseaux… ça fait toujours du bien de les écouter gazouiller.

Il y a des petites balades à faire pour voir de très beaux arbres - dont un kaori géant qui a plus de 1000 ans - des coins pour les pique-niques (que nous ferons sous un parapluie trouvé dans la voiture !). Par contre, aucun signe du cagou, l'oiseau qui ne sait plus voler, emblème du pays.

Nous avons obliqué pour le Grand Sud. Agréables petites routes sinueuses, quelquefois encore non goudronnées, qui enjambent très souvent le lit de rivières. Nous longeons le chenal pris à la voile en arrivant.

Dommage que beaucoup de ces montagnes soient « pelées », ou même saignées tant elles sont rouges… L'homme y extrait le nickel, le cuivre et le cobalt. En si grandes quantités que la Nouvelle-Calédonie est propulsée deuxième pays producteur au monde. D'où cette richesse affranchie, Porsche, bijoux et tutti quanti qui nous sautent à la figure dès que l'on se retrouve dans les beaux quartiers de Nouméa. On se croirait sur la Côte d'Azur…

Exercice de style franco-canadien par Hervé

Cela fait quelques jours que nous fréquentons les *Catmousses*. Robin et Julie s'entendent à merveille avec Thomas, Catherine, Antoine et Nicolas, les parents rient beaucoup ensemble. Surtout grâce aux expressions délicieusement imagées de nos cousins québécois. Mais le pire, c'est que la plupart des mots qu'ils utilisent sont vraiment dans le Larousse (allez voir « chaudière » pour rire !) Bon, peut-être que leur Larousse est édité au Québec ?

Voici donc le récit imaginé d'une journée typique d'un côté ou de l'autre de l'Atlantique :

Version *Kangaroo* :

Les bateaux sont au mouillage. Hervé se met sur son 31 et part apporter les poubelles à terre et faire les courses. Il saute dans son annexe de 15 chevaux. Zut, il pleut des cordes, c'est pas grave, on va en profiter pour mettre des seaux et récupérer l'eau. La liste des courses n'est pas longue : melon, pastèque, papier ménage, il n'y aura même pas besoin de prendre un caddie.

Cet après-midi, une fois que les mamans auront arrêté de papoter, on va louer des vélos. Espérons qu'il y aura une selle à la hauteur de Julie. Pourvu que ce ne soit pas le coup de massue, sinon, on ira à pied.

Ce soir, tout le monde mange sur *Kangaroo*. Vite, il faut nettoyer le bateau pour qu'il soit nickel. Hervé passe un coup dans le cockpit avec le tuyau d'arrosage. Julie met les services, Muriel met l'eau à cuire dans la casserole. Et il faut encore ranger la lessive, les slips de Robin traînent sur les filières.

Tu veux du gâteau pour le dessert ? Oui, volontiers, et après je ferai la vaisselle avec la brosse. Et ce soir c'est la fête, les enfants pourront voir un film ! Si c'est drôle, ils vont être pliés en deux.

Version *Catmousses* :

Les bateaux sont à l'ancrage. René se met sur son 36 et part amener les vidanges et faire l'épicerie. Il saute dans son annexe de 25 forces. Tabarnacle, il mouille à siaux, c'est pas grave on va mettre des chaudières pis ramasser l'eau. La liste d'épicerie n'est pas longue : cantaloup, melon d'eau et scott towel, il n'y aura même pas besoin d'un panier d'épicerie.

Tantôt, une fois que les mamans auront fini de jaser là, on va louer des bicycles. Espérons qu'il y aura un banc à la hauteur d'Antoine. Et pourvu qu'ils ne nous attendent pas avec une brique et un fanal, sinon on ira à pied.

Ce soir, tout le monde mange sur *Catmousses*. Vite, il faut nettoyer le bateau pour qu'il soit Spic & Span. René passe un coup dans le cockpit avec le boyau d'arrosage. Catherine met les ustensiles, Dany met l'eau à bouillir dans le chaudron. Et il faut encore ranger le lavage, les bobettes de Nicolas traînent sur les filières.

Tu veux-tu du gâteau pour le dessert ? Oui, volontiers, et après je ferai la vaisselle avec la lavette. Et ce soir c'est la fête, les enfants pourront écouter un film ! Si c'est drôle, ils vont être crampés en quatre.

Le kitesurf

La grosse frayeur de la semaine – et du voyage j'imagine – aura été le spectaculaire accident de kitesurf d'Hervé, sur l'îlot Maîtres où nous avions décidé de passer le week-end.

Nous étions tous partis l'accompagner sur la plage. Un décor à couper le souffle. L'eau du lagon naturellement turquoise. Dans la région, on dit que c'est un spot adapté à tous et spécialement aux débutants.

À peine sa voile propulsée dans les airs, Hervé constate cependant une anomalie dans le réglage qu'il n'a même pas le temps de modifier. En moins d'une seconde, sous nos airs ébahis, il décolle dans les airs et atterrit plus loin, dans les buissons. La voile se gonfle alors à nouveau et c'est un Hervé tout flasque, un corps sans énergie qui reprend le chemin du ciel pendu à ces cordelettes, comme un pantin. Heureusement que René et Dany des *Catmousses* sont là pour lui sauver la vie. Ces deux-là ont fait carrière dans l'armée et sont toujours super entraînés. Ce sont eux qui réagissent au plus vite, démarrant au quart de tour pour tenter d'approcher Hervé, qui s'envole à nouveau. Si ça continue, il va finir dans l'eau, sur le corail, et nous ne pourrons plus le repêcher. Sous les yeux de tous les enfants et bon nombre de spectateurs ahuris, le corps est traîné d'un buisson à l'autre, tiré en avant par la voile qui ne se dégonfle pas. C'est horrible.

La troisième approche est la bonne. René saute sur Hervé et le maintient au sol pendant que nous le libérons de cette maudite voile. Mon skipper ne donne pas signe de vie. Je pense qu'il est mort. Que c'est la fin. Puis, finalement, on voit qu'il respire. Les enfants sont tout autour. C'est affreux. Il y a du sang partout sur son visage, on dirait que les branches des buissons se sont enfilées sous la peau, comme de monstrueuses échardes. Puis il reprend connaissance. Que s'est-il passé ? Il ne se rappelle de rien.

Je respire à nouveau. Il n'est pas mort. Mais comment retrouver du travail avec un visage si défiguré ? Les lunettes lui ont sauvé la vue. Les yeux n'ont pas été crevés.

On m'a félicitée pour mon calme au moment des faits. Chacun réagit à sa manière, mais mieux vaut garder ses esprits sur le moment. Se blinder et faire les bons gestes pour secourir le blessé. C'est bien après que l'état de choc est arrivé et que j'ai pleuré. Mais il fallait que je sois forte encore un bon moment. Julie et Robin également.

Nous l'avons donc transporté sur *Kangaroo*. Il avait beaucoup de peine à bouger. Installé dans le cockpit, avec des anti-douleurs. Sandrine et Luc de *Nilros*, qui étaient également sur la plage, nous avaient filé les clefs de leur voiture.

Nous avons fait méthodiquement toutes les manœuvres avec les enfants. Lever l'ancre, naviguer sous génois vu la courte distance, s'occuper du blessé, retrouver un endroit pour mouiller devant Nouméa. Puis, abandonnant Robin et Julie à leur sort – avec pour mission de bien contrôler que le bateau ne chasse pas pendant notre absence – je l'ai conduit à l'hôpital.

Le plus dur a été quand l'infirmière m'a ordonné de rester seule, à l'accueil, au milieu des gens qui attendaient leur tour, patiemment. C'est là que j'ai commencé à paniquer. Et s'il avait une hémorragie interne, qu'il ne revenait plus ? Angoisse. La respiration qui se fait courte et le cœur qui accélère de plus en plus vite. Les muscles qui se tendent. Les yeux qui se noient. Vous ne pouvez pas tous m'abandonner comme ça. Pas déjà. Pas de nouveau. Secouée par les sanglots, j'ai été demander à ce qu'on m'emmène sur le champ près de lui. Un médecin a compris.

Fenêtre météo

21 novembre

Mouillage au phare Amédée. Avec ses spécialités. Le phare, bien entendu, construit en France et amené par bateau sous le règne de Napoléon III. Depuis son sommet, on peut admirer le plus grand lagon du monde. Et surtout, il y a les tricots rayés ! Ce sont des serpents amphibies rayés dorés ou bleus, dont le venin est mortel. Ces serpents plongent à 80 m pour aller paralyser leur proie (murènes, congres) puis viennent à terre pour se reposer et digérer ! Nous en avons vu plusieurs et René a même eu la surprise d'en trouver un dans son annexe ! Heureusement, la morsure sur l'homme est rare car leur bouche est trop petite, il n'y a que dans le creux de la main, à la base du pouce, que ces derniers peuvent nous croquer !

C'est dimanche soir, tous les enfants jouent aux cartes dans le cockpit. Je prépare un pain spécial pour le petit déjeuner de demain matin. La tresse. C'est délicieux. Demain, Hervé fêtera son anniversaire. Cela fait une semaine qu'on le bichonne de toutes parts. Séance d'ostéopathie et massages pour que son corps se remette de l'accident. Il va beaucoup mieux. Même ses cicatrices au visage. On l'a badigeonné de crèmes spéciales, il porte un grand chapeau en permanence. Le résultat ne sera pas trop mal. Après un long et douloureux nettoyage des plaies à l'hôpital, on a réalisé qu'il n'y en avait pas autant que prévu. Les rigoles de sang mélangées au sable donnaient l'illusion parfaite d'échardes transperçant la peau. En réalité, il y en avait bien moins. Il pourra retrouver son vrai visage.

Alors demain, on va aller le fêter sur la plage. Avec un petit déjeuner prévu à 7h30 en compagnie des *Catmousses*. Il fallait aussi se rattraper par rapport à l'année passée, au Sénégal, lorsqu'il avait la dengue !

Depuis que nous sommes à nouveau dans la civilisation, les jours de la semaine ont repris de l'importance. Et cela fait bizarre, le samedi matin, de voir de nombreux bateaux sortir à la queue leu leu du port. Voiles, rames, moteur. C'est la fiesta dans le lagon.

Nous sommes ainsi partis en week-end comme tout le monde. Les papiers sont en ordre, les voiles recousues, ne manque plus que la fenêtre météo qui pour l'instant, ne s'annonce pas : il y a beaucoup trop de vent.

Naviguer dans le plus grand lagon du monde… Ils ont de la chance, les gens d'ici. En 20 minutes, ils peuvent atteindre des « spots » extraordinaires. Nous avons visé plus loin, vers l'entrée d'une passe que marque le célèbre phare. Il y a du monde au mouillage mais nous trouvons encore une bouée de libre. La montée s'est faite au près serré et l'expédition a pris bien plus de temps que prévu.

Dimanche matin, c'est tout un spectacle. De nouveaux bateaux arrivent de partout et c'est assez rigolo ou dramatique, selon les points de vue. Il y a ceux qui prennent la bouée et l'accrochent à l'arrière, ceux qui ne mouillent que 6 mètres de chaîne et s'étonnent de chasser… Je rigole beaucoup moins lorsque mon nouveau voisin m'annonce qu'il n'éteindra pas son moteur de la journée :

- J'ai du mal à démarrer donc je ne vais pas l'éteindre, qu'il me fanfaronne, une bière à la main !

De quoi me rendre folle au niveau bruit et pollution ! J'essaye de garder mes nerfs et décidons de quitter le navire pour aller manger à terre.

Nous voici maintenant dans le flot de touristes débarqués malheureusement par le ferry. Nous nous sentons si différents ! Le clou final du spectacle sera un défilé de jeunes femmes un peu avinées et leur mac – je ne parle là pas de leur ordinateur mais de leur proxénète ! C'est rare de voir des filles oser le string alors que tout le Pacifique est si prude. Drôle de mise en scène, à la limite un peu triste. En fin de journée, le ferry revient et tous les touristes s'en vont. Nos voisins de mouillage également. Un peu comme à Mystery Island. Nous nous retrouvons absolument seuls, les *Catmousses* et nous. Et mesurons d'autant plus la chance que nous avons. Ce n'était donc pas si mal de venir ici pendant le week-end, très instructif !

26 novembre

On attend…

D'abord on attendait les visas… arrivés très rapidement. Nous sommes d'ailleurs retournés à l'ambassade australienne pour remercier la dame du guichet qui n'en revenait pas de notre gentillesse… Pourtant, nous sommes sûrs que c'est grâce à elle que notre dossier a été si vite traité.

Maintenant, on attend la fenêtre météo ! Cela fait plus d'une semaine d'ailleurs. Et ce n'est jamais bon. Enormément de vent annoncé, de grosses vagues. L'idée reste vraiment de s'arrêter en route sur l'île de Lord Howe, petit secret bien gardé des amateurs de nature grandiose. Nos amis de *Morning of the Earth* partis avant nous (pas besoin de visas car ils sont

Australiens) ont bataillé pendant presque 6 jours pour essayer d'y arriver. Finalement, vu les très mauvaises conditions de mer rencontrées, ils ont changé de cap. Puis il y a aussi cet autre bateau, voisin de ponton à Port Moselle, qui a été abandonné par son propriétaire il y a une dizaine de jours alors que la météo semblait bonne. Le skipper solitaire naviguait de conserve avec des copains et il a été rapidement repêché. Son bateau a coulé. Mais tout va bien. Preuve en est qu'il va falloir cependant bien gérer cette traversée.

Le vent souffle très fort, même ici à Nouméa. Je suis assise juste en face de mon café préféré, « l'Annexe », sur la place des Cocotiers, avec un très bon wifi, parfait pour mettre le site à jour. Pour l'instant, il ne pleut pas mais de temps en temps je sens des rafales si fortes que je dois tenir l'ordinateur portable... pour vous dire ! Nous avons pris une météo et il semblerait qu'on ait une ouverture pour dimanche ou lundi.

Les papas sont partis faire les papiers de sortie du territoire, j'ai été auparavant au marché avec Danny et tous les enfants. Ce sera peut-être la dernière fois que nous venons en ville. Je regarde ainsi les rues avec un brin de nostalgie. Comme à chaque fois que l'on part d'un endroit.

28 novembre

Kuendu beach. Juste à la périphérie de la ville, après le campus universitaire, au bout de la ligne du bus. Une jolie plage, mais pas très abritée, et un parc énorme juste derrière, parfait pour la dépense d'énergie des enfants et les barbecues. Ils ont passé leurs après-midi à croiser des épées, faire des exercices d'équilibre divers, joué au cerf-volant, car le matin, à bord de *Kangaroo* et *Catmousses*, c'était l'école, bien évidemment !

C'était donc un endroit parfait pour attendre cette fameuse fenêtre météo. Bien mieux qu'à Port Moselle où nous nous faisions constamment secouer par le trafic maritime.

Luc et Sandrine ont ainsi pu facilement nous rejoindre le week-end pour passer un dernier moment ensemble. Ils nous ont invités au resto et le lendemain, nous les avons initiés aux

Geocaches ! Il y en avait une, naturellement, juste en haut de la colline !

Nous avons également pu tester le matériel performant de René, parfait pour nettoyer la coque de fond en comble. Un petit moteur qui envoie de l'air sous pression dans deux tuyaux jaunes munis de détendeurs. C'était très important pour nos bateaux de partir avec une coque propre car à l'arrivée, en Australie, il y aura un contrôle assez poussé. Et si vous ne remplissez pas leurs critères, et bien, c'est sortie de l'eau immédiate pour un nettoyage sous pression, à vos frais !

Look année 1990 - ma combi était pourtant très à la mode à l'époque ! J'ai mis en plus le bonnet de bain de Julie car en grattant la coque, on se retrouve entouré de millions de mini-crevettes et autres petits animaux peu ragoûtants. Hervé quant à lui était bien plus sexy dans la nouvelle combi noire que nous lui avions offerte pour son anniversaire. Les copains de *Thetys* lui avaient dit qu'avec les couleurs fluo de l'ancienne, il faisait fuir les poissons lorsqu'ils partaient chasser. À bon entendeur, salut ! Nous lui avions donc trouvé le cadeau parfait !

En route pour l'Australie !

Voici le mail envoyé à notre famille le jour du départ pour la traversée :

« Ça y est... 29 novembre... une date vraiment clé dans notre vie ! Cela fait maintenant 16 ans qu'Hervé et moi (et toute la bande de nos copains) avons réussi notre brevet d'avocat... Déjà 16 ans qu'il y a eu le premier bisou ! Et dans quelques minutes, ce sera le départ de notre dernière grande traversée sur *Kangaroo* !!!

(Petit soupir et larmes aux yeux)

Il y a une dépression tropicale qui part en direction des Fidji et qui ne devrait donc pas nous perturber. Nous avons attendu patiemment plus de 10 jours avant que la météo se confirme. Cette fois c'est assez bon, même si on dirait que ça souffle bien plus fort qu'annoncé. Le but est vraiment d'essayer d'atteindre Lord Howe...

Il s'est avéré qu'au final, nous ne sommes jamais allés à Lord Howe ! Déjà, la météo n'était pas du tout celle qui avait été prévue. Grosse mer à plus de 35 nœuds, venant bien entendu pas vraiment du bon côté. De quoi souffrir pendant longtemps.

Les *Catmousses*, partis en même temps que nous, ont décidé, dès la sortie de la passe, d'abandonner cette idée. Ils ont alors abattu en grand, rendant leur navigation plus aisée.

Nous, on voulait absolument y parvenir ! Le bateau allait très bien, même si la navigation n'allait pas être de tout repos. 700 milles jusqu'à Lord Howe puis 350 milles supplémentaires pour rejoindre Sydney. C'était parti... mais pas pour longtemps.

15 heures, une énorme vague claque sur le côté bâbord du bateau. Secousse. Nous entendons dans la foulée un bruit d'eau suspect, comme un énorme réservoir qui se déverse à l'intérieur. Ce n'est pas normal. Je descends dans la cabine. Consternation.

Le hublot Lewmar de notre cabine a explosé. Des vagues en ont déjà profité. Il y a de l'eau de mer partout, nos matelas sont trempés, nos habits également.

On abat de 30°, fini Lord Howe.

Ensuite, c'est séquence bricolage. Nous bouchons le trou avec mon matelas de yoga et du scotch. Le flanc du bateau a retrouvé sa forme mais lors du choc, la paroi laquée et les meubles ont subi une pression telle que cela a fait craqueler la peinture et les vernis. Nous allons devoir refaire entièrement notre cabine en vue de la revente. Ce n'est vraiment pas de chance !

À part cet épisode malheureux, la traversée a été très rapide et fantastique.

Mercredi 1er décembre, 3e jour de mer.

Le rythme est pris. Preuve en est, Julie ne vomit plus. Elle a été capable de faire son école. Bon, à son rythme, que je trouve toujours un peu long. Mais nous avons tout notre temps. En plus, elle nous pose vraiment souvent des questions sérieuses :

- Papa, je ne comprends pas pourquoi un bateau avance quand il est au près. Il devrait plutôt reculer, non ?

Cette autre question aussi, sur la notion du temps qui passe. Elle trouve que cette année a passé très vite, que son anniversaire à Tobago, c'était il y a quelques semaines… Pas de doute, Julie grandit !

Déjà décembre. Je vous imagine dans le froid, heureux qu'il ait déjà neigé ! Les décorations de Noël ressortent du grenier ou de la cave, la ville s'est déjà parée de ses plus beaux atours. La boîte aux lettres abonde de pub diverses, achetez ceci, pensez à cela !

Je pense à mon autre belle-sœur Gabrielle, qui chaque année organise une sortie de marche nocturne entre amis, avec comme parcours les plus belles décorations de la ville. Le rythme tenu permet d'avoir bon chaud, et ensuite on se retrouve au milieu du lac, aux Bains des Pâquis, un lieu mythique de Genève, pour déguster une bonne fondue.

Aux Bermudes on faisait pareil, mais en voiture. Influencés par leurs voisins américains, certains n'hésitaient pas à dépenser des fortunes pour décorer leur maison, avec un goût douteux parfois. Des milliers de dollars dépensés en matériel et en énergie.

Le tricot de Julie avance bien, je lui avais acheté de la laine à Nouméa. Même Robin fait des rangées, une ligne à l'endroit, une ligne à l'envers… c'est une affaire commune. Seul Hervé est perplexe : savez-vous que ce sera le plein été en Australie ? Oui, mais il peut faire frais la nuit, n'est-ce pas ?

2 décembre

J'ai surpris Robin admirant l'horizon. Son regard perdu au loin, sa tête qui se retourne vers moi, un sourire sur les lèvres.

- Tu profites ?
- Que c'est beau.

Bientôt 13 ans. Et tu vas retourner dans le monde. Avec ce voyage qui t'a vu grandir, qui t'a fait grandir. Que deviendras-tu ? Je ne doute point de tes capacités d'adaptation, de ton sens des responsabilités. Mais trouveras-tu une voie qui te plaira ? Regarde cet espace, ces ciels nuageux. Tout autour de nous, la liberté.

Douche. C'est l'heure de se laver. Encore un luxe. Sur la jupe arrière, nus, au milieu de la plus grande baignoire du monde. Il faut un peu se forcer pendant les grandes navigations… on n'a pas trop envie ni besoin de se laver. On transpire peu, il n'y a pas de pollution. Le plaisir ensuite de se sentir propre, parfumé, revigoré de ces nuits entrecoupées de quarts. Hervé avait fait tourner un peu le moteur, c'était très bien, ça nous avait fabriqué un peu d'eau chaude !

Mon regard sur l'horizon n'est plus du tout pareil. C'est notre dernière grande traversée. Que sera la suite ? J'aime tellement être au milieu de ce rien qui est tout. Me sentir ridiculement petite au milieu de cette masse d'eau. Protégée dans ma poche de *Kangaroo*. Nous quatre. Ces moments qui resteront irremplaçables.

Mon amie Natacha vient de m'envoyer un email… Elle pense venir nous rejoindre en Australie. Ce sera sa 4e visite à bord. Samedi dernier, elle a été danser. Mais ici aussi on danse. Et assez souvent ! Nous mettons la musique à fond. Années 1980 ou hit des enfants. Et ça nous fait bouger, rire, chanter. Personne pour nous regarder, nous critiquer, nous prendre pour des fous. Que nous quatre, dans une mer de bonheur.

Lors de cette nav', j'ai recommencé à lire *Damien*, de Gérard Janichon, arrivé sur *Kangaroo* lors d'un échange. L'inconscience de leurs premières tempêtes, leur manque de moyens pour se situer, la bagarre perpétuelle pour renflouer la caisse de bord. Une autre époque. Même si tout n'est pas facile non plus à bord de *Kangaroo*, la lutte étant toujours perpétuelle avec le matériel. Le sel, ennemi numéro 1. Celui qui bousille tout, surtout les matériaux d'aujourd'hui. Notre deuxième pilote, installé à Trinidad, vient d'ailleurs de lâcher aujourd'hui. Dommage, car il consommait peu. Encore une pièce qui partira sous garantie. Mais à quoi pensent les constructeurs à part vendre en faisant un max de profit ? N'ont-ils jamais eu un bateau pour comprendre à quel point sont nécessaires les instruments que l'on achète ? Et si on les a achetés et mis à bord, c'est bien pour qu'ils nous accompagnent et nous soutiennent pour un bout de chemin et non pas faire joli lors d'une petite sortie à la voile !

Il y a des jours comme ça où je rêve d'une vie encore plus simple. Comme en Polynésie. Il faut que je me reprenne cependant. Nous n'allons pas du tout dans la bonne direction. Devant, c'est le monde. Les touristes par milliers que l'on va rejoindre. Le paraître va réapparaître dans nos vies. Et je n'arriverai pas à le combattre. Je ferai avec, pour me couler dans la norme, juste ce qu'il faut.

Dans le Pacifique, c'est la générosité qui nous a le plus touché. Les gens avaient peu, n'avaient rien, et nous ont donné beaucoup. De leur temps, de leurs sourires, de leur silence et de leurs fruits. Il y a même des fois où on a osé demander : « Vous n'auriez pas des fruits pour nous ? » Et on repartait les mains pleines.

Une belle leçon, ce voyage. Les gens donnent plus quand ils ont moins. C'est pour cela que chez nous tout déraille, dans les relations, les amitiés, les amours. Ils n'ont plus le temps pour rien. Pas le temps de se regarder, de se rencontrer, d'écouter, de se parler, de s'aimer.

En bateau, on apprend à donner des coups de mains : des 10 minutes qui se transforment naturellement en heures. Sans compter. Car en échange, quelqu'un d'autre viendra demain ou dans un an, rendre la pareille.

Ce qui me fait peur, dans cette « descente sur terre », c'est de ne pas repartir un jour. Les projets futurs sont déjà présents dans nos têtes. Nous attendrons juste que les enfants trouvent leur propre voie. Mais d'ici là, que va-t-il se passer ? J'avais sans faire exprès trouvé l'homme qui s'est transformé en skipper. Sera-t-il encore là dans quelques années ? Et mon corps ? Tiendra-t-il le coup ? Il y a trois ans, je m'entendais dire au sortir de la clinique « Ne forcez jamais, ne portez pas, ne courez plus. Achetez-vous une chaise longue pour y rester dedans le plus souvent possible ». Ce médecin avait trop peur que son opération lâche. Pourtant, il faut bouger pour s'entretenir. Trouver l'équilibre.

Lors de notre conseil de famille aux Caraïbes, on avait dit deux ans de plus de voyage au maximum. C'est la bonne décision, en tant que parents d'adolescents. Mais si ça ne tenait qu'à moi, je ferais tout pour que ça ne s'arrête pas. Lever l'ancre, changer de baie.

Ce sera la première fois de ma vie que j'arriverai dans une grande ville à la voile. Passer sous le pont, découvrir des buildings. Hervé a eu la chance de faire New-York. J'aurai Sydney. Et ce sera mon anniversaire.

Quatrième partie
L'Australie

Sydney

Les douanes

Julie : « Je pourrais faire plein de vœux. Mais j'en ai pas besoin car je suis heureuse, sauf quand papa se fâche pour les douanes ».

Nul autre pays n'a osé nous demander autant de notifications à l'avance. Comment voulez-vous connaître le jour de votre arrivée lorsque vous naviguez à la voile ? Nous ne sommes pas un vol de ligne ! Et le résultat, c'est qu'on n'y comprend plus rien. On vise pour le samedi soir ou le lundi matin ? On freine encore plus ou on continue à cette allure ?

La traversée a été rapide. Entre la mer de Corail et la mer de Tasmanie se niche un courant portant de plusieurs nœuds qui nous a donné l'impression d'être sur un tapis roulant supersonique. *Kangaroo* avançait à plus de 8 nœuds alors que nous n'étions que sous solent seul.

Par email, les échanges avec les administrations vont bon train. Il faudrait aller dans cette baie pour la mise en quarantaine, puis dans une autre pour les douanes. Sans compter qu'ils peuvent nous aborder en tout temps. Mais que sommes-nous censés faire ? Et le téléphone, comme si tous les navigateurs en avaient un à bord. En plus, ils ne nous donnent même pas d'indicatif. Nous avons une pensée pour ceux qui ne parlent pas l'anglais.

Chacun fait ce qu'il peut pour gagner 350 $. Sur *Kangaroo*, la ruse consiste à patienter, traîner en mer pour éviter la surcharge de taxes due à une arrivée pendant le week-end !

- Là, je ne vois plus vraiment ce que je peux réduire de plus. À moins de se mettre à la cape (allure où le bateau s'arrête plus ou moins et oscille comme un crabe). La GV est affalée, le génois enroulé au 3/4 et *Kangaroo* sautille à 7 nœuds vers Sydney.

- Tu pourrais nous faire une heure de moteur en marche arrière ?

Extrait du journal de bord, toujours tenu de manière très austère :

Sam 4 déc. : toujours 2 ris solent. On a empanné, affalé GV et hissé gennak' seul. Fort courant favorable. On affale gennak'. Sous solent seul.

20:00 courant est tellement fort qu'on doit se mettre à la cape pendant 4 heures, sinon on arriverait trop tôt !

Dim 5 déc.: Bon anni Muriel !

00:00 On repart sous solent seul.

12:00 c'est la pétole, on hisse le spi, tribord amures.

14:00 33°15 S 151°358 E vit 8 nœuds cap 245°. 50NM to go.

22:30 on arrive a Sydney Heads. On aura mis 6,5 jours pour 1079 NM soit 155 NM/24 H. Soit 7 nœuds de moyenne.

Jamais, jamais, jamais, je n'aurais imaginé arriver à Sydney à la voile. En plus, le soir de mon anniversaire ! C'est fabuleux. Les lumières de la ville, le coucou des phares, les falaises qui se découpent toutes noires et le bal des avions au milieu des étoiles. Seul hic, il fait froid. Nous avons tous mis une veste et Julie vient de dire à son papa :

- Tu vois, je fais bien de me tricoter une écharpe !

La journée a été splendide. Sous spi en bonne partie. Avec ou sans courant. Petit jeux de marins. L'eau variait entre 18 et 15 degrés. Plus c'était chaud et plus le cap était favorable. Et le bal des dauphins. Le matin et au coucher du soleil.

J'ai allumé mon portable et des messages se sont miraculeusement affichés, dont celui-là : Bon anniversaire Muriel en mer !

J'ai le sourire aux lèvres, la poitrine toute fragile. Emue.

Timing parfait. Il est dimanche soir 23 heures lorsque que nous abordons le ponton de la douane, ce qui est finalement considéré comme le début de la semaine ! Nous avons économisé nos 350$! À nous l'Australie !

La vie à Sydney

Petits extraits de notre blog relatant des points-clés de notre nouvelle vie à Sydney. Nous aurons ainsi testé différents mouillages au gré de nos envies, de la tenue des fonds et des programmes prévus :

- Elisabeth Bay, bon mouillage pour le quartier de King's cross, mauvais fond.
- Blackwattle Bay et Rozelle Bay. Près du Fischmarket, idéal pour aller au centre, bon fond.
- Devant le zoo, pour sa visite et lors du feu d'artifice du Nouvel An.
- Manly, parfait pour aller à la plage et se sentir en vacances.
- Middle Harbour, sympa pour se baigner.
- À côté de l'opéra de Sydney. Trop bruyant et beaucoup de clapot.

> 11 décembre
> - Devinez ce qu'on mange ce soir ?
> - Du kangourou !!!

Eh oui, il fallait bien que l'on s'y mette !!! On vit kangourou, on s'habille kangourou, on mange kangourou ! Ce n'est pas cela qu'il faut faire dans ce pays ? Avec les millions de touristes qui visitent Sydney, le fameux symbole est décliné de toutes les manières...

Notre bateau a donc trouvé plein de copains, mais je m'interroge vraiment : si nous avions su que nous viendrions jusqu'en Australie, aurions-nous vraiment appelé notre bateau ainsi ? Je n'en suis plus aussi certaine...

Déjà une semaine que nous sommes ici... J'ai bien pensé au blog, j'aurais plein de choses à dire, ce qui me manque, en fait, c'est un peu de calme. Non, non, je ne fais même pas la grasse matinée ! Debout tous les matins à 6h30 pour faire comme les habitants de la ville : une heure de marche rapide avec Dany des *Catmousses* au bord de l'eau ou dans les parcs... Puis l'école, naturellement, et ensuite, on part en vadrouille !!! On a des projets de toutes parts... mais là il faut déjà que je vous laisse, nous avons rendez-vous pour les yeux de Julie, il faut déjà qu'elle change de lunettes sinon, elle ne verra pas les *Kangaroos* !!!

12 décembre

Le réveil sonne, Hervé me secoue. C'est l'heure de ma marche quotidienne. Il descend du lit, s'étire et regarde par le hublot : « Alors là, j'y crois pas, c'est juste incroyable ».

Les *Catmousses* viennent de partir sur un autre coin de la baie et qui l'a remplacé au mouillage ? C'est *Shellac*, le Fusion 40 n°1 que nous avions été tester en Australie il y a presque 4 ans maintenant ! Bruce habite pourtant Wollongong, une ville située à 2 heures de voiture au sud de Sydney. Comment a-t-il su que nous étions là ?

Le hasard, ce n'est que le hasard, nous répondra Bruce, plus tard. Nous lui avions pourtant envoyé un email pour l'avertir de notre arrivée en Australie... que nous avons découvert dans les « indésirables » de son ordinateur.

Que d'eau passée entre les deux coques depuis notre rencontre ! Son bateau a d'ailleurs bien changé. Chez lui, c'est petit à petit que tout se construit... et l'intérieur est maintenant presque terminé ! Il n'en revenait pas de tout le chemin que nous avons parcouru.

Nous sommes à Blackwattle Bay, entre la zone du Fishmarket et Glebe, le quartier étudiant. Il suffit de marcher 5 minutes pour arriver à Darling Harbour, l'un des quartiers touristiques du centre-ville. Bref, nous sommes au cœur de Sydney, dans notre petite maison flottante. C'est une impression fantastique.

14 décembre

- Stop ! Ça suffit ! Que c'est bruyant !

Ce matin, au mouillage de l'opéra, c'est la folie ! Depuis 7 heures, il y a deux hélicos en stationnaire juste sur nos têtes ! Vous imaginez le bruit ? Et ça n'arrête pas. La raison ? Oprah Winfrey, l'animatrice de télé américaine et milliardaire, est là avec 300 de ses fans !

Aujourd'hui, ils filment une partie des deux émissions qui seront retransmises en janvier aux USA. Toute la face arrière de l'opéra a été transformée en Oprah talk show et au moment où nous partions de là, les flots de spectateurs se déversaient sur les estrades... oh là là...

En ville, vous pouvez même acheter le t-shirt « I love Oprah ».

C'est une énorme opération commerciale qui fait sauter de joie le ministre du tourisme :« la meilleure façon de faire de la pub pour notre pays qui reste une destination de rêve pour des millions de gens » ! Très bien, mais nous on trouve ça trop bruyant alors désolés, même si nous avons été filmés - ça en jette un cata avec un Kangourou dessus ! - nous préférons trouver un endroit plus vivable.

Nous revoilà ainsi de retour dans notre premier mouillage, au pied du quartier chaud de Sydney, Kingcross. C'est juste un peu plus loin et la baie abrite le cruising yacht club of Australia, l'organisateur de la célèbre course Sydney Hobart dont le départ se fait le lendemain de Noël.

Tout a l'air de bien se passer, l'ancre a bien croché. Nous pouvons enfin commencer à faire les classes dans un meilleur environnement. Mais un peu plus tard, je lève la tête. C'est quoi encore cette histoire... 1-2-3-4-5, 5 hélicos sont dans l'air maintenant ? Il y a toujours ceux qui se trouvent au-dessus de l'opéra mais alors ? Pourquoi viennent-ils vers nous ? Voilà maintenant que d'incroyables bêtes de course sortent à la queue leu leu sur le plan d'eau ! Vont-ils reprendre *Kangaroo* pour bouée d'entraînement comme la semaine dernière ? Non, aujourd'hui c'est le « Big Boat Challenge ». Quel cirque cette baie de Sydney. Il se passe toujours quelque chose !

Alors nous interrompons les classes pour nous asseoir sur le pont, jumelles en mains, et nous regardons avec plaisir ce bal de voiles brillantes poursuivies d'une flotte de bateaux moteurs.

Nous en étions déjà à une dizaine de jours avant Noël. Avec des enfants heureux comme jamais. Dans le Pacifique, il n'est pas si évident que cela d'avoir des copains de jeux. Alors que depuis la Nouvelle-Calédonie, il y avait les *Catmousses*. 6 gamins dans le vent. 2 filles et 4 garçons à occuper de temps en temps. L'activité de la semaine : la création de trois maisons en pain d'épices. Cela nous a pris deux après-midis entières, les cuisines ne sont pas bien grandes en bateau. Dany et moi avions le champ libre car Hervé et René passaient leur temps dans une voiture, à vadrouiller dans tout Sydney à la recherche de différents fournisseurs de matériel nautique.

Nos hommes avaient en effet beaucoup à organiser. Découvrir le moyen de locomotion adéquat pour de nouvelles aventures, trouver où commander et se faire livrer des pièces de rechange, dénicher un endroit pour laisser les bateaux pendant nos séjours à terre. Impensable de le laisser à la marina du cruising yacht club of Australia qui facture la journée à plus de 250 $! Organiser également un chantier aux alentours du mois de mars, à notre retour, pour le carénage des bateaux plus un lifting intérieur complet pour *Kangaroo*. Des forces mises en commun, donc, même si les bateaux restent indépendants. Il y a toujours beaucoup de respect entre nous, on se côtoie sans s'étouffer. C'est juste incroyable cette liberté.

Note : l'iPad, la bonne à tout faire en bateau ?

Par Hervé :

À bord de *Kangaroo*, on a eu la chance d'avoir reçu en août un iPad de la part de la marraine de Robin. Alors, 4 mois après, voici un petit bilan de la bête. C'est un outil génial sur un bateau, potentiellement beaucoup plus utile qu'à la maison. Voici les raisons :

Lecture :

Tout d'abord, imaginez le poids (et la place) de 40 Lucky Luke, 20 Blake et Mortimer, 35 Alix, quelques Cosey et j'en passe. D'ailleurs les BD avaient été bannies à bord de *Kangaroo*, déclarées par le skipper d'un très mauvais rendement temps de lecture/poids. Alors là, quel plaisir de lire à nouveau des BD. Franchement la qualité est époustouflante. C'est sans compter les autres livres « classiques » que l'on peut lire également avec l'Ibook. Lorsque vous êtes sur une île paumée au milieu du Pacifique sud et que vous vous connectez à internet, cela vous permet aussi d'acheter le dernier Percy Jackson en français que votre fils ne trouverait jamais avant d'arriver dans une librairie française. Dernier avantage, en croisière, vous échangerez beaucoup avec les bateaux-copains des guides nautiques en version électronique, souvent scannés puis transformés en PDF. Et leur lecture sur un ordi classique n'est pas agréable, ni pratique, sans compter qu'il faut démarrer l'ordi, que bien évidemment les batteries sont à plat, que ce n'est pas le moment de brancher le convertisseur car le frigo et le pilote sont déjà en train de malmener vos batteries servitude et qu'il fait couvert (donc les panneaux solaires ne chargent pas...) et comme on est au portant, l'éolienne charge très peu. Par contre, lire ces guides en PDF sur l'iPad, c'est un vrai plaisir et question consommation, c'est étonnant : l'iPad tient vraiment 10 heures et pour le recharger, c'est sur une prise 12V et c'est moins d'un 1amp/h. Question lecture, l'iPad c'est donc le top du top sur un bateau. Note : 10/10

Films :

Pour les mêmes raisons d'économie d'énergie et de longévité des batteries, c'est très chouette de regarder des films sur l'Ipad. De plus, comme c'est de la mémoire flash, il n'y a pas de risque que votre disque dur se brise lorsque le bateau tape dans la vague. L'écran a une bonne taille, on ne se casse pas les yeux comme sur un Ipod et sa résolution est excellente. Le seul bémol, c'est que l'Ipad n'accepte que le codec H264, ce qui signifie en bon français que tous les films AVI de votre filmothèque (on a rencontré des bateaux qui en ont plus de 1500....) ne peuvent pas être lus directement sur l'Ipad. Il faut d'abord les passer par une moulinette qui les transforme et là franchement ça prend beaucoup de temps (et d'énergie...). Note : 8/10

Navigation :

A bord de *Kangaroo*, nous avons deux systèmes pour la navigation : deux lecteurs de cartes Raymarine (un dehors tombé en panne en Polynésie et un dedans qui fait également écran de radar), plus un ordi portable avec Maxsea comme backup. On a acheté les cartes Navionics pour les lecteurs de carte et pour le nombre de cartes que l'on a, le prix est raisonnable même s'il faut compter environ 500 francs pour la zone pacifique sud par exemple. Par contre, on n'avait initialement pas prévu de venir jusqu'en Australie et on ne possédait aucune carte de la région. Que faire ? En parlant avec un autre navigateur aux Vanuatu, il nous avait dit qu'il avait convoyé un bateau des Fidji en Australie avec son seul Iphone comme GPS et instrument de navigation. Intrigué et vu que nous disposons de la version de l'Ipad avec GPS, je me suis penché sur la question lors de notre séjour à Nouméa. Et le résultat est stupéfiant :

Pour 50 CHF, j'ai acheté une application (INavX) de navigation très complète ; pour 30 CHF, j'ai acheté toutes les cartes Navionics de l'Australie (oui, oui, les mêmes qui coûtent 500 francs pour le lecteur de carte Raymarine) et pour 11 CHF, j'ai acheté les marées et les courants du monde entier (AyestidesXL). Pour moins de 100 CHF, j'ai ainsi un système de navigation complet que je peux emmener dehors dans sa fourre étanche (l'écran tactile fonctionne même à travers le plastique) lors d'entrée dans une passe par exemple ou de navigation dans le lagon. En navigation côtière (proche d'un réseau de téléphone 3G), vous pouvez télécharger les fichiers météos (grib files) gratuitement et les visualiser directement sur la carte Navionics. Un bouton vous relie automatiquement à l'application des marées et vous donne les marées les plus proches en fonction de votre position GPS.

Il est même possible de relier l'iPad par wifi à l'ordinateur de bord et d'avoir ainsi toutes les données de votre centrale de navigation (vent, profondeur, vitesse surface). L'iPad a ainsi été utilisé par 3 coureurs lors de la dernière Solitaire du Figaro.

Quand on sait le prix de l'électronique à bord d'un bateau, (on peut acheter plusieurs iPads pour le prix d'un lecteur de cartes…), ainsi que leur fiabilité, l'iPad a un grand avenir comme système de navigation. Sur un futur bateau, je sais comment il sera équipé…

Note : 10/10

La Sydney-Hobart

Par Hervé :

Demandez à des navigateurs autour de vous d'associer un nom à Sydney : ils vous répondront : Hobart ! La Sydney Hobart, c'est LA régate de l'hémisphère sud, l'équivalent du Fastnet en Europe et de la Newport-Bermuda aux Etats-Unis. Ce n'est d'ailleurs pas un hasard si ces 3 courses sont sponsorisées par une boîte bien de chez nous, l'un des plus gros employeurs du canton de Genève : Rolex.

The Hobart race, comme ils disent par ici, c'est 628 milles nautiques réputés pas faciles et surtout la traversée du fameux Bass Strait, avant d'arriver en Tasmanie, 43° de latitude sud.

Alors quand on a décidé d'aller en Australie en décembre, je me suis dit que si l'occasion se présentait, je ferais bien cette régate (pas sur *Kangaroo*, je vous rassure, les multicoques sont interdits). Alors, j'ai préparé mon CV, l'ai envoyé à gauche et à droite, je suis allé voir le comité de course, je suis allé le distribuer sur les pontons et *inch allah* !

Il y a une semaine, je reçois un mail de Tony Kirby, propriétaire d'un X-Yacht 41, 25 Hobart à son actif, qui cherche quelqu'un pour remplacer l'un des ses équipiers qui s'est défilé à la dernière minute. Il y a deux jours de régate prévus le week-end avant le départ pour les ultimes réglages, ce sera l'occasion de me jauger et de connaître le bateau qui s'appelle *Patrice Six* (la tradition veut qu'un X-Yachts ait un X dans son nom, c'est pour cela que le nôtre en Angleterre s'appelait *X-Cape*).

Samedi matin, je me trouve sur le ponton du cruising yacht club of Australia, l'équivalent de la Société Nautique de Genève, mais en 10x plus décontracté et avec des bateaux 3x plus grands et 100x plus chers. On embarque pour une « passage race » de 3 heures, un parcours côtier en fait. 20 nœuds de vent, départ dans la baie de Sydney, on est un des plus petits bateaux de la flotte. Autour de nous, les maxis (30

m) ou mini maxis (20 m) virevoltent dans des grands bruits de choqués d'écoute sur winch carbone. À les entendre, on se croirait sur une régate d'America's Cup !

Et c'est parti. Très vite on se retrouve à l'arrière de la flotte, ben ouais, ces maxis, ils filent à peu près deux fois plus vite que nous… Mais c'est pas grave, le spectacle est superbe. Et notre X 41 est vraiment équipé comme un vrai bateau de course. On est 10 à bord, on a 4 voiles neuves pour la course, un nouveau tangon, bref, rien n'est laissé au hasard. Il faut dire que l'année dernière, *Patrice Six* avait terminé 5e au classement général en temps compensé, la fameuse Tattersalls Cup, le trophée le plus convoité de la course.

Dimanche après-midi, après avoir terminé deuxième en temps compensé de la régate du jour, c'est bon, Tony me confirme que je serai bien de la partie pour le 26 décembre. Youpi ! Et figurez-vous que ce que j'ai aimé le plus durant ce week-end, c'est de faire du près. Avec un angle de remontée au vent de moins de 40 degrés (contre 60 au mieux pour *Kangaroo*), c'est un vrai bonheur. Et Tony m'a laissé barrer pendant 1/3 de la course, quel plaisir d'avoir une barre qui répond à la moindre sollicitation !

Donc, mes amis, si vous vous ennuyez durant les fêtes de Noël, connectez-vous sur le site officiel de la course car il y a bien évidemment une balise pour suivre chaque bateau. *Patrice Six*, voilà le nom du bateau à suivre !

26 décembre : Noël australien

Les séquences s'enchaînent, les unes après les autres. Nous sommes déjà le 26. Noël est derrière nous. J'ai emmené Hervé au 1er ferry de Manly ce matin. Petit bisou sur la plage et hop, voilà mon mari de marin qui s'embarque pour aller rejoindre l'équipage de *Patrice Six* ! Le départ de la Sydney-Hobart sera donné à 13 heures locale. Comme chaque année.

Cela fait vraiment bizarre de retourner toute seule sur *Kangaroo*. Et tout de suite, il s'agit de prendre les choses en main. Le vent a forci et il a commencé à pleuvoir.

Naturellement, tous les bateaux du mouillage ont tourné sur leur ancre et le bateau qui était devant nous est maintenant derrière, mais si proche de nous que sa chaîne rague contre notre safran. Petite manœuvre pour avancer sur notre mouillage. Ça devrait le faire comme ça. Robin, qui s'est levé en entendant la manœuvre, est retourné sous sa couette pour continuer à lire...

Et moi, je cogite. Notre troisième Noël à bord. Le premier, au Cap-Vert. Sur la toute dernière île de Brava. La jetée remplie de tous ces enfants qui jouaient avec le peu qu'ils venaient de recevoir... une peluche ou une simple voiture en plastique. Et le lendemain, nous partions pour notre première traversée de l'Atlantique.

L'année passée, c'était plus festif et familial avec les cousins au Sénégal. Nous avions fait la fête sur *Kangaroo*, avec deux autres équipages en plus, mon baobab en bois transformé en sapin de Noël !

Et maintenant, le Noël australien. Très ensoleillé celui-là. Au cœur de l'été. La fête s'est déroulée au petit yacht club de Cammeray auquel nous avons loué une bouée dès la mi-janvier pour y laisser *Kangaroo*. Chaque année, ils organisent une fête pour les « yachtees » comme nous. C'est un couple qui, au retour de leur voyage en voilier, a monté cette structure qui va d'ailleurs passer prochainement aux mains de leur fils.

Ambiance très amicale et chaleureuse dans leur appartement qui surplombe le quai. Boissons et fruits de mer fournis. Il ne fallait apporter qu'un mets de notre pays. Nous avons opté pour la mousse au chocolat - c'est suisse le chocolat, non ? Nous n'avons pu arriver que vers 16 heures et le repas venait de commencer ! Drôle d'heure pour manger, non ? Il y a même eu un père Noël qui a débarqué avec son sac rempli de petits cadeaux !

Le 25 au matin, nous avons navigué vers Manly pour aller à la plage, comme les Australiens ! Ils y débarquent en grand nombre, avec tout l'attirail pour un très beau pique-nique.

Barbecue, frigo, champagne. Et bien sûr, toutes sortes de chapeaux de père Noël sur la tête. C'est un vrai spectacle de rue.

Les vagues étaient belles et il y avait plein de surfeurs. L'eau devait avoir 20 degrés. Et j'ai fait plaisir aux enfants en allant me baigner également… car ce n'est pas chaque année qu'on se baigne à Noël !

Le départ de la Sydney-Hobart a été grandiose et nous étions aux premières loges ! *Catmousses* nous a embarqués et nous sommes allés nous poster juste devant la bouée de passage située à l'entrée de la baie. Et 5 minutes à peine après le top départ, nous étions en plein dans l'action !

L'eau bouillonnait de partout, c'était assez stressant. Les gros maxis, les hélicos, les bateaux spectateurs. En plus, nous traînions notre annexe et j'avais très peur que la chaise du moteur se casse et qu'il disparaisse à l'eau, mésaventure qui était arrivée à nos amis de *Taoz* l'année passée.

Mais tout s'est très bien passé, l'adrénaline a atteint de beaux sommets !

29 décembre

Les premiers sont arrivés et c'est *Wild Oats 11* qui a franchi la ligne en premier. Avec les enfants, nous sommes branchés très souvent sur internet. Pour lire les comptes rendus, voir la progression, les photos, les classements.

Y a-t-il eu un souci à bord de *Patrice six* qui expliquerait la baisse au classement, un peu avant le passage du détroit de Bass ? Quoi qu'il en soit, tout semble s'être stabilisé et ils devraient arriver comme prévu, le 30 décembre. Heureusement, car Hervé a son vol de réservé pour le 31 !

Le dernier bout difficile sera la remontée de la rivière Derwent. C'est une petite traîtresse. La nuit, il n'y a souvent plus aucun vent, ce qui fait que les bateaux peuvent y agoniser pendant des heures…

LE SILLAGE DES FAVRE EN MER – *KANGAROO*

La Sydney-Hobart d'Hervé et Pimubli !

Notre skipper doit être comblé. Même si ce n'est pas facile. En étant *watchleader*, soit chef de quart, Hervé se doit de barrer non-stop pendant trois heures de suite. Puis, trois heures sur le pont prêt à la manœuvre et ensuite trois heures au repos bien mérité. C'est long trois heures, surtout la nuit. Et vu les conditions du début, ça n'a pas dû être facile.

« La pire Sydney-Hobart de cette dernière décennie » titrait le journal. C'est vrai qu'à ce niveau, ils ont été servis : deux gros coups de vent en 36 heures, 20% d'abandons, un démâtage, deux hommes à la mer récupérés fort heureusement.

On se réjouit de connaître les commentaires d'Hervé sur ce fabuleux challenge ! En tout cas, merci à tous ceux qui nous envoient des mots de soutien, aux enfants et à moi. Mais figurez-vous que l'on s'en sort très bien ! Il y a eu la journée cinéma même si là on a repris l'école et il y a toujours du temps pour aller à la plage, surtout que le soleil est enfin revenu !

Sydney-Hobart, une édition très musclée

Par Hervé :

«*Check in the box*» comme disent les Anglo-saxons, j'ai fait la Sydney-Hobart ! Et comme me disait mon copain canadien René : « tant qu'à en faire une, autant que ce soit une année mémorable ». Et mémorable, cela aura été en effet. Petit retour sur nos 4 jours et 15 minutes de course :

1er jour :

Départ spectaculaire dans la baie de Sydney, très vite on passe sous code 0, puis on hisse le spi à la bouée. On a pris un départ correct, tout va bien. J'ai été nommé barreur/chef de quart, c'est une grande marque de confiance de Tony, le skipper-propriétaire. Mes coéquipiers de quart sont Gail, la seule fille du bord et Justin, le N°1 – celui qui s'occupe des voiles d'avant- qui en est aussi à sa première Hobart. On formera ensemble une super équipe, 3 heures à barrer/régler, 3 heures en standby, le plus souvent assis au rappel sur le franc-bord, les jambes penchées en dehors du bateau, puis finalement 3 heures de repos.

La première après-midi se passe bien, on longe la côte sous spi, on est à côté de nos adversaires les plus redoutés. Puis arrive le soir et le front du sud. Une barre de nuages gris fantastique, comme des rouleaux allant s'écraser sur la plage. Et là, les conditions changent radicalement. Le vent tourne au sud, on change de voile d'avant, et boum, on gîte de 30%. Les conditions sont musclées, le vent monte à 35 nœuds, on prend deux ris mais tout va bien, on est toujours en mode régate. 1er quart à la barre, on fait marcher vite le bateau (target 7.2 au près à 40 degrés réels du vent). C'est une nouveauté pour moi de régater en équipage et c'est assez sympa. J'ai des fois de la peine à comprendre ce que les Aussies racontent, surtout qu'ils ne parlent pas très fort et qu'il vente très fort, mais je me débrouille !

2e jour :

Toujours au près, on change de voile en fonction de la force du vent. Il faut dire que *Patrice Six* a un inventaire très très fourni de ce côté-là : au moins 15 voiles à bord et chaque voile a une plage d'utilisation très restreinte. On est bien loin des voiles pour naviguer en solitaire qui sont beaucoup plus polyvalentes.

On a par exemple un génois light puis un medium puis un heavy pour les conditions entre 0 et 22 nœuds. Puis un N°4 puis un N°5. Mais si on fait plus du près mais du bon plein, on a un jib top, plus les trinquettes de spi ou de reaching, bref, le pauvre équipier N°1 n'est pas au chômage et Justin en a pris des vagues dans la tronche sur le pont avant.

On longe toujours la côte en tirant des bords quand survient le deuxième front. Là, en plus du vent, la mer est vraiment formée et les vagues sont grosses. Dans la manœuvre de prise de ris, la grand voile se déchire sur plusieurs mètres, c'est foutu pour jouer les premiers rôles de la course. Dommage, on était vraiment bien placé jusque-là, en tête même de notre classe pendant un long moment. Heureusement, Tony avait prévu le coup et avait embarqué une deuxième grand-voile. On a donc pu hisser à nouveau mais seulement au petit jour, au moins on pourra aller à Hobart !

Une des plus grosses difficultés dans ce genre de conditions c'est de faire pipi. Le bateau bouge tellement que c'est impossible de se tenir à l'arrière pour faire par-dessus bord. On essaie donc tant bien que mal de viser dans un seau à l'intérieur du cabinet de toilettes, mais bon c'est pas évident, alors je vous laisse imaginer l'odeur dans le bateau. En plus de ça, il y a des voiles partout dans le carré, les spis, la vieille grand-voile, les génois, c'est vraiment pas facile de trouver ses petites affaires. Et dans le coup de vent, il faut bien se mettre au rappel vu qu'on est au près. Et là, on reçoit des vagues d'eau dans la figure. Je commence à avaler gentiment des gouttes d'eau salée et mon estomac n'aime pas ça du tout. En plus des vagues et de la fatigue qui commence à s'accumuler, bing, je dois aller à deux reprises me jeter sous le vent pour vomir. Eh bien, c'est la première fois depuis qu'on est parti en voyage que je suis malade !!! J'ai d'ailleurs bien pensé à Julie qui après être malade revient à sa place comme si de rien n'était. Alors je suis retourné m'asseoir tranquillement au rappel et voilà, *the show must go on*. Question nourriture, d'ailleurs, c'était bien organisé, Tony et son amie avaient préparé des repas précuisinés (chicken curry, beef stew, pies) qu'on réchauffait au four. De toute façon dans ces conditions, tout semble bon !

3e jour :

On attaque le détroit de Bass, les conditions ont bien faibli, le vent tourne, on peut hisser à nouveau le spi. Je surveille le GPS car j'aimerais savoir quand on va passer 40° S de latitude, les fameux 40e rugissants. Et c'est lors de mon quart que cela va se produire. Je célébrerai d'ailleurs l'événement en beauté car bien évidemment il fait nuit, il souffle de nouveau fort (environ 25 nœuds), on est sous grand spi pleine balle.

À peine 5 minutes après avoir pris la barre, boum, dans une rafale, le bateau part au lof et le spi explose ! Bravo Hervé, voilà qui met bien en confiance ! Pas de stress sur le bateau, on affale le spi, on en hisse un nouveau et 2 minutes plus tard, c'est reparti plein pot. Je vais d'ailleurs tenir pendant longtemps le record du bateau à 16.5 nœuds. Ouf, 3 heures à barrer de nuit dans ces conditions, c'est super stressant.

4e jour :

Terre, terre ! On voit les côtes de la Tasmanie, mais il nous reste encore 1/3 du parcours. La Tasmanie, c'est le plus petit Etat australien, mais c'est quand même plus grand que la Suisse. On file toujours sous spi à bonne distance de la côte pour ne pas se faire déventer, les conditions sont sympas. Puis, dernier changement de vent qui passe au sud puis à l'ouest. Et si chez nous le vent du sud c'est le foehn et donc chaud, eh ben par ici ça caille. Mais les étoiles sont fantastiques, le ciel est d'une limpidité incroyable. La fin se passe donc au près et les bords le long de la côte nous semblent bien longs. Heureusement, il y a les dauphins pour nous faire la fête. L'arrivée dans la rivière menant à Hobart me fait penser au Jura, les montagnes sont arrondies, tout est très verdoyant. Il y a d'ailleurs pétole sur les derniers milles et on chasse la risée comme sur le Léman.

Au final, on passe la ligne 31e au scratch, un des premiers « petits » bateaux. L'objectif sportif de Tony n'est pas atteint mais c'est pas grave, il est heureux d'avoir fini sa 26e Hobart et il est content de son équipage. La fête sera belle le soir, même si on est tous franchement crevé. L'ambiance à Hobart est fantastique, les gens sont super gentils, toute la ville se met sur son 31 pour accueillir les bateaux.

Pour moi, naviguer en équipage en course au large a été une découverte. Je dois dire que j'ai bien aimé, même si le fait de barrer le bateau alors que je ne le connaissais pas une semaine auparavant m'a mis pas mal de pression. Et je comprends pourquoi les gens reviennent faire cette course, l'ambiance est géniale, le parcours n'est pas facile du tout et les conditions varient tout le temps. Le seul bémol de cette belle course, c'est le peu de respect des Australiens pour la mer. À bord, la moitié de l'équipage jetait tout par dessus les filières: canette de coca, sac plastique, barquette alu, bref, j'ai essayé de leur passer le message mais ça n'a pas été un succès…

Bien entendu Pimbuli, le doudou mascotte de Julie, était de la partie. C'est un vrai champion qui garde le sourire tout le temps et qui m'a accompagné lors de mes transats en Mini et en Figaro. Il a donc lui aussi participé à la Sydney-Hobarth, il n'allait pas manquer les 40e rugissants !

Bonne année 2011

Et comme on dit à Sydney : *may the best of 2010 be the worst of 2011*, soit que le meilleur de 2010 soit le pire de 2011 !

Hervé, arrivé sur *Kangaroo* à 22 heures juste dans les temps, a adoré ces feux : brefs et spectaculaires. Sept barges explosaient au même moment tout le long de la baie de Sydney.

J'ai trouvé un peu court pour la dose de stress engendré. Dès 8 heures du matin, j'étais ancrée dans la baie en face du zoo. Elle se remplissait petit à petit d'embarcations en tout genre avec de nombreux conducteurs du dimanche… Et que ça chasse (lorsque l'ancre dérape), et que je ré-ancre, et que ça crie, et que ça boit des bières. Je préfère le calme. Mais vu qu'on était à Sydney, on n'allait pas manquer les premiers feux d'artifice de la planète !

Ce qui a le plus étonné les enfants, c'est de voir que le propriétaire du gros bateau qui s'était ancré juste devant nous, bouchant ainsi d'ailleurs pas mal la vue pour le spectacle, a passé sa soirée seul, avec une bière à la main, à regarder les feux depuis… son écran de télévision !

Un air de vacances

Aujourd'hui, il a bien plu. Un peu déprimant, même si je n'ose pas me plaindre. Car les nouvelles sont dramatiques à quelques centaines de kilomètres au nord de Sydney. Bundaberg, Queensland plus précisément. Une ville où de nombreux navigateurs laissent leur bateau pendant la saison des ouragans, à sec ou accroché à une bouée. Nous avons entendu avec effarement la mésaventure d'un couple venu fêter le Nouvel An à Sydney sur un bateau copain. Ils s'étaient séparés de leur cata 15 jours auparavant, qui se trouvait ainsi tout vidé, au sec, sur des plots dans un chantier réputé. Tout a été balayé par les inondations qui ont tout emporté. Le bateau, à nouveau dans son élément aquatique, est ainsi parti naviguer au loin, dans la campagne, tournant ainsi le dos à la mer ! Ils l'ont finalement retrouvé dans une mangrove, accompagné de quelques autres.

Groupama, notre assureur, aurait ainsi perdu plus de 40 bateaux dans la région ! L'eau de la rivière est montée de 5 mètres, ce qui en fait la pire crue depuis 1942. Une marina avec ponton à essence s'est ainsi retrouvée entièrement submergée, avec ses 30'000 litres de fuels qui se sont déversés dans la nature. Le courant de la rivière a grimpé à 15 nœuds. Les bois flottants ainsi charriés ont dès lors dû se transformer en torpilles géantes et causer bien d'autres problèmes. Ils ignorent encore le montant des dégâts ainsi que le nombre de bateaux coulés ou disparus, sur terre ou sur mer, sans oublier les maisons, commerces et infrastructures dévastées.

Il pleut à Sydney, mais ce n'est pas bien grave. Nous avons eu de la chance dans notre choix de destination.

En mer comme en montagne, il ne faut pas sous-estimer la force de la nature. Jamais. Surtout maintenant qu'elle se dérègle.

- Can I have a Family Fun Ticket, please ?

Sur *Kangaroo*, on aime les dimanches. Car c'est le jour du « Family Fun Ticket » ! Le prix des transports en commun est ainsi réduit drastiquement et pour 10 dollars seulement, nous pouvons passer la journée dans les ferry et bus en tout genre !

Nous nous sommes ainsi rendus en bus jusqu'au pont de Spit Bridge, l'endroit où débute l'une des grandes marches qui longe criques et baies diverses, toutes plus belles les unes que les autres. Par moment, vous vous retrouvez dans le parc national tandis que quelques centaines de mètres plus loin, des maisons à l'architecture délirante vous font rêver les yeux ouverts.

L'arrivée se fait 10 km plus loin à Manly où l'on embarque sur le fameux ferry jaune et vert qui croise en permanence dans la baie.

Encore une belle chose de faite. Car figurez-vous que le temps presse ! Dans une semaine, nous embarquerons dans notre nouvelle maison…

Un air de « vacances » plane sur *Kangaroo*.

Petites habitudes, magasins préférés, rendez-vous divers, téléphones portables, invitations, cafés, restos. Sans oublier les innombrables visites à l'Apple store de George street. Les enfants adorent. Pendant qu'on essaye à tout prix de récupérer l'usage de notre site internet – tous les spécialistes du magasins s'y sont mis – Robin et Julie jouent dans le magasin. Nous sommes de vrais habitués, un peu malgré nous. La sédentarisation a donc vite fait sa place dans notre vie. Figurez-vous que nous avons même ouvert un compte dans une banque australienne, afin de s'éviter d'inutiles frais supplémentaires de taux de change et tutti quanti. Opération très facile, contre toute attente. Il n'a fallu produire aucun justificatif. Juste notre passeport et une adresse : « La baie de Blackwattle, 2e bateau sur la gauche, ça peut aller ? Oui, pas de problème, nous répond la charmante employée, mais je propose que pour ne pas faire trop courir le postier, vous receviez tous vos notifications directement par internet ! »

Roadtrip

En parler ou pas ?

Notre roadtrip australien ? 13'000 kilomètres sur la route en deux mois, à une vitesse moyenne de 90 à l'heure, afin de rouler économique ? Dois-je en parler ou pas ? Ces deux mois hors du bateau peuvent-ils trouver leur place dans ce récit nautique ?

J'ai longtemps hésité. Pour des milliers d'étudiants, c'est leur première aventure. Nous en avons rencontrés plein le long du chemin. Des Français, des Italiens, des Américains, des Allemands. Peu d'Asiatiques. Alors pourquoi en rajouter une couche ? Alors qu'ils passent leur temps sur internet à trouver des conseils pour leur prochaine destination et à nourrir leurs pages Facebook au lieu de lever le nez et de regarder autour d'eux. Bien sûr que je caricature… Mais il n'y a pas trop à forcer le trait. Rentrez voir dans une auberge de jeunesse et vous verrez tout de suite le problème.

J'ai pesé le pour et le contre, et au final, trois raisons m'ont poussées à écrire ce chapitre. La première est que l'aventure a été racontée de manière chronologique et cette escapade en fait partie. Tout comme l'île de Pâques.

La deuxième raison, parler du roadtrip pour le comparer au voyage en bateau. Car ce n'est pas du tout pareil. Ce sont deux mondes totalement différents. Et je pourrais ainsi apporter notre point de vue de marins, habitués à bourlinguer sur les mers.

Les entrées de nos blogs sont aussi très concentrées. Nous n'y relatons que les événements qui le méritent ! Quoi de plus barbant que de lire : aujourd'hui mardi, nous avons fait 456 kilomètres. Pas de mouches. Trois kangourous. Il y a comme des tensions dans la voiture…

Les inconditionnels de la voile peuvent passer direct au chapitre suivant, deux mois plus tard, le 16 mars exactement. Zapping. Sans télécommande. Je leur propose juste de rester avec nous quelques lignes supplémentaires, non pas pour une page de pub, mais pour tirer ensemble les conclusions sur cet intermède terrestre.

Le choix du moyen de locomotion pour commencer. Nous avions pensé prendre le train de temps en temps, mais c'était simplement hors de prix et pas bien desservi. Sur une si longue période, la location d'un camping-car devient une folie, sans parler du prix du plein d'essence ! Il vaudrait mieux acheter. Une voiture ou un camping-car. Mais c'était hors de question pour nous. L'angoisse de la revente de *Kangaroo* étant déjà assez pesante.

Nous avons préféré faire léger, comme toujours, en louant chez Jucy ! Une Nissan aménagée en petit camper, de manière fort intelligente et peinte toute en vert et mauve. Dans le coffre, un bloc cuisine comprenant un réchaud à 2 feux marchant au gaz, un minuscule lavabo avec un jerrycan de 10 litres et un petit frigo. Sur le toit, un coffre qui se déploie la nuit pour se transformer en tente, avec un matelas de 2,30 m x 1,17 m, parfait pour les parents, tandis que Robin et Julie se partageaient le grand lit de 1,79 m x 1,23 m, créé lorsque tous les sièges à l'arrière de la voiture étaient positionnés à l'horizontale.

Le coffre étant occupé par notre cuisine, il fallait s'arranger au niveau de la place. Nous nous étions offert en guise de « valise » quatre cubes en toile cirée de 30 cm de côté et de 25 de hauteur. À chacun d'y mettre ses affaires. Sans oublier le sac contenant les affaires d'école. Méthode de l'entonnoir bis !

Nous avons attaqué par un peu de Nord jusqu'à Coffs Harbour, puis sommes redescendus le long de la côte jusqu'à Melbourne. Un saut en ferry pour faire le tour de la Tasmanie et retrouver les *Catmousses* pour quelques derniers souvenirs communs, puis la remontée jusqu'au centre de l'Australie, en passant par Adelaïde.

Les marches effectuées dans les parcs nationaux restent nos plus beaux souvenirs. La Tasmanie et l'Outback si vert, avec en prime ces chercheurs d'opales qui courent après leur rêve le plus fou. Les couchers et levers de soleil dont on a profité avec dans le fond ces roches rouges. Dans la vie de tous les jours, est-ce qu'on pense même à tourner la tête pour regarder cet événement pourtant quotidien ?

Dans la liste des choses inutiles que nous avons prises avec nous, nous relèverons :

- cette jolie tente bleue que nous avions achetée pour nous protéger du soleil... utilisée simplement le dernier jour grâce à Julie qui en a eu l'idée. Les enfants en ont d'ailleurs profité pour passer la nuit à la belle étoile. En fait, dans l'Outback, il y avait tellement de fourmis que c'était impensable de s'asseoir par terre...
- les planches de body-board des enfants. Nous nous sommes baignés beaucoup moins que prévu. En Tasmanie, l'eau était tellement froide ! Dans l'Outback, il y avait bien de l'eau mais pas de vagues ! Si nous étions restés au même endroit plus longuement, nous aurions bien sûr pris des cours de surf.
- l'hélicoptère télécommandé que Robin s'était acheté avec son argent de poche au Paddy's Market de Sydney : le genre de truc qui prend bien de la place et qui devient inutile lorsqu'on oublie le chargeur dans un coin de l'Australie !!!

Vivre à la bohème en voiture est vraiment très contraignant. Sur la route, pas question pour le conducteur de lire ou de faire à manger. Il n'y a pas de pilote automatique. Et Robin et Julie ne peuvent pas faire de quart. C'est donc vraiment fatiguant pour les parents. Se dégourdir les jambes nécessite de faire une halte. Par contre, on n'a pas besoin de chercher une chambre, c'est toujours le même lit, chaque soir. Et c'est bien agréable de savoir où l'on va dormir, même si on ne sait pas où l'on va poser le lit. C'est la même idée qu'en bateau, nous portons tout sur notre dos, comme un escargot !

Le point fort australien – et c'est pareil pour la Nouvelle-Zélande – c'est que le pays est super bien équipé pour ce genre d'aventures. Partout, vous pourrez trouver des coins fantastiques pour vous arrêter, pour un break ou pour la nuit. En libre-service, disséminés sur tout le territoire, des barbecues électriques hyper sophistiqués qui sont nettoyés presque quotidiennement. Des tables et des bancs. C'est vraiment tout une institution. Il y a même une application pour téléphone et un site internet « meatinapark » qui vous permet de trouver le barbecue le plus proche et inviter vos amis par un genre de Doodle.

Cependant, après deux mois sur la route, nous étions comment dire un peu « épuisés ». Après l'étape de Broken Hill, on n'arrivait plus à se motiver pour visiter d'autres sites, surtout que les régions qui nous auraient intéressées étaient toujours inondées, donc impraticables. La voiture ne vous laisse que peu de répit entre les attractions et divers sites touristiques. Peu de temps pour digérer. Absorber. C'est une boulimie de paysage. Ereintant.

Qu'à cela ne tienne. Nous avons tous adoré cette expérience qui nous a permis de comprendre ce fabuleux pays. Notre manière de vivre n'était finalement pas si différente de celle du bateau. Car on s'est sentis libres. Et l'Outback. Puissant, énorme, vide. Un peu comme l'océan finalement. Sauf qu'à la place d'être tout rouge… nous l'avons vu… tout vert !

Alors sur la fin, avant que tout ne s'envenime, nous avons téléphoné à nos amis Ken et Ingrid pour leur demander asile. Est-ce qu'on pourrait venir se reposer 3-4 jours chez vous avant de revenir au bateau ? Pas de problème, nous répondent-ils. Nous ne sommes pas là mais faites comme chez vous, la clef sera dans la boîte aux lettres. Quel plaisir de se répandre, de prendre un bain, faire la cuisine et lire le journal dans un canapé… Car vous l'auriez fait, vous, de vivre deux mois entiers avec vos enfants 24 heures sur 24 sur 4 petites roues ??? Disons, passer les mois de juillet et août entre le sud de l'Italie et la Suède en roulant, dormant, mangeant dans votre propre voiture, tout en n'oubliant pas de faire l'école chaque jour ?

De Coffs Harbour jusqu'au sud

En route

C'est parti, ça y est! Nous sommes or-ga-ni-sés! Tout est casé dans la voiture ! Les enfants ont même trouvé la position idéale pour étudier pendant qu'on roule. Ils ont les pieds en éventail, posés sur la petite banquette qui se trouve en face d'eux. Leurs livres d'exercices sont étalés sur leurs cuisses, puisque rien ne tient sur la table, surtout dans les virages.

La première nuit, nous n'avons pas été bien loin. Le rangement du bateau avait pris plus de temps que prévu : l'accrochage de fil anti-oiseaux pour éviter leurs crottes, le nettoyage. De plus, *Kangaroo* était mouillé assez loin le long d'une rivière et il a fallu qu'une personne de la marina vienne nous chercher pour nous ramener à terre.

L'emplacement trouvé pour notre première nuit en voiture dans la périphérie de Sydney n'était pas fantastique. En bordure d'un parc national, certes, mais devant une barrière fermée, avec des habitations tellement proches que cela me donnait l'impression d'être dans le jardin des voisins ! Mais qu'importe, l'ambiance était très joyeuse, toute la famille touchait à toutes les fonctions : « Comment fonctionne le gaz, et le frigo, t'as vu la table ? Et le matelas ! »

Nos premières étapes ont été très sociales, chez des amis, sur la côte juste au nord de Sydney pour commencer. Ken, l'ingénieur en charge du projet Fusion et qui était venu plusieurs fois voir sa construction à La Rochelle, ainsi que sa femme Ingrid, professeur de musique et fan d'instruments en tout genre dont le ukulélé –petite guitare à 4 cordes-, nous ont accueillis pour deux jours magnifiques et notre premier barbecue australien ! Plage, balades, c'est fou comme la nature est présente alors que nous sommes si près de la ville.

Puis nous sommes encore montés un peu plus haut, jusqu'à Bellingen, à côté de Coffs Harbour où résident des amis de la sœur d'Hervé. Sophie et Greg –couple franco-australien- ont acheté ce terrain il y a plus de 10 ans et ont tout transformé, construisant ainsi une superbe maison pour eux et des petits chalets – Promised Land Cottages- –qu'ils louent au week-end ou à la semaine. Le job parfait pour travailler depuis chez eux et partager des moments très privilégiés avec leurs jumeaux âgés de 16 ans.

Randonnées à vélo, baignades dans la rivière, tennis, superbes repas et découverte de notre premier serpent, un magnifique python. On va quand même repartir car notre route est longue... mais c'est très dur de quitter de si bons lits aux draps frais et blancs !

Dès aujourd'hui, nous commencerons à plonger plein sud, longeant la côte est de l'Australie. Nous avons 8 jours pour faire le chemin avant de prendre le ferry pour la Tasmanie le 30.

Barrington tops et Blue mountains

En redescendant de Coffs Harbour, nous avons attaqué la longue liste des parcs nationaux. C'est fou ce qu'il y en a dans ce pays. Presque à chaque coin de rue.

Barrington tops aurait pu être une station d'hiver à la mode. Au début du siècle, beaucoup avaient pris ce pari. Mais la région n'a pas du tout eu l'essor prévu, en partie à cause de la grande dépression. Résultat, des petites rivières serpentent le long de petits vallons, de nombreuses petites propriétés, dont beaucoup sont à vendre. Pas de pistes de ski. Pas de stations. Peu de touristes. Tout cela est très *charming*. Nous sillonnons la région et arrivons au pied de ces fameuses montagnes.

Pour dormir, nous choisissons le parking situé au début de la marche prévue le lendemain. C'est parfait pour nous. Il y a une table et une citerne avec de l'eau de pluie.

Nous n'en demandons pas plus. En un clic, nous ouvrons notre toit qui se transforme en lit des parents... Robin et Julie déplient le clic-clac à l'arrière de la voiture, Hervé tire sur les charnières et voilà le réchaud prêt à l'emploi.

Impressionnante notre Jucy, n'est-ce pas ?

Le lendemain, c'est parti pour la rando. L'idée est de rejoindre le sommet. De très beaux oiseaux, espèces de paons et perroquets sont visibles dans la forêt. Nous croisons un

> serpent niché dans un tronc d'arbre. Nous longeons soi-disant la crête mais je trouve le chemin pas très diversifié ! La preuve ? Je me perds à la descente. Hervé, Robin et Julie m'attendaient un peu plus bas, 300 mètres à gauche de la bifurcation, dans un endroit parfait pour le pique-nique. C'est qu'ils adorent courir à la descente, et pas moi. Sur ce, perdue dans mes pensées, je marche, je marche. Je mets un certain temps à me rendre compte que j'ai oublié de regarder autour de moi. Ai-je déjà dépassé le croisement ? Tout est tellement pareil ! Les fleurs, les oiseaux, les troncs sur le chemin... Bref, je mets près de 2,5 km pour me décider à rebrousser chemin ! Hervé et Robin sont depuis longtemps déjà partis à ma recherche... Tombée dans un fossé, mordue par un serpent ? Mais où est maman ??? Nous avons été heureux de nous retrouver... une vraie tête en l'air ! Résultat, on aura marché presque 30 km ! Pas mal comme échauffement !

C'est bien la première fois que je me perdais ainsi. Et j'ai eu un peu peur. Preuve en est, les sanglots qui se sont déversés lors de nos retrouvailles. Et puis après, l'étiquette... Dès qu'ils partaient devant, lors de toutes nos marches consécutives, Robin et Julie s'obstinaient à marquer le chemin, en traçant des flèches sur le sable, en le parsemant de petits cailloux blancs, pétales de fleurs ou bouts de bois.

Plus question de perdre maman.

Nous continuons notre route vers le sud, avec un passage par la Bells line road des Blue Mountains, endroit très prisé des touristes.

> Pour ceux qui ont été à Sydney, les Blue Mountains sont une excursion incontournable. C'est le lieu où s'échappent les citadins qui ont besoin d'air frais ! Une heure à l'est de la grande ville. Les eucalyptus, qui peuplent les vallées, dégagent un gaz spécifique créant cet air bleuté.
>
> Heureusement, nous avons opté pour une rando sortant des sentiers battus, 15 km avant Katumba, la capitale. Descente dans le canyon pour pénétrer dans une forêt de fougères et baignades diverses sous les chutes d'eau pour ensuite remonter

sur le plateau. Trois heures de marche qui avaient bien commencé la journée. Car l'après-midi, nous sommes stupéfaits par l'énorme machine à touristes attirés en ce lieu ! C'est un vrai parc d'attraction pour nationalités de toutes sortes.

À tel point qu'il y a même des panneaux indiquant que les plantes sont vivantes ! Nous ferons tout de même le circuit proposé, mais une seule des attractions en vaut vraiment la peine : c'est un funiculaire créé en 1820 qui servait à remonter le charbon de la mine. La pente de ce dernier est à un moment à 52°. C'est donc le funiculaire le plus raide du monde ! Ce n'est pas pour rien qu'ils nous font asseoir en position presque couchée au début… car ensuite… ouah…

Anniversaires

Ça y est ! Notre fils est un *teenager* ! Il a 13 ans !

Il a fallu trouver un endroit très spécial hier soir pour dormir : nous avions absolument besoin de goudron ce matin. Robin attendait depuis longtemps ce cadeau, une espèce de planche à roulette qui se contorsionne dans tous les sens et donne des sensations de surf sur goudron ! Bref, le genre de truc sur lequel je ne tiens absolument pas en équilibre mais qu'il a réussi à maîtriser en moins de 20 minutes !

Pour ne pas se retrouver seule sur la chaussée, Julie a exceptionnellement eu droit à son cadeau d'anniversaire avec 32 jours d'avance. Une magnifique trottinette suisse achetée en Australie… cherchez l'erreur !!! Mais nous avons privilégié la qualité. Depuis, ils sortent de la voiture à toute vitesse afin de s'exercer sur leurs roues…

Nous additionnons les kilomètres. Cette nuit, nous sommes de retour au bord de la mer, au sud de Ulladulla. Les plages sont époustouflantes. Nous avons bien sûr trouvé un bon spot avec un barbecue.

Au menu, il y avait des hamburgers en forme d'Australie puisque le 26 janvier, c'était la fête nationale ! Nous sommes allés au pub pour être dans l'ambiance mais en écoutant les conversations, tout le monde trouvait que c'était plutôt calme. J'en ai profité pour parler avec une Française qui habite ce grand pays depuis plus de 10 ans. La semaine passée, elle a déménagé à Sydney. Savez-vous combien de jours de voiture elle a mis avec sa compagne pour aller de Perth, tout à gauche du steak à la hauteur du A d'Australia jusqu'à Sydney, tout à droite ?

- Nous sommes parties le lundi matin et avons roulé 9 heures par jour, m'explique-t-elle. À un moment, il y a un bout absolument rectiligne qui dure 180 km ! On était bien contentes d'arriver à destination, samedi dans la journée !!!

À nouveau, nos enfants m'épatent. Ils sont tout heureux, remercient, sont étonnés d'être tellement gâtés. Les prises de décisions sont un peu plus difficiles qu'en bateau. Il y a trop de choix d'itinéraires, d'arrêts possibles. Il y a donc quelques discussions musclées mais on rigole toujours bien. Il ne faut juste pas trop se fier aux noms. Arrivés à « Pretty Beach » où nous pensons passer la nuit, c'est l'horreur. Monstrueux. Un caravan park gigantesque, une fourmilière de vacanciers. Pas du tout « joli ». Nous engageons directement la marche arrière et trouvons un endroit un peu plus loin sur la route. Au menu : tiramisu de framboises fait par Julie pour l'anniversaire de son frère. J'aime m'endormir en écoutant les vagues.

Drôles de rencontres sur la Barry Way

Chut... ne le dites pas à notre société de location de voitures... mais nous avons pris la « Barry Way ». C'est une magnifique piste qui descend de Jindabyne, village au cœur des Snowy mountains et qui rejoint la côte sud-est de l'Australie.

Pour ceux qui ne parlent pas un mot d'anglais, « snow » signifie « neige ». Cela permet de comprendre pourquoi on se retrouve là ! La route devient piste pendant 70 km et, m'a indiqué la conseillère de l'office du tourisme, « Il n'y a pas de réseau de téléphone ».

- En mer non plus, nous n'en avons pas. Ne vous inquiétez pas, nous allons survivre sans !

LE SILLAGE DES FAVRE EN MER – *KANGAROO*

L'Australie

Nous avons dormi à côté de la Snowy river qui longe la vallée. L'eau était un peu trop vaseuse à notre goût. Pas de douche pour aujourd'hui, donc. Saviez-vous que depuis notre départ de Bellingen, nous ne nous sommes lavés que dans des cours d'eau ? C'est vraiment l'aventure et la liberté !

Nous ne sommes pas seuls. Yatzec, un Polonais original et cultivé, a planté sa tente un peu plus loin, à côté de son 4x4 ultra-équipé. Comme je suis le pilier social de la famille - c'est comme ça qu'ils me surnomment maintenant - je pars discuter avec notre unique voisin. Et c'est avec plaisir que je lui propose de venir partager le repas avec nous. Les enfants n'en croient pas leurs oreilles. Nous sommes au milieu de nulle part et voilà que Yatzec leur fait un sermon sur les langues. « Le latin, INDISPENSABLE, l'espagnol, l'anglais et l'allemand bien entendu, ça ne se discute même pas. Bon, à la limite, vous pouvez laisser tomber le grec ancien, mais si ça t'intéresse, surtout n'hésite pas Julie. Mais pensez au russe et au chinois ».

Nous avons testé tout ce que l'on a pu dans notre réservoir linguistique mais Yatzec est imbattable. Il nous a avoué parler 25 langues ! Maîtrise de chinois et j'en passe. Pas étonnant vu le nombre d'endroits où ce brillant ingénieur a habité et la vivacité de ses neurones. Il vient d'ailleurs souvent ici. Pour se ressourcer. Un peu de pêche, de solitude. Il avoue ne pas trouver facile d'être aussi doué. Il s'ennuie vite en société. Alors que là, dans la nature, il n'a rien à cacher. Rien à prouver. Il est lui-même.

En continuant le long de la rivière, nous croisons de temps en temps nos amis kangourous. Mais tout est cassant et sec, c'est une vraie fournaise. On sent que tout pourrait s'enflammer à la moindre étincelle. Avec la rétention d'eau du barrage, la rivière ne coule plus qu'à trois pour cent de sa capacité originelle. Une catastrophe écologique de plus puisque le peu d'eau qui reste a augmenté en température, quelques degrés de plus qui modifient le taux d'oxygénation : les poissons disparaissent à vue d'œil. Yatzec et les pêcheurs locaux sont désespérés.

Vers la fin de la piste, notre œil est attiré par une station service Mobil peu ordinaire. C'est un débarras ou une œuvre d'art ? Je demande à nous arrêter et vais voir si quelqu'un habite dans ce capharnaüm. Dave m'accueille avec son grand sourire. « Venez, venez, je vais vous montrer mes émeus ».

Nous ne serons pas au bout de nos surprises. Invités à entrer chez lui, il me tend un sac et m'ordonne de regarder à l'intérieur. Tout est si peu rangé que je m'attends au pire. Limite Diogène. Je fouille dans cette espèce de sac de couchage bleu tout déchiré. C'est assez dégoûtant. Qu'y a-t-il de si lourd à l'intérieur ?

Tout d'un coup, ça bouge... Imaginez ma surprise ! Un bébé kangourou !

- Sa mère a été tuée la semaine dernière sur la route, me dit Dave. Alors je l'ai recueillie. Elle s'appelle Ruby Rose, elle doit avoir 7 mois. On lui donne son biberon ?

Et me voilà en train de tester la goutte de lait sur ma main, pour qu'elle ne soit pas trop chaude, comme une vraie maman.

Le biberon est sommaire, juste une petite bouteille d'eau dont on a fait un trou dans le bouchon et une tétine très longue enfilée par-dessus. Le lait spécial s'achète en pharmacie en sachets. Je suis toute bouleversée de nourrir cette petite chose, un bébé kangourou. Alors que j'ai voyagé dans la poche de mon grand *Kangaroo* pendant tous ces mois !

Dave est tout remué également. Aujourd'hui est un jour spécial pour lui. Il y a 8 ans, ce 30 janvier, il a failli mourir dans un brasier sans précédent. Toute la vallée avait pris feu créant par endroit des pyrocumulus : des nuages produits par la chaleur dégagée du feu et qui génèrent à leur tour des éclairs, allumant ainsi d'autres foyers !

- Quand j'ai compris que tout allait être perdu, la ferme de mes parents, mes vaches, la station service, j'ai sauté dans la petite mare avec mon chien. Au début, il y avait un kangourou avec nous mais il est parti et a dû également mourir.

Il nous sort les coupures de presses de l'époque.

Tout ceci était-il écrit ? Etait-ce son destin ? C'est une question que je me suis posée lorsque j'ai recopié son adresse pour lui envoyer les photos que nous avions prises de lui. Son nom de famille était tout simplement « Woodburn », soit bois brûlé. Ça ne s'invente pas.

La Tasmanie

Bruny Island

Nous avons sauté d'île en île. De la plus grande à la plus petite. Joué aux poupées russes avec notre voiture. D'abord, en quittant l'Australie. Belle journée de navigation à près de 28 nœuds de moyenne sur le *Spirit of Tasmania*, énorme ferry avec cinéma et wifi à bord reliant Melbourne à la Tasmanie. À peine débarqués sur l'île de taille moyenne, nous avons conduit en direction du sud pour nous retrouver sur un nouveau ferry, bien plus petit, sans confort aucun, juste le temps d'une petite traversée de 15 minutes qui nous emmène cette fois à Bruny Island. Nous sommes tout au sud. Par 43°N. C'est là que va débuter notre aventure tasmane. Un des meilleurs souvenirs de Julie.

> En attendant d'embarquer avec la Jucy, Hervé et moi courons vite sur les pontons de la marina adjacente. Car je pourrai le parier entre mille. Il y a un Fusion sur le ponton. La rencontre est brève mais très sympathique. *Let's go*, le numéro 57, a été mis à l'eau il y a peu. Son propriétaire n'en revient pas de nous rencontrer.
>
> - Tu te rappelles ? dit-il à sa femme. La vidéo sur YouTube où ils foncent à tout allure avec leur Fusion ! C'est eux ! C'est incroyable ! Ils sont venus jusqu'en Australie !
>
> Maintenant que nous sommes dans les 40e rugissants, il faut relever un point essentiel : la météo. C'est peut-être l'été, mais il ne fait pas très souvent beau ! Finalement, c'est un peu comme le sel sur la nourriture. Ça permet de rehausser le goût. Ce vent, ces pluies, ça crée des cieux gris-noir, ça verdit l'herbe, ça rend le voyage plus sauvage.
>
> Sur Bruny island, le temps semble s'être arrêté. Quelques maisons éparses, des routes non goudronnées. Nous passons

la nuit dans un campement bienvenu. Il y a un abri avec une table et un barbecue, et l'un des côtés de l'ensemble est constitué d'une cheminée ! Robin et Julie courent en tous sens pour nous trouver, sous la pluie, du bois pour nous réchauffer. On liera connaissance avec un jeune couple australien qui voyage à travers leur pays pendant une année entière. Plus loin, c'est pareil, avec en plus des enfants scolarisés à bord du camper. Un peu comme nous mais sur des roues ! L'Allemand, quant à lui, nous raconte ses aventures. Il est arrivé à Brisbane pendant les inondations.

- Chez moi, en Allemagne, tout le monde aurait été en train de pleurer. Tandis qu'ici, en Australie, c'était incroyable. C'était barbecue dans la rue et aide en tout genre. Tout le monde a mis la main à la pâte, d'une manière ou d'une autre, pour déblayer la ville. Une entraide épatante.

Arrivés tout au sud de l'île, nous tentons de marcher jusqu'au phare mais il pleut tellement que nous revenons sur nos pas. Nous sommes bien mieux au sec pour admirer les nuages gris qui passent en déversant leur fardeau ! Ensuite, nous irons revoir les pingouins sur la plage.

Nous quittons ainsi Bruny plus rapidement qu'escompté et partons visiter l'« Australian Antartic Division », l'organisme qui gère les bases australiennes en Antarctique. Hervé semble de plus en plus attiré par ces endroits inaccessibles… mais il nous faudrait construire un bon bateau en aluminium. Ce serait sympa, non ? On pourrait y mettre nos skis de randonnée et partir crapahuter au milieu des pingouins. À ce propos, on a testé une machine incroyable : le pèse-pingouin. Car ce petit farceur ne reste jamais statique. Alors des ingénieurs ont planché sur le problème et ont inventé une machine qui arrive à détecter le poids de l'animal lorsqu'il la traverse en s'appuyant une fois sur sa patte droite, puis sa gauche, puis sa droite… bref, avec leur démarche si caractéristique.

L'air de Gordon River et les mouvements écologistes

Il y a certains endroits dans le monde où l'on imagine que l'air est toujours pur. Comme dans les Alpes. Ou au pôle Nord. Mais ce n'est plus vrai. Les polluants atmosphériques ne connaissant pas les frontières. L'air que l'on respire n'est plus ce qu'il était, avant l'industrialisation. Il n'y a que l'action commune des Etats qui pourra enrayer ces problèmes. Délocaliser les industries ne sert à rien, c'est parfois pire. La terre n'a pas arrêté de tourner, le vent souffle toujours, les pluies continuent de tomber. Sur la planète entière. Acides. Et ici ? Presque au bout du monde, qu'en est-il ? S'il est vrai que l'air de Tasmanie est le plus pur du monde – avec l'Antarctique – doit-on le mettre en boîte ? Venir le respirer ? Ou penser à le protéger en prenant les bonnes mesures... et renverser un jour la tendance...

9 février

« À chaque inspiration d'air frais de cette région du sud-ouest de la Tasmanie, votre espérance de vie s'accroît de 5 minutes ». Paroles du capitaine du bateau qui nous emmène pour une croisière fabuleuse sur la Gordon River, la plus grande rivière de Tasmanie, ainsi que la magnifique baie protégée de Macquarie Harbour, 5 fois plus vaste que la baie de Sydney.

En 1983, des manifestants de toute l'Australie et de l'étranger vinrent former un bouclier humain contre les bulldozers qui voulaient construire un second barrage sur la rivière Franklin, dernière rivière sauvage de la région. Heureusement, le site venait d'être classé au patrimoine mondial et les pressions diverses permirent de mettre fin à ces projets fous.

Ils sont très fiers de leur logo. « Nous sommes les seuls - avec un endroit de Chine - à remplir 7 des 10 critères naturels ou culturels pour être classés patrimoine mondial de l'UNESCO, alors que, normalement, il en suffit de 2. »

Je me dis qu'ils n'auraient même pas tellement besoin d'insister autant sur leurs qualités. Tout est tellement splendide. Nous avons d'ailleurs choisi de retourner dormir au même endroit que hier, les Macquaries Head. Une plage très longue qui se trouve à l'embouchure de la baie. Il y a un courant immense, que les hommes de l'époque ont réussi à canaliser avec des murs sous-marins afin de rendre l'entrée dans la baie moins dangereuse. L'endroit porte bien son nom : les portes de l'enfer.

En fin d'après-midi, les gens du coin viennent sur la plage avec leur voiture et sortent leur canne à pêche pour ramener du saumon à griller sur le barbecue. Nous, on reste modeste et on s'est contentés de pâtes et de parmesan, avec un bon vin australien et quelques grains de sable !

Sur ce ferry, les commentaires donnés par le capitaine sont très intéressants, en plus, il y a une bibliothèque à disposition. Hervé a rapidement lu avec grand intérêt quelques-uns des nombreux naufrages qui ont eu lieu dans le coin dans *Wrecks of Tasmania*. L'embarcation est super moderne et rapide –28 nœuds - et Robin est aux anges : il y a un buffet à volonté comprenant même du saumon fumé provenant de la ferme piscicole que nous avons longée. Tout ça pour un prix qui nous paraît très correct.

Nous débarquons quelques instants pour marcher. Dans leur forêt de type pluvial tempéré » soit « rainforest », on trouve énormément de mousses et tous les arbres ont de très petites feuilles afin que le soleil pénètre jusqu'à terre. L'arbre-roi est le pin Huon, qui en a vu des bien belles étant donné que sa durée de vie est de 2000 à 3000 ans ! Les troncs charriés par la rivière sont maintenant récupérés pour fabriquer des babioles. Il faut bien que les milliers de touristes repartent avec des souvenirs, non ? À moins que la rencontre avec des serpents soit suffisamment mémorable ?

L'Overland Track

L'Overland Track est la randonnée la plus spectaculaire d'Australie. Elle se trouve en Tasmanie, dans le parc national de Cradle Mountain-Lake St Clair. Les sacs remplis de nourriture pour les prochains 6 jours, 30 personnes peuvent partir quotidiennement pour cette aventure le long de 100 km de paysages à couper le souffle afin de rejoindre l'autre bout du parc.

N'étant pas organisés pour une telle expédition - qu'il faudrait réserver des mois à l'avance - nous avions choisi de faire le début et la fin du parcours, en commençant par le tour du lac

St Clair. Arrivés devant le ranger chargé de nous renseigner, voilà qu'il nous répond :

- Mais pourquoi voulez-vous faire cette randonnée ?

- Peut-être que nous lisons trop nos guides mais c'est indiqué qu'elle est fantastique.

Et là, il clame avec son accent allemand :

- *Today, it's the perfect day for Mt Rufus.*

(Aujourd'hui, c'est la journée parfaite pour le Mont Rufus)

On n'allait pas le contrarier. Bon, ça me disait bien à moi une randonnée autour d'un lac. Surtout, ça promettait d'être plat.

Et nous voilà embarqués pour 7 heures qui, sans aucun doute, en valaient la peine. Le temps était presque beau et du sommet – 1416 m tout de même - nous avons pu voir à la ronde et découvrir des forêts, des petits lacs, des étendues de nature superbe. L'allure à laquelle les paysages changent nous fascine chaque jour encore plus. La Tasmanie est vraiment un trésor de nature.

La fin (ou le début selon le sens de la marche exigé par les rangers du parc) de l'Overland Track se trouve à Cradle Mountain. Endroit très touristique car accessible très facilement par la route.

Cette fois, c'est en compagnie des *Catmousses* que nous faisons la marche. Les retrouvailles ont été fantastiques ! Et mémorables. Nous avons partagé notre premier souper à l'intérieur de leur camping-car (pour les 6 enfants) et de notre voiture (pour les parents). Dehors, la température frisait les 5 degrés et devinez quoi, nous n'étions pas du tout équipés pour ! Quelle fricasse !

Le lendemain, nous nous sommes habillés avec les moyens du bord. Aux pieds, des chaussettes. Aux mains, aussi ! Le système D s'applique en toute occasion !

Nous avons effectué une très jolie boucle et, du sommet de notre point de vue, nous avons même eu droit à une bonne ration de NEIGE ! On s'en rappellera ! Le temps est vraiment très versatile dans cette région. Mais rien d'anormal puisque notre guide citait : « En moyenne, il pleut 7 jours sur 10, le temps reste couvert 8 jours sur 10 et il neige pas moins de 54 jours par an ! »

Le diable et l'ornithorynque

En Tasmanie, même les petites balades d'une heure pour touristes pressés sont assez exceptionnelles et portent bien leur nom. « Enchanted Walk », la marche enchantée, en est un exemple.

Nous y avons eu l'honneur d'y découvrir un vrai ornithorynque. Au fond de la rivière. Il se déplaçait à toute vitesse! On l'avait déjà analysé au zoo. Les Anglais l'appellent « Platybus ». Un vrai gag, cet animal. Sa vie a d'ailleurs commencé ainsi. Les scientifiques anglais à qui on avait envoyé des dessins et des descriptions de l'animal pensaient à un canular. Un castor avec un bec de canard. Un mammifère venimeux qui, en plus, pond des œufs !

Nous avons également rencontré d'autres animaux typiques. Un gros wombat tapi dans une prairie. Et puis les fameux diables de Tasmanie, un marsupial brun foncé de la taille d'un chien. Ils étaient parqués dans une réserve censée les protéger. Pas très attachante comme bête. Elle renifle, souffle par le nez, se bat pour la nourriture. Un animal très asocial qui pourtant nous attriste, un cancer transmissible par simple morsure étant en train de décimer la population.

Et des opossums. Il y en a plein aussi. Sur les routes. Ecrasés. Cela change des kangourous.

> Par Robin :
>
> Il existe en Tasmanie un petit marsupial (animal avec une poche pour les bébés) c'est le diable de Tasmanie. De la taille d'un chat mais de la forme d'un chien, le pelage noir avec des caractéristiques blanches, des mâchoires de la force d'un gros chien et de plus, le diable de Tasmanie est le plus gros marsupial carnivore au monde. Il ne vit qu'en Tasmanie et surtout au nord-est de l'île. Il y a 10 ans il y avait un peu près

200'000 diables, mais à ce moment est apparu un cancer qui affecte les diables, il s'agit du DFTD (*devils facial tumour disease*, en français mot à mot : diable, face, tumeur, cancer) qui a augmenté la mortalité des diables de 50% et nous avons trouvé encore aucun remède tout ce qu'ils trouvent à faire pour l'instant c'est de les isoler et d'essayer de trouver des remèdes. le DFTD se transmet par le sang et le sexe mais le sang transmet plus que le sexe car les diables se battent tout le temps. le DFTD fait des grosses tumeurs et quand un diable l'attrape il meurt en 2 semaines et il est méconnaissable. Voilà ce que je sais et compris sur le DFTD.

Avec ça, je sais que nous gardons à peu près 120 diables en captivité pour éviter qu'ils s'infectent. Pendant qu'on visitait leur centre le guide avait prévu d'amener un diable mais celui-ci venait de recracher son estomac par la bouche pour éjecter les os qui sont restés coincés dedans car les diables mangent tout mêmes les os. Une autre chose de grave pour les diables c'est les renards car un gars (papa a dit que c'était un semeur de trouble) a apporté 20 renards sur l'île et ceux-ci se sont multipliés et c'est grave car les renards font le même boulot que les diables et en mieux ! Et comme ces derniers ne se battent pas pour leur territoire, ils partent ailleurs où il y a moins de nourriture et meurent de faim.

Voilà tout ce que j'ai appris sur les diables et si vous voyez une caisse pour faire une donation en leur faveur, n'hésitez pas !

De Melbourne à Uluru

Melbourne

16 février

Nous venons de passer une heure sur Skype. Les copains nous demandent combien d'années on veut rajouter. Ne veulent-ils plus qu'on rentre ? Reçu une autre offre de Gordon et Sally, nos médecins-navigateurs australiens : le rallye de l'Indonésie.

Arrêtez tous de nous tenter. C'est déjà assez dur comme ça. On essaye de vivre l'instant présent sans penser au retour. D'ailleurs, on teste déjà la vie de travailleurs. À Melbourne.

Tous les matins, après avoir dormi en bordure du parc près de l'endroit à barbecue, nous laissons notre Jucy au parking gratuit de la gare de Williamstown, achetons un billet à la journée et partons pour le centre ville. Une demi-heure de train et pas d'embouteillages. Je regarde les visages, parle avec une dame handicapée. Le conducteur est sorti de sa cabine pour lui poser une plateforme afin qu'elle puisse grimper dans le train.

- Est-ce qu'une fois on vous a oubliée ?
- Oui, me répond-t-elle. Mais c'était de ma faute car je lisais un livre et j'ai pas vu l'arrêt passer.

Mieux vaut en effet lire un livre que ce chiffon de journal gratuit qui nous est donné au retour, en fin de journée. Que d'informations inutiles, de ragots débiles, de faits divers stupides.

Je préfère regarder par la fenêtre le coucher du soleil, de la barbe à papa rose et violette qui s'est envolée dans le ciel. Ou observer les sportifs, tenant en équilibre leur vélo devant les portes du train. Melbourne est une ville qui semble avoir trouvé une harmonie entre les piétons, les cyclistes et les transports publics. Et on sent bien le résultat. Tram gratuit au centre ville, vélos acceptés sur les trottoirs et dans les transports publics. En Europe, nous sommes loin du compte.

Ils sont très jolis leurs trams, assez anciens, très bruyants et très charmants. Ils s'accordent aux bâtiments construits au début du siècle qui continuent à tenir la tête haute face aux nouvelles constructions qui rivalisent d'ingéniosité.

Musée de Melbourne. Ça remplace un jour d'école. C'est la première fois que je ressors fascinée par les cailloux et les insectes. Tout est question de présentation. Ça rend le sujet passionnant. Nous avons même pu côtoyer le célèbre cheval Phar Lap, phénomène australien de tous les temps! Ses performances surpassaient celles des chevaux de courses favoris des années 1930 et il est mort lors de ses débuts foudroyants et spectaculaires aux Etats-Unis (on lui aurait injecté de l'arsenic !). Un drame national. Empaillé.

À Melbourne, on mesure l'étendue du phénomène migratoire. Bien sûr, il y a un quartier chinois, un quartier italien, mais ce n'est plus comme à l'époque, trop de boutiques ou de restaurants ont dénaturé l'ambiance. Maintenant, c'est sur les visages et dans les habitudes que cela se remarque. Voyez ce groupe de personnes âgées au bord de la plage. Toutes les fins d'après-midi, ils arrivent et sortent de leur coffre une chaise pliante. Le cercle s'agrandit. Ils sont une demi-douzaine à se retrouver jusqu'au coucher du soleil. J'ai un peu de peine à comprendre toutes les subtilités car c'est en vrai bon patois du sud de l'Italie qu'ils argumentent, en n'oubliant surtout pas de bien brasser l'air de leurs mains dans tous les sens ! Ça me fait sourire. Ils ont recréé là leurs petites habitudes de village, même si en plus de 50 ans, ils ne sont retournés au pays qu'une ou deux fois !

Ça fait vraiment bizarre de me retrouver dans cette situation. Chaque jour sur le même quai à attendre le train, ouvrir la porte pour y monter, passer le temps en regardant par la fenêtre, lisant mon guide ou étudiant mes compagnons de route. Heureusement que nous ne sommes pas trop serrés, ce n'est tout de même pas Londres ou Paris. Mais nous mesurons la chance que nous avons de continuer à voyager, précieux moments de liberté.

Pingouins et musique

Je ne pense jamais au décalage horaire. Alors, j'étais un peu désolée quand j'ai réveillé le parrain de Julie pour lui souhaiter bonne fête. Non, il ne nous est rien arrivé. Tout va bien !

Il a très vite repris ses esprits en me disant que, justement, il pensait à nous en lisant *Songlines* de Bruce Chatwin. Etant toujours de très bon conseil dans ses lectures, je me suis alors empressée d'aller en trouver un exemplaire dans les rues de Melbourne. Une quête pas si facile que cela, mais qui a porté ses fruits puisque je suis en train de le lire dans le train qui m'amène en ville. J'ai laissé les autres au musée et je m'en vais en catimini acheter un ukulélé pour Julie, qui y a pris goût ! Les leçons de Ken et Ingrid ont laissé des traces. C'est incroyable d'aller faire cet achat qui nous mènera ensuite d'un lieu à l'autre en musique alors que, précisément, mon livre me parle des chants des Aborigènes. Ces chants leur permettaient de créer une carte des alentours afin de marcher d'un coin à l'autre de leurs terres, d'un clan à un autre, d'un désert à un autre, sans se perdre. Fascinant.

Nous sommes partis pour Philip Island. Voir les pingouins. Au coucher du soleil, ils débarquent en nombre. Toujours aussi saisissant. Le rythme de la nature. Mais nous ne sommes plus seuls. Ce n'est pas les Galapagos ou Bruny Island. Nous sommes entourés de centaines de spectateurs tous décontenancés puisqu'ils ont l'interdiction de prendre des photos !

- Tout le monde assis, hurle le ranger qui fait la police !

> Ils se dandinent pour retrouver leur petit trou dans la terre ferme. Je parle bien sûr des pingouins, pas des touristes ! Les très dodus sont entrain de muer. En attendant que leurs nouvelles plumes deviennent imperméables, pas question d'aller pêcher avec les autres ; ils font donc du régime à terre pendant 2-3 semaines.

Malgré le prix, la foule, les bousculades, c'était incroyable. Ensuite, nous avons trouvé un coin pour dormir près d'une rampe à bateau. Il fait gris. On se croirait en Bretagne.

La ruée vers l'Or

> À bord de *Kangaroo* on a tous lu, toujours sur les conseils du parrain de Julie, *L'Or* de Blaise Cendrars, une histoire extraordinaire basée sur des faits historiques. Elle raconte comment un général suisse a été ruiné en Californie lorsque de l'or a été trouvé sur son terrain au milieu du 19e siècle. (Non, il n'y a pas de faute de frappe, c'est paradoxal, lisez donc le livre…).

> Mais saviez-vous que la ruée vers l'or australienne a déplacé 4 fois plus de monde que la ruée californienne (800'000 contre 200'000) ? Nous, on le sait maintenant car on est allé à Ballarat, la ville où la ruée a commencé en septembre 1851. Ils ont reconstitué la ville de l'époque où l'on peut visiter une mine, tamiser le sable dans une rivière, visiter la banque avec sa balance à or, voir la fonte d'un petit lingot de 138'000 $ que Julie a pu tenir en main, jouer au bowling de l'époque - il faut

à chaque fois aller reprendre les boules et remettre en place les quilles - visiter le forgeron ou le fabriquant de bougies. Les gens sont habillés à l'ancienne, on dirait même que certains accents datent aussi !

L'or en Australie ne se trouvait pas dans les rivières comme en Californie. Il a fallu creuser des puits. Les chercheurs devaient ainsi acheter une licence mensuelle (qu'ils trouvent de l'or ou pas) au gouvernement de l'Etat de Victoria. On leur donnait ensuite une concession de 8 pieds sur 3, soit 2,40 m par 1 m. Pourquoi si petit ? Les mineurs préféraient cela, car chacun pouvait faire son trou seul et ils n'avaient pas à partager les gains éventuels. Bien sûr, chacun pensait faire fortune, mais en pratique, seuls 15% des puits furent un succès.

Dès que la nouvelle de l'or se répandit jusqu'en Angleterre, ce fut la ruée. Imaginez un peu, vous êtes avocat, médecin, notable, commerçant à Londres, vous entendez qu'en Australie, il suffit de se baisser pour ramasser l'or. Vous avez 40 ans, c'est la dernière occasion pour faire fortune, vivre l'Aventure, s'échapper de la vie triste et morose de la banlieue londonienne ! Vous vendez tous vos biens, embarquez avec femme et enfants direction Liverpool pour prendre le clipper en direction de Melbourne. Trois mois plus tard, si vous avez survécu à cette première aventure, vous pensez que le plus dur est fait. Mais très vite vous commencez à déchanter. Les marins censés vous amener à terre sont déjà partis avec les canots et ne reviendront pas, ils ont déjà filé vers Ballarat. Vous devez payer une petite fortune à des marins de pacotille pour vous débarquer. Leurs chaloupes sont basses, en mauvais état, la plupart de vos possessions finissent au fond de la baie. À Melbourne, qui n'est encore qu'un village, rien n'est organisé pour accueillir autant de monde si rapidement. On vous trouve une petite place sous une tente, il n'y a pas de système d'égouts, c'est Smellbourne ! Vous décidez donc de ne pas vous attarder et de partir le plus vite possible sur les champs aurifères. Il n'y a que 100 kilomètres à faire, mais il n'y a pas de route ! Il faut y aller à pied et le peu de biens qui vous restaient sont soit abandonnés, soit vendus. Après 2 semaines de marche, vous arrivez finalement à Ballarat et là, il faut creuser, creuser, jusqu'à 30 mètres de profondeur, 12 heures par jour, il fait chaud, il y a des mouches partout. Si vous n'attrapez pas la dysenterie, vous chopez une infection des yeux et vous perdez un œil en deux semaines. Si vous résistez encore, vous mourrez peut-être du scorbut car sur place, il n'y a quasiment pas de fruits, ni légumes frais. À manger, c'est du mouton, trois fois par jour. Mais peu importe, vous y croyez dur comme « or » que le prochain coup de pioche vous amènera la fortune, comme celui qui a découvert le « Welcome Nugget », la deuxième plus grosse pépite de tous les temps (environ 69 kilos).

Avec le temps, les mineurs se sont réunis, ont mis leurs parcelles ensemble et ont modernisé leurs efforts avec un cheval qui remontait les seaux. Puis avec les moteurs à vapeur, ils ont creusé plus profond et ont trouvé des tonnes d'or. Malheureusement, ils ont réinvesti tous leurs profits dans des mines encore plus profondes pour aller chercher l'or dans les couches de roche, et ce fut un flop. En effet, l'or en Australie est resté dans les couches sédimentaires et n'est pas allé se mélanger plus bas, dans les roches dures.

Au total quelques 317 tonnes d'or ont été extraites des champs aurifères de Ballarat, soit au cours actuel environ 13,8 milliards de dollars. L'exploitation industrielle a cessé en 1920 mais le plus drôle est que, si l'envie vous en prend, vous pouvez acheter un détecteur de métal et vous promener dans la région. En 2003, un chanceux a découvert ainsi une magnifique pépite de 4,4 kg à 60 centimètres de profondeur. Elle a été vendue au musée de l'or de Ballarat et a été nommée Goldasaurus !

Les koalas de la Great Ocean Road

C'est LA route la plus célèbre d'Australie. 250 km d'une vue « spectaculaire » sur le littoral. Avant de partir, nous hésitons tout de même. Devrions-nous changer de programme ? L'été n'est toujours pas au rendez-vous et c'est un vent à faire tomber les koalas des arbres qui sévit pour le moment, sans oublier la pluie.

Mais faire notre circuit dans l'autre sens nous rajouterait la bagatelle de 2000 km supplémentaires, alors, nous nous lançons tout de même sur la route. En fin de compte, il n'aura pas tant plu que cela et ces rafales nous auront mis dans l'ambiance. D'un point de vue maritime, cette côte est aussi appelée « côte des Naufrages », avec plus de 80 navires qui ont coulé en moins de 40 ans, à un jour seulement de l'arrivée à Melbourne pour certains, alors qu'ils étaient partis depuis l'Angleterre ! J'ai le mal de mer rien qu'en regardant le paysage !

Des formations calcaires fabuleuses se dressent dans l'océan. Ce sont les « 12 apôtres », dont seuls neuf sont visibles depuis des passerelles d'observation. Vous pourriez bien sûr les survoler par hélico mais, outre le prix exorbitant de ce genre de folie, ce n'est pas aujourd'hui qu'ils pourraient décoller !

Nous avons joué au jeu du koala. C'est assez amusant. Il faut regarder dans les eucalyptus afin de les découvrir. Pas toujours très facile. Mais tellement attendrissant ! C'est sûrement à cause de nos souvenirs d'enfance, la douce pensée de l'étreinte et du réconfort. On aimerait que le koala soit moins haut dans l'arbre pour arriver à le caresser. Mais ça le stresse, le pauvre petit ourson, lui qui doit dormir près de 20 heures par jour afin de digérer les feuilles d'eucalyptus !

Le soir au campement, nouvelle leçon d'allemand. Je prends le pari de parler cette langue au moins une fois par jour, même s'il ne me faut dire que « Guten Tag » ! L'Australie regorge en effet de deux sortes de touristes, les Français et les Allemands et c'est ma manière à moi de démontrer à mes enfants qu'apprendre des langues - et si possible mieux que moi - est absolument vital.

Cette fois, c'est la voiture qui nous a interloqués étant donné qu'elle était immatriculée à Zurich ! Deux ans de modifications sur leur jeep avant d'embarquer pour un trajet de 40 jours en cargo ! Traversée de l'Atlantique, canal de Panama, océan Pacifique et les voilà enfin à terre pour 9 mois de ballades sur ce magnifique continent. Par la suite, ils remettront leur engin sur un cargo pour rejoindre l'Afrique, qu'ils remonteront petit à petit jusqu'à atteindre le pays natal !

Comme quoi, il y a toutes sortes d'aventures possible, le tout étant de décider de partir...

Les vins d'Adélaïde

21 février

Nous sommes arrivés à Adélaïde un dimanche et sommes directement allés dans le quartier de Glenelg, où se trouve la plage. Il y avait bien moins d'ambiance que prévu, peut-être à cause du vent qui ne cessait de souffler avec démence. Toujours les mêmes enseignes, les mêmes chaînes de restaurants. Tant qu'à faire, nous en profitons pour faire une lessive.

Le soir, nous subissons notre première éviction d'un lieu public par un policier alors que nous sommes déjà confortablement installés sous la couette. « Vous n'avez pas le droit de dormir ici ! » Pourtant, il n'y a aucun panneau ! Mais inutile de discuter. Suivant le conseil de jeunes touristes français, nous nous installons dans un petit parc, à côté d'un lac, derrière une maison pour ne pas trop attirer l'attention. Il y a déjà deux voitures et les occupants sont regroupés autour d'une table. En pyjama, je vais juste les saluer pour leur dire qu'on retourne sous la couette. Je ne vois rien, il fait nuit noire : une des personnes m'éclaire le visage de sa lampe de poche en me disant, « je vous connais ». Alors ça, c'est un peu fort ! Et je ne la vois pas. Mais pourtant, elle a raison : il s'agit d'un équipage belge, dont nos sillages s'étaient croisé il y a deux ans déjà au Cap-Vert. Nous nous sommes retrouvés à faire la traversée Nouméa-Sydney en même temps. On arrive toujours à se croiser, sur les océans ou ailleurs, comme ici en Australie, alors même que ce continent est grand comme l'Europe...c'est incroyable.

Le lendemain, nous quadrillons le centre d'Adélaïde. C'est le cas de le dire. Car se repérer est un jeu d'enfant. Le colonel qui a conçu cette ville a dû simplement prendre une feuille de papier, dessiner un carré de 1800 mètres de côté. Au centre, il a fait un tout petit parc, puis 4 autres situés au milieu des diagonales. La rue au nord s'appelle North Terrace, celle du sud South Terrace et ainsi de suite. Bref, tout est très bien structuré. La ville moderne s'est bien entendu étalée tout autour, une grande ceinture verte délimite toujours ce carré central, ce qui est assez intéressant. Mais c'est tout. Même pas de grands gratte-ciel, contrairement à Melbourne ou Sydney. Pour profiter de notre après-midi, nous filons au musée afin de continuer à nous informer sur les cultures aborigènes.

Je pense que c'est ainsi qu'elle s'en sort, Adélaïde. En ayant de bons musées et en attirant énormément de festivals. Elle a aussi un atout de taille : les vignobles. À une heure de route seulement, les vallées de Barossa et Clare dévoilent leurs spécialités.

Nous sommes passés à travers la seconde, qui se trouvait plus sur notre route. Au programme, petite dégustation de vin chez Taylor, un des plus gros producteurs du sud de l'Australie. C'est moins charmant que les petits vignobles adorables que nous avions visités en Tasmanie. La façade avec des créneaux pour faire « château » nous a bien fait marrer, car toute leur installation est ultra-moderne. En Europe, ils sont connus sous le nom de Wakefield, avec sur l'étiquette deux petits hippocampes. Quel délice ce cabernet sauvignon. Dommage qu'on ne puisse pas trop charger la Jucy ! Trois bouteilles seulement.

Ce n'est pas le fait d'avoir trop bu mais le lendemain, nous avons fait la grasse matinée. Il faisait tout simplement trop froid pour se lever ! Nous avons donc attendu que 10 heures sonnent. Une dame m'a raconté que des artistes d'Europe étaient venus exprès pour peindre les rouges du désert. Mais avec toute cette pluie, que va-t-il se passer ? Quelle surprise nous attend ?

Nous avons continué à rouler vers le nord pour nous arrêter à 30 km au sud de Port Augusta, sur la plage. Le coffre de la voiture est ouvert, le gaz siffle à plein régime et quand l'eau sera bouillante, nous y jetterons nos pâtes. Sur l'autre feu, il y aura le crépitement des lardons. Nous mangerons en attendant la mer. Nous la distinguons à peine tellement elle est encore éloignée. Nous sommes seuls au monde.

Demain, il ne faudra pas se tromper de route à l'embranchement. À gauche, ce sera direction Perth. Nous irons tout droit. Plein nord. Jusqu'à Alice Springs. 1226 kilomètres plus loin.

Chercheur d'opale à Coober Pedy

Nous voici dans l'Outback. Tout est plat, tout est chaud, et surprise – on s'y attendait un peu quand même – rien n'est rouge ! À cause de toute cette pluie apportée par la queue de cyclone du nom de Yasi, le désert à repris vie. Il paraît qu'on a beaucoup de chance, c'est un événement rarissime. 22 ans que ça n'était pas arrivé.

La route qui mène à la Dog Fence est ouverte. C'est une barrière anti-dingo censée protéger les moutons et qui s'étend sur plus de 5300 km, lui donnant le titre de plus longue et continuelle construction du monde. Nous allons jeter un coup d'œil à cette barrière élevée en 1890. À nouveau, c'est tout vert. Heureusement que les *Catmousses*, qui sont passés par là 15 jours avant nous, ont pris des photos qu'ils nous montreront par la suite. La différence est saisissante. Comme un tribord et un bâbord.

> Coober Pedy. Il fait tellement chaud que le must par ici, c'est d'habiter une maison troglodytique. En effet, la température sous terre est plus ou moins constante, variant seulement entre 21 et 26 degrés entre l'hiver et l'été, alors que dehors, c'est toute une autre histoire : il fait en moyenne 45 degrés les jours d'été et 4 degrés les nuits d'hiver.
>
> Plus de 2000 personnes, soit presque la moitié de la population, vivent donc terrés. Chaque monticule aperçu aux alentours a été creusé pour faire place à une famille. Comme j'ai toujours un faible pour l'immobilier, je pose quelques questions à la charmante dame de l'office du tourisme qui habite dans ce « terrier » depuis près de 2 ans !
> - Nous sommes arrivés à Coober Pedy il y a 5 ans. J'ai suivi mon mari qui s'est mis en tête de venir chercher l'opale. Heureusement, il en a trouvé !
> - Est-ce que la première pierre a été pour vous ?
> - Non, me répond-elle.
>
> Cependant, elle me montre sa bague et me rassure.
> - Il a trouvé ensuite celle-là, qui est bien plus magnifique.
>
> J'ai ainsi appris que pour faire un peu de place pour un nouveau bureau, vous pouvez creuser un peu, avec le piolet,

pour bien encastrer l'objet... Par contre, si vous voulez une chambre de plus, il faut tout de même demander une autorisation en bonne et due forme. Les pièces « humides » sont en général situées vers l'extérieur, pour faciliter l'arrivée et l'évacuation de l'eau. La devanture est quant à elle souvent creusée jusqu'à en faire une façade plate et verticale, de façon à pouvoir y accrocher un petit avant-toit métallique soutenu par des poteaux.

Mais moi qui en hiver, suis sujette à la dépression saisonnière par manque de lumière, et qui ne jure que par des grandes baies vitrées, je ne peux que m'inquiéter du sujet. « Bien sûr, il faut faire très attention ! », me répond-t-elle. Car on aurait tendance à passer de la maison à l'air conditionné du bureau, sans s'arrêter par les rayons du soleil. Il faut donc se forcer à passer quelques heures dehors, sur la terrasse, en fin de journée, afin d'intégrer quelques lux au système ! Un comble, vu le nombre d'heures d'ensoleillement de la région!

Avoir crevé un pneu - mais oui, nous avons eu un « flat » ! - nous a permis de rencontrer Vince, ou plutôt Vincenzo, un Italien du nord d'une soixantaine d'années. Il est venu pour l'opale, bien sûr, pour quoi d'autre ? Mais comme tout le monde ici, il exerce à côté un second métier, celui de son père, mécanicien sur automobile. Sa maison est également troglodytique et pour son garage, il a simplement creusé un trou supplémentaire pour l'outillage et un pour la fosse. Parfait pour entreprendre une petite modification sous notre Jucy, car figurez-vous qu'en dessous, il y avait une plaque qui ne tenait qu'avec des bouts de ficelle. Du délire !

Non seulement les habitants nous ont intéressés à Coober Pedy, il fallait que l'on comprenne également leur passion : les opales. Les Australiens sont les plus gros exportateurs mondiaux de minerais ou de métaux précieux. Donc l'or, l'opale... après, on verra bien.

Pour que l'opale ait de la valeur, il faut que ses molécules soient bien ordonnées. Si c'est le cas, la lumière sera décomposée comme dans un prisme et on pourra y voir toutes les couleurs de l'arc-en-ciel.

« *Formées de ce qui fait le mérite des pierreries les plus précieuses, elles ont offert à la description des difficultés infinies ; car en elles se trouve le feu subtil de l'escarboucle, l'éclat purpurin de l'améthyste, le vert de mer de l'émeraude ; et toutes ces teintes y brillent, merveilleusement fondues. Parmi les auteurs, les uns ont comparé l'effet général des opales à l'armenium, couleur employée par les peintres ; les autres, à la flamme du soufre qui brûle, ou à celle d'un feu sur lequel on jette de l'huile.* » Voilà comment Pline l'Ancien décrivait l'opale au 1er siècle après JC.

Une once d'opale de basse qualité sera vendue aux environs de 20 dollars et pourra atteindre 24'000 dollars ! Par comparaison, une once d'or aujourd'hui vaut environ 1300 dollars, soit 20 fois moins ! On comprend donc mieux pourquoi tant de monde est venu creuser le grès de Coober Pedy. On y rencontre plus de 45 nationalités, un vrai melting-pot.

Le plus grand danger pour les touristes ? Tomber dans un trou de 1 ou 2 mètres de diamètre. Il y en a plus de deux millions de 30 mètres de profond dans le coin, sorte de carottage effectué pour déterminer si cela vaut la peine d'aller plus loin. Ils font cela avec des explosifs, mais depuis les événements du 11 septembre 2001, c'est bien plus compliqué pour eux. Trop de paperasse, les prix ont monté. Ça devient casse-tête de créer les bâtons de dynamite.

Autre fait marquant, les machines utilisées ici sont uniques au monde et toutes fabriquées par des « ingénieurs » locaux. Par exemple, le « blower », un aspirateur géant de gravats installé à l'arrière d'un camion. On en voit dans presque chaque jardin, c'est assez rigolo. Et il y a aussi le tunnelier, sorte de trax modifié avec des dents pour creuser le grès.

Le jackpot que tout le monde rêve de trouver, c'est… un dinosaure opalisé ! On en a trouvé 3 en 100 ans et il paraît que cela vaut plusieurs centaines de millions de dollars ! À chacun ses rêves…

Jaune et vert

La voiture réparée, avec de nouvelles petites opales aux oreilles de Muriel, nous continuons notre route vers le nord. On se croirait en Irlande tellement c'est vert. Les arbres sont en fleurs. Jaune. Comme du mimosa ou du forsythia.

Le désert est vert. Jaune et vert. Comme notre petit bateau, tout seul dans sa rivière. *Kangaroo*… Lui aussi aurait dû être orange au début. Comme le désert. Mais l'annexe orange n'avait pas pu être livrée. Pourtant, on l'avait commandée chez Caribe avec un an d'avance ! Elle allait arriver jaune.

Il n'y avait que deux couleurs finalistes lors du choix de la déco des coques du bateau. Le vert pomme était pas mal, le jaune Musto aussi. Hervé et moi tournions autour du bateau avec nos échantillons en main. Il faut qu'on se décide… Et sur un coup de tête, dans l'espoir de nous voir arrêter de tournoyer en déconcentrant les ouvriers, Jean-Michel avait lancé :

- Pourquoi ne pas faire un côté de chaque couleur ?

C'est ainsi que c'est parti. L'histoire des deux couleurs. Ellen MacArthur avait déjà osé pareil, en affichant un sponsor anglais d'un côté de sa coque et le français de l'autre, qui appartenaient à la même multinationale. Alors nous avons fait pareil. Nous avons fait jaune - vert. Sans nous douter un seul instant qu'il s'agissait également de la couleur du drapeau australien. C'est un local qui nous a fait la remarque un jour. Nous n'avions pas été si subtils ! Juste de la coïncidence !

Nous continuons d'avaler des kilomètres. Rares sont les voitures, nous en croisons peut-être une par 20 minutes. Les rois de la Stuart Highway, route qui traverse toute l'Australie du nord au sud, « The Track » comme ils l'appellent familièrement, ce sont les *Road Train*, ces camions spectaculaires tirant en général 3 ou même 4 remorques. Longueur maximum autorisée : 53 mètres.

Nous faisons quelques pauses. Mais sortir de la route peut tout simplement vous mener à la mort. Un humain sans chapeau ni eau ne tiendrait que 20 minutes en plein soleil. Et nous ne tenons pas à figurer sur la liste des touristes stupides morts d'épuisement. Alors nous continuons… Patiemment.

Uluru et Olga

26 février

Nous voilà arrivés au cœur de l'Australie et nous ne sommes pas seuls. Près de 500'000 touristes viennent ici chaque année, dans ce site qui, depuis 1976, a été restitué à ses premiers propriétaires, les Aborigènes Anagus. Ces derniers le « louent » au parc national, d'où une administration conjointe.

Pour admirer la masse dans toute sa splendeur, il faut se lever tôt. Le but étant d'arriver dans le parc avant l'aube. Défilé de phares sur la route, sous l'œil bienveillant de millions d'étoiles. Uluru se laisse deviner, masse endormie dans ce désert plat. Des flashs crépitent de temps en temps. Tout le monde chuchote ou parle doucement, même mes enfants. Ça vous paraît bizarre, n'est-ce pas ?

Le rocher est majestueux. Mais seul un tiers nous est dévoilé, le reste étant caché en profondeur. Comme un iceberg.

Après ce beau spectacle, nous faisons le tour du rocher, non pas à pied, on a pensé que ce serait un peu rébarbatif, mais en voiture, avec quelques arrêts spectaculaires. En effet, la roche absorbe l'eau des pluies et à deux endroits, on peut trouver des waterholes, espèces de petits lacs formés par des cascades qui s'écoulent le long du rocher.

Dans les catalogues touristiques, vous avez aussi la possibilité de choisir « Uluru by night », excursion qui, pour la modique sommes de 120 dollars par personne, vous emmène au pied du rocher pour voir le spectacle du coucher du soleil avec, en prime, un verre de vin blanc !

Nous aimons bien feuilleter ces catalogues qui nous rendent riches rien qu'en additionnant les prix des excursions que l'on réalise tout seuls ! Car nous voilà bien installés, petite nappe et bon vin rouge, accompagnés d'une superbe tortilla espagnole et d'une belle salade verte.

Les bus de touristes sont entassés dans un autre parking un peu plus loin. Privilège du voyageur ayant du temps, hors vacances scolaires. Mais ne traînons pas trop sous la voie lactée, il nous faut trouver un endroit pour dormir car demain, le réveil sonnera à nouveau à 5 heures pour voir le lever du soleil sur les Monts Olga !

Cependant, les choses ne se passent pas comme prévues :

- Vous savez que vous n'avez pas le droit de dormir là ? C'est un parking !

- Oui, nous le savons, mais vu que l'on va se réveiller très tôt, on ne voulait pas payer le prix exorbitant du camping.

- Ok, nous dit le garde, pas de problème.

Ouf... rendormons-nous jusqu'à 5 heures !

À nouveau, bal de phares, jolies étoiles et au loin, Uluru en contre-jour. À nouveau, des touristes inscrits pour la sortie « Monts Olgas au lever du jour ». 120 dollars par personne. Clic-clac Kodak.

Selon certains, les Monts Olgas, appelés par les Aborigènes Kata Tjuta, ce qui signifie beaucoup de têtes, sont encore plus jolis qu'Uluru. Difficile à comparer tant c'est différent. C'est cette fois un amas de 36 blocs formant vallées et gorges profondes. Tout comme Uluru, il est déconseillé de les gravir étant donné qu'ils sont un site sacré pour les Aborigènes.

Nos sacs à dos remplis d'eau, la « mouchitaire » sur la tête - si vous saviez combien il y a de mouches par ici, c'est indescriptible, autant que de fourmis - nous voilà partis pour une rando de 8 kilomètres à travers ces formations sublimes. Il n'est finalement que 8 heures du matin, mais le soleil tape déjà fort. D'ailleurs, cette marche est fermée dès 11 heures tant il y a de risque de malaise pour l'homme blanc !

Entre deux roches, un petit vent bien agréable souffle. Et nos voix résonnent contre les parois. Regardez, nous avons surpris un kangourou ! Que c'est beau de le voir détaler en bondissant !

Toujours en forme, nous décidons ensuite d'aller voir un autre point de vue, que l'on atteint après presque 1200 mètres de marche. Ah... c'est là que se rendent les bus à touristes. Nous en croisons d'ailleurs au retour. Ils n'ont vraiment pas l'air de marcher souvent. Car autant les enfants que nous, avons à plusieurs reprises dit « Hello » aux gens que l'on croisait. Et bien figurez-vous que nous n'avons reçu AUCUNE réponse. C'est si difficile que ça de dire « Hello » ?

Jusqu'au soir, je médite sur ce fait qui ne me donne pas très envie de rentrer. Les gens sont à ce point stressés, peureux ? Pourquoi n'osent-ils plus nous saluer ? Fait-on peur ? Où sont les yeux qui se croisent, les sourcils qui s'élèvent, le sourire qui apparaît, les pupilles qui se dilatent ?

Est-ce parce qu'on a « le temps », que l'on prend « le temps », que l'on remarque ce genre d'attitude ? Le Pacifique me manque. Les peuples qui ont peu sont bien plus accueillants.

Demain, c'est promis, on fait la grasse matinée jusqu'à 7 heures. Bien heureusement car je ne trouve pas mon sommeil. Je rumine. Ils auraient quand même nous répondre : « *Hello* », ce n'est pas si difficile à dire.

Alice Springs

1er mars

C'est au cœur d'Alice Springs, à l'abri du camping vu les tensions ressenties en ville, que nous aurons fêté les onze ans de Julie. Notre dernier anniversaire en mer. Elle n'en revenait pas de recevoir un deuxième cadeau, l'ukulélé. Le chemin du retour se fera en musique.

Le matin, pas de CNED. Mais des visites. Une école tout d'abord. Très intéressante pour nos enfants : la *school of the air*. Une institution qui dispense les cours via les ondes radio et par écran pour les enfants disséminés dans le grand Outback.

Puis, visite des *Flyings Doctors* ou Médecins Volants. Toujours agréable de savoir que sur 80% du territoire, un avion Pilatus *made in Switzerland* peut venir vous chercher pour vous emmener très rapidement dans un hôpital. C'est bien mieux qu'à dos de dromadaire, très courant ici. Il y en a d'ailleurs plus d'un million disséminés dans le désert d'Australie, passé également premier fournisseur mondial de ces braves bêtes.

Savez-vous d'ailleurs pourquoi la ligne de train qui relie Adélaïde (au sud) à Darwin (au nord) en passant par Alice (au centre) s'appelle le GHAN ? C'est parce que la ligne de train a remplacé les chameaux afGHANS ! C'est aussi simple que cela. D'ailleurs, à défaut de prendre le train car les prix sont exorbitants, nous avons pu aller visiter le musée consacré à cette fameuse ligne. Les convois de marchandises atteignent en moyenne 2 km de long !

En ville, beaucoup d'Aborigènes mais très peu de contacts. Je sens beaucoup de tensions. Pas étonnée ensuite de lire dans le journal qu'au vu de récents événements, 20 policiers supplémentaires viennent d'être envoyés à Alice. La criminalité a augmenté en flèche depuis quelques mois - un jeu entre deux bandes rivales ?- et la population - blanche, naturellement - ne se sent plus en sécurité. Je remarque juste que pour eux, nous sommes totalement transparents. Pas de bonjours, pas de sourires. Même sur les trottoirs, les croisements sont incertains, de quel côté dois-je m'abriter au risque d'être bousculée ? C'est la première fois depuis tout le voyage que je me retrouve dans cette situation et je suis frustrée du manque de contact. Chacun doit avoir ses bonnes raisons, mais ce n'est pas très agréable.

La ville en elle-même manque également de charme. Elle s'est construite avec des rues à angle droit, toujours et encore, au milieu de petites collines. Des parkings, pour la voiture reine, et des magasins pour la consommation. Le touriste est attendu dans la rue marchande et piétonne. Dans les galeries d'arts surtout. Au mur, de superbes tableaux. On se prend au jeu. Il y en a un qui te plaît ? Mais les prix atteignent quand même des sommets un peu trop vertigineux pour notre porte-monnaie.

Reprenons donc notre sang-froid en allant voir nos amis les reptiles. Ça créera des liens. Tiens, ils sont bien plus sympathiques que prévu. Même le python qui s'enroule gentiment autour de mon cou... j'ai le cœur qui bat la chamade... et voilà que le lézard à langue bleue m'embrasse sur la joue.

Alice, je t'aime toi non plus ?

Les souris de West Mac Donnell

D'après les Australiens rencontrés, le touriste asiatique est très inquiet dans cette partie du monde. Tout est tellement vide, par endroits, que c'est apparemment très angoissant pour eux. C'est pourquoi ils préfèrent venir en avion, puis rouler en bus et rester en groupe. C'est plus rassurant. Photo numérique avec le rocher rouge et retour en avion dans une grande ville réconfortante. Moi, ces contrées désertiques, ça me rappelle la solitude en mer. D'ailleurs, si on en profitait pour se baigner ?

Hervé rigole : « Jamais, mais jamais, j'aurais imaginé me baigner autant dans le désert australien ».

C'est le bon côté des inondations. Les rivières asséchées n'existent plus, on joue au sous-marin avec notre voiture et on se baigne dans des paysages absolument splendides, avec des roches rouges autour, dans de l'eau douce, orangée et fraîche.

Les Mac Donnell Ranges sont une chaîne montagneuse qui se situe à l'est et à l'ouest de la ville d'Alice Springs. N'ayant malheureusement pas une 4x4 surélevée (une autre fois peut-être, histoire de venir voir le désert orange et non vert ?), nous optons pour l'ouest, un peu plus accessible.

En trois jours, nous faisons une belle boucle avec naturellement un peu de piste. C'est chouette, la piste. Elle est toute orange, poussiéreuse, je me sens exploratrice. De temps en temps, nous rentrons dans des « *Dry Zone* », soit « zones sèches ». En fait, ce sont des zones où la vente d'alcool et de pornographie est interdite. Pour protéger les Aborigènes, d'eux-mêmes. C'est comme cette essence opale, que nous avons mise dans le réservoir de notre voiture. Cela n'a rien à voir avec les pierres précieuses de Coober Pedy, c'est simplement de l'essence sans odeur afin que les jeunes arrêtent de la sniffer.

La petite « Ranger » française d'une trentaine d'années, avec qui nous avons parlé ce matin, a dit juste : « Vous verrez, la Pound Walk d'Orniston Gorge est fantastique, mais il faudra nager et marcher dans l'eau à plusieurs reprises pour poursuivre votre chemin ».

Elle est heureuse, ici, en pleine nature. « C'est tellement mieux que New-York, où j'ai vécu pendant 5 ans. Maintenant, j'ai la nationalité australienne et quand je retourne en France, j'ai l'impression de visiter un pays étranger ! ».

Avec elle, c'est plutôt « souris » que nous avons parlé… vu que cette nuit, nous avons eu de la visite! Au moins trois passagers clandestins à bord. Robin et Julie étaient furieux de voir leur nuit ainsi entrecoupée.

« Figurez-vous que c'est tout à fait normal. Avec toute la pluie qu'il y a eu, la flore et la faune sont en folie ! Et le nombre de souris – et donc de serpents – a terriblement augmenté ! La semaine passée, nous avons posé des cages, pour une étude, et en une nuit, il y en avait 125 ! Et puis, tous les matins, j'en trouve dans ma voiture ».

Ainsi, suivant ses conseils, nous avons été acheter des pièges pour les poser dans notre coffre, comme tout le monde ici.

- Mais cette odeur et ce bruit lorsqu'on met l'air conditionné, tu es sûr qu'il y en a pas une de coincée dans le ventilateur ?

Séquence cinéma australien

Le retour vers *Kangaroo* est une longue affaire… Depuis Alice Springs, nous comptabilisons 3000 km avec les petits détours… Nous ressentons également une lassitude. Plus chez les conducteurs que les élèves assis à l'arrière. La voiture peut sembler être un objet de liberté. Surtout dans les grands espaces australiens. Elle nous paraît cependant bien plus restreignante que le bateau. Il y a bien sûr tous ces paysages magnifiques, ces rencontres passionnantes que nous faisons et tout ce que nous apprenons chaque jour. Mais très peu de temps pour soi, ou l'on pourrait par exemple avancer une lecture ou simplement être seul.

Et rendez-vous compte, cela fait 8 semaines que nous vivons dans notre voiture. Nuit et jour. On pourrait sûrement en faire un film… sauf que le sujet a déjà été traité ! Dans *Priscilla, folle du désert*, vous vous rappelez ?

Bien calés - c'est le cas de le dire - sur la banquette arrière de notre Jucy, nous voici tous les 4 prêts pour la séance de cinéma sur l'écran de notre ordinateur. Le film commence à Sydney, d'où les trois « folles » partent avec leur bus surnommé Priscilla, pour rejoindre Alice Springs. Nous passons un moment merveilleux, à décrypter les routes, les montagnes, les villes traversées par ce trio. À réaliser la finesse quant au choix et à la réalisation des costumes utilisés et à comprendre pourquoi ce film avait reçu un Oscar. Nous sommes passés presque partout ! Quel coup de génie. Il ne nous manque plus que la ville de Broken Hill et le Palace de Mario... *No worries*, c'est sur la route du retour !

En chemin, Julie aura l'honneur de jouer du piano pour Dinky, le dingo chantant. C'est un chien qui a joué dans plusieurs films et qui a la particularité d'aimer monter sur le piano et de ululer au son des notes...

Elle a du charme, la ville de Broken Hill, dont les rues se prénomment Argent, Crystal, Bromide, Cobalt, Mercury, Oxide et j'en passe. Une ville avec un passé - et un présent - basé sur les richesses minières. Il suffit de lever le menton pour apercevoir les mines, alors que tous les immeubles nous font nous sentir dans les années 1950.

De Broken Hill, nous nous rendons dans le village de Silverton, là où la première ruée de l'argent a commencé. Il ne reste plus que 30 des 3000 premiers habitants. Et son pub, mais pas n'importe lequel. Le Silverton Hotel, de son vrai nom, change de devanture quant il vous chante. Il est tellement typé outback, qu'il figure très souvent dans des films ou des publicités. Un coup de peinture et de belles nouvelles lettres sur la devanture et en avant la magie. Des photos encadrées de toutes ces apparitions sont réparties inégalement sur les murs.

Quant aux films de Mad Max, ils n'ont presque plus de secrets pour nous. Nous sommes loin d'être des fans, mais commençons tous à bien connaître le sujet.

Les mordus, ce sont David et sa femme Lisa, des Anglais installés ici pour monter un musée dédié à Mad Max II. Un film qui a pourtant plus de 30 ans ! Nous avons été dormir sur les lieux du tournage, dans la plaine du Mundi Mundi. C'est absolument magique car depuis les hauteurs, on arrive à sentir la rotondité de la terre en regardant l'horizon. Mais contrairement au film, tout est VERT, VERT, VERT ! Un drame pour les fans de cinéma car le tournage de Mad Max IV – Fury road – a été reporté à l'année prochaine ! Ils parlent maintenant même de devoir retourner la terre pour pouvoir retrouver un paysage typique désertique de l'Outback. Ne feraient-ils pas mieux d'aller tourner le film ailleurs, au Maroc par exemple ?

Et je finirai ma page cinéma par les deux derniers films que nous avons visionnés. Le premier est *Australia*, avec Nicole Kidman. Très romancé à l'eau de rose mais à nouveau, on sentait bien l'immensité des paysages et des « stations », leurs fermes typiques et ce qui nous a manqué le plus, le contact avec les Aborigènes. Autant le dire, nous partirons d'ici sans vraiment connaître les premiers habitants de ce continent.

Et puis bien sûr *Muriel's wedding* tourné dans le Queensland, région que nous visiterons au mois de mai-juin et dont nous retiendrons la fameuse phrase « *you're terrible, Muriel* » et sa morale « le succès est la plus belle des revanches ».

Et que faire de toutes ces séquences que nous avons filmées ? Il n'y a que durant la première année que nous avons tenu le rythme. Filmer, monter, downloader sur le site. Mais c'était assez difficile à tenir comme rythme ; il faut beaucoup d'énergie pour l'ordinateur, puis trouver d'excellentes liaisons internet. Les films des Favrenmer n'auront duré que la première année. De quoi occuper nos heures de retraite. Heureusement que nous avons réussi à garder le bon rythme pour le blog.

Route du retour. Moins de 12 jours de location de voiture et combien de temps encore en bateau ?

Il me manque, *Kangaroo* et sa vie à 360° sur l'eau. Cette petite séparation pour me faire à l'idée de la prochaine. Une petite écorchure avant la grande déchirure.

Le retour. Au milieu de la foule où je vais risquer de les perdre, l'un après l'autre. Robin avec ses copains, Julie avec ses amis et Hervé avec son boulot. Je vais devoir lâcher mes enfants dans leur vie. Et jamais plus, c'est certain, je ne les verrai passer autant de temps ensemble. Ces deux se sont trouvés. Ils se connaissent encore mieux que nous les connaissons.

Et moi ? Vais-je me perdre à nouveau alors que je m'étais enfin trouvée, maintenant que je me sens si bien dans ma vie ? Oser continuer à revendiquer cette liberté, cette envie d'espace ? Chacun de nous à une histoire à raconter, même toute petite, une envie à partager.

Je commence à rechercher des bouées de sauvetages, auxquelles je pourrai m'accrocher pour ne pas couler à mon retour. Une formation dans l'environnement, par exemple. Ça pourrait bien me motiver. Et le partage de notre aventure. Pour que d'autres en profitent.

La décision de ne plus visiter a été prise. Démocratiquement comme à notre habitude. Nous avons le trop plein. Inutile de vouloir amortir à tout prix la location de la voiture. Ken et Ingrid sont d'accord de nous prêter leur maison pour quelques jours. Ça nous fera du bien à tous. Un peu d'espace. S'isoler. Plus on s'approche de la côte, plus il y a de voitures. Les villages traversés se ressemblent presque tous. La civilisation. La mondialisation. Même enseignes, mêmes odeurs de restauration, relents de frites et de hamburger.

Arrivés chez nos amis, nous vidons nos affaires et remplissons leur frigo avec nos provisions. On s'occupera du nettoyage du véhicule plus tard.

Couchée à plat ventre sur le lit, c'est bon d'être à l'intérieur d'une maison. Les tensions retombent. On peut se laisser aller. Chacun trouve un coin, le canapé avec ses revues, les toilettes avec ses BD, la chambre avec le lit et... le coin télé.

Osera-t-on allumer la télé ? Le film d'horreur doit pourtant être à la Une. Le cauchemar japonais. Fukushima. Et eux, ils ne peuvent pas choisir d'appuyer sur le bouton OFF si ça leur fait trop peur.

Trois ans de vie marine, trois ans de stress épargné.

À la voile, de Sydney à Brisbane

Le retour sur *Kangaroo*

16 mars

Sera-t-il là ? Dans quel état ? Entier ? Avec un mât ? Décoré de fientes d'oiseaux ? Aura-t-il vu la foudre ? Nous aura-t-il fait le même coup qu'à Papeete ?

Toutes nos angoisses s'emmêlent alors que Kelvin, le propriétaire de la marina, nous emmène à 23 nœuds sur son canot en direction de la bouée sur laquelle est amarré *Kangaroo*. Les sacs plastiques contenant nos affaires claquent dans le vent apparent, nous parlons peu, nous sommes tendus. Mais il est là, toujours aussi beau, et tout a l'air de bien aller.

À peine arrivés, Hervé saute sur tout : les moteurs, l'électronique, les pompes, les winchs et j'en passe. Et à chaque fois, c'est le sourire : tout est ok.

Le lendemain, mon amie Karen des Bermudes vient nous rejoindre sur le bateau pour passer deux jours en notre compagnie. C'est rigolo de la retrouver ici en vacances, alors même que l'endroit nous fait à toutes deux penser à nos Bermudes.

Elle est mise à contribution pour le lavage du pont – il y a eu comme une pluie de cendres produite par un feu de forêt – mais nous lui interdisons de nettoyer la coque car les coquillages sont très coupants. Même si le carénage est prévu pour le mois d'avril, il n'est pas question de naviguer dans cet état. Munis de nos combinaisons de plongée, nous nous jetons tous à l'eau avec nos éponges et nos raclettes, et sentons tous que nous avons perdu l'habitude d'aller sous l'eau. Mais la corvée s'achève dans une eau assez claire et surtout sans visite de requins !

Ensuite, Karen et moi partons rejoindre Manly à pied via le parc national. Du haut des falaises, nous suivons la progression de *Kangaroo* qui prend le même chemin. C'est très bizarre de voir son bateau passer sans être à bord. Il faudra pourtant bientôt que je m'habitue à cette idée !

Samedi matin, c'est l'effervescence sur *Kangaroo*. Il tombe des seaux d'eau par centaines, et pourtant, nous devons partir prendre le ferry ! Ouf, voilà une accalmie… vite, nous sautons tous dans l'annexe et faisons bien attention à nos habits ! Car nous sommes sur notre 31 ! Cet après-midi, nous allons à l'opéra voir *Carmen* de Bizet. N'y a t'il pas meilleur moyen de fêter la fin de notre séjour dans cette superbe ville ?

Pittwater

23 mars. Les tours de Sydney se rapetissent. Nous longeons la plage de Manly. Nous avons débuté notre transhumance vers le nord. Premier arrêt, la baie de Pittwater. Ce n'est pas plages et cocotiers, mais zone très densément peuplée. Nous ne sommes qu'à 40 km de Sydney. Pourtant, cet endroit me fait rêver. Nous sommes sur l'eau – heureusement d'ailleurs – et entourés d'îles et de monticules très arborés. À travers les feuillages, on distingue des maisons toutes aussi belles les unes que les autres. Sur l'eau, c'est la folie. La dernière fois que nous avons vu autant de bateaux, c'était au « Marin », en Martinique ! Il y en a partout ! Alors pour les manœuvres, il faut bien viser !

Une très longue péninsule d'au moins 10 km nous sépare de l'océan. Le village de Newport se trouve à l'intersection, avec la mer d'un côté et la fin de la baie de Pittwater de l'autre. Nous sommes allés faire un tour en

« ville » de Newport. Cafés, restos et tous les magasins usuels, haut de gamme tout de même. Ça n'empêche cependant pas un Australien sur 10 de marcher pieds nus. À la plage, c'est assez fascinant. Les jeunes arrivent les uns après les autres. Juste le temps de passer à la maison pour jeter le sac d'école dans un angle, l'uniforme roulé en boule, passer le maillot de bain d'une main et attraper le surf de l'autre. Les voilà qui courent sur la plage pour rejoindre les copains. C'est vraiment le sport national. Dire qu'ils surfent aussi tous les matins, dès le lever du soleil !

Dans les arbres, toujours autant d'oiseaux aux cris stridents. Des nuages foncés sont venus jouer dans la pièce qui va se donner tout à l'heure… le coucher de soleil. Ça promet d'être superbe. Sur l'eau, la régate se termine. Certains rentrent tout simplement de leur journée de boulot à Sydney, mais en bateau moteur, puisqu'ils habitent sur de petites îles. C'est la douceur de vivre à l'australienne…

Réadaptation

27 mars

Le fond de mes joues est acide. Je suis affalée sur la banquette. Les pieds gelés. Mon ventre est une boule de pâte à modeler. Mon cœur une autre. Les vagues sont assez fortes. J'ai le mal de mer. Réadaptation. Nous longeons la côte. Sur notre tribord, l'autoroute des cargos. Presque plus nombreux que les road trains de l'outback.

Cette remontée vers le nord est très spéciale. En étant à proximité de la côte, nous avons internet à bord. Ça nous permet de surfer sans contrainte, d'envoyer des emails pour notre retour à terre, de parler sur Skype même pendant les quarts de nuits et de mettre le blog à jour. De vrais *«geeks »*.

Le vase clos est terminé.

Mangez local

Superbe départ de Coffs Harbour. Il fait très beau, très chaud et le vent que l'on attendait pour 17 heures est arrivé en avance. Résultat, on s'est senti tout heureux de partir, comme si on décidait tout d'un coup d'aller passer l'après-midi sur le lac...

Il n'y a plus cette ambiance traversée des océans, où j'ai le temps de prendre un bouquin pour aller lire au soleil ou dans ma cabine. Là, avec la côte que nous longeons, les arrêts fréquents, j'ai très envie de prendre la barre, de regarder dehors, de mettre les cannes à pêche à l'eau.

Petit à petit, Coffs Harbour nous a dévoilé ses nombreux atouts. Déjà, c'est un magnifique petit port de pêche. Quelle différence avec Sydney et son célèbre FishMarket qui nous faisait tant rire, n'ayant jamais vu un seul bateau y accoster ! Tout le poisson y arrivait par camions réfrigérés et les touristes affluaient pourtant en masse pour y manger du *Fish and Chips*.

Tandis qu'à Coffs, c'est une réelle histoire. On peut guetter le retour du chalut du haut de la jetée et voir les poissons livrés directement à la coopérative. À l'intérieur, sur les étals, la pêche du jour. On peut alors soit faire son choix pour les ramener à la maison, soit passer commande pour les déguster en terrasse... Sympa, non ? Nous n'avons pas hésité longtemps !

Alignement usuel de petits cafés, restos, glaciers et magasins de surf et de plongée. Les gens ont l'air d'être en vacances, même si ce n'est pas du tout le cas. Le vrai centre est à 4 km de là et nous l'avons rejoint via un superbe chemin pédestre le long de la rivière.

Un soir, nous avons revu Sophie et Greg qui nous avaient accueillis au début de notre tour en voiture. Bellingen n'est qu'à 30 km. Décidément, je trouve qu'ils ont bien choisi leur lieu de vie. Et c'était un bonheur de les revoir.

Gros grain sur Southport

Aimons-nous le mauvais temps ? Les vagues, la tempête ? C'est une question qui ne nous a pas souvent été posée. Les gens demandent toujours : « Avez-vous eu des tempêtes ? », et pas : « Est-ce que vous aimez le gros temps ? ». Bien sûr que non ; ce n'est pas drôle et ça peut arriver n'importe quand.

Heureusement, avec les moyens actuels, il est plus facile d'éviter une tempête. Beaucoup d'ouvrages donnent des conseils. Il y a donc des pièges dans lesquels il est facile de ne pas tomber. Partir avec de bonnes conditions, sans être obnubilés par une arrivée à date précise. Planifier un voyage hors des zones et des périodes d'ouragan, par exemple. D'ailleurs, les assureurs ne sont pas bêtes. Ils mettent ces mêmes limites.

Durant nos trois ans, nous n'avons subi qu'un fort coup de vent vraiment inattendu. C'était au cours de la première semaine, à l'approche de Madère. Incroyable n'est-ce pas ? C'est d'ailleurs la seule fois où nous avons ressenti le besoin de mettre nos gilets de sauvetage, de jour. Sinon, leur port n'est obligatoire que la nuit et au passage des barres. En conclusion, nous ne sommes pas masochistes. Nous n'aimons ni le gros temps ni les périodes orageuses, comme à Cuba ou ici, à Southport.

> La 2e étape de notre remontée depuis Sydney allait nous porter de Coffs Harbour jusqu'au sud de Brisbane, là où débute la fameuse Gold Coast, le Miami Beach (bas de gamme) australien. Ce n'est pas moi qui lui ai donné ce surnom, mais c'est ainsi que certains Australiens l'appellent. Pour y arriver, il a fallu se mouiller ! En effet, notre skipper a dû à de nombreuses reprises déjouer de très forts grains, avec éclairs bien sûr. Jamais très rassurant lorsqu'on est en mer et que le seul pic à la ronde est tout bêtement la tête de notre mât !
>
> C'est là que notre radar est d'un très bon secours, nous permettant de suivre de très près l'évolution de la masse pluvieuse afin de s'en écarter au maximum. Pas toujours facile, surtout que le vent, à ces moments-là, change radicalement de sens et de force…
>
> Par contre, sur la mer, c'est un délice pour les yeux. Ciel gris noir, rayons de soleil qui transpercent les masses, vagues irisées de gouttes de pluies, superbes arcs-en-ciel. Bien à l'abri, nous assistons au spectacle.
>
> Après 24 heures de navigation, on ne peut pas se tromper. Nous sommes arrivés. Sur la côte, des buildings incroyables rivalisent en hauteur. On se croirait presque à New-York !

Il faut rester concentré car l'arrivé à Southport va être un peu stressante. À cause de la passe ou « bar ». Depuis notre fameuse expérience sénégalaise, je crains toujours autant ces passages. Il faut donc les attaquer dans les meilleures conditions possibles, à savoir lorsqu'il y a peu de courant.

Les conditions ne semblent pas trop mauvaises et nous arrivons sans encombre. Heureusement pour nous ! Certains bateaux ont attendu des jours entiers devant cet endroit, à tirer des bords avant d'oser tenter le grand saut !

Southport. De nombreux parcs d'attractions, des magasins partout. Tout ce que nous aimons fuir. Nos enfants trouvent également que tout cela n'a plus de sens, même s'ils apprécient les chemins lisses sur lesquels ils peuvent faire de la trottinette et du ripskate à outrance. Sur l'eau, un boucan d'enfer : des bateaux moteurs, des motos des mers et une surprise de taille, tout de même. Un son très différent des autres m'arrive aux oreilles. Il se transforme subitement en vacarme. Je m'inquiète et sors voir ce qui se trame. C'est tout simplement un hydravion qui vient de se poser à 10 mètres de nous ! Nous aurons même la chance de le voir décoller à nouveau 15 minutes plus tard ! Impressionnant ! Le seul hic dans tout cela, c'est que l'attraction avait du succès et que la piste a été la même tout au long de la journée ! Heureusement que nous sommes partis à terre et que le lendemain, il fallait déjà repartir !

Brisbane

Statistiques et rénovations

Avril

Ce n'est pas la fin mais cela s'approche. Dans son livre de bord, Hervé s'occupe des statistiques, maintenant que la dernière période commence.

Il comptabilise ainsi 160 jours de navigation depuis notre deuxième départ de Rabat au Maroc, au mois d'octobre 2009. Notre moyenne est donc passée d'un jour sur deux en mer (pour la premier tour de l'Atlantique) à un jour sur trois. Au total, 289 jours en navigation. À partir de maintenant, ça ne sera que des petites étapes, du cabotage journalier. Des broutilles. À relever également les heures moteurs. En additionnant les deux, on arrive à 600.

Nous n'avons pas extorqué notre appellation de « Favre en mer ».

Autre constatation, nous avons souvent navigué sans grand-voile dès la deuxième année. C'était une chose impensable pour Hervé le régatier mais à l'usage, cela s'est avéré très efficace plein vent arrière et nous aura permis de préserver la GV des rayons UV !

Une soirée pas comme les autres. Nous voilà arrivés à l'embouchure de la rivière. Nous mouillons. Tout est calme. C'est marée basse. La navigation jusqu'à cet endroit a été agréable. Nous sommes toujours sur la mer, mais protégés de l'océan par de longues îles de sable. Certaines sont habitées. D'autres protégées. Il a fallu être très attentifs, car il y avait de nombreux bancs de sable à déjouer, des balises à suivre et même des lignes à hautes tensions à éviter de chatouiller avec notre mât !

Nous descendons l'annexe et partons en repérage. Demain, c'est la sortie de l'eau. Il n'y a plus de villas, plus de marinas, plus d'immeubles. En un rien de temps, nous avons été catapultés dans un autre monde. Cela nous rappelle les rivières africaines. Tout est marécageux, la mangrove pousse. Avec notre iPad et son GPS intégré, nous longeons en annexe le lit de ce qui reste d'eau de la rivière. Moins de 40 cm par endroit ! Cela fait vraiment drôle de penser qu'à marée haute, nous pourrons passer ici demain avec notre *Kangaroo* ! Avec la trace virtuelle que nous sommes entrain de créer, nous ne risquerons pas de nous embourber !

L'opération de sortie de l'eau s'est déroulée fabuleusement bien, grâce au Sealift flambant neuf ! C'est une manière révolutionnaire de sortir les cata'. Manié par une télécommande, l'engin se glisse sous les coques, ses boudins pneumatiques se remplissent d'air afin d'épouser la forme du bateau et ensuite, il le lève et retourne à terre avec.

Maintenant, c'est à nous de bosser ! Mais auparavant, je pars à Brisbane pour nous louer... une nouvelle Jucy. Pas question en effet de vivre au milieu de la poussière. Nous nous installerons à nouveau dans une voiture.

Humide. La saison des pluies se termine normalement fin avril. Et ça se confirme. Alors pas très drôle de gratter les coques... surtout qu'Hervé a décidé d'enlever jusqu'au primaire. Des heures à poncer, faire grincer les lames, user jusqu'au dernier grain des dizaines de disques de papier de verre et de temps en temps s'arrêter... pour souffler, détendre les bras et ne pas oublier qu'il devrait encore s'agir de plaisir !

À l'intérieur, ça s'agite également. Don se charge des retouches de peintures tandis qu'Andrew a commencé à s'occuper du plan de travail de la cuisine. Il avait pas mal souffert de l'humidité et nous avons décidé de le rénover, afin de mettre toutes nos chances de côté pour le plan d'adoption de notre *Kangaroo* !

Le week-end, nous partons sur Mooloolaba pour visiter les *brokers*, ces intermédiaires que l'on va charger de vendre notre bateau. Et faire un petit adieu aux *Catmousses*. Nous les avions croisés le jour de notre sortie de l'eau. *Kangaroo* à peine dehors, *Catmousses* fut mis à l'eau. Ils avaient fait pareil, dans le même chantier : un bon carénage. Les enfants et parents étant trop frustrés par ce croisement rapide, nous avions décidé d'organiser un dernier barbecue d'adieu.

De retour de cette soirée, j'ai sorti mon cahier.

> « Ce soir, j'ai espéré que tout se passe mal. Que *Kangaroo* ne soit pas vendu. Qu'Hervé ne trouve pas de travail. Que nous ne dénichions pas un endroit où habiter à notre retour. Et qu'au final, la meilleure solution soit de continuer à vivre ainsi. Retour à la normale, notre vie de nomades. À ces moments de rencontre intenses.
>
> J'ai mal au ventre. De les voir partir. Il y a quelque chose de pas naturel. Comme s'il nous fallait continuer, finir le tour, boucler le tour de la planète.
>
> Les enfants ne pleurent pas. Ils ont juste profité d'être avec les *Catmousses* jusqu'à la dernière seconde. Ils ont appris à vivre le moment présent. Moi, je suis déboussolée. J'ai l'impression de rester à quai. D'être déjà emprisonnée, attachée à un piquet. Ma vie, notre vie, c'est de marcher sur des pontons, comme si c'était l'allée de notre immeuble, pousser les chariots pour porter les voiles comme si c'était des poussettes ou des caddies de supermarchés, jouer avec nos enfants, passer d'un bateau à l'autre pour échanger les nouvelles, se donner des conseils, s'entraider sans contrepartie, troquer, plier le linge ensemble à la laverie.
>
> Je reste à quai. Et demain, retour au chantier pour poncer. »

Le comportement de Robin et Julie m'impressionne. Le matin, dès notre arrivée, ils installent la table dans la Jucy et c'est parti pour une grande rasade d'école. Ils sont assez motivés d'en finir. Ensuite, le lunch et un après-midi passé à aider au bateau et s'occuper. Par moment, ils vont faire un tour au parc, reviennent lire et ainsi de suite. Leur moment préféré est cependant celui où on les abandonne à la bibliothèque de Cleveland pour l'après-midi. Ah… et du ukulélé… au grand dam des oreilles d'Hervé !

Un soir, nous sommes allés manger à Brisbane. Balade en regardant l'orange et le mauve du soleil se refléter dans les milliers de vitres des façades des gratte-ciel. Magique. Les millions de dollars de dégâts des inondations de Noël ont déjà été réinvestis et il n'y a plus aucune trace du cauchemar. Quelle efficacité ! On trouve des affiches et des toises montrant le niveau impressionnant de la montée des eaux. Le bar où l'on a mangé une pizza avait par exemple été complètement inondé jusqu'au plafond !

Les nuits sont toujours pareilles. Après avoir sélectionné notre jardin public au bord de la mer, nous nous enfilons tant bien que mal dans les 110 cm de large de notre tente située sur le toit de notre Jucy Upgrade. Il n'y a que le terme Upgrade qui sonne bien dans cela. Car ce modèle ne ressemble en rien à l'ancien que nous regrettons chaque jour. Allez, courage, dans une semaine je serai à nouveau bien au large dans ma luxueuse cabine toute refaite !

15 avril

Les jours s'égrènent. Au début lentement. Comme en traversée. Puis on perd le compte. Beaucoup de temps perdu à chercher des pièces de rechange. Rendre *Kangaroo* désirable. Ce n'est pas vraiment la crise ici mais les brokers nous le répètent chaque jour, les transactions sont rares.

Hervé est soucieux. On le voit sur ses épaules. Organisation. Responsabilités. Les traites qui courent toujours, le retour. On se remonte le moral comme on peut. Une soirée chez Andrew et Sharon. Le maître de maison se met au piano, ferme les yeux et joue spécialement pour nous des musiques australiennes. Ils nous comprennent bien. Eux aussi sont partis voyager avec leurs trois enfants pendant un bon moment. Puis le retour. Mais leur prochain bateau les attend déjà au ponton, devant leur maison. Espoir.

C'est dur cette fin. On parle même de rentrer plus tôt pour que ça cesse.

Le poteau magique

Il y a un endroit incroyable en Australie qui s'appelle Cameron Corner. C'est perdu au milieu de rien et si nous avions eu une 4x4 digne de ce nom, nous y serions peut-être allés. Cet endroit se trouve à l'intersection des Etats de l'Australie du sud, New South Wales et Queensland. Il y a là-bas un pub – c'est tout – et un poteau magique. Car lorsqu'on l'entoure de ses bras, vous touchez trois fuseaux horaires en même temps ! Par exemple 10 heures pour New South Wales, 9 heures pour Queensland et 10h30 pour South Australia. Assez fou, n'est-ce pas ?

Avec toutes ces particularités, je ne comprends pas pourquoi le Queensland, où nous nous trouvons actuellement, n'opte pas pour l'heure d'été ou un fuseau différent. Vous rendez-vous compte que lorsqu'on quitte le chantier, à 18 heures, il fait déjà complètement nuit ! Alors que le matin, à 4h30, il fait déjà clair ? Un petit décalage d'une heure ou deux leur permettrait de faire tellement d'économies d'énergie !

Pâques et Anzac Day

Rythme boulot-dodo. Pas de quoi vous dépayser ni de vous faire rêver. C'est la réalité de tous les propriétaires de bateau, la face cachée dont personne ne parle et qui gâche pas mal le plaisir d'être sur l'eau. À moins d'être millionnaire et de payer des hommes à tout faire ainsi qu'un skipper qui coordonne le tout. Heureusement qu'il ne suffit de plaire qu'à un seul futur propriétaire !

C'est donc assez crevés que nous quittons le chantier le soir, direction les parcs publics avoisinants. Au fil des jours, nous avons quelques préférences… dont celui de Victoria Point. C'est le matin, un matin de congé car Robin nous prépare ses pancakes. En second plan, imaginez la baie et ses îles, et notre voiture verte et mauve avec le lit qui est encore déployé sur le toit. Ensuite, je ne sais plus ce qu'on a été faire… peut-être était-ce le jour de la partie de put-put ? C'est ainsi qu'ils appellent le mini-golf en Australie… Ou bien celui du parc d'attraction qui font la renommée de la Gold Coast. Frissons et sensations garanties sur les manèges même si, en raison des fêtes de Pâques, il fallait être très patient, environ une heure de queue par attraction !

Cette année, il y avait d'ailleurs une singularité pour ce long week-end de Pâques. Je ne veux pas parler du fait qu'il était très tard dans la saison mais que le lundi 25 avril tombait sur un jour férié célèbre en Australie, le ANZAC day.

ANZAC signifie Australian and New Zealand Army Corporation. C'est le jour de l'année où les Australiens honorent la mémoire des soldats tombés pour la patrie, mais comme le dit mon guide National Geographic « peu de pays le font en aussi grande pompe et avec autant d'émotion ».

Nous avons pu tester. Je vous dresse le décor. Sur le retour du parc d'attraction, nous trouvons de nuit un endroit qui a l'air sympa pour dormir. Les gestes sont routiniers. Quelqu'un prépare le repas, un autre met la table, il y a celui qui prépare les lits. On mange, on discute, on fait la vaisselle accroupis devant le robinet du parc, on se lave les dents en regardant la lune. Bisous. Chacun trouve son livre, sa lampe de poche et s'évade dans la lecture avant de s'endormir. Jusque-là, tout est normal. Sauf qu'en pleine nuit, tout change. Je ne comprends pas quelle heure il peut être. Je sais les Australiens très matinaux. On les entend souvent partir à la pêche, faire leur footing, promener le chien, tout cela très tôt. Mais là il fait carrément nuit et il y a un nombre impressionnant de marcheurs qui passent le long de la voiture. Et de plus en plus... même pas discrets : ça parle, ça rigole... Un peu de respect svp j'ai sommeil !!! Et le flot continue. Il y a dû y avoir 400 personnes ou plus. Mais tout d'un coup calme plat et je me rendors. Ai-je rêvé ? Il fait toujours nuit.

Une heure plus tard, alors que le jour s'est levé, tout recommence. Le flot passe dans l'autre sens ! Ils secouent même la voiture en criant « réveillez-vous ! » Mais je suis réveillée... je veux juste comprendre. J'aurais dû lire mon guide un peu plus attentivement : les commémorations commencent à l'aube... dans de très nombreux lieux à travers tout le pays. C'était donc ça !

Puisque c'est Pâques, nous avons acheté un lapin en chocolat. Il faut bien trouver des consolations et étant donné que nous ne sommes toujours pas sur le bateau, on peut parler de lapin ! Un lapin magique... qui sortirait du chapeau avec un lot de bonnes nouvelles...

Loïc

Nous n'avions pas à cœur de refuser à Loïc, le cousin de Robin et Julie, de tenter l'expérience de la vie en bateau avec nous, tout en sachant que l'avenir était incertain et que nous allions caboter uniquement dans la région de Brisbane pour les semaines à venir. Sa venue allait permettre également aux enfants de se retrouver ensemble et de continuer à vivre au jour le jour, en étant moins sensibles aux soucis terrestres des adultes.

27 avril

Quelle journée pour Loïc ! Imaginez ce gamin de 16 ans qui vient de faire son premier voyage tout seul. Avec un arrêt à Frankfurt et à Singapour. 28 heures de voyage et 8 heures de décalage horaire ! Et vous pensez qu'il a eu le temps de se reposer ensuite ?

Robin et Julie n'en pouvaient plus d'attendre. Cela faisait une année qu'ils trépignaient sur place en pensant à l'arrivée de leur cousin venant partager nos deux derniers mois à bord de *Kangaroo* !

L'ambiance a démarré très fort, avec dans la voiture les premiers concerts au son du ukulélé. Il n'était que 7 heures du matin... ensuite nous avons pris le petit-déjeuner dans un « salon-lavoir » en regardant les machines à laver qui tournaient avec notre linge... original, n'est-ce pas ? Puis, direction le supermarché pour quelques achats, le frigo était vide. À 10 heures nous étions au chantier.

Loïc a tout de suite été mis à contribution... la mise à l'eau est prévue pour jeudi à l'aube... et... nous ne sommes pas tout à fait prêts !!! En partie à cause d'une météo absolument exécrable. Il continue de pleuvoir beaucoup. Vivement le mois de mai et la fin de la saison des pluies !

Retour à l'eau

365 îles

Le soleil est enfin revenu. Nous en avons profité pour commencer à découvrir quelques-unes des îles situées dans cette énorme baie de Moreton... Mon guide parle de 365 îles... il y a donc de quoi faire, juste aux portes de Brisbane.

Kangaroo a retrouvé son élément il y a quelques jours sous des sceaux d'eau, à la marée haute de 6 heures du matin ! Le mois de mai marque la fin de la saison des pluies et nous sommes bien contents. Cette année aura été particulièrement éprouvante pour les Queenslandais qui ont vu autant d'eau tomber en 6 mois qu'en 10 ans... Bon, les chiffres que j'annonce ne sont sûrement pas exacts mais donnent une idée de l'ampleur du désastre. La faute à « la Nina ».

Loïc est là depuis une semaine déjà et a dû très rapidement s'habituer au rythme du bord. Ça n'a pas été uniquement des vacances, loin de là. Il y a eu la remise en route et toutes les petites choses que l'on ne prend jamais le temps de faire, comme refaire les coussins extérieurs, nettoyer les vitres, les plafonds, vider tout le matériel que l'on n'utilise jamais et j'en passe. Même en ayant peu de place, on se remet quand même à accumuler. Vite, appliquons la méthode de l'entonnoir pour se débarrasser du superflu.

Vieux jeux, habits trop petits, tant de choses entassées malgré l'idée de garder le bateau léger !

> L'idée de base est toujours la même. *Kangaroo* doit être absolument nickel en tout temps en cas de visite d'un éventuel acheteur. Les brokers sont d'ailleurs passés pour prendre des photos et on été visiblement impressionnés par le boulot que l'on a effectué… Par exemple notre nouvelle cuisine s'est offerte un nouveau plan de travail. La façade du four est également neuve, tout comme la poubelle et les robinets qui avaient rouillé… ah… pas simple d'être plombier ! Vous auriez dû voir les jets d'eau qui giclaient dans les armoires à certains moments…
>
> La liste n'est pas encore terminée mais nous n'oublions pas de profiter tant qu'on peut du temps qu'il nous reste en Australie.

Skype interview

30 avril

Assise sur les marches de la descente qui mène à notre cabine, je regarde l'eau à travers le hublot de secours. Depuis deux jours, les choses s'accélèrent pour Hervé. J'écoute, non pas aux portes vu qu'on n'en a pas. Hervé est sur Skype. Nous avons dû exprès retourner au mouillage devant Manly pour qu'il ait une bonne connexion. C'est son 2e interview. Cela à l'air de bien prendre. Ces mois à préparer le retour par internet pourraient porter leurs fruits. Assez original de passer un entretien d'embauche couché dans sa cabine. En face, ils ne le savent pas ! Cela fait très bizarre. Je nettoie les petites taches que je trouve en attendant. Ce n'est pas nerveux, c'est juste pour passer le temps. Ah ! Ça rigole encore. C'est bon signe. Même si tous les problèmes ne sont pas encore réglés.

1er mai

Ce matin, Julie m'a fait pleurer. En ce moment, je suis très sensible. Elle est arrivée dans ma cabine avec son livre à dessin. À l'intérieur, un muguet qu'elle avait dessiné en 2009 ! Cela m'a fait penser à mon papa. Il y tenait au muguet. Alors j'y tiens aussi. Et elle n'a pas oublié. C'était trop mignon. Et j'ai pleuré. C'est de la folie dans ma tête. Hervé serait si heureux dans ce job d'organisateur d'événements sportifs, ce serait juste parfait pour lui ! Mais où habiter ? Que vais-je devenir ? Quelle école ? 1er mai. Je décrète journée de vacances.

> Ensuite, nous sommes partis en direction de Stradbroke Island, surnommée Straddie par les locaux.
>
> Sur la route, notre regard a été attiré par une magnifique anse appelée Horseshoe Bay, la baie du fer à cheval. Et qui nous empêche de ne pas jeter l'ancre ici ? Plongeons, baignades... ça fait du bien d'être à l'eau même si les requins hantent toujours mon inconscient. Ils ne vont quand même pas me croquer juste ici, non ? Et puis par ici, il n'y a pas encore de souci de méduses.
>
> Cette île semble être le repaire favori des campeurs-kayakeurs. J'en ai pris un en photo sur le fait. Il va bientôt arriver sur l'île rejoindre ses copains. Il sortira de sa soute arrière une petite tente, peut-être un siège, sa nourriture, etc. et ira déposer le tout sur la plage, à la lisière de la forêt, à côté de ses amis. C'est assez sympa de passer son week-end comme ça, non ?
>
> Le lendemain, nous avons traversé le chenal pour se retrouver à Straddie où nous avons testé deux mouillages différents. Petites balades à terre, mais nous attendons les invitées de la semaine prochaine pour tester les activités proprement touristiques. On s'est contentés de petits repas en terrasse au Little Sailing club et de rencontres animales. Après le Koala qu'on a mis du temps à trouver dans les arbres, Loïc et Julie ont pu toucher du ponton un dauphin qui semblait avoir une très grande habitude de l'homme... Mais nous n'avions rien à lui donner à manger...

Compte à rebours

Fâchée contre mon ordinateur. J'ai même dit des gros mots. Puis suis sortie sur la jupe pour lâcher le cri de la frustration. Ça m'a un peu calmée même si Hervé trouvait que ces jurons n'étaient valables qu'en cas de problèmes dans la cale moteur. Il ne jure jamais, mon homme. Ou presque. C'est son côté insoupçonné que l'on a découvert dans cette nouvelle vie. La rage contre le matériel.

Il y a 4 ou 5 jours, j'avais préparé deux articles intéressants à poster sur le blog. Vous imaginez sûrement la suite. Je n'avais rien sauvegardé et au dernier moment, hop, tout est parti comme par enchantement ! Il faut comprendre mon ordi. Mon petit Mac. C'est un vrai dinosaure qui a plus de 4 ans. L'obsolescence programmée aurait déjà dû faire son œuvre. Avec l'ambiance saline en plus. À l'Apple Store de Sydney, le gérant était tellement étonné de nous voir utiliser cette antiquité que, du coup, il nous avait offert de changer gratuitement la coque intérieure qui entoure toutes les touches et le trackpad. Il en est ressorti presque l'air neuf. Mais il ne faut pas s'y fier, car sous son air de jeunet, il nous crie à chaque fois : « Je suis trop plein, arrêtez avec toutes vos photos, videz-moi, sauvegardez les données » !

Hervé et les enfants n'en revenaient pas de ma fureur. J'ai eu du mal à digérer. Car depuis toujours, je prends l'écriture de ce blog très au sérieux.

Nous sommes au cœur de la ville, en plein centre de Brisbane. La remontée du fleuve a été un moment spectaculaire. C'est drôle de passer sous les ponts. Nous sommes installés là avec *Kangaroo*, face au jardin botanique, ultra bien placés pour les visites diverses. Zoo, galeries. La promenade du matin avec la halte expresso au milieu du pont piéton.

La nuit a été mauvaise. Je ne dormais pas. Hervé de son côté, avant de se coucher, avait envoyé un email à Mark Turner et Rémi Duchemin pour mettre fin au suspens : « Etes-vous beaucoup trop occupés ou ai-je dit quelque chose de faux ? »

La réponse allait arriver pendant notre sommeil.

« Trop occupés. On vous veut toujours mais il faut que l'on négocie le salaire et la date d'engagement ».

Soulagement. Nous respirons. La pièce majeure du nouveau puzzle vient de se mettre en place. Est-ce possible d'imaginer que dans 20 jours je ne dormirai plus à bord ? Ces semaines de prises de décisions sont épuisantes. Le retour est aussi difficile que le départ.

Mes copines vont pouvoir profiter du dessert.

Car le lendemain, la première Natacha est arrivée pour son 4e séjour à bord (La Rochelle, les Antilles, Tahiti et ici) portant le nombre de personnes à bord à six ! Ils sont tous en train de jouer aux cartes ce soir alors qu'un petit gigot de kangourou cuit dans la cocotte. Ça sent bon. Et de temps à autre, ils me crient tous en chœur « Sauvegarder ! » Oui, oui, je sauvegarde, j'ai appris ma leçon.

L'ambiance est super sympa. Après avoir visité Brisbane avec Natacha, nous sommes repartis pour une superbe descente du fleuve dans le but d'ancrer dans une eau turquoise au pied d'immenses dunes de sable, à Tangaloma, sur l'une des îles de la Moreton Bay. En cours de route, le vent a malheureusement pris des allures sauvages en se renforçant jusqu'à atteindre 35 nœuds dans les rafales. Pas conseillé pour un mouillage pas protégé du tout ! Nous avons ainsi dû changer de plan en nous rendant directement à Mooloolaba, un peu plus au nord, où se trouvent les brokers qui se chargeront de la vente de notre bateau.

C'est chouette Mooloolaba... Il y a une plage superbe, un aquarium, des cafés. Le matin, à 6h30, je pars avec Natacha marcher pendant une heure sur le sable. Il y a déjà foule même dans l'eau... il n'y a pas d'heure pour surfer en Australie !

Mais le retour au bateau est toujours difficile. Imaginez. Quand vous vous approchez de *Kangaroo*, il y a maintenant un gros panneau marqué « For Sale » accroché sur le balcon avant. La première fois que je l'ai vu : j'ai pleuré.

Fraser Island

La seconde Natacha est arrivée. Ça faisait beaucoup trop de monde à bord vu le programme prévu par les brokers. Ancrage du bateau juste devant le Santuary Cove Boat Show pour d'éventuelles visites. Avec un bateau nickel. Impossible donc de tous rester à bord. Hervé est resté de piquet, il en fallait bien un.

Tous les jours, c'est un peu le branle-bas de combat. Il charge les trois enfants dans l'annexe et en suivant des rivières plus ou moins profondes et boueuses, il atteint un parc d'attraction. Merci l'iPad. Et le Pass Illimité des

Attractions de la Golden Coast. Quel enfant n'a jamais rêvé d'avoir ce genre de sésame en main et de passer ses journées sans parents à se prendre des « G » dans la figure ? Robin, Julie et Loïc sont aux anges. En plus c'était vide. Aucune attente. Une orgie. Plusieurs jours de suite.

Quant à mes copines et moi, on a déserté le bateau. Direction : Fraser Island, la plus grande île de sable au monde.

Cinq jours entre nanas pour une très belle destination que l'on n'aurait pas eu le temps de faire avec *Kangaroo*. Mais pour s'y rendre, il nous fallait bien sûr un véhicule… et pourquoi pas une autre Jucy ! Le gars n'arrivait même pas à croire que c'était moi qui me pointais pour la troisième fois dans son agence. Incroyable. Ils m'ont même prise en photo !

En chemin, nous avons pu dormir à « Rainbow Beach ». La plage arc-en-ciel, en raison des couleurs différentes que prend le sable… Elles ont trouvé génial, mes deux Natacha, de se réveiller le matin et d'aller se promener sur une plage dont on ne voyait pas les deux bouts ! Mais ce n'était qu'un début !

Arrivés au ferry qui allait nous amener sur l'île, nous avons dû abandonner notre petite Jucy. Seules certaines voitures 4x4 hyper équipées sont autorisés sur Fraser. Pas de routes goudronnées. On a quitté le mode « camping » pour celui de « vacancières ». On est en basse saison, il n'y aura donc pas trop de touristes avec nous !

L'autre particularité de Fraser à signaler : c'est le dernier endroit où l'on trouve des spécimens purs de dingos dit « canis lupus dingo ». Oui, lupus, vous l'avez bien compris. Ils descendent directement des loups. Alors, pendant nos balades, on tremblait un peu de savoir qu'on aurait pu se retrouver face à face avec l'un de ces 300 habitants très spéciaux ! Cependant, nous savions quoi faire : regarder l'animal dans les yeux, faire le poireau les bras le long du corps, se mettre dos à dos si on est en groupe et reculer petit à petit… Heureusement, nous n'en avons pas vus !

Le deuxième jour, nous avons embarqué sur un camion 4x4. Nous sommes 9 à bord alors que sa capacité est de 49 personnes ! C'est presque un tour « personnel » !

Notre guide, Stacey, est un drôle de produit australien. Elle fait tout à bord, avec sa mine rondelette et ses shorts kakis : chauffeur, guide touristique, ranger, animatrice et serveuse d'exquis gros cookies au chocolat ! Chacune notre tour, nous avons même pu aller à l'avant du véhicule ! Sans jamais oublier de boucler la ceinture ! Car rouler sur les pistes de sable dans la forêt tropicale, c'est digne d'un parc d'attraction ! Les différents lieux visités étaient juste fabuleux. Ce n'est pas par hasard que les Aborigènes avaient nommé leur île *k'gari* : le paradis !

Au cœur de l'île, des rivières d'eau douce transparente serpentent sur le sable fin au milieu d'une végétation luxuriante, des lacs scintillent, des mini-déserts de dunes se créent. Fabuleux.

Arrivés sur la côte est, le paysage change d'un coup. Nous sommes sur une plage transformée en autoroute ! Seventy-Five Mile Beach. 100 km de sable pour 4x4 et piste pour avion ! D'ailleurs, l'offre est tellement alléchante que nous ne résistons que… 10 secondes à la possibilité de voir l'île depuis le ciel !

Nous revenons enchantées de notre petit séjour…

Hervé et les enfants se sont débrouillés comme des chefs et *Kangaroo* est resplendissant ! La check-list laissée à bord a été scrupuleusement respectée à la lettre à tel point que le lendemain de notre retour, j'ai eu droit à des remarques concernant les minuscules taches rouges qui ont giclé sur la paroi en cuisant ma fameuse sauce tomate ! Comme quoi, je devrais partir plus souvent !

Between the flags

« Entre les drapeaux », en anglais « *Between the flags* ».

Une phrase typiquement australienne qui restera dans nos mémoires… on s'est même tous offert un sweat-shirt à capuche avec cette inscription !

C'est pour me souvenir de mes six mois de plages australiennes. De ces matins où, très tôt, nous pouvions voir les sauveteurs arriver en tirant tout leur matériel. Planches, motos et surtout les fameux drapeaux jaunes et rouges entre lesquels la baignade est surveillée.

Je me rappellerai aussi de ce jour où ils ont actionné les sirènes sur la plage de Manly, à Sydney... Des requins avaient été aperçus pas très loin et ils n'allaient pas prendre de risques !

C'est vraiment une institution en soi, ces maîtres-nageurs-sauveteurs... Et ils sont présents dans tellement de lieux qu'il m'est même arrivé de me demander si on pouvait se baigner sans eux!

Migration vers le nord

28 mai

C'était un peu la journée « course d'école ». Nous sommes partis de très bon matin. Il y avait toujours les deux Natacha, Loïc et nous quatre. Le ventre rempli d'un bon petit déj', nous sommes arrivés au ferry de Cleveland. « Un aller-retour pour North Stradbroke, s'il vous plait ! »

Nous connaissions déjà l'est de l'île mais attendions nos amies pour partager avec elle la deuxième partie de la découverte. Point Lookout, la carte de visite des offices du tourisme de la région. Des criques, une côte toute découpée, des vagues à couper le souffle, des dunes de sable gigantesques. Depuis la plage, aucune trace de civilisation. Comment ont-ils fait pour préserver si intelligemment ce petit paradis ? Aussi près d'une grande ville ?

Après la baignade, nous sommes arrivés à un belvédère d'où il est possible de voir, à partir de juin, la migration des baleines vers le nord.

Alors on a cherché, cherché... Au milieu des vagues, on a pu voir des surfeurs et pleins de dauphins à l'humeur joueuse.

Mais de baleines, pas de traces...

Migration vers le nord. C'est donc à nous que s'offre ce titre. Car la fin est proche, elle galope...

Hervé s'est vu engagé pour le 15 juin !

Les événements ont pris une tournure très rapide et, avec nos Natacha comme témoins, nous planchons devant nos ordis : on surfe frénétiquement. Pour trouver des billets d'avion, changer les dates du retour de Loïc, trouver des cartons, un transporteur, organiser le séjour de *Kangaroo* jusqu'à sa vente... Bref... on ne chôme pas.

Je savais bien qu'il y aurait une fin, un jour. Mais c'est dur de la sentir arriver. Alors quelques fois, quand je n'y arrive plus, je pars m'asseoir sur la jupe arrière en regardant la mer... et je pleure.

Migration vers le nord. Heureusement qu'il fera plus chaud en Europe... ça me laissera le temps de m'acclimater.

Les cartons et les bananes

Peut-être qu'il y a déjà un peu de phénomène de pré-ménopause, mais ça m'écorche le cœur de penser au départ. Je pourrais fondre en larmes en moins de deux secondes. J'ai pourtant vécu mon rêve même si la vie en bateau est loin d'être un paradis. Et pour sûr, je recommencerai dès que possible. Mais c'est difficile d'y mettre fin. C'est devenu un style de vie.

Je crois qu'une partie de moi seulement comprend ce qui se trame. L'autre côté ne veut pas concevoir, ni accepter. Je vais donc parler de pause. Et contrairement à d'autres, nous avons la chance d'habiter près d'un magnifique lac. L'eau ne sera pas trop loin. Et le boulot d'Hervé nous permettra de rester en contact avec le monde du nautisme.

31 mai

Ça y est, les Natacha sont parties. Puis ce fut le tour des cartons !

> J'avais dit : « Il nous faudra moins de 48 heures pour déblayer le plancher ». Un constat qui se révélera exact en fin de compte. Même si notre déménagement se fera par étapes.

La 1ère étape : faire entrer Loïc dans la poubelle de recyclage pour récupérer les cartons. C'est l'employé de la poste qui nous en a indiqué le coin... « Vous n'alliez tout de même pas acheter les cartons que je vends ici ! Vous avez vu les prix ? »

2e étape : les ramener sur *Kangaroo* en annexe sans les mouiller... pas évident, mais on a réussi.

Le lendemain, branle-bas de combat pour la 3e étape : presque tous les cahiers d'école sont jetés au feu, sans la maîtresse et le maître au milieu ! Nous emballons tous nos livres fétiches, les jeux des enfants, les cirés que nous avons à peine employés tout comme nos gilets de survie. Ma cocotte minute adorée, nos affaires de plongée et j'en passe. En 4 heures, tout est scotché, empilé, mesuré. Bilan : 16 cartons et moins d'un mètre cube...

Etape numéro 4 : et pas la plus facile... amener les cartons à terre sans les mouiller ! Puis Hervé et Loïc partent avec une voiture pour les amener au port de Commerce. Les papiers sont remplis en un rien de temps et les voilà déjà de retour...

La réaction d'Hervé : « C'est tellement facile que je me demande vraiment si on va voir nos paquets de l'autre côté de la planète ! ». Le voyage en cargo va prendre 56 jours, pour 600 dollars. Saviez-vous que c'est le troisième moyen de transport le plus écologique après la marche et le vélo ?

Du coup, *Kangaroo* a l'air tout léger... il vient de perdre 260 kilos d'un coup ! Qui l'eut cru ?

Il faut encore que l'on vide nos réserves de nourritures. Du coup, le supermarché, c'est juste pour quelques produits frais. Et sûrement pas pour les bananes à 18 dollars.

Vous avez bien lu. 18 dollars le kilo. Les bananes ont atteint des sommets faramineux en Australie.

La faute aux inondations du début d'année et à l'ouragan Yasi qui a décimé une bonne partie des récoltes. Le bon côté des choses est que l'importation de bananes étrangères a été interdite afin de soutenir l'industrie locale.

Mais il faut le voir pour le croire, non ? 18 dollars le kilo pour des « Lady Finger », qui n'avaient pas l'air bien plus appétissantes que les « Cavendish » à 15 dollars.

Il est bien loin le temps où le régime de bananes pendait dans le cockpit, cadeau reçu d'un insulaire ou acheté au marché pour, disons, 5 dollars les 60 bananes ! Alors, pas de bananes pour nous en Australie… c'est un peu hors budget. Et d'ailleurs, en cuisine, le jeu consiste à utiliser ce qui nous reste de nourriture ! Sans mauvaise conscience, nous finissons nos réserves de bonbons, de chocolat, de rhum etc.

Slow

Dans la foulée du slow food, slow cosmetics, slow life, etc., il y a maintenant le slow parenting. C'est pour éviter les enfants « fraise ». Les enfants qui sont durs à l'extérieurs et mous dedans.

Je n'invente rien. Je l'ai lu au café.

Robin et Julie ont vécu dehors pendant trois ans, traîné sur les pontons, les îles, les villages. Ils sont partis seuls en annexe, explorer, faire des courses, trouver des endroits pour jeter nos poubelles, du bois pour faire du feu, des feuilles de palmiers pour nous abriter. Ils ont fait l'école au bateau, sur la plage, aux arrêts de bus, dans la voiture ou au café. Ils ont rencontré des copains, d'un jour ou de quelques mois, et leur ont dit au revoir.

La dame du café vient d'ailleurs de me le confirmer: « Voyager est la meilleure des éducations ».

Nous avons pu être des « slow parents ». Donner du temps, de la qualité et être présents pendant trois ans. Leur laisser de l'espace pour se connaître et explorer le monde. Ne pas les stresser avec des horaires, des emplois du temps surchargés, des notes. Ils ont pu flâner, s'ennuyer, pour se construire.

C'est drôle d'écrire cela alors qu'ils sont à côté de moi, en train de faire des épreuves en blanc. Robin vient de venir avec un rapporteur. Cela faisait bien longtemps qu'à chaque fois qu'il en avait besoin, il en construisait un avec du carton. Retour à la vie à terre, à la précision.

Depuis hier, nous savons que nous allons finalement revenir dans notre maison. Hervé fera les trajets jusqu'à Lausanne pour son travail. On connaît donc l'emplacement de la future école. Sentiment aigre-doux.

Notre aventure en bateau porte aussi l'étiquette Slow. C'est du Slow Travel. Car le long du chemin, nous avons vécu non pas comme des touristes, mais comme des locaux. C'est presque de l'éco-tourisme, puisque nous n'avons pas beaucoup d'impact sur l'environnement.

J'ai lu une phrase d'Henri Bergson qui m'a fait rire : « L'homme devrait mettre autant d'ardeur à simplifier la vie qu'il en met à la compliquer ».

Ne pas oublier cela au retour. Et continuer à vivre... lentement. Sans habitudes, sans complications, sans être esclaves des objets, nous pourrons continuer à rêver de liberté.

D'ailleurs, nous sommes un peu tristes de rentrer en avion. L'idée nous avait bien tentée. Le cargo. Pour boucler la boucle. Il fallait compter 100 euros par jour et par personne, pour un trajet de 30 jours. Ça s'accumule vite. Mais, surtout, les patrons attendent Hervé de pied ferme.

Les dauphins et les dunes

3 juin

Je les sens tous heureux de rentrer. Et je ne comprends pas. Je vais vers la noyade. J'ai l'impression qu'on va aller m'enterrer. En plus, c'est long. On stagne, on patauge, en attendant la bonne météo pour aller sur Tangaloma. Notre dernière île. Ma petite mort. J'ai donc pris l'annexe et suis partie à terre pour me calmer. Je suis comme un volcan qui va exploser. Les rives de l'eau sont bordées de cyclistes et de marcheurs. La qualité de vie en Australie est exceptionnelle. Si on nous en laissait la possibilité, on serait d'accord d'y vivre quelques temps.

Hervé va me manquer. Les enfants aussi. Le clan va se démanteler. C'est terrible. Qui me comprend ?

J'ai eu une longue conversation avec Loïc, lors d'un aller-retour sur la plage. Il m'a avoué qu'il réalisait enfin mon chagrin. Au début, il ne trouvait pas normal que je n'aie pas envie de revenir. « C'était un affront à ma ville, à mes copains, mon entourage. Mais maintenant, je comprends ce besoin, cette possibilité d'explorer. Tu passes 10 jours à un endroit et puis tu vas plus loin. Tu ne pourras donc plus le faire et je comprends que tu aimes ça ».

6 juin

La météo nous fait un joli cadeau. Quatre jours de calme sont prévus dans la baie. Le timing est parfait pour rejoindre enfin - et à la voile bien sûr - le mouillage de Tangaloma. Il est situé le long de splendides dunes qui ne protègent que du vent d'ouest. Dès que le vent tourne et que le clapot apparaît, en ajoutant en plus un bon vieux courant par-dessus, ça devient l'enfer.

Mais ils ont trouvé une petite parade pour attirer les bateaux en utilisant quelques épaves traînant dans le coin qui avaient déjà subi les caprices de la baie de Moreton. Pourquoi ne pas les aligner et créer ainsi une digue ?

C'est un coin assez original. D'un côté, les épaves rouillées recyclées et de l'autre, de magnifiques dunes. Nous ne sommes qu'à 300 km au sud de Fraser Island et c'est tout à fait normal que les dunes aient de petites sœurs par ici.

En parcourant la plage vers le sud, on se retrouve au Tangaloma Resort. C'est l'arrivée du bateau de touristes qui viennent passer la journée ou quelques jours de *farniente* à l'hôtel. Il y a aussi quelques villas disséminées çà et là, qui doivent valoir une petite fortune. L'île est cependant parc national et donc très protégée.

La spécialité de l'hôtel ? Je vous le donne en mille. C'est le nourrissage des « dauphins sauvages ». Associer dauphins sauvages et nourrissage, on a trouvé cela très fort. On s'est donc pointé à 18 heures tapantes, sur la plage, pour voir le spectacle. On se demandait d'ailleurs pourquoi ils faisaient ça si tard... c'était déjà la nuit. Mais on a compris ensuite que c'était l'heure de l'arrivée du ferry, qui vient déposer les nouveaux touristes ébahis et reprendre les « vacanciers reposés ». Mais ces derniers, avant d'embarquer, louent pour 10 dollars une salopette de pêcheur ou osent rentrer dans l'eau jusqu'aux mollets pour aller tendre un petit poisson aux dauphins en faisant un joli sourire au photographe. Il y a huit dauphins qui se présentent presque chaque soir et chacun a son petit prénom. 4 seaux de poissons, 4 rangées de touristes et les dauphins qui se présentent deux par deux.

Nous sommes vite partis, dégoûtés par le spectacle. Nous avons préféré garder en mémoire les scènes de mer où, par surprise, une famille de dauphins croisait notre route, ou celle des dauphins aperçus depuis le sommet de falaises, qui sautaient en beauté dans les vagues immenses, à côté des surfeurs.

Mais Tangaloma vaut vraiment la visite. Quoi de mieux pour les enfants - petits et grands - qu'une partie de luge dans un désert de dunes ? C'est assez épuisant, mais tellement marrant !

Les épaves ont permis à des millions de magnifiques poissons de trouver un beau refuge... les plongées, dans l'eau un peu fraîche malheureusement, sont absolument superbes. Sur la plage qui s'étend à perte de vue, de belles étoiles de mer écarlates s'échouent à chaque nouvelle marée. Il y a aussi des Moon Snails. Une espèce de coquillage, des escargots-lune, qui protègent leurs œufs avec de la *Jelly*. Les enfants jouent avec sur la plage.

Bref, c'était un vrai bonheur ce dernier mouillage. Mais la troisième nuit, le vent a tourné et on n'a pas vraiment fermé l'œil, tellement ça bougeait dans le bateau - même en catamaran ! Au lever du soleil, nous nous sommes vite enfuis ! Et c'était parti pour notre dernière nav' !

Dernière navigation

9 juin

J'ai pu le voir dans les yeux de Mark, notre broker, lorsque nous sommes allés faire un dernier rond dans l'eau, histoire de lui montrer comment *Kangaroo* se comportait sur l'eau. Il est arrivé avec Richard, un de ses associés, à 14 heures tapantes, et déjà frigorifiés ! Le temps à Mooloolaba est plutôt glacial, voyez donc ça : environ 11 degrés. C'est très bas pour la Sunshine coast ! Cette semaine, le record de température la plus basse depuis 70 ans a été enregistré. Pas facile de vider et de nettoyer *Kangaroo* dans ces conditions. Imaginez Hervé et les enfants en train de passer le polish à l'extérieur... L'excuse était ainsi toute trouvée pour finir les réserves de chocolat.

Les enfants ont préféré rester à terre. La dernière navigation a été merveilleuse. Pas envie de remuer le couteau dans la plaie. Pour eux, le voyage est terminé. Ils préfèrent réviser les maths sur les tables de la marina.

Pour moi aussi, c'est dur d'être là. Lâcher les rênes. Moi qui normalement fais toutes les manœuvres de départ au moteur, je me retrouve à détacher les amarres, rentrer les pare-battages. Toutes mes habitudes sont bousculées. Ces petits gestes que chacun savait effectuer afin de réussir la manœuvre dans les règles de l'art. Mes petits équipiers ne sont plus à leur poste, et moi non plus.

Il n'y a que 5 nœuds de vent et Hervé met en place le gennaker. On déroule et notre *Kangaroo* démarre. Le vent est capricieux, il ne cesse de basculer. Ça doit rendre la régate qui se joue autour de nous passionnante - une cinquantaine d'Etchell se disputent les championnats nationaux. Grandiose.

Kangaroo suit le vent, accélère dans chaque risée. Changement de voilure. Au tour du spi. Mon beau spi jaune. Nos deux brokers sont ébahis par son comportement. Pas difficile de lire dans leurs yeux. Je reprends la barre. Je me surprends à la caresser. J'ai de la peine à retenir mes larmes. C'est bientôt la fin de la fin. Nous allons repasser la digue.

Il n'y a pas de secret. Pour qu'un catamaran avance, il faut qu'il soit léger. Cela prendra donc plus de temps pour trouver le repreneur idéal, celui qui comprendra le pourquoi d'un intérieur un peu spartiate, et pourtant si moderne et pratique. D'ailleurs, avec toutes les modifications que nous avons faites au cours de ces trois ans, *Kangaroo* est encore plus beau qu'au départ !

Je sais qu'il est là quelque part. Cela pourrait être Ken, par exemple, ce barbu au grand sourire que j'ai croisé sur les pontons alors qu'il descendait de son catamaran construit sûrement en amateur. « C'est vous qui êtes parti de très bon matin, de Tangaloma, il y a deux jours ? » lui ai-je demandé ? Etant donné qu'il a répondu par l'affirmative, j'ai pu le remercier : « C'était moi qui était derrière vous, avec mon gros spi jaune. Bon, vous avez un peu triché en faisant au moins une heure de moteur au départ... ça a creusé votre avance. Mais grâce à vous, j'ai eu un plaisir fou pour notre dernière navigation. D'avoir quelqu'un à rattraper, ça a été un magnifique cadeau. Merci ».

À partir de là, de longues discussions et au final, une visite très intéressée du bateau avec son épouse... Il était tout à fait de notre avis... il faut voyager léger.

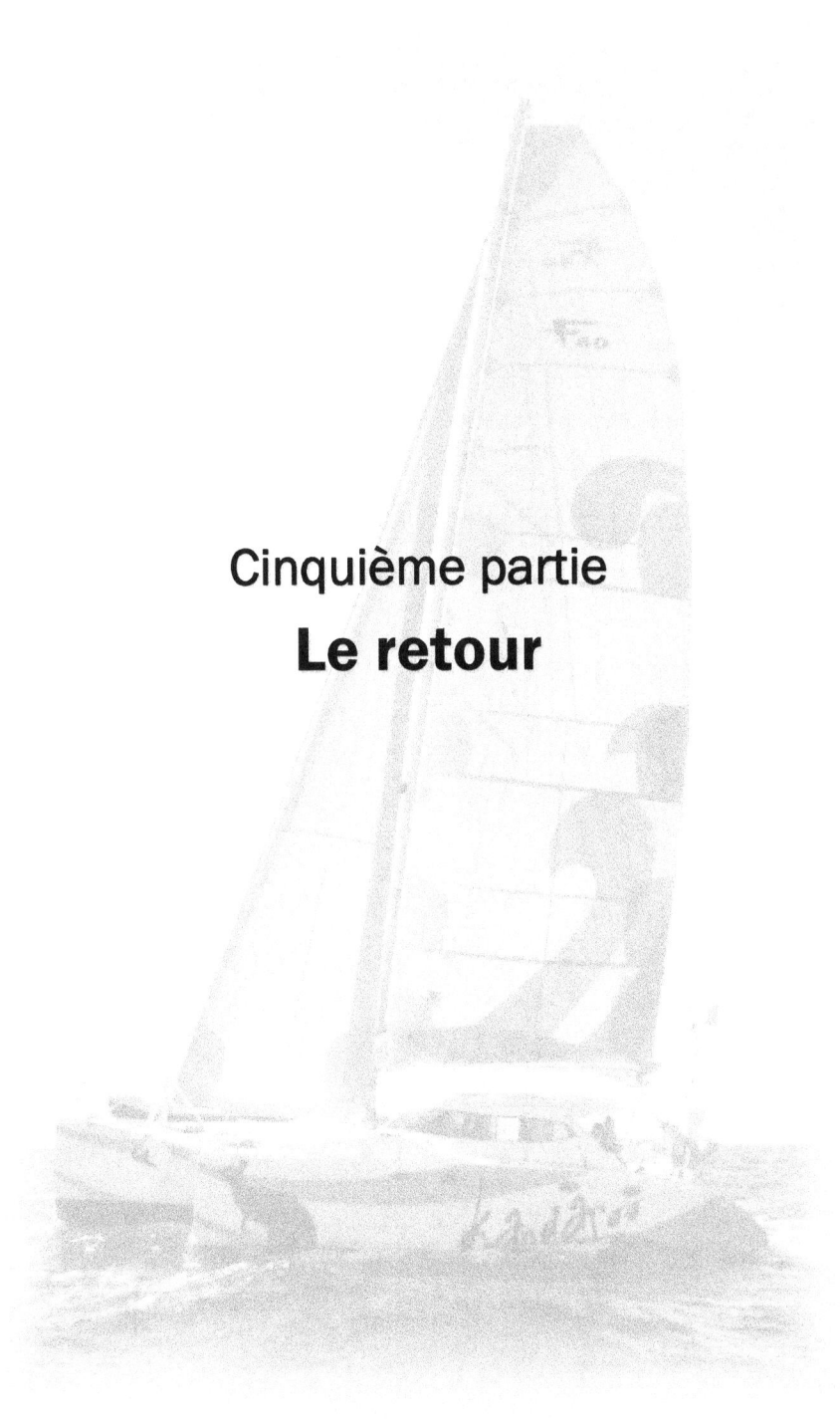

Cinquième partie
Le retour

Le retour

Les adieux à *Kangaroo*

Virée à Noosa avec le bus que nous avons loué pour 24 heures. La dernière pose photos. Un cata au loin au mouillage. Inatteignable. Il ne fait pas beau du tout. L'automne débarque. On se met en tête de faire en image un bilan depuis la tour de surveillance du *lifeguard*, avec une belle vue sur la plage. Ils sont d'accord que nous montions là-haut, de toute façon personne ne se baigne aujourd'hui. Les enfants débutent. Robin fait son zigoto face à la caméra, Loïc est très sérieux dans ses réponses et Julie exprime ses sentiments. Voilà donc son bilan :

> Vous vous demandez sûrement quels endroits j'ai préféré, si je suis triste de partir et tout ça. Alors je vais répondre à toutes vos questions.
>
> Mes endroits préférés sont des endroits où il y a des animaux et où l'on ressent bien la nature, comme les Galapagos ou les Marquises. Sinon c'était où il y avait plein de copains - comme quoi l'amitié c'est sacré - comme l'Orénoque ou la Tasmanie (la Tasmanie j'ai vraiment adoré parce que c'était un mélange de copains et de nature).
>
> Je suis vraiment triste de partir de tout cela car dans ce bateau résident tout de même la moitié de mes souvenirs et j'y ai vécu le quart de ma vie ! C'était ma maison ! Mais bon il faut

tourner la page, même si, à présent, je continuerais bien une ou deux années de plus, alors qu'avant je grognais en apprenant qu'on continuait !

Y a-t-il des choses que je regrette ? Pas tellement. Parfois je regrette de ne pas avoir fait plus de trucs, mais les regrets c'est pas tellement mon truc. J'ai fait une chose extraordinaire et je trouve que c'est un peu bête de râler.

Un endroit que je n'ai pas aimé ? Colon, du coté atlantique de Panama. C'est une ville où il y a des policiers qui t'interdisent d'aller plus loin sinon tu pourrais mourir. Tellement dangereux que quand des amis se sont fait voler leur annexe, les policiers savaient où elle était mais ne voulaient pas aller la chercher : cela ne valait pas la peine de sacrifier la vie de policiers pour ça. Colon c'était l'horreur.

Sinon ce voyage était INCROYABLE, GENIAL, EXTRAORDINAIRE, FANTASTIQUE, FORMIDABLE ET TOUT LE RESTE.

Ils ne sont donc pas si heureux de quitter le bateau.

Mais pourquoi fait-il si froid ? Pour que je m'enfuie ?

Seul Hervé semble déjà avoir tourné la page. Et il a raison, car au vu de tous les emails qu'il reçoit déjà du boulot, il va devoir attaquer fort. Pas le temps de tourner la tête. Foncer.

Son nouveau job va le mener vers les trimarans. Une coque de plus. Organiser pour commencer le tour d'Europe de ces nouveaux multis, les MOD 70, avec des skippers de renom à l'affiche. Le sport a toujours été sa passion. Il devrait avoir trouvé sa voie. Depuis le temps qu'il la cherchait !

Je ne voulais pas rester seule au bateau avec les trois enfants. Dans quelques heures, nous fermerons donc pour la dernière fois la porte du cockpit tous ensemble, Hervé, Robin, Julie, Loïc et moi. Nous accompagnerons Hervé à l'aéroport puis nous irons dormir deux nuits dans une auberge de jeunesse en attendant notre avion.

Impossible pour moi de répondre aux emails. Il n'y avait pas de réseau au fond du frigo. J'ai tout ripoliné. Du four aux WC. Plus un cheveu noir qui traîne.

J'ai très mal dormi cette nuit. C'est bon d'être assise là, seule, pour faire mes adieux, dans ce nouveau jour qui émerge. Les oiseaux s'en donnent à cœur joie.

Ils se lèvent tellement tôt ces Australiens ! Alors que les miens, je les entends tranquillement respirer.

Je vais devoir prendre mon courage à deux mains une dernière fois. M'habiller, me laver les dents, nettoyer le lavabo, jeter le dernier coup d'œil à l'intérieur, prendre mon sac et quitter le navire. Définitivement.

Hervé se lève. Ce n'est pas lui qui est debout le premier pour une fois. Il ne va pas pouvoir mettre le signal du réveil, la musique du matin. Car l'iPod est rangé. La page est tournée. Il n'y a plus d'habitudes.

Que des souvenirs.

Mon monde est entrain de basculer.

L'avion

Dimanche 12 juin.

La balance rend son verdict. « Monsieur, vous êtes en surpoids de bagages. Vous voulez payer la surtaxe à Sydney ou à l'arrivée ? »

Nous sommes tous à l'aéroport pour accompagner Hervé. C'est le premier du convoi à partir. Dans deux jours, ce sera Robin, Julie et moi et quelques heures après Loïc. Nous avons préféré voyager en semaine, ça nous faisait une sacré économie de billets... mais pour Hervé, pas le choix ! Il commence à travailler mercredi et il n'aura que 48 heures pour arriver, descendre en Ardèche embrasser ses parents et revenir en Suisse pour s'acheter des habits de travail !

Que faire... Hervé prend le pari de n'envoyer ses bagages que jusqu'à Sydney... peut-être qu'il aura plus de chance là-bas ?

Mais voilà l'email qu'il a envoyé depuis Abu Dhabi relatant son passage à Sydney! Un vrai sketch !

« Ça y est, cette fois c'est la fin, je vous écris depuis l'avion qui me mène à Abu Dhabi, 14h30 de vol depuis Sydney et bien sûr mes écouteurs du *entertainment system* ne fonctionnent pas.... Je vole avec Etihad : Brisbane Sydney Abu Dhabi Geneva. Et ils ne sont pas très tolérants avec les excédents de bagages !

J'avais comme d'habitude bourré mon sac de cabine pour alléger au max mon unique sac de soute autorisé qui avait été déjà pesé à Brisbane. Mais non, il faisait encore 25 kilos au lieu de 23. La gentille dame au comptoir m'a ensuite demandé de peser mon sac de cabine, euh il est pas lourd madame... Plus de 14 kilos, soit 7 de plus qu'autorisé. On appelle son chef, mais ils ne veulent rien savoir. Et alors si vous pesez 100 kilos avec un sac de 23 kilos, vous ne payez pas d'excédent de bagage mais si vous faites 80 kilos avec 40 kilos de bagage, alors là il faut payer 42 dollars le kilo en trop !! Inflexibles ils sont, mais je refuse de payer 400 dollars soit le tiers de mon billet pour 10 kilos !

J'ai donc été vers la poubelle la plus proche et j'ai commencé à jeter la mort dans l'âme tout ce qui ne valait pas 40 $ le kilo : les vieilles baskets, les sandales, une imprimante, les bouts du bateau, les trousses de toilette, la mousse à raser. J'applique aussi la bonne vieille méthode d'enfiler beaucoup d'habits, 3 t-shirts, deux polaires, j'ai même hésité à mettre le pantalon de ciré. Inutile de vous dire que j'avais pas froid quand je suis retourné faire la queue... Mais la deuxième fois a été la bonne, sac à 19 kilos et ils n'ont pas pesé mon bagage à main qui devait toujours faire ses bons 15 kilos. Par contre je n'ai pas rigolé non plus à la sécurité car avec mon ordi, Lui (le petit nom de l'iPad), mes 2 disques durs, mes dizaines de câbles Usb, firewire, ethernet, j'avais plus l'air d'un représentant en informatique qu'un navigateur. Mais après avoir défait entièrement mon sac et avoir scanné 5 fois mon matos, ouf ils m'ont laissé passer. Juste le temps de finir mes dollars australiens en achetant des Tim Tam, nos biscuits australiens préférés, pas vraiment 3 *for* 5 or 2 *for* 4, plutôt 4 *for* 18... Et j'ai embarqué ! »

C'est toujours la même morale... il faut savoir voyager léger !

À la suite de son email, nous avons pris nos précautions. Notre dortoir est une vrai chambre d'ados (l'intruse c'est moi !). Il y a des affaires partout par terre... Je jette, je garde ? Julie a ainsi sacrifié toute sa collection d'Astrapi. Le ciré un peu trop petit et les classeurs d'école, ils étaient vraiment trop lourds. On a apporté ce qui pouvait intéresser et être recyclé à la réception.

L'auberge de jeunesse. Point de départ de ceux qui arrivent. Des ordis partout – mais regardez plutôt autour de vous ! Parlez-souriez-engagez la conversation. Non, ils sont tous là à bouillir maintenant leur sauce en boîte, chacun pour soi. Avec les enfants, on reste donc entre nous. Parties de jass acharnées.

Mise à jour

De retour à Genève depuis un mois déjà. Lundi matin : plus d'excuses. Je prends une grande inspiration et j'ouvre iWeb, le programme qui me permet de mettre à jour notre site internet. Je dois me faire une raison, accepter la réalité. Nous sommes de retour et ça ne sert à rien de remettre à plus tard. Cependant, je crois que personne n'arrive à imaginer la vague de tristesse qui s'abat sur moi en faisant cela. Pour Hervé, c'est du domaine de l'irrationnel.

Je sais cependant que certains lecteurs cliquent encore sur le site pour avoir de nos nouvelles, savoir comment le retour s'organise. Alors me voilà enfin de retour au poste !

Tout est très positif, sur bon nombre d'aspects !

Le retour pour les enfants était synonyme de rentrée scolaire. Oui, mais en quelle classe ? Après avoir fait une première année sur l'eau avec des bouquins scolaires suisses, puis les deux suivantes avec le système français du CNED (sans envoyer les copies au centre mais en les corrigeant nous-même), avaient-ils un niveau suffisant pour réintégrer leur volée ?

Nous étions bien plus stressés qu'eux devant les salles de classe qui accueillaient les nouveaux élèves devant passer les examens d'admission. Mais nos deux enfants étaient d'un calme impressionnant. J'ai beau leur demander pourquoi, ils ne savent pas me répondre. Ce n'était qu'un test pour eux. Les résultats sont tombés très rapidement : ils gardent leur année d'avance et sont admis dans les classes « fortes ». Vous imaginez bien notre fierté et notre soulagement. Je dis chapeau à Hervé qui, en plus de son rôle de skipper et de, mécanicien, s'était remis au latin et à l'allemand avec son fiston !

L'école... un peu une corvée sur le bateau... mais d'un autre côté, c'est un très bon moyen pour occuper les troupes ! Je pense que notre manière d'aborder le programme a été la bonne. Trouver la méthode et l'appliquer selon notre mode de vie et la capacité des élèves ! Sur *Kangaroo*, il y avait classe tous les jours (environ deux-trois heures) sauf « quand on la faisait pas... » car il y avait des visites, on partait en excursion, etc.

J'ose croire que Robin et Julie vont très bien s'adapter. Mais de les penser enfermés 8 heures par jour dans ces horribles immeubles... c'est un peu surréaliste. Et pour eux aussi ! Alors, profitons de l'été ou de ce qu'il en reste !

Sinon, nous continuons à jouer aux nomades en vivant à droite et à gauche. Nous revoyons ainsi la famille et les copains en ne se remettant pas tout de suite dans le bain. On réintégrera la maison juste avant la rentrée scolaire.

Hervé, quant à lui, n'a pas eu le temps de comprendre ce qui se passait. Les cloques aux pieds - eh oui, c'est dur de remettre des chaussures après trois ans de nu-pieds ! - il est parti à fond dans son job. Voyages en Allemagne, en Bretagne, dans le sud de la France, en Italie... Heureusement, nous avons le temps de nous retrouver les quatre, quelquefois.

Comme le week-end passé, où nous avons pris le Grand-Surprise pour 24 heures de navigation... C'était bon de se retrouver de nuit, sous les étoiles, avec la pleine lune qui faisait son apparition. Je tâcherai de faire mieux au niveau des repas car je n'avais pas contrôlé le fonctionnement du réchaud et au final, nous avons mangé du pain et des tomates cerises au lieu d'un bon plat de pâtes... frugal ! Mais les fous rires étaient au rendez-vous ! Et le lendemain, à Thonon, nous avons dévalisé la boulangerie avant de rentrer par un bon force 5 sur Genève.

Oui, nous avons de la chance. Car la voile et l'eau sont toujours présents dans nos vies. Et ces éléments vont me permettre d'amortir le choc du retour. Et à préparer la suite.

La longueur

Un an, ça paraît long… Etonnamment, on a vite changé d'idée.

Un an, en bateau, c'est assez court. Les semaines défilent vite à attendre des colis, découvrir les lieux de vie, s'adapter, accueillir, se reposer.

Avant de partir, on veut tout planifier. En général. Réflexe de terriens. La beauté de l'exercice est de laisser entrer ce qui fait la force de la vie : l'inattendu, pour le pire et pour le meilleur. Les plus grandes découvertes sont imprévisibles et n'auraient jamais pu advenir si leurs auteurs n'avaient pas pris le risque d'ouvrir leur porte au hasard des rencontres.

À la voile, dans la vie, soyons donc dans l'inattente.

Trois ans. C'était bien. Mais je suis sûre qu'on aurait pu ne pas s'arrêter…

Cela me fait donc rire quand je lis que selon l'organisation mondiale du tourisme (OMT) : « un long séjour doit au moins compter 4 nuits ». La culture de l'urgence a pénétré les vacances et les voyages. Tout doit se faire vite selon un rendement maximum.

Il m'a fallu six mois. Six longs mois pour que j'accepte la réalité du mot « fin ». Jusque-là, je m'imaginais encore pouvoir revenir à ma vie marine. Rien qu'en fermant les yeux, je ressentais encore les sensations de cette liberté que nous avions choisi de quitter.

En définitive, j'opterai pour l'équation suivante: le temps de réadaptation définitif est égal à la moitié du temps passé sur l'eau. Si vous comptez partir 1 an, prévoyez 6 mois pour vous réinsérer !

Longueurs. Longueurs des heures de cours, pour les enfants, à la rentrée. Passer de 2 heures par jour à 8 heures sur place. Plus les trajets. Alors que sur *Kangaroo*, il fallait juste prendre les livres et étudier un moment. Et c'était bâché, absorbé. C'était dur pour eux au début. Cette lenteur.

- J'ai enfin compris comment ça marche, nous a dit un jour Julie en rentrant des cours. Le prof a 3 semaines pour faire entrer le concept dans la tête des élèves. Si t'as compris tout de suite, eh bien, tu t'ennuies pendant les 3 semaines qui suivent.

Et puis la longueur, celle de la taille du bateau. C'était très bien 12 mètres. On n'aurait pas eu besoin de plus. On avait l'air déjà très riche sur notre bateau. Plus gros, ça aurait empêché certains mouillages, gâché les rencontres, vu que dans un sens, l'argent modifie les relations.

Le blog

L'idée de faire un blog pour relater notre aventure allait de soi. C'était le lien évident pour maintenir le contact avec la terre le temps de notre périple. Un site internet de plus, vu qu'à chaque « campagne nautique » d'Hervé, en Mini ou en Figaro, j'avais alimenté en permanence leur contenu.

À notre retour, le blog m'a permis de réaliser l'ampleur de notre voyage d'une toute autre manière. Afin d'occuper les enfants de façon intelligente par une journée pluvieuse de juillet, nous leur avions demandé de faire des copies d'écran de toutes les pages de notre site. C'était mission impossible pour moi. Trop douloureux. Et une découverte pour eux. Car même s'ils avaient été acteurs de chaque instant, ils n'avaient jamais pris la peine de lire la totalité de nos écrits ! Il fallait déjà assez se battre pour leur demander de trouver des idées pour documenter leurs propres pages. Quel choc de se retrouver face à une pile haute comme deux gros annuaires de téléphone ! Jamais je n'aurais imaginé avoir tant raconté !

Il m'a fallu quatre mois pour arriver à me faire commenter quelques photos et plus d'une année pour me lancer dans le projet d'écriture du livre. Comme quoi, tout arrive à point.

J'ai pris beaucoup de plaisir à prendre le temps d'écrire, à partager nos découvertes, à trouver des sujets intéressants, en gardant à l'esprit qu'il fallait rester concise ! Beaucoup de navigateurs abandonnent très rapidement cet exercice qui paraît très facile au moment de la préparation du départ mais qui est en fait une contrainte supplémentaire. Ce n'est pas une mince affaire. Il y a la phase de la réflexion, de l'écriture, le choix des photos, mais aussi celle de la mise à jour du blog qui ressemble souvent à un parcours du combattant. Au bout du monde, les connexions se font rares et sont souvent très lentes. Vous vous rappelez les débuts d'internet, avec ce son typique intergalactique qui arrivait après la sonnerie du téléphone ? Ça existe encore ! Et bien plus souvent que vous ne l'imaginez ! Ce n'est pas très fiable, il y a souvent des coupures et ça veut dire qu'il faut tout recommencer depuis le début !

À côté de cela, il y avait aussi les nombreux emails que nous échangions avec nos proches pendant nos traversées, sur des sujets plus personnels, via le net ou le téléphone satellite. Ces messages-là nous ont d'ailleurs rapprochés d'une manière étonnante. Et ironiquement, nous avions plus de nouvelles en voyage que maintenant, où tout est déjà rentré dans l'ordre ! À se demander si je n'ai pas envie de repartir pour un tour et en apprendre ainsi plus sur la vie de mes amis...

Ainsi va la vie depuis notre retour

Dans la rue, il y a des jours où je me sens toute légère.

Un sentiment d'exclusivité. Une extra-terrestre.

Ce que nous avons vécu nous a tellement changés, que je n'arrive pas à faire totalement partie de la foule.

Comme si j'avais un ticket de loterie dans la poche. Personne ne sait ce que j'ai vécu, vu, quels sont mes projets et comment je les regarde. Pas en mal, non, mais en triste. Triste de leur stress, leurs angoisses véhiculées par la TV, les journaux gratuits, certaines chaînes de radio.

Et ça ne me donne pas trop envie de redevenir comme eux.

Nos amis nous ont collé une étiquette. Verte. Si ça leur fait plaisir de nous mettre en boîte. Nous aimons bien rouler à vélo. Diminuer notre empreinte. Et j'aime à penser que nous sommes de plus en plus nombreux. Surtout chez les jeunes.

Rester ouverte à tout nouveau projet, même si c'est un peu tôt par rapport à nos enfants, notre seule obligation. Quoique, tout peut se discuter.

Au retour, j'étais encore maman. Mais très vite, j'ai déchanté. Ma mission s'est vite terminée. Ou disons plutôt qu'elle a très vite évolué. Nous leur avons donné les armes pour qu'ils puissent voler de leurs propres ailes… et ils le font. Très bien même, trop bien.

La pilule est dure à avaler. C'est un succès, certes, mais de mon côté, je le vis plutôt comme un deuil. Je ne m'attendais pas à cette fin subite. À cette évolution rapide. Il faut que je m'adapte à la réalité.

Passer trois ans 24 heures sur 24 sur un bateau de 11,60 m de long. Sans crises d'adolescence. En arrivant à se parler, de tout, à se comprendre. Puis basculer dans la société. Les lâcher plus que de les perdre. Etre fière d'eux, en les regardant de loin. L'école va nickel, Robin suit même un cursus bilingue anglais, ils se sont socialisés, ils grandissent, sont heureux. On parle beaucoup. Mais mon ventre est en feu. Le cordon ombilical s'est déchiré. Il faut que cela cicatrise. Je crois que je tombe de bien plus haut. À cause de notre intermède en bateau.

Hervé, heureux comme un poisson dans l'eau chez OC Sport, même s'il voyage et travaille énormément, continue à partager sa passion du sport avec les enfants. C'est exigeant, d'être un jeune sportif. Entraînement de ski de fond et de biathlon. 6 jours sur 7 en saison. Qui porte ses fruits. Même si ça m'échappe un peu.

C'est comme un deuil. Le deuil de notre vie en vase clos. De notre vie de clan. La chute est rude.

Mon rôle semble plutôt être celui de l'écoute. Du câlin. De la présence discrète. Et nécessaire.

Cliché :

- Il est 8 heures, la nouvelle météo vient de tomber !

    Et nous voilà tous les quatre en train de courir vers un écran. Nous régatons sur l'ordinateur.

- C'est maman qui est en tête ! Youpi !

    Chacun règle son bateau, empanne au besoin. Nous sommes en train de naviguer. Virtuellement. Au départ, des dizaines de milliers d'internautes qui, comme nous, se prennent au jeu. On se marre bien.

- Tu contrôleras le cap pendant que je serai à l'école ?

On peut dire que la voile fera toujours partie de notre vie. Tous les quatre, chacun à sa manière.

Et puis, l'intendance. De ce point de vue là, beaucoup de choses ont changé depuis notre retour. C'était d'ailleurs pas mal la bagarre au début. Car d'une part, il fallait remplir ce frigo et d'autre part, je ressortais absolument désemparée du supermarché.

- Comment voulez-vous que j'achète ces légumes. On dirait qu'ils sont sortis d'un catalogue !
- Je ne sais pas, mais on à faim !

La viande, on en mange moins... et si tout le monde faisait comme nous, la planète se porterait mieux.

Les poissons, ne me font plus très envie... quand on a goûté au produit de sa propre pêche, cela n'a juste plus rien à voir. On est plus difficile à berner. On dirait de la bouffe Tricastel. Ça devient ridicule, où se cache Louis de Funès ? Derrière les congelés ?

Il y a aussi « sans gluten et sans lactose » qui ont débarqué dans notre vie sans que l'on s'en aperçoive. Il a fallu que Julie se casse le bras gauche encore trois fois – on en est à 5 en tout pour l'instant – pour que les médecins diagnostiquent cette intolérance. Depuis, on cuisine sans. Et tout le monde se porte bien mieux. Les ventres ballonnés des filles ont disparu, tout le monde digère à merveille et j'ai la nette impression que cela se répercute sur leurs performances sportives.

C'est donc tout un programme de nourrir correctement cette famille. Et j'ai enfin trouvé la solution qui me convient. J'ai conclu un contrat avec une jeune agricultrice de 26 ans qui nous livre chaque semaine des légumes qu'elle produit à 5 minutes de chez nous, avec des formes biscornues et au goût intense. Grâce à Myriam et « Le jardin de Max », le frigo est à nouveau rempli. Et puis, c'est assez simple de cuisiner quand on repart à zéro. Nouvelles farines et pâtes sans gluten, un peu plus de riz, de polenta... bref, ceci n'est pas un livre de cuisine. Vous n'avez qu'à venir à la maison et vous verrez ce que je vais vous concocter... dépendant de mon humeur et de la saison et en espérant que ça ne sera pas brûlé !

Je m'autorise à partir, de plus en plus. Les enfants sont très contents d'être seuls. Accompagner Hervé, suivre des formations qui m'intéressent, particulièrement dans le domaine de l'environnement et du développement durable. J'ai d'ailleurs obtenu mon diplôme de conseiller en environnement. Cela m'a bien occupé la tête, la première année, et m'a permis de rencontrer des personnes fantastiques et engagées.

Ce que je revendique de temps à autre, c'est de se retrouver les quatre. Loin de tout.

À la maison, nous avons imposé quelques règles de vie. Par exemple, nous n'avons pas de télé. Et puis, la guerre avec les téléphones portables… c'est d'ailleurs nos amis qui en souffrent :

« Pas de téléphone portable à table, svp. Le monde ne va pas s'écrouler si tu ne réponds pas dans la minute qui suit à ce sms », « Non, ce n'est pas indispensable de me montrer cette photo maintenant. On la regardera après », « Wikipedia peut attendre après le dessert ». Et quand Hervé se fâche, il va jusqu'à leur confisquer le téléphone.

Prendre le temps d'être vraiment ensemble. C'est ce qui donne du sens à la vie. Prendre du temps pour moi. Dans le cours d'une vie normale, je devrais maintenant m'occuper de mes parents vieillissants… Or, je n'en ai plus. J'ai donc quelques belles années devant moi. Et je vais en profiter.

Cependant, il fallait que je tourne la page et que je termine ce livre. Pour nous, pour ceux qui ont soif de récits de voyages, pour ceux qui nous ont connus et qui ont envie de se rafraîchir la mémoire, et ceux qui pensent partir un jour.

J'ai pris beaucoup plus de temps que souhaité, vous l'avez sans doute bien compris. La première année, c'était impossible. Même regarder les photos. Puis, j'ai réalisé que j'avais besoin de périodes ininterrompues pour me plonger dans le bain et compiler les écrits. Les deux dernières grosses sessions d'écriture se sont déroulées à la montagne. Saint-Luc, Val d'Anniviers. Sans enfants. Au téléphone, Hervé m'a rappelé de ne pas oublier de manger. Il me connaît bien.

Je continue avec plaisir à donner des conseils à ceux qui veulent partir. Depuis notre retour, nous avons souvent été sollicités. Et c'est un plaisir de rencontrer des gens de cette manière.

L'un des derniers en date m'a demandé si nous avions eu un fil conducteur. Nous y avions pensé, au début, à ce fil. Mais avec les enfants et le bateau, qui demande beaucoup de soins, il est difficile d'y rajouter un fil. Vivre au présent et être heureux ensemble, peut-être. Mais si on parle de vrai fil rouge, je dirai que le blog et l'écriture sont déjà assez prenants. À moins d'avoir une passion de base, comme la botanique, la zoologie, l'étude de la mer et j'en passe, ou que vous soyez envoyé pour une mission. C'est alors là votre travail. Pourtant, j'ai l'impression qu'avec mes yeux, j'ai malgré tout réussi à dégager un petit constat de l'état de notre planète et de ses habitants. Et il y a de l'espoir.

Je pense que je recommencerai à écrire des cartes de vœux. Maintenant que la résolution prise dans les premières pages du livre a été tenue. Donner et prendre des nouvelles. Etre là pour entendre ce que l'autre a envie de dire. Communiquer. Peut-être différemment. Au lieu de décembre, ce sera peut-être février ?

L'important selon moi est de toujours lancer de nouveaux projets, à géométrie variable. Seule, en couple, à deux, trois ou quatre, avec des copains, en famille. En gardant en mémoire les valeurs qui me tiennent à cœur : la liberté, la famille, le respect, l'aventure, la bienveillance, l'esprit d'ouverture, l'autonomie, la curiosité, la rencontre avec l'autre. Je ne sais pas du tout dans quel ordre les poser. Cela dépend des moments, de l'instant. Car tout bouge, tout change tout le temps. Même moi. Surtout moi. En écrivant ce livre, j'ai compris beaucoup. Cela m'a coûté et m'a beaucoup apporté. Et j'accepte le fait que j'aime voyager, explorer, rencontrer, naviguer, et écrire, à ma manière : une aventurière ?

Et pour les curieux, la réponse est donc oui. Il y aura bientôt un nouveau bateau, bien plus vite que prévu. Il nous emmènera ailleurs, vers d'autres horizons. Cette fois, ce sera un monocoque. Il sera très solide et recyclable, en aluminium. On y mettra des vélos, des skis de rando, un poêle pour avoir chaud. Une grande table et une belle bibliothèque.

Affaire à suivre...

Cartes du parcours
Atlantique

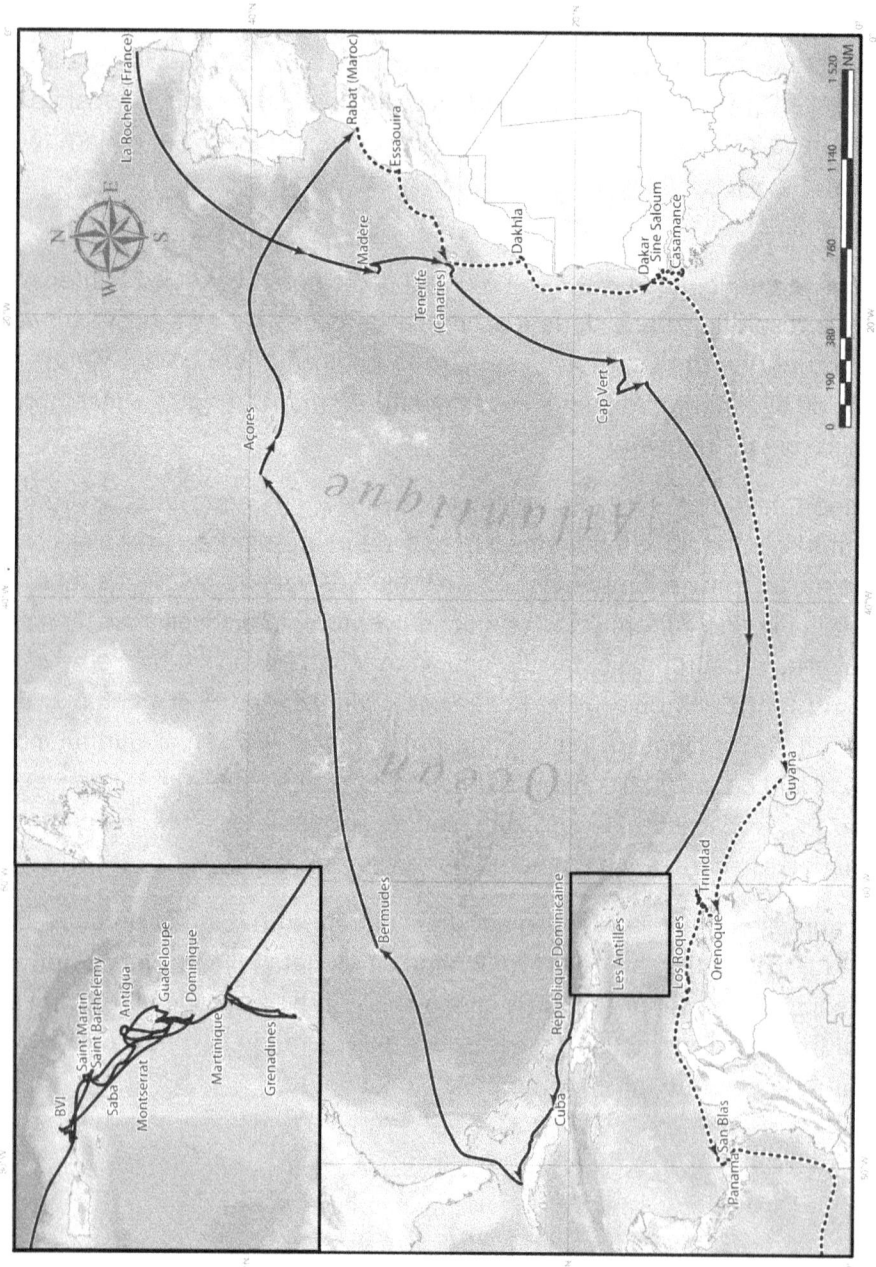

Cartes du parcours
Pacifique

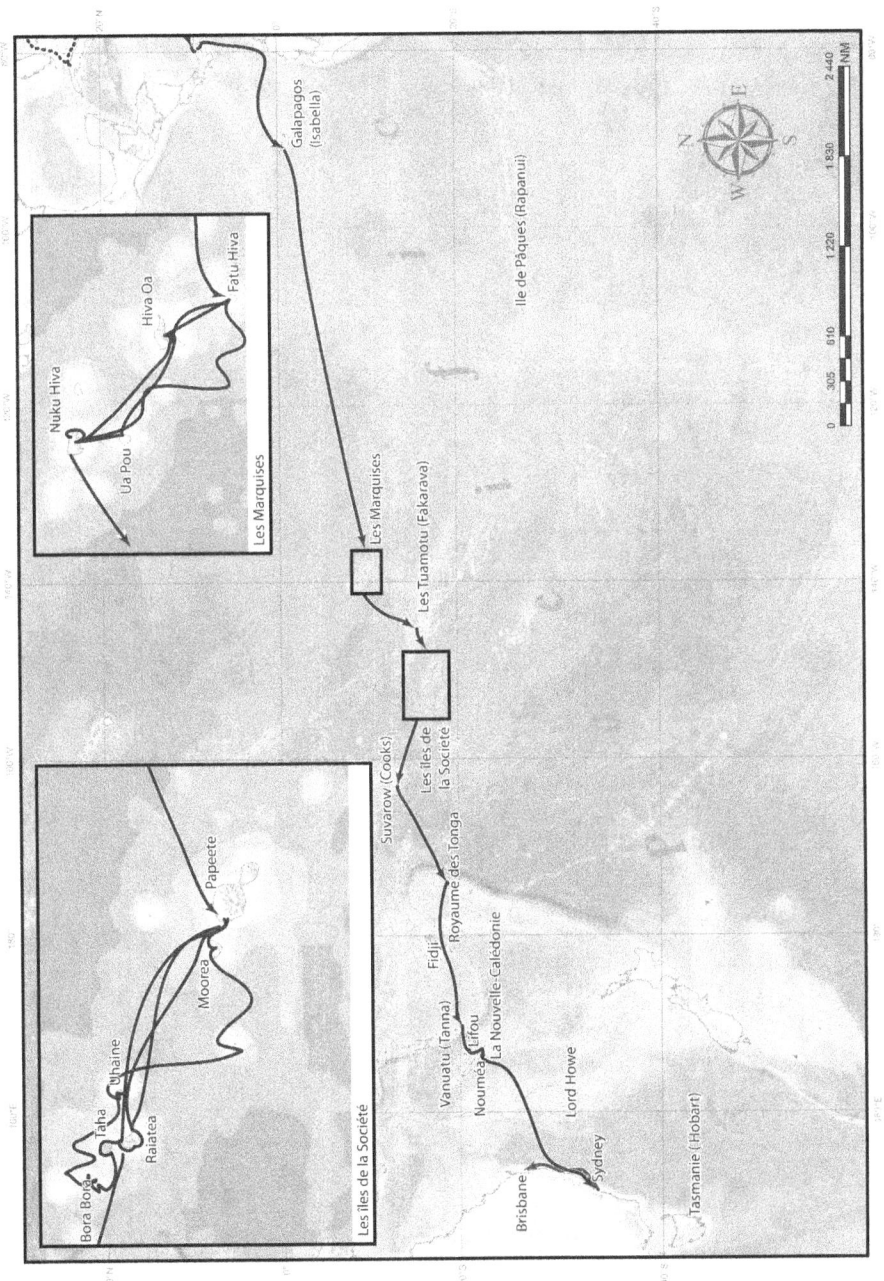

Cartes du parcours
L'Australie

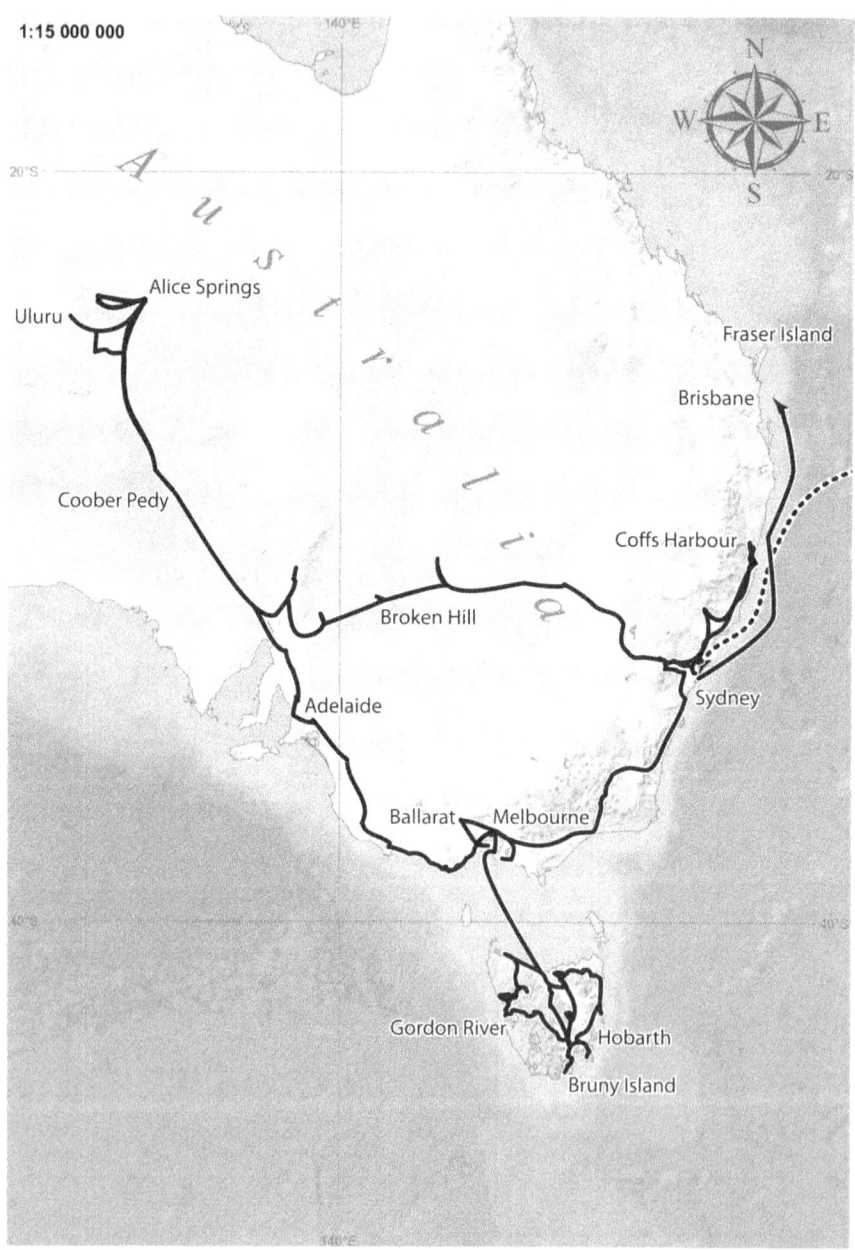

Table des matières

Première partie
Une année «sabbatique» — 1

La préparation — 3
Rêve de toujours • En fusion

Kangaroo se jette à l'eau — 17
Mise à l'eau • Note: le bateau • Mettre les voiles

C'est parti! — 28
Première traversée • Note: sécurité, banane et mal de mer • Madère • Note: les repas • Tenerife • Note: la cambuse • La Gomera • Le Cap Vert

Première transatlantique — 62
3ème jour de mer • Le quart de Julie • Le pilote automatique • Jour férié • Bilan des jeunes après 2 mois de mer • Nos résolutions pour l'année • Ma transat

Petites-Antilles — 75
Le Marin de la Martinique • Mise au point • Note : premier bilan technique • Mélange de générations • Les grèves • Version charter • La Dominique • Le conseil de famille • Eau et gaz • Les étoiles et la pollution lumineuse • BVI • Les îles Sous le Vent

Sur le chemin du retour — 110
République Dominicaine • Cuba • L'annonce officielle • Bermuda • La traversée retour • Les Açores • Bilan d'une année en mer • L'escapade genevoise et les premiers questionnements

Deuxième partie
Deuxième départ — 149

Maroc et Canaries — 151
Re-départ • Rabat et la remise en route • Essaouira • Atterrissage à Graciosa • Tenerife bis • Note : la lessive • Dakhla

Sénégal — 168
Dakar • Sine Saloum • Hamac, maladies et accidents • Saint Louis • L'impact des décisions humaines • Histoire de carénage • Noël • La Casamance

Transat et Guyane — 192
Transat citron-safran • Note : bâbord et tribord • Cayenne • Kourou et le centre spatial • Carnaval et Touloulous • Salut des îles du Salut

L'Amérique Latine — 211
- **Orénoque** : vie en tribu — 211
- **Trinidad et Tobago** : Le carnaval de Trinidad • Tobago et le gâteau • Note : le gâteau Lolo • Pause suisse • Le chantier de Chaguaramas — 216
- **Cap à l'ouest** : Los Roques • Le virus — 229
- **Panama** : Eclairs en mer • San Blas • Le canal • Les perles du Panama — 236
- **Galapagos** : Traversée chaotique • Isabella • Dimanche soir aux Galapagos — 249

Troisième partie
Le Pacifique — 263

Transpac — 265
Le gennaker • Constellations • Routes de grandes croisières • Les calamars • Le Kon-Tiki • Terre, terre

La Polynésie française — 276
- **Les Marquises** : Premiers pas à Fatu Hiva • Nuku Hiva • Retour aux sources • L'éclipse de Tahuata • Hiva Oa • Ua Pou et l'esprit de clocher • Anaho tient à son eau — 276
- **Les Tuamotu** : Fakarava et les requins — 295
- **Les îles de la Société** : Papeete • Raiatea et Taha • Bora-Bora • Huahine • Moorea et impressions en stop — 298

Surprises :	**312**
Ile de Pâques • Surprises et frayeurs • Continuer à écrire	
Des Cooks aux Vanuatu	**321**
Suvarow • Opération nettoyage • Surpopulation • Avitaillement • Arrivée de jour au Royaume des Tonga • Pluie • Au creux du volcan • Fidji • Le tabou • Logistique • Parés à troqués à Tanna • Yasur, le volcan vivant • Un autre monde • Note : les langues • Excursion à la ville • Halloween et Mystery Island	
La Nouvelle-Calédonie	**353**
Lifou et ses femmes • S'alléger • La vie à Nouméa • Exercice de style franco-canadien par Hervé • Le kitesurf • Fenêtre météo • En route pour l'Australie !	

Quatrième partie
L'Australie   377

Sydney	**379**
Les douanes • La vie à Sydney • Note : l'Ipad, la bonne à tout faire en bateau • La Sydney-Hobarth • Bonne année 2011 • Un air de vacances	
Roadtrip	**399**
De Coffs Harbour jusqu'au sud : En route • Barrington top et Blue Mountains • Anniversaires • Drôles de rencontres sur la Barry Way	403
La Tasmanie : Bruny Island • L'air de Gordon river et les mouvements écologistes • L'Overland Track • Le diable et l'ornithorynque	412
De Melbourne à Uluru : Melbourne • Pingouins et musique • La ruée vers l'Or • Les koalas et la Great Ocean Road • Les vins d'Adélaïde • Chercheur d'opale à Coober Peddy • Jaune et vert • Uluru et Olga • Alice Springs • Les souris de West Mac Donnell • Séquence cinéma australien	418
A la voile de Sydney à Brisbane	**440**
Le retour sur *Kangaroo* • Pittwater • Réadaptation • Mangez local • Gros grains sur Southport	
Brisbane	**446**
Statistiques et rénovations • Le poteau magique • Pâques et Anzac day • Loïc	

Retour à l'eau   **455**
  365 îles • Skype interview • Compte à rebours • Fraser Island • Between the flags • Migration vers le nord • Les cartons et les bananes • Slow • Les dauphins et les dunes • Dernière navigation

Cinquième partie   **471**
Le retour

  Le retour   **473**
  Les adieux à *Kangaroo* • L'avion • Mise à jour • La longueur • Le blog • Ainsi va la vie

Cartes du parcours   **486**

www.ingramcontent.com/pod-product-compliance
Lightning Source LLC
Chambersburg PA
CBHW071807230426
43670CB00013B/2388